시편 사랑

시편 사랑

이육하 지음

그린아이

그리스도인이라면 누구나 성경에 능한 자가 되고 싶은 것이 사실이다. 그런데 일반 성도들의 입장에서 보면, 그 길이 결코 쉽지 않다는 것을 체험하게 된다.

안 믿는 가정에서 태어난 나는, 4살 때 누님이 예배당 맨 앞줄에 앉혀 놓은 것이 신앙생활의 시작이었다. 성경을 손에 쥐게 된 것은 유년 주일학교 때 1년 개근상으로 받은 조그만 신약 성경이 처음이었다. 그후 중고등부 시절 교회에서 졸업 선물로 신구약 성경을 받은 기억이 난다. 이때 경험한 성경책의 특별한 책 냄새가 지금도 생생하다. 그런데 성경을 읽으려고 해도 너무 어려워서 잘 읽지 못했다.

그후 나름대로 성경을 열심히 읽었고, 성경 암송도 제법 했다. 중고등부 시절에는 마태복음의 산상수훈 5,6,7장을 모두 암송하기도 했다. 평범한 성도로서 조그만 교회에서 주일학교 교사, 찬양대원, 서리집사, 안수집사, 시무장로를 모두 거치며 나름대로 모범적이라는 소리도 들었다.

그러나 성경 읽기와 말씀의 이해에 대해서는 몇 번이나 읽고 열심히 공부했지만 계속해서 목마름이 느껴졌다. 특히 안수집사와 장로 시절에는 평신도 지도자로서의 책임감 때문에 담임목사님이 가르쳐 주시는 성경 공부를 비롯해서, 아세아 연합신학대학원 부설 평신도 신학원(LTI)과 죠이선교회 제자훈련학교도 모두 수료하였다.

그러나 성경 해석에 대한 열등감은 나를 계속 괴롭혔다. 결국 40대 후반에 그동안 해오던 건설업을 중단하고 백석대학교(구 천안대학교) 학부 1학년으로 입학하여 신학 공부에 전념하였다. 그후 백석대 신학대학원, 총신대 신학대학원, 총신대 사회복지대학원을 거치면서 점점 자신감이 생겼고, 당시 섬기던 원당교회 남자 평신도들 몇 명을 권면하여 매주 토요일 새벽에 만나 성경 통독과 함께 삶을 나누는 모임을 인도했다.

이때 만들어진 6가정의 부부 모임은 70대가 된 지금에도 여전하다. 한 식구처럼 매달 가정 심방예배 모임과 함께 여행을 즐기며 기쁨과 행복을 누리고 있다. 이들과 함께 성경 공부를 하면서 절실하게 느낀 것은, 이들도 전에 내가 경험한 것과 똑같이 성경 해석에 대한 자신감이 없다는 사실이었다.

강도사를 거쳐 목사 안수를 받고 경신교회에 청빙을 받아 목회 일선에서 일반 성도들을 대상으로 똑같은 방법을 시도해 보았지만 결과는 마찬가지였다. 이때부터 나는 주일 낮예배 설교만 본문과 제목을 따로 정했을 뿐, 새벽예배, 수요예배, 금요예배, 주일 오후 예배에는 모두 성경 강해 설교를 체계적으로 해 나갔다. 그 결과 은퇴하기 전까지, 창세기부터 요한계시록까지 강해 설교를 모두 마치게 되었다.

이제 나이 70이 넘어 신앙의 지도자라고 할 수 있는 시무장로 18년, 강도사 1년, 담임목사 15년의 길을 마치고 작년 6월에 은퇴했다. 은퇴 후 나의 지나온 신앙 여정을 뒤돌아보며 나처럼 평신도의 길을 걸어가면서 성경에 목마르고 배고픈 측근들에게 도움을 주고 싶은 마음이 생겼다.

그래서 매일 저녁 시편을 각 장마다 일정한 분량으로 요약해서 그다음 날 아침 묵상으로 매주 월요일부터 금요일까지 측근들에게 보내드렸다. 이에 대한 반응이 나쁘지 않아 그것을 책으로 만든 것이 이번에 출판하는 『시편 사랑』이다. 나처럼 일반 통독만으로는 해갈이 되지 않는 성도라면 이 책을 옆에 두고 시편과 함께 읽어가시길 권한다. 지루하지 않으면서 말씀의 핵심을 깨닫게 되고 성경을 사랑하게 되리라 확신한다.

한편, 성경 66권 중에서 왜 시편을 택했는가 하면, 사실 개인적인 일이긴 하지만 몇 년 전에 소천하신 '종합선교 규장'의 고故 여운학 장로님께서 40년이 넘도록 나의 멘토 역할을 해 주셨는데, 내가 평신도일 때 최초로 성경 암송을 권면해 주신 것이 시편 1편, 23편, 100편과 고린도전서 13장이었다. 이때부터 시편을 더욱 연구하며 사랑하게 되었다.

　나의 경우 시편을 가까이하면 할수록 다윗을 비롯한 저자들이 다양한 삶의 현장 속에서 솔직함과 정직함으로 고백하며 기도하는 모습에 많은 은혜를 받았다. 이때 성령의 도우심으로 마음과 생각이 말씀에 집중되며 영혼이 맑아짐도 체험하게 되었다. 더 나아가 자신의 삶을 깊이 성찰하며 회개할 것은 회개하고 감사할 것은 감사하며 하나님께 정직한 기도를 드리고 그분과 깊은 교제를 하는 데 큰 도움이 되었다.

　아무쪼록 이 책을 읽는 모든 분들이 나처럼 시편을 사랑하며 하나님과 깊은 교제를 나누게 되시기를 간절히 바란다. 그동안 머뭇거리던 나에게 용기를 준 사랑하는 아내와 두 딸의 가정, 그리고 부족한 나를 위해 많은 수고와 조언을 아끼지 않으신 '도서출판 그린아이' 대표 이영규 장로님께 감사의 마음을 전한다.

2025. 12. 25. 성탄절에

이 육 하 목사

차 례

차 례

행복한 사람

시편은 바벨론 포로 이후(제2 성전시대, BC1000-400년 사이) 유대교의 '찬송집'으로 사용된 시이다. 그러므로 시편 모음은 찬양과 기도로 여호와를 찬미하는 여호와의 백성의 목소리이며, 그들과 우리에게 성경 이야기에서 예배가 담당한 중심 역할을 일깨워준다. 그것은 하나님의 근본적인 선하심과 사랑, 그리고 자기 백성을 위하여 행하신 놀라운 행위들을 기억하면서 살아계신 하나님께 초점을 맞추는 예배이다. 특히 시편은 총 5권으로 분류되어 있는데, 이는 모세오경을 염두에 둔 결정이다. 따라서 다윗은 모세오경의 모세에 상응한다.

시편 1편은 시편을 여는 대문이다. 그러므로 시편의 방향을 알려준다. 그 방향이란 무엇인가? 과연 복 있는 사람, 즉 행복한 사람의 조건이 무엇이냐는 것이다. 진정한 웰빙은 5가지의 만족을 말한다. 곧 영적, 육적, 정신적, 심리적, 사회적인 건강이다. 여러분은 모두 건강하신가? 모두 행복하신가? 돈만 많다고 행복한 것이 절대 아니다. 육체만 건강하다고 행복한 것도 아니다. 5가지가 골고루 건강해야 한다. 에리히 프롬이 말한 대로 행복은 어떤 환경이나 소유의 문제가 아니라 존재의 개념이요, 그 사람이 평생 지표로 삼은 이념과 사상과 가치의 개념에서 출발하는 것이다.

행복하려면 어떻게 해야 하는가? 한마디로 길을 잘 선택해야 한다.

1절에 행복한 사람은 악인들, 죄인들, 오만한 자들이 가는 길과는 다른 길을 간다고 하였다. 억제하고 조심해야 할 부분이 있다는 말씀이다.

그렇다면 우리가 장려하고, 열심히 추진해야 하는 것은 무엇인가?

2절에 "오직 여호와의 율법을 즐거워하며 그의 율법을 주야로 묵상하는 것"이라고 말씀한다. 여기서 '묵상'은 작은 소리로 읊조린다는 뜻이다.

그러므로 악한 사람들, 죄인들, 거만하고 교만하고 오만한 자들과 떨어져 날마다 겸손한 마음으로 하나님의 말씀인 율법을 즐겨 암송하고 깊이 묵상하며 순간순간 입으로 읊조리고 살면 행복한 사람이 된다는 것이다.

지금의 유대인들이 세계적으로 두각을 나타내고 있는 이유는 무엇인가? 신명기의 말씀을 생명처럼 여기기 때문이다. 물론 아직도 그들은 예수 그리스도의 복음을 받아들이지 않고 있다. 하지만 하나님의 선택을 받은 선민이라는 정체성은 흔들리지 않는다. 그들은 여호와의 말씀을 생명으로 삼고 날마다 읊조린다. 그것이 그 민족을 왕성하게 하는 핵심 비결이다. 말씀을 암송하면 위기 때 어느 길을 택할지 알게 된다. 딤후 3:16-17절에 "모든 성경은 하나님의 감동으로 된 것으로 교훈과 책망과 바르게 함과 의로 교육하기에 유익하니 이는 하나님의 사람으로 온전하게 하며 모든 선한 일을 행할 능력을 갖추게 하려 함이라."고 말씀한다.

말씀을 통해서 우리는 무엇을 얻는가? 말씀의 영을 통해서 세상을 살아가는 지혜와 계시를 받는다.(엡1:17-19절 참조) 이러한 자들은 하나님께서 나를 부르신 부르심의 소망이 무엇이며, 성도 안에서 그 기업의 영광의 풍성함이 무엇이며, 그의 힘의 위력으로 역사하심을 믿는 우리에게 베푸신 능력의 지극히 크심이 어떠한 것인지를 알게 된다. 그러므로 말씀에 능한 자들이 다 되시기를 주님의 이름으로 축원한다.

3-6절에서는 악인과 의인을 대조한다. 악인이 바람에 나는 겨와 같다면, 의인은 시냇가에 심은 나무다. 악인이 심판을 견디지 못한다면, 의인은 여호와께 인정을 받는다. 악인이 망한다면, 의인은 성공한다. 그러므로

악인과 의인은 불행한 사람과 행복한 사람으로 나뉜다. 또한 실패하는 사람과 성공하는 사람으로 나뉜다. 결국 의인, 행복한 자, 성공한 자의 지름길은 무엇인가? 하나님의 말씀을 묵상하고 읊조리며 사는 것이다.

시119:18절에서는 "내 눈을 열어서 주의 율법에서 놀라운 것을 보게 하소서."라고 말씀한다. 말씀에 눈이 열리시기 바란다. 말씀으로 하나님께 인정받으시기 바란다. 하나님의 말씀에 능한 자, 하나님 말씀 속에서 놀라운 삶의 지혜와 하나님을 경험하는 자가 되시기를 바란다.

우리는 세상 사람과 무엇이 다른가? 고전2:12절에서 "우리가 세상의 영을 받지 아니하고 오직 하나님으로부터 온 영을 받았으니 이는 우리로 하여금 하나님께서 우리에게 은혜로 주신 것들을 알게 하려 하심이라."고 말씀한다. 우리는 성령을 받은 자들이다. 하루를 살아도 하나님의 은혜를 알고 느끼며 감사하며 살아야 한다.

무엇보다도 우리는 세상 사람들과 마음이 다르다. 딤전1:5절과 같이 "이 교훈의 목적은 청결한 마음과 선한 양심과 거짓이 없는 믿음에서 나오는 사랑"으로 가득한 자들이다. 어느 무명의 사람이 쓴 글에 이런 내용이 있다. "비 오는 날 우산을 잃어버리면 참으로 낭패요 우울하다. 하지만 이보다 더 불행한 자는 지갑을 잃어버린 사람이다. 그런데 지갑을 잃어버린 사람보다 더 불행한 자는 누구일까? 사랑을 잃어버린 사람이다. 그러면 사랑을 잃어버린 사람보다 더 불행한 자는 누구일까? 신뢰를 잃은 사람이다." 여기에 하나를 더 추가한다. 여호와 하나님으로부터 인정을 받지 못한 자는 이보다 더 불행한 사람이다. 오늘도 정신을 차리고 의인의 길(잠4:18-19)을 가시기를 주님의 이름으로 축원한다.

진정한 왕 예수 그리스도

시편 2편은 세상의 군왕들과 관원들이 주님과 싸우는 장면을 그리고 있다. 그들이 하나님의 통치를 거부하고, 하나님을 대적하는 것이다.

이 예언은 적중했다. 그것이 바로 예수님의 십자가의 죽으심이다. 예수님의 제자들은 이 부분에 대해 행4:23-28절에서 헤롯과 본디오 빌라도는 이방인과 이스라엘 백성과 합세하여 하나님께서 기름부으신 거룩한 종 예수를 거슬러 십자가에 못 박았다고 말한다. 결국 예수님은 말씀의 예언대로 세상의 군왕들, 관원들과 싸워 십자가에서 고통을 당하시고 죽으셨다.

그러나 그것으로 끝난 것이 아니다. 4절에서 "하늘에 계신 이가 웃으심이여, 주께서 그들을 비웃으시리로다."라고 말씀한다. 우리 주님께서는 보란듯이 3일 만에 사망권세를 이기시고 부활하셨다. 그리고 승천하셨고, 다시 오신다. 이제 다시 오실 때는 사탄을 완전히 결박하여 영원한 무저갱에 넣으실 것이다. 그러므로 하늘에 계신 이가 그들을 비웃으신 것이다. 5-7절에 "너는 내 아들이라. 오늘 내가 너를 낳았다."고 선포하신다. 9절을 보면 하늘에 계신 이가 어느 정도로 이기시는가? 철장으로 질그릇을 깨뜨림같이 부수리라고 말씀하신다.

우리는 이처럼 다 이긴 게임에서 살고 있다. 하지만 현실은 만만치 않다. 엡6:12절에 "우리의 씨름은 혈과 육을 상대하는 것이 아니요, 통치자들과 권세들과 이 어둠의 세상 주관자들과 하늘에 있는 악의 영들을 상대함이라."고 하셨다. 그러므로 우리를 향하여 전신갑주를 입으라고 하셨다.

우리 자신은 이기기가 어렵지만 하나님의 전신갑주를 입으면 영원한 승리자 되신 우리 주님으로 인하여 넉넉히 이길 수 있다는 말씀이다.

이 말씀이 무슨 뜻인가? 그리스도의 군사로 제자의 삶을 살라는 것이다. 막8:34-35절, "무리와 제자들을 불러 이르시되, 누구든지 나를 따라오려거든 자기를 부인하고 자기 십자가를 지고 나를 따를 것이니라. 누구든지 자기 목숨을 구원하고자 하면 잃을 것이요, 누구든지 나와 복음을 위하여 자기 목숨을 잃으면 구원하리라."는 말씀을 의지하시고, 더욱더 적극적으로 삶의 현장 가운데서 승리하시기를 주님의 이름으로 축원한다. 그것이 오늘 하루를 사는 참된 지혜라는 것을 기억하시기 바란다. 10절을 보면 우리를 향하여 "그런즉 군왕들아, 너희는 지혜를 얻으며, 세상의 재판관들아, 너희는 교훈을 받을지어다."라고 선포하신다. 세상의 군왕이나 재판관 같은 권력자들부터 평민에 이르기까지 진정한 만왕의 왕, 만주의 주 되신 예수 그리스도의 군사로 제자로 사는 지혜가 충만하시기를 간절히 축복한다.

우리는 성경적으로 시대를 분별할 수 있어야 한다. 옛날 구약시대, 이스라엘 백성들의 실수는 무엇인가? 그들은 강대국이 두려워 하늘의 하나님보다 이웃의 애굽이나 앗수르, 바벨론에 줄을 대고 의지했다. 그 결과 나라가 망하거나 국민이 포로가 되었다. 지금도 마찬가지다. 주변의 강대국이나 권력자들보다 만왕의 왕이신 예수 그리스도가 보이고 그분에게 줄을 대고 그분을 섬기는 분별력이 있어야 한다.

하나님은 이러한 삶에 대하여 11절에서 "너희는 여호와를 경외함으로 섬기고 떨며 즐거워하라."고 하신다. 여호와를 즐거워하기를 세상 그 어떤 즐거움보다 우선하라는 말씀이다. 먼저 그의 나라와 그의 의를 구하라는 것이다. 그러므로 사도 바울은 행20:24절에 "내가 달려갈 길과 주 예수께 받은 사명, 곧 하나님의 은혜의 복음을 증언하는 일을 마치려 함에는 나의 생명조차 조금도 귀한 것으로 여기지 아니하노라."고 하였다. 자신의 목숨보다 하나님께서 주신 사명을 더 우위에 둔 것이다.

이러한 말씀은 선교사나 사도 바울에게만 해당하는 말씀이 아니다. 우리에게도 똑같이 적용되는 진리의 말씀이라는 것을 기억하라. 그리스도인들은 십자가를 지고 가면서 주님이 주시는 평강을 누리는 사람들이다. 자기를 부인하면서 주님을 따르는 자들이다. 예수를 믿는 것은 결코 사치가 아니다. 죽느냐 사느냐의 문제이다. 주님은 요16:33절에 "이것을 너희에게 이르는 것은 너희로 내 안에서 평안을 누리게 하려 함이라. 세상에서는 너희가 환난을 당하나 담대하라 내가 세상을 이기었노라."고 하셨고, 사도 바울은 롬8:37절에서 "(그러나) 이 모든 일에 우리를 사랑하시는 이로 말미암아 우리가 넉넉히 이기느니라."고 선포했다.

사탄의 권세 앞에 노출된 우리는 살아가며 많은 고통과 질병과 시험을 만나게 된다. 그리스도인으로 살아가기에 부딪히는 외로움과 고독감도 있다. 하지만 위의 말씀으로 예수 그리스도 편에 서시기를 바란다. 이에 대하여 12절에서 "그의 아들에게 입맞추라. 그렇지 아니하면 진노하심으로 너희가 길에서 망할 것이다. 그의 진노가 급하시다. 그러나 여호와께 피하는 모든 사람은 다 복이 있다."고 하셨다. 여호와께, 우리 주 예수 그리스도께 피하는 복이 무엇인지를 깨닫게 되시기를 바란다.

믿음의 지경을 넓히라

　삼하 15장을 보면, 다윗은 압살롬의 반역으로 인해 맨발로 울면서 얼굴을 가리고 감람산으로 피난을 간다. 이때 시므이라는 자가 자신을 향해 돌을 던지고 저주하며 "피를 흘린 자여, 사악한 자여, 가거라 가거라. 네가 왕이 되었으나 여호와께서 나라를 네 아들 압살롬의 손에 넘기셨도다. 보라, 너는 피를 흘린 자이므로 화를 자초하였느니라."고 외치는 소리를 듣는다.

　이처럼 말할 수 없는 수모를 겪으면서도 다윗은 그를 죽이지 못하게 한다. 오히려 이를 여호와께서 자신을 저주하는 음성으로 듣는다. 그리고 삼하16:12절에 "혹시 여호와께서 나의 원통함을 감찰하시리니 오늘 그 저주 때문에 여호와께서 선으로 내게 갚아 주시리라."고 하였다. 바로 이것이 다윗의 믿음의 그릇이다. 다윗은 반역한 아들 압살롬을 마음 깊이 사랑하면서 요압 장군에게 이렇게 부탁한다. "나를 봐서 압살롬을 잡더라도 절대 죽이지는 마시오." 이러한 심정으로 하나님을 향해 고백한 시가 바로 시편 3편이다. 그러므로 이 시는 그런 다윗의 마음을 생각하며 읽어야 한다.

　본문 1-2절에서 다윗은 자신의 대적이 어찌 그리 많으냐고 하나님께 외친다. 시므이 같은 자에게까지 수모를 겪으니 말이다. 그러나 곧 3절에서 "여호와는 나의 방패시요 나의 영광이시요 나의 머리를 드시는 자"라고 고백한다. 여호와 하나님은 나를 나의 적으로부터 막아 주시는 방패 역할을 하실 뿐만 아니라 반드시 나의 머리를 들게 하여 명예를 회복시켜 주실 것을 믿는다는 고백이다. 나아가 이로 인해 하나님께서 영광을 받으실 것을 확신하는 고백이다.

이 고백은 어디에 근거하는 것인가? 바로 골리앗과의 싸움에서 이긴 일이다. 이때 하나님은 다윗의 머리를 드시며 그의 명예를 회복시켜 주시고 영광을 받으셨다. 다윗은 그런 경험이 있는 자였다. 그러므로 이 고백의 배경에는 그러한 경험이 있었다는 것을 기억해야 한다.

여러분은 다윗처럼 골리앗을 믿음으로 이긴 경험이 있는가? 믿음의 경험이 많이 쌓이시기를 주님의 이름으로 축원한다. 이처럼 믿음의 그릇은 삶 가운데 하나님을 경험하면서 점점 자라는 것이다.

다윗은 4절에서 여호와께 부르짖으며 "그의 성산에서 응답하시는도다."라고 고백한다. 여기서 말하는 성산은 하나님의 법궤가 있는 곳을 말한다. 그는 참으로 법궤를 사랑하는 자였다. 법궤는 하나님이 계신 곳이기 때문이다.

5절에서는 이렇게 고백한다. "제가 이런 상황에서 누워 자고 깨었습니다." 이는 하나님이 붙들어 주셨기 때문이라는 것이다. 그만큼 절박한 상황에서도 그동안 자신이 경험한 하나님으로 인하여 분명히 선한 길로 인도해 주실 것을 믿기 때문에 배짱 있게 잠을 청할 수 있었다는 고백이다.

여러분의 믿음의 배짱은 어느 정도인가? 하나님을 믿음으로 편히 잠을 청할 수 있는가?

다윗은 6절에서 더 큰 믿음의 고백을 한다. "천만인이 나를 에워싸 진을 친다 해도 나는 두려워하지 아니하리이다." 이 믿음은 어디서 나오는가? 바로 하나님과 연합한 믿음이다. 하나님 뒤에 숨어서 나아가면 하나님 앞에 천만 명은 아무것도 아니라는 믿음이다. 골리앗을 쓰러뜨릴 때 그 한 명이 쓰러지니 블레셋 군대 모두가 줄행랑을 치는 것을 경험했기 때문에 이런 고백을 할 수 있는 것이다.

7절에서는 더 확신에 찬 고백을 한다. "주께서 나의 모든 원수의 뺨을 치시며 악인의 이를 꺾으셨나이다." 여기서 그가 "악인의 이를 꺾으셨나이다"라는 현재완료형을 쓰고 있는 것이 중요하다. 이미 되어진 경험으로 묘사하고 있기 때문이다. 우리의 앞을 가로막는 모든 먹구름은 만군의 여호와를 믿음으로 모두 물러갔음을 선포한다. 이처럼 믿음은 먼저 선포하는 것이다. 그러면 하나님이 책임져 주시리라 믿는다.

8절에서 "구원은 여호와께 있다"는 고백은 무엇인가? 관주에도 나와 있지만 승리가 여호와께 있다는 뜻이다. 그 승리를 얻은 자가 복 있는 자라는 것이다. 이러한 고백으로 인해 다윗이 개인적으로 경험한 믿음을 바탕으로 위기를 극복하고 있다는 것을 알 수 있다.

이러한 다윗의 고백을 통하여 큰 도전을 받으시기 바란다. 사자와 곰의 수염을 잡고 팽개치는 경험을 하시기 바란다. 골리앗을 물맷돌로 쓰러뜨리는 경험도 하시기 바란다. 시므이같이 자신을 비방하는 사람도 포용하는 믿음의 그릇이 되시기를 바란다. 반역한 압살롬의 생명을 안타까워하는 믿음의 그릇이 되시기 바란다. 다윗처럼 믿음의 그릇이 크게 확장되는 복된 하루가 되시기를 우리 주님의 이름으로 축원한다.

믿음으로 기쁨과 평안을 누리라

다윗왕이 통치할 당시, 나라에 가뭄이 심하게 들었다. 이때 신하들과 백성들은 하나님을 배신하고 바알신에게 절하며 비를 달라고 애원한다. 이 광경을 본 다윗왕이 하나님께 간절히 간구하면서 한편으론 백성들을 나무라는 모습을 그려보면 본문을 이해하기 쉬울 것이다. 백성들은 하나님을 완전히 신뢰하지 않는다. 신하들도 믿음 없는 간청을 계속한다. "다윗왕이여, 참으로 하나님이 살아계시다면 이렇듯 심한 가뭄을 주시지는 않을 것입니다. 이제 마음을 돌이키사 바알신에게 기우제를 지내십시오. 통촉하여 주시옵소서. 통촉하여 주시옵소서."라고 계속해서 간청한다.

이에 대처하는 다윗왕의 모습이 참으로 인상적이다. 그는 1절에서 "내 의의 하나님"이라고 부른다. 하나님은 의로운 재판장이라는 것이다. 의의 재판장이신 하나님께 은혜를 베풀어 달라고 간구한다. 이어 2절에서는 "인생들아" 하면서 자신을 반대하는 사람을 향하여 거짓말을 지어내어 나를 욕되게 하며 헛된 일을 꾸미지 말라고 경고한다. 이 모습에서 다윗의 온전한 하나님 중심 사상을 볼 수 있다. 그는 아무리 어려워도 하나님을 신뢰하고 나아간다.

3절에서 다윗은 "여호와께서 자기를 위하여 경건한 자를 택하신 줄 너희는 알지어다. 내가 그를 부를 때에 여호와께서 들으시리로다."라는 믿음의 선포를 한다. 이처럼 그가 백성들과 신하들에게 내놓은 무기는 단 하나다. 자신의 경건함이다. 하나님은 경건한 자의 편에 서신다. 하나님의 일을 주장하면서 기도하지 않고 말하는 자는 위험하다. 또한 그 주장은 경건이라는 터널을 통과한 것이어야 한다.

 그런데 더 난감할 때가 있다. 이러한 믿음을 가지고 하나님께 기도하고 나아가는데도 불구하고 하나님의 응답이 없을 때이다. 이럴 때 여러분은 어떻게 하시겠는가? 다윗은 이때도 바알에게 눈을 돌리지 않았다. 오히려 더욱더 의의 하나님을 신뢰하고 믿음으로 선포하며 나아갔다. 그러자 신하들과 백성들은 더욱 큰 소리로 외친다. "왕이시여, 이제 헛수고를 그만하십시오. 비가 올 기미는 전혀 보이지 않습니다. 바알에게 기우제를 지내시옵소서. 기우제를 지내시옵소서. 통촉하여 주시옵소서. 통촉하여 주시옵소서." 저들은 참으로 확신을 가지고 왕에게 간청한다.

 이때 다윗왕의 대답은 무엇이었는가? 4-6절을 보면 "너희는 떨며 분노하며 범죄하지 말지어다. 너희는 잠잠할지어다. 너희는 의의 제사를 드리고 여호와를 의지할지어다."라고 외친다. 그리고 하나님을 향해서 "여호와여, 주의 얼굴을 들어 우리에게 비추소서."라고 간구한다.

 하나님은 오늘도 우리의 믿음을 보고 계신다. 고비를 넘기는 믿음을 보신다. 인내하는 믿음을 보신다. 약1:2-4절에 "내 형제들아, 너희가 여러 가지 시험을 당하거든 온전히 기쁘게 여기라. 이는 너희 믿음의 시련이 인내를 만들어 내는 줄 너희가 앎이라. 인내를 온전히 이루라. 이는 너희로 온전하고 구비하여 조금도 부족함이 없게 하려 함이라."고 말씀한다.

 다윗은 이 과정을 통과한 믿음의 용사다. 그는 급박한 상황에서도 7-8절에서 이렇게 노래하고 있다. "주께서 내 마음에 두신 기쁨은 그들이 곡식과 새 포도주가 풍성할 때보다 더하니이다. 내가 평안히 눕고 자기도 하리니 나를 안전히 살게 하시는 이는 오직 여호와이시니이다."

영적인 사람들은 이 기쁨이 무엇인지를 아는 사람들이다. 환경을 넘어서는 눈이 있는 자들이다. 미래의 상황을 클로즈업하여 현실에서 풍성함을 누리는 비결을 아는 자들이다. 이들이 바로 진정한 믿음의 사람들이다.

심리적으로 정신적으로 고통을 당하고 있다 해도 하나님이 책임져 주실 것을 믿고 평안히 눕고 코를 골며 곤하게 잠드시기를 주님의 이름으로 축원한다. 경제적으로 어려움을 겪고 있다면 지금이 마지막 고비다 생각하고 다윗처럼 하나님께서 주실 기쁨으로 충만하시기를 주님의 이름으로 축원한다.

본문의 시인은 가뭄에도 관계 없다. 하나님의 응답이 없어도 관계 없다. 오로지 의의 하나님을 신뢰할 뿐이다. 결국 하나님의 편에 선 자, 경건의 모양이 아니라 경건의 능력이 있는 자가 승리할 것을 믿는다. 하나님을 배역하지 말자. 하나님은 사랑의 하나님이시요 신실한 하나님이시므로 결국 선한 길로 나를 인도하실 것이라는 믿음을 소유하자. 믿음이 부요한 자, 기쁨의 본질을 아는 자는 바로 이 진리를 깨달은 자이다. 신앙이 성숙된 자는 바로 이런 모습이다. 믿음의 사람들은 이런 권세를 누리는 사람들이다.

하나님은 오늘도 살아계신다. 성령님은 지금도 말할 수 없는 탄식으로 우리를 위하여 친히 기도하고 계신다. 고난과 역경이 닥칠지라도 오직 믿음으로 견뎌내시고 사탄의 유혹을 담대하게 물리치며 승리하시기를 주님의 이름으로 축원드린다.

기도로 아침을 시작하라

우리나라의 새벽기도는 1908년 길선주 목사로부터 시작되었다.

시편 5편 3절을 보면 다윗도 새벽기도를 드렸다는 것을 알 수 있다. "여호와여, 아침에 주께서 나의 소리를 들으시리니 아침에 내가 주께 기도하고 바라리이다."

시편 5편의 배경은 무엇인지 자세히 밝혀지지는 않았으나 압살롬의 반역이 시작되었을 때 하나님께 간구하는 기도라고 보는 견해가 유력하다.

다윗은 1절에서 아들의 반역에 너무 마음이 아파서 "여호와여, 나의 말에 귀를 기울이사 나의 심정을 헤아려 주소서."라고 호소한다. 이는 한마디로 너무 분해서 속이 부글부글 끓어올라 호소하는 절규일 것이다. 그는 2절에서 "나의 왕, 나의 하나님이여."라고 부르짖으면서 그동안 자신의 기도에 응답하시며 함께하신 하나님을 부른다. 하나님은 마7:7-11절에 "구하라, 찾으라, 문을 두드리라! 이때 좋으신 하나님은 우리가 떡을 달라 할 때 돌을 주시지 않고 생선을 달라 할 때 뱀을 주시지 않는다."고 하신다. 다윗은 이런 마음을 가지고 새벽기도를 하러 나간 것이다.

4절에서는 하나님의 가장 연약한 부분을 뚫고 들어가는 모습을 볼 수 있다. 그것이 무엇인가? 하나님은 죄악을 기뻐하지 않으신다는 것이다. 하나님은 거룩하시고 정결하신 분이기 때문에 악과 함께하시지 않는다. 그런데 왜 내 아들이 이렇게 악을 저지르는데도 하나님은 가만히 계시느냐는 것이다. 여러분도 다윗처럼 이런 하나님의 약점을 이용해서 기도하면 속히 응답될 줄로 믿는다. 하나님은 언약의 하나님이시기 때문이다.

5-6절에서 시인은 여러 악인들의 모습을 열거한다. "오, 하나님, 저들은 오만한 자들입니다. 하나님, 저들은 모두 행악자들입니다. 하나님, 저들은 모두 거짓말하는 자들입니다. 하나님, 저들은 모두 피 흘리기를 즐기는 살인자들입니다. 하나님, 저들은 속이는 자들입니다." 이처럼 하나님이 미워하시는 내용들을 철저하게 열거하고 있다.

7절에서는 다시 자신을 악인들과 철저하게 대조시킨다. "하나님, 저는 주님의 풍성한 사랑을 힘입어 주님의 집에 들어가 주님을 경외하고 성전을 향하여 예배할 겁니다. 하나님, 저는 철저하게 저런 악인들과는 다릅니다. 저는 하나님의 은혜와 자비를 힘입은 자입니다. 저는 하나님의 사랑과 긍휼을 힘입은 자입니다."라고 하나님께 무릎을 꿇는다. 8절에서는 "나의 원수들이 지금 엎드려서 나를 기다리고 있나이다."라고 고발한다.

9절에서는 "하나님, 저들은 입에 신실함이 없고, 정말 악한 자들입니다. 저들의 목구멍은 열린 무덤같이 냄새나고 더러운 자들입니다." 하고 말한다. 이러한 다윗의 기도에서 무엇을 깨닫게 되는가? 하나님께 기도하는 자는 정직하고 의로워야 한다는 것이다. 경건의 모양이 아니라 경건의 능력이 있는 자라야 하는 것이다.

억울하면 정직함으로 하나님께 아뢰시기 바란다. 정죄는 하나님이 하시는 것이다. 판단은 하나님이 하시는 것이다. 우리가 하나님을 대신하면 죄를 짓는 것이다. 함부로 남을 정죄하지 말라. 마7:1-3절에 "비판을 받지 아니하려거든 비판하지 말라. 너희가 비판하는 그 비판으로 너희가 비판을 받을 것이라."고 경고하신다. "어찌하여 형제의 눈 속에 있는 티는 보고 네 눈 속에 있는 들보는 깨닫지 못하느냐."고 야단치신다. 그러므로 우리는 다윗처럼 기도로 하나님께 원수들을 고발해야 한다. 그렇게 하면 서로가 상처받지 않고, 싸움하지 않고 승리하며 하나님께 영광을 돌릴 수 있을 것이다. 그것이 성경이 말씀하는 악인을 대하는 방식이다.

10절은 더 재미있다. 이 시인은 참으로 억울한가 보다. 악인들이 망하는 것을 끝까지 보고 싶은 것이다. 그들이 자기 꾀에 빠지게 해 달라고 기도한다. 우리는 에스더서를 묵상하면서, 결국 에스더와 모르드개를 비롯한 유대민족은 살았고, 하만이 모르드개를 사형시키려고 세운 그 나무에 하만이 달려 죽는, 자기 꾀에 빠지게 하시는 하나님의 역전 드라마를 보았다. 압살롬도 결국 상수리나무에 머리가 걸려 대롱대롱 매달리는 수모를 겪고 다윗의 군사 요압 장군에 의해 죽게 된다.

하나님은 말씀을 통하여 교만한 자가 어떻게 되는지를 잘 보여주신다. 지금도 공평하신 하나님은 살아계셔서 우리의 삶을 다스리시고 겸손한 자 편에 서신다는 것을 믿으시기 바란다.

11-12절에서 다윗은 개인에서 모든 사람으로 기도의 폭을 확장시킨다. "나같이 억울한 모든 사람도 주님의 보호하심으로 말미암아 나처럼 기뻐하게 하옵소서. 주의 이름을 사랑하는 모든 자들은 나같이 즐거워하게 하옵소서."라고 기도한다. 주의 방패로 모든 의인의 고난과 시련을 막아 주실 것이라는 확신에 찬 기도로 끝을 맺는다.

하나님은 우리의 적을 우리의 손이 아니라 하나님의 손에 맡기기를 원하신다. 그러면 신실하신 하나님께서는 우리를 속이고 대적하는 무리들이 자기 꾀에 넘어가게 하실 것이다. 그러나 전제 조건이 있다. 여러분의 삶이 정직하고 의로워야 하며 특히 아침을 기도로 시작해야 한다는 사실을 기억하시기 바란다.

시편 6편
회개함으로 응답받는 기도

시편 6편은 병상에서 하나님의 긍휼을 간절히 구하는 애가요 회개의 시다. 저자는 다윗으로 보고 있으나 확실치 않다.

시인은 1-2절에서 하나님의 진노가 자신에게 시작되었음을 알고 주의 분노와 진노의 심판을 거두어 달라고 간절히 청한다. 병이 들어 얼마나 고통스러우면 뼈가 떨린다고 했겠는가! 뼈는 신체와 정신을 지탱해 주는 골격이다. 그러므로 뼈가 떨린다는 표현은 자신의 인생 전체가 흔들리고, 몸과 마음이 극심한 고통 가운데 있다는 것을 말한다.

3절에서는 자신의 영혼까지도 떨린다고 표현한다. 한마디로 영육간의 낙심과 두려움이 절정에 달한 상태가 되었음을 알 수 있다. 이때 "하나님, 저의 이 고통이 어느 때까지입니까? 저에게 은혜를 베풀어 주시옵소서."라고 간절히 기도하고 있다. 이러한 마음은 중환자실에서 사경을 헤매 본 사람이라면 알 수 있을 것이다. 삶과 죽음의 경계를 넘나들면서 하나님께 고백해 본 사람이라면, 지금 낙망 가운데 좌절하고 있다면 알 수 있을 것이다.

4-7절에서는 무어라 기도하는가? "하나님, 내가 죽으면 하나님을 기억하려고 해도 불가능합니다. 내가 스올(무덤)에 내려가면 주님께 어떻게 감사할 수 있다는 말입니까?" 이는 "내가 죽으면 어떻게 하나님께 찬송과 영광을 돌릴 수 있겠습니까?"라는 기도가 아니겠는가! 오죽하면 밤마다 자신의 눈물로 침상을 띄우고 요를 적신다고 고백했겠는가? 자기의

눈은 근심으로 쇠하여졌다고 고백한다. 지금 그는 자신의 의지로 일어난다는 것이 100% 불가능하다는 것을 인식하고 있다.

만약 여러분이 이러한 상황이라면 어떻게 할 것인가? '그래, 나는 죽어도 좋다. 하나님 뜻대로 하옵소서. 죽어도 할 수 없지 뭐.' 이렇게 생각할 수도 있을 것 같은 생각이 드는가? 그렇지 않다. 중환자실에서 오랫동안 혼수상태에 있다가 정신을 차린 사람의 첫 반응은 어떠한가? 거의 대부분 어떻게든 더 살고 싶은 욕망으로 몸부림치는 모습이다. 그것이 인간의 본성이다. 어느 누구도 이 부분에서 자유롭지 못할 것이다.

본문 8절부터는 갑자기 분위기가 바뀐다. 암담하고 참담했던 모습은 완전히 사라지고 확신에 찬 모습으로 이렇게 외친다. "악을 행하는 너희는 다 나를 떠나라. 여호와께서 내 울음소리를 들으셨도다." 그는 기도하던 중 믿음의 담력을 얻은 것이 분명하다. 아니면 당시의 제사장으로부터 위로와 격려의 소리를 들었는지도 모른다. 여러분도 "악(질병을 줌)을 행하는 너희 사탄 마귀는 다 나를 떠나라. 치료의 하나님께서 내 울음소리를 들으셨도다!"라고 확신에 찬 믿음의 고백을 할 수 있으시길 바란다.

시인은 하나님께서 자신의 애통하는 눈물을 보셨다고 하였다. 회개의 눈물을 보셨다는 것이다. 사명에 대한 소망의 눈물을 보셨다는 것이다. 9절에서는 주님께서 자신의 간구에 응답하셨다는 확신을 선포한다. "여호와께서 내 간구를 들으셨고 내 기도를 받으시리로다!"

10절에서는 원수들을 향하여 오히려 경고한다. 자신의 모든 원수들이 부끄러움을 당하고 심히 떨며 물러갈 것이라는 것이다. 죽음의 고통을 호소하던 사람이 어떻게 이처럼 확신에 찬 소리로 외칠 수 있단 말인가?

인간의 능력으로는 불가능하다. 하지만 깊이 회개하고 하나님께서 주시는 자비와 긍휼을 경험하면 가능하다. 그리스도인들은 이 비밀을 경험하는 자들이다. 오늘도 병으로 고통받는 자들이 있는가? 가난으로 절망에 빠진 자들이 있는가? 하나님께 회개하며 자비와 긍휼을 간절히 구하면 기적은 일어난다. 하나님이 하시면 되는 것이다. 이러한 믿음이 신앙생활에 경험될 수 있으시기를 주님의 이름으로 축원한다.

문제는 우리의 거룩함이다. 하나님은 거룩하신 분이시기 때문이다. 교회는 거룩한 곳이다. 구약의 교회라고 말할 수 있는 가나안 복지로 들어갈 때 어떤 일이 있었는가? 여리고성을 무너뜨린 이스라엘 백성들이 조그만 아이성에서 실패했다. 그 이유가 무엇이었는가? 바로 여리고성 점령 시 아간이라는 사람이 물건을 도적질하고 속였기 때문이다. 이로 인하여 그의 가족과 모든 짐승들까지 아골 골짜기에서 죽여 돌무더기를 만든 후에야 하나님은 아이성을 점령하게 하셨다.

신약의 교회가 탄생할 때는 무슨 사건이 있었는가? 베드로 사도 앞에 아나니아와 삽비라가 성령을 속이고 자신의 소유를 판 땅값을 거짓으로 말하다가 그 자리에서 죽었다. 그 엄청난 거룩함과 정결함 위에 하나님의 교회가 세워진 것이다.

하나님은 우리에게 회개하기를 원하신다. 거룩함과 정결함을 회복하기를 원하신다. 그 위에 하나님의 자비와 긍휼을 간절히 구하기를 원하신다. 그 과정을 통과하면 다시 일어나 사탄 마귀와 나의 대적자들을 향해 외칠 수 있다. "악을 행하는 너희는 다 나를 떠나라. 여호와께서 내 울음소리를 들으셨도다!" 할렐루야!

무고자를 어떻게 할까?

시편 7편은 배경이 어떠한지는 확실치 않으나 다윗이 억울한 모함과 저주로 박해받던 시기에 쓰여진 것만은 확실하다.

본문의 주인공은 1절에서 "여호와 내 하나님이여."라고 하나님을 찾으면서 자신을 비방하고 추격하는 자를 피하여 하나님께 도망하고 있다. 하나님이 자기를 건져주시지 않으면 추격하는 자들이 자기를 사자가 사슴을 잡아 찢어 먹는 것같이 할 것이라고 고백한다.

그러면서 하나님께 이렇게 하소연한다. "하나님, 만약 제가 진짜 범인이라면 원수가 내 생명을 짓밟고 죽여도 괜찮습니다. 절대 나는 범인이 아닙니다. 저 사람들이 오해하고 있는 겁니다. 만약 내가 진짜 악인이라면 저 원수가 나를 땅에 묻도록 내버려 두십시오. 오 하나님, 주님이 진노하시며 일어나 주십시오. 일어나셔서 저 대적들을 상대해 주시고 저들의 분노를 막아 주십시오. 모든 백성들 앞에서 높은 자리에 올라가 재판장이 되어 주시고 하늘에서 그들을 다스려 주십시오. 거기서 만민을 심판하실 때 제가 참으로 정직하고 성실한 사람이라는 것을 밝혀 주십시오. 주님은 마음과 양심을 보시는 의로우신 하나님이 아니십니까?" 얼마나 억울하면 이러한 고백을 했겠는가.

여러분은 억울한 일을 당한 적이 없었는가? 혹시 지금 억울한 일을 경험하고 있지는 않은가? 하나님은 그 억울함을 스스로 해결하지 말라고 하신다. 하나님께 맡기라고 하신다.

시인은 10절에서 자신의 방패는 마음이 정직한 자를 구원하시는 하나님께 있다고 고백한다. 여러분도 이러한 무고자를 직접 상대하지 말고 우리의 방패 되시는 하나님께 맡기시기를 주님의 이름으로 축원한다.

하나님은 마음이 정직한 자를 구원하시고 성실한 자의 손을 들어 주시는 공평하신 하나님이신 것을 믿으시기 바란다.

신사참배를 끝내 거부하다가 옥중에서 하나님의 부르심을 받고 순교한 주기철 목사가 진정으로 마음 아파하고 고통스러워했던 것은 바로 같은 목사들이 자신을 정죄했다는 사실이었다. 제27회 장로교 총회가 열린 1938년 9월 9일은 신사참배의 결정을 가결했던 한국장로교 역사상 가장 치욕적인 날이었다. 왜냐하면 총회장 홍택기 목사가 주기철 목사를 제명했기 때문이다. 당시 주기철 목사의 유명한 설교 제목이 바로 '일사각오'이다. 한마디로 목숨 걸고 의의 편에 서겠다는 것이다. 주기철 목사는 이 총회 결의가 있은 지 6년 후, 1944년 4월 21일 옥중에서 순교하였다. 그때까지 그는 일사각오라는 신앙의 지조를 끝까지 지키며 신사참배 반대 운동의 최선봉에 서 있었다.

주 목사가 순교한 지 꼭 10년 후, 1954년 제39회 총회에서 그 가결은 취소되었다. 그리고 주기철 목사는 한국 기독교 역사상 최고의 명예를 회복하게 되었다. 반대로 주기철 목사를 정죄한 홍택기 목사는 한국 장로교 역사상 수치의 장본인으로서 16절의 말씀대로, 그의 재앙은 자기 머리로 돌아가고 그의 포악은 자기 정수리에 내리게 되었다. 이것이 공의의 재판장이신 하나님께서 살아계시다는 증거요, 이는 우리가 믿음으로 인내해야 하는 확실한 근거이다.

우리는 여기서 우리 주님의 십자가를 다시 생각해 내야 한다. 주님은 말할 수 없는 수모와 치욕을 당하셨음에도 끝내 그들을 용서하셨다. 그들에게 직접 보복하지 않으셨다. 그러나 주님은 결국 부활하셨고 승천하셨으며, 만왕의 왕 만주의 주로 온 인류를 통치하신다.

15절에서는 "다른 사람들을 빠뜨리기 위해 구덩이를 깊이 파는 자들은 스스로 그 구덩이에 빠질 것이라."고 말씀한다. 16절에서는 "그들은 자신들이 일으킨 재앙을 스스로 당할 것이고, 자신들의 포악은 자기 머리의 정수리로 돌아올 것이라."고 말씀한다.

남들이 알지 못하는 오해의 어려움을 겪고 있는 분들이 있는가? 당장 쫓아가 분풀이를 하고 싶은 대상이 있는가? 하나님은, 의로우신 재판장이신 하나님께 맡기고 참고 인내하라고 하신다. 나아가 영적 성장의 기회로 삼기를 원하신다. 워렌 위어스비는 『시편 산책』에서 이렇게 말했다. "하나님께는 시련과 시험에 대한 계획이 있으시다. 혹시 고난에 처했다면 그저 견딜 것이 아니라 그것을 성장을 위한 기회로 보고 당신의 마음을 점검하라. 하나님이 뭔가를 가르치시고 당신 삶의 어떤 영역을 계발하실 것이기 때문이다. 하나님이 당신 속에서 선한 일을 행하시도록 의뢰하라."

그렇다. 하나님은 우리의 정직함과 성실함을 결코 외면하지 않으실 것이다. 여호와께서 우리를 대신하여 자리를 박차고 일어나시며 원수들을 향해 진노하실 것이다. 그러므로 이제 하나님을 바라보고 17절의 말씀대로 감사를 회복하시기 바란다. 찬양을 회복하시기 바란다. 평강을 회복하시기 바란다. 나의 신앙을 성장시키는 기회로 삼으시기 바란다. 이러한 은혜가 삶 가운데 충만하게 임하시기를 주님의 이름으로 축원한다.

하나님과 자연과 나

여러분은 대자연을 창조하신 하나님의 권능으로 인하여 마음껏 기뻐하며 노래해 본 적이 있는가? 시인은 시편 8편 1절에서 그가 경험한 창조주 하나님의 영광을 이렇게 표현한다. "여호와 우리 주여, 주의 이름이 온 땅에 어찌 그리 아름다운지요. 주의 영광이 하늘을 덮었나이다."

아무리 세상사가 바쁘고 힘들고 분주하더라도 가끔 한 번씩 콘크리트 건물에서 벗어나 아름다운 밤하늘을 쳐다보면서 창조주 하나님을 노래하며 멋있는 시 한 편이라도 낭송하는 여유와 행복이 함께하시기를 주님의 이름으로 축원한다.

그리고 어린아이로 돌아가 보시라. 주님은 여러 곳에서 어린아이를 등장시키신다. 마18:3절에서는, "너희가 어린아이들과 같이 되지 아니하면 결단코 천국에 들어가지 못한다."고 하셨다. 마21:16절은 "예수님이 예루살렘에 입성하실 때 찬양하는 어린이들을 보시고, 어린 아기와 젖먹이들의 입에서 나오는 찬미를 온전하게 하셨다."고 말씀한다.

본문 2절에서도 하나님은 어린아이를 등장시키시고, 심지어 젖먹이들의 입으로 나오는 권능으로 말미암아 원수들과 보복자들을 잠잠하게 하신다고 말씀한다. 이처럼 우리는 하나님 앞에서 젖먹이 어린아이라는 것을 기억하시기 바란다. 어린아이는 정직하다. 어린아이는 순결하다. 어린아이는 겸손하다. 그러므로 하나님은 어린아이처럼 하나님 앞에 엎드려 불쌍히 여겨 달라고 고백하는 겸손한 자를 붙드신다. 긍휼히 여겨 달라는 자를 일으켜 세우신다. 성령의 기름부으심으로 하나님과의 관계가 창조주와 어린아이의 관계로 회복되시길 주님의 이름으로 축원한다.

행복은 다른 데 있는 것이 아니다. 하나님이 누구시며 내가 누구인지를 인식하며 사는 것이 바로 행복이다. 하나님은 창조주이시며 나는 어린아이라는 것을 깨닫고 사는 것이 행복이라는 사실을 믿어야 한다. 그 하나님의 권능은 감기 환자를 고치시는 것이나 암 환자를 고치시는 것이나 동일하시다. 하나님을 제한해서는 안 된다.

본문 후반부에서는 엄청난 비밀을 깨닫게 된다. 하나님 앞에 어린아이가 되는 것이 세상에서도 어린아이가 되는 것은 아니라는 사실이다. 오히려 하나님 앞에 어린아이가 되는 것만큼 세상에서는 존귀한 자요, 권세 있는 자요, 만물을 통치하고 다스리는 자라는 사실을 알 수 있다. 이것이 하나님과 나 사이의 비밀이다. 이러한 비밀을 깨닫게 되시기를 주님의 이름으로 축원한다.

시인은 이 놀라운 비밀을 노래하고 있다. 4-5절에 "제가 무엇이기에 주님께서 저를 이렇게 사랑하십니까? 제가 무엇이기에 주님께서 저를 어린아이처럼 돌보아 주시는 겁니까? 제가 무엇이기에 이토록 엄청난 영화를 누리게 하십니까? 제가 누구이기에 이처럼 세상 사람들로부터 존경받게 하시고 존귀한 자로 높여 주시는 겁니까? 제가 누구이기에 이렇게 풍요로운 삶을 살게 하시는 겁니까? 제가 정말 이러한 복을 누려도 되는 것입니까?"라고 말한다. 이러한 말씀이 여러분의 입으로 날마다 고백되기를 주님의 이름으로 축원한다.

우리는 하늘의 신령한 복을 누리는 자들이다. 하늘에서 내려오는 만나를 먹고 사는 사람들이다. 동서남북이 다 막혔어도 하늘이 뚫려 있음을 알고 사는 사람들이다. 위를 쳐다보며 보좌에 앉으신 예수 그리스도를 보고 사는 사람들이다. 사40:6절에서 "모든 육체는 풀이요 그의 모든 아름다움은 들의 꽃과 같다.”고 했다. 약4:14절에서는 “너희 생명이 무엇이냐. 너희는 잠깐 보이다가 없어지는 안개니라.”라고 했다. 사도 바울은 “우리의 몸은 깨지기 쉬운 질그릇”이라고 표현했다. 사43:1-2절에서는 “야곱아, 너를 지으신 이가 말씀하시느니라. 너는 두려워하지 말라. 내가 너를 구속하였고 내가 너를 지명하여 불렀나니 너는 내 것이라. 네가 물 가운데로 지날 때에 내가 너와 함께할 것이라. 강을 건널 때에 물이 너를 침몰하지 못할 것이며, 네가 불 가운데로 지날 때에 타지도 아니할 것이요 불꽃이 너를 사르지도 못할 것이다.”라고 하였다. 사43:21절에서는 “너는 내가 나를 위하여 지었나니 나를 찬송하기 위해 내가 창조한 백성이다.”고 말씀한다.

우리는 창조주 하나님과 연합된 삶을 살아야 한다. 우리의 옛사람은 주님과 함께 십자가에서 죽었다. 우리는 예수 그리스도의 부활과 함께 새 생명 가운데 사는 사람들이다. 우리는 그리스도 안에서 새로운 피조물이 된 사람들이다. 거듭난 사람들이다. 하늘의 양식을 먹고 사는 사람들이다.

예수님 인생의 노을은 십자가였다. 여러분 인생의 노을은 어떤 모습인가? 아무쪼록 그동안 주신 복을 나누며 섬기는 노을의 삶이 되시기 바란다. 이제는 창조주 하나님을 아는 단계에서 하나님과 연합하는 단계로 들어가 날마다 우리의 입술로 “여호와 우리 주여, 주의 이름이 온 땅에 어찌 그리 아름다운지요.”라고 고백하며 사시길 우리 주님의 이름으로 축원한다.

감사와 찬양의 삶

시편 9편의 배경은 극도의 고난 가운데 건짐을 받은 자가 하나님 앞에서 그의 구원을 노래하고 있는 것이다. 이는 감사로 이어지고, 나아가 의인을 죽이려는 악인을 심판하는 내용으로 확장된다.

기독교의 사상은 무엇인가? 어떠한 여건과 환경 가운데서도 원망과 불평보다는 감사의 조건을 찾으며 하나님께 찬양과 예배를 드리는 것이다.

다윗은 1-4절에서 자기를 핍박하고 말할 수 없는 고난을 안겨 주었던 원수들을 물리쳐 주시고, 보좌에 앉아 의롭게 심판하신 주님을 전심으로 찬양한다. 이처럼 그리스도인은 하나님을 향해서는 '전심'으로, 이웃을 향해서는 '진심'으로 살아가는 자들이다.

예수님은 가난한 자, 창녀, 세리, 압제당하는 자의 편이셨다. 그러므로 고후8:9절에서 "우리 주 예수 그리스도의 은혜를 너희가 알거니와 부요하신 이로서 너희를 위하여 가난하게 되심은 그의 가난함으로 말미암아 너희를 부요하게 하려 하심이라."고 말한다. 시인은 하나님으로 인하여 부요를 회복한 것이다. 이러한 자의 모습은 과연 어떠한가? 감사와 찬양을 하며 산다. 시인은 전심으로 여호와께 감사하고 즐거워하며 지존하신 주의 이름을 찬송하고 있다. 주님의 은혜에 감사와 찬양을 잃지 않으시기를 주님의 이름으로 축원한다.

5-8절은 열국을 심판하시는 주님을 찬양한다. 6-7절에서는 정복 전쟁을 배경으로 '무너뜨린 성읍'들과 '천상의 보좌'를 대조하고 있다. 악인을

멸망하시되 그들의 이름을 영원히 지우셨다. 가나안 정복이 바로 이런 모습이 아니겠는가? 또한 마지막 종말 때 우리 주님께서 세상의 모든 악의 무리들을 이렇게 멸하실 것이 아니겠는가? 그러므로 8절에서 말하는 것처럼, 하나님은 결국 공의로 세계를 심판하시고 정직으로 만민에게 판결을 내리실 것이다. 공의와 정직이 무엇인가? 예수 그리스도의 의로움이요, 우리는 그의 보혈을 의지함으로 의롭다 인정함을 받는 것이다.

9-14절은 시온의 왕이신 주님을 찬양한다. 예수 믿는 사람들은 11절의 '시온'의 의미를 알아야 한다. 시온은 본래 예루살렘에 있는 시온산을 의미한다. 다윗은 이곳을 정복하고 다윗성을 만들었다. 후대는 예루살렘을 시온산이라 부르고, 다윗성이라고 불렀다. 거기에 하나님의 법궤가 있었다. 그러므로 시온이라는 말은 이스라엘을 상징하는 말이다. 그들의 정체성이 무엇인가? '시오니즘'으로서 하나님이 함께하신다는 것이다. 하나님이 시온의 왕이라는 것이다. 9-10절에서는 "약하고 억울한 자들의 피난처"라고 말씀한다. 하나님은 약자의 하나님이시다. 그러므로 압제당하는 자, 가난한 자의 부르짖음을 시온에서 들으시고, 사망의 문에서 그들을 일으켜 구원해 주신다는 것이다. 우리가 구원받는 의미가 그것이다. 우리의 소망은 무엇인가? 새 예루살렘, 새 시온, 새 하늘과 새 땅을 기대하는 것이다. 이러한 시온의 왕이신 주님을 찬양하고 새 소망으로 살아가시기 바란다.

15-20절은 열국과 시온의 이중 운명을 대조한다. 6절의 "기억에서 사라진 성읍들"은 17절의 "하나님을 잊어버린 자들"이 되고, 12절의 "주께서 고난당하는 자들을 기억하신다"는 말씀은 18절의 "궁핍한 자, 가난한 사람들은 잊혀지지 않는다"는 말씀으로 해답을 제시하고 있다. 악인들은 15절에 "자기가 판 웅덩이와 자기가 숨긴 그물에 걸린다. 이방 나라들은

다 망할 것이다."라고 하신다. 이것이 바로 하나님의 공의이다.

19절에서 하나님은 인생으로 승리를 얻지 못하게 하신다. 20절에서는 이방나라들이 자기는 인생일 뿐이라는 것을 알게 하신다.

기독교란 무엇인가? 가난한 인생인 나를 알고 시온산 위의 보좌에 앉아 계신 여호와 하나님을 깨닫는 것이다. 약2:5절에서는 "내 사랑하는 형제들아 들을지어다. 하나님이 세상에서 가난한 자를 택하사 믿음에 부요하게 하시고 또 자기를 사랑하는 자들에게 약속하신 나라를 상속으로 받게 하지 아니하셨느냐."고 말씀한다. 그러므로 우리는 어떠한 마음으로 살아야 하는가? 빌2:5-8절을 보면 "너희 안에 이 마음을 품으라 곧 그리스도 예수의 마음이니, 그는 근본 하나님의 본체시나 하나님과 동등됨을 취할 것으로 여기지 아니하시고 오히려 자기를 비워 종의 형체를 가지사 사람들과 같이 되셨고 사람의 모양으로 나타나사 자기를 낮추시고 죽기까지 복종하셨으니 곧 십자가에 죽으심이라."고 말씀한다.

주님은 우리를 부요하게 하시고, 이 땅의 가난하고 소외되고 압제받는 자들을 위하여 창조주 하나님이시지만 육신의 옷을 입고 유대 땅 베들레헴의 가난한 마구간에서 태어나셨다. 기독교의 본질은 이 같은 사랑이요 나눔이요 서로 돌아보는 것이요, 함께 행복을 누리는 것이다.

우리를 택하시고, 부르시고, 의롭게 하시고 영화롭게 하신 하나님의 은혜에 감사하고 찬양하며, 이때 우리에게 부어 주시는 성령의 능력으로 세상의 가난하고 연약한 사람들을 외면하지 말고 진심으로 섬기는 여러분이 되시기를 주님의 이름으로 축원한다.

환난을 이기는 믿음

시편 10편은 고아와 가난한 자, 가련한 자를 도우시는 하나님에 대한 말씀이다. 어떤 사람이 악인에게 박해를 받고, 시련을 당하며, 위기에 처해 있다. 이런 상황에서 원수의 악독한 성격과 과격한 행동을 비난하며 주님께 도움을 구한다.

1절에서는 "여호와여, 어찌하여 멀리 서시며 어찌하여 내가 이런 환난을 당했는데 숨으시나이까?"라고 호소한다. 2절에서는 "악한 자가 교만하여 가련한 자를 심히 압박합니다. 그러니 저들이 자기들 꾀에 빠지게 하소서."라고 하며, 3절에서는 악인의 교만을 고발한다. "악인은 욕심을 자랑하며 탐욕을 부립니다. 그는 여호와를 배반하며 멸시합니다." 심지어 4절에서는 "모든 사상에 하나님이 없다 하나이다."라고 말한다.

여러분은 이러한 경험을 한 적이 있는가? 여러분 주변에는 이러한 사람이 없는가? 남을 무시하고, 교만하고, 욕심이 많고 탐욕을 부리는 사람, 나아가 하나님을 무시하고, 하나님이 없다고 자기 자랑만 일삼는 사람이 없는가? 만약 이러한 자가 있다면 속수무책으로 당할 수밖에 없다. 그러므로 우리는 하나님께 호소해야 한다. 하나님께 기도하며 하나님의 도우심을 받아야 한다.

시인은 말할 수 없는 억압 가운데 신음하고 있는 것을 잘 표현하고 있다. 악인은 "심판이 어디 있느냐, 나를 당할 자 누구냐, 나는 흔들리지 않고 대대로 환난을 당하지 아니하리라."고 큰소리친다. 7절에서는 "그의 입에는 저주와 거짓과 포악이 충만하며 그의 혀 밑에는 잔해와 죄악이 있나이다."라고 말한다. 얼마나 고통이 심한지 하나님께 호소하는 것이 끝이 없다. 8절에서는 "그는 구석진 곳에 앉아 은밀한 곳에서 무죄한 자를 죽이며 그의 눈은 가련한 자를 엿보고 있나이다. 사자처럼 은밀한 곳에 엎드려 가련한 자를 잡으려고 그물을 쳐놓고 있나이다. 가련한 자는 속수무책으로 그들이 쳐놓은 그물에 걸려 넘어지고 있나이다."라고 한다. 북한의 주민들이 이러한 상황이 아니겠는가? 결국 악인은 하나님 앞에서 심판을 받을 것이다. 우리에게는 이러한 하나님을 향한 믿음이 있어야 한다.

12절부터는 더 안타까운 마음으로 하나님께 기도한다. "여호와여 일어나옵소서, 하나님이여 손을 드옵소서. 가난한 자들을 잊지 마옵소서. 어찌하여 악인이 하나님을 멸시하여 그의 마음에 주는 감찰하지 않는다고 큰소리치게 하나이까? 주께서 보셨나이다. 감찰하시고, 악인에게 갚아 주옵소서. 외로운 자, 고아나 과부, 가련한 자들은 주를 의지할 수밖에 없나이다. 악인의 팔을 꺾으소서. 악한 자의 악을 더 이상 찾아낼 수 없을 때까지 악을 찾아 갚아 주소서."라고 부르짖으며 하나님께 간절히 기도한다.

여기서 우리는 무엇을 배울 수 있는가? 고통을 당하거나 어려울 때 하나님을 찾으라는 것이다. 하나님께 기도하라는 것이다. 또한 힘과 에너지가 있다면 어렵고 가난한 자들, 가련한 자들을 도우라는 것이다. 이제는 행동하는 그리스도인들이 되시기 바란다.

지금은 고인이 된 가난한 자들의 대부, '부스러기 사랑 나눔회'의 강명순 목사(전 국회의원)가 새벽기도회 시간에 굶어 죽어가는 아이들을 위해

"하나님, 어떡하면 좋습니까? 저들을 불쌍히 여겨 주시옵소서."라고 기도하는데 주님의 세미한 음성이 들렸다고 한다. "네가 해라!"는 말씀이었다. 그때부터 그는 생명이 다할 때까지 그 말씀에 순종하여 가난한 자들의 대부가 되었고, 국회의원까지 되었다.

그렇다. 우리가 하나님께 기도할 때 하나님의 응답은 무엇인가? 그러한 자들을 붙여 주시는 것이다. 우리가 북한을 위해 기도할 때 세계의 지도자들이 움직일 것이다. 북한의 주민들이 지하에서 눈물을 흘리며 기도할 때 신실하신 하나님께서는 일어나 그들의 손을 들어 주실 것이다. 이것이 하나님의 공의요, 하나님의 사랑이다. 이러한 하나님의 공의와 사랑을 경험하시기 바란다.

16절을 보면, 여호와께서는 영원무궁하도록 왕이라고 고백한다. 17절에서는 하나님은 겸손한 자의 소원을 들으셨다고 외친다. 18절에서는 고아와 압제당하는 자를 위하여 심판하사 세상에 속한 자가 다시는 위협하지 못하게 하실 것이라고 선언한다.

예수님은 무엇 때문에 이 땅에 오셨는가? 가난한 자, 병든 자, 소외된 자, 모든 죄인들에게 자유와 해방을 주시려고 오셨다. 약1:27절에서는 "하나님 아버지 앞에서 정결하고 더러움이 없는 경건은 곧 고아와 과부를 그 환난 중에 돌보고 또 자기를 지켜 세속에 물들지 아니하는 그것이니라."고 말씀하셨다.

여러분은 힘있는 자에 속하는가? 고아와 과부에 속하는가?
어려우면 하나님께 기도하라. 그러나 힘이 있고 에너지가 있다면 나눔과 섬김의 삶을 살라. 이것이 오늘 우리에게 주시는 주님의 음성이다.

고난 가운데 들리는 두 음성

모든 건축물이나 토목공사에는 기초공사가 있다. 기초공사는 참으로 중요하다. 기초공사를 제대로 하면 지진도 견딜 수 있다. 그러나 기초가 튼튼하지 못하면 조그만 충격에도 견디지 못한다.

신앙에도 기초가 있고 교회 공동체에도 기초가 있으며, 가정에도 기초가 있다. 기초가 든든하면 웬만한 소용돌이 가운데서도 잘 견딘다. 하지만 기초가 없으면 흩어지게 된다. 우리의 삶의 기초는 여호와 하나님이요, 오직 예수 그리스도이시다.

모든 것이 평안할 때는 문제가 없다. 위기가 닥쳐봐야 알 수 있다. 위기가 닥쳤을 때는 크게 두 갈래로 나뉜다. 한 부류는 신앙의 공동체를 사수하며 믿음으로 여호와께 피하는 사람들이고, 또 한 부류는 1절의 말씀대로 새같이 산으로 도망가는 사람들이다. 하지만 산으로 도망간다고 해서 다 안전한 것은 아니다. 세상으로 간다고 해서 다 잘살고 행복한 것이 아니다. 오히려 그곳이 지뢰밭이다.

2절을 보면 "그 뒤에서 악인이 도망가는 자의 등을 향하여 활을 당기고 있다."고 말씀한다. 그들은 어두운 데 숨어서 도망가는 자를 겨냥하고 있는 것이다. 사탄의 방해가 이렇게 무서운 것이다. 다윗은 이러한 상황을 맞아 믿음의 정조를 잘 보여주고 있다.

3절을 보면, 시인은 "터가 무너지면 의인이 무엇을 하랴."고 고백한다. 참으로 중요한 선언이다. 믿음의 공동체가 무너지는데 도망을 간다 한들 무슨 의미가 있는가? 하는 반문이다. 위기 때 우리의 터전인 예수 그리스도가 무너지면 무슨 의미가 있는가? 다윗왕의 경우, "국가가 없어지면 왕이라는 사람이 무슨 의미가 있는가?"라는 것과 같다. 나라와 법과 질서가 순식간에 무너지는데 왕으로서 산으로 도망가 홀로 살아남는 게 무슨 의미가 있는가? 하는 말이다.

4절을 보면, 이때 다윗은 하나님을 찾는다. 그리고 하나님께 피한다. 하나님께서 믿음의 공동체를 사수하게 해 주실 것을 믿고 도망가지 않는다. 하나님은 성전에 계시고 여호와의 보좌는 하늘에 있다고 선포한다. 그 하나님은 지금도 불꽃 같은 눈으로 자신의 상황과 처지를 손바닥 보듯 보고 계신다고 믿는다. 하나님의 눈이 우리의 인생을 통촉하시고 감찰하신다고 고백한다.

여러분도 위기 때 산으로, 세상으로 도망가지 아니하고 믿음으로 신앙의 정조를 지킬 수 있으시길 축원한다. 우리는 이러한 말씀으로 다시 새롭게 각오를 다져야 한다. 지금의 우리나라는 신앙의 자유가 철저하게 보장되어 있다. 하지만 언제 다시 신사참배를 강요하는 날이 올지 모른다. 언제 다시 무슬림과 싸워야 할지 모른다. 언제 공산주의자와 싸우게 될지 모른다. 5절에서 여호와는 의인을 감찰하시고 악인과 폭력을 미워하신다고 선언하신다. 참믿음은 위기가 닥쳐 보아야 알 수 있다.

5-6절에서 하나님은 의인의 편에 서시겠다고 약속하신다. 폭력과 저주에 가까운 독설로 비방하고 다니던 악인들을 그물로 잡아 버리겠다고 하신다. 소돔과 고모라에 내려졌던 불과 유황, 거기에 바람까지 동원하여 그들의 잔을 채워 주시겠다고 하신다. 이 광경을 현대의 언어로 표현한다면, 화산이 폭발하여 주변을 모두 잿더미로 만들어 버리는 광경이 될

것이다. 마지막날에 이 땅에 임할 심판이 바로 이러한 모습이다. 그때에 우리는 공중에서 주님과 혼인 잔치를 하고 주님과 함께 새 하늘과 새 땅으로 내려오게 될 것이다. 7절에, 의로우신 하나님은 결국 의인의 편에 서시고 또한 정직한 자는 하나님의 얼굴을 뵈올 것이라는 선포가 있다. 소돔과 고모라 성이 멸망할 때, 롯의 사위들은 자신들을 향한 경고를 농으로 받아들이다가 멸망당했다. 롯의 아내는 미련을 갖고 뒤를 돌아보다가 소금 기둥이 되었다.

가정이든 교회든 국가든 늘 평안할 수는 없다. 언제 위기가 닥치고 어려움이 닥칠지 모른다. 이때 우리는 신앙의 터를 사수하는 자가 되어야 한다. 교회가 어려워도 신앙의 정조를 지키며 하나님의 이름을 훼손하지 말아야 한다.

이 시대의 교회가 새처럼 도망하는 현상이 무엇인가? 바로 복음 없는 메시지가 난무하고, 회개 없는 죄 용서를 가르치는 것이다. 거듭남 없는 구원을 지향하고 부흥과 성장만 추구한다면 이는 하나님을 떠나 산으로 도망치고 있는 것과 같다. 성령 없는 교회, 지옥 없는 천국을 가르치고 있다면 위기 중에 위기일 것이다. 가정이 새처럼 도망하는 것은 어떤 의미인가? 교회를 부속물로 여기는 것이다. 신앙생활의 우선순위가 가치관에서 밀려나는 것이다. 가정에서도 신앙의 터를 지켜야 한다. 개인적으로도 신앙의 터가 되신 예수 그리스도만 바라보아야 한다.

오늘, 나의 삶 가운데 기초가 되는 터는 무엇인가? 인생의 터는 누구인가? 그 터는 지금 안전한가? 스스로에게 물어보고, 나에게 주어진 신앙공동체의 터를 끝까지 지키고 사수하는 믿음의 용사들이 되시기를 우리 주님의 이름으로 축원한다.

거짓 입술과 여호와의 말씀

바다를 항해하는 배에는 키가 있다. 도로를 주행하는 자동차에는 핸들이 있다. 공중을 나는 비행기에는 조종간이 있다. 이들은 모두 모양은 다르지만 같은 역할을 한다. 바로 방향을 잡는 역할이다. 그렇다면 인생의 방향을 잡는 핸들은 무엇인가? 그것은 말이다. 인생은 말하는 대로 돌아간다. 말로써 상대를 죽이기도 하고 살리기도 한다.

시편 12편에서는 거짓된 언어가 얼마나 사람들을 황폐하게 만드는가를 잘 보여주고 있다.

1절에서 시인은 오죽했으면 경건한 자가 끊어지고 충실한 자들이 없어진다고 고백했겠는가! 거짓과 아첨의 말, 남을 저주하고 욕하는 말은 사람을 죽이고 황폐하게 만든다. 어떻게 그것이 가능한가? 그 말의 뿌리가 사탄이기 때문이다. 요8:44절은, "너희는 너희 아비 마귀에게서 났으니 너희 아비의 욕심대로 너희도 행하고자 하느니라. 그는 처음부터 살인한 자요 진리가 그 속에 없으므로 진리에 서지 못하고 거짓을 말할 때마다 제 것으로 말하나니 이는 그가 거짓말쟁이요 거짓의 아비가 되었음이라."고 말씀한다.

사탄은 거짓의 아비다. 그는 처음부터 살인한 자다. 그러므로 그의 말에는 진리가 없다. 그의 말은 남을 축복하거나 사랑하지 않으며, 오직 자기의 욕심만 챙긴다. 그러나 그 속에도 능력이 있다. 그러므로 축복의 언어를 사용하는 사람과 함께하시기를 주님의 이름으로 축원한다. 사랑의 언어를 사용하는 사람과 함께하시기를 축복한다. 아니, 여러분 자신이

45

축복의 언어와 사랑의 언어를 사용하시기 바란다. 남을 욕하고 저주하는 사람은 사탄과 함께 영적 전쟁을 하고 있는 것이기 때문이다.

거짓과 아첨하는 말의 특징이 무엇인가? 바로 2절에서 말하는 두 마음이다. 두 마음으로 말하는 것은 말 다르고 마음 다르다는 뜻이다. 사기꾼들의 특징은 무엇인가? 계속해서 자기 말만 한다. 그런데 자세히 들어보면 많은 부분이 검증되지 않은 거짓말이다. 상대와의 대화가 아니라 그저 사탄이 시키는 대로 거짓의 도구로만 사용되고 있는 것이다. 악인의 말이 갖는 또 다른 특징은 무엇인가? 4절에 의하면, 그들은 우리의 혀가 이긴다는 자만감으로 가득 차 있다.

5절을 보면, 여호와의 말씀은 가련한 자를 강하게 하시며 궁핍한 자를 부요케 하신다. 여호와의 말씀은 병든 자를 고쳐 주시고, 죽은 자를 살리신다.

시인은 6절에서 사탄의 말과 여호와의 말씀을 대조시킨다. 여호와의 말씀은 흙 도가니에서 일곱 번 단련한 은 같다고 비유한다. 악인의 말은 거짓말이요 찌꺼기라면 여호와의 말씀은 순금이요 순은이다.

우리는 구약성경을 통해 믿음의 선배들의 축복이 얼마나 큰 능력이 있었는지 알 수 있다. 아브라함과 이삭과 야곱의 입술로 축복한 것은 모두 현실이 되었고, 노아의 세 자녀에 대한 축복과 저주도 그대로 성취되었다.

이처럼 우리의 말은 능력이 있고 힘이 있다. 마12:36-37절에서 우리 주님은, "내가 너희에게 이르노니 사람이 무슨 무익한 말을 하든지 심판 날에 이에 대하여 심문을 받으리니 네 말로 의롭다 함을 받고 네 말로 정죄함을 받으리라."고 말씀하셨다. 우리의 말로 의인이 될 수도 있고 악인도 될 수 있다는 경고의 말씀이다.

시인은 7-8절에서 "오, 주님이시여! 우리를 지켜주시옵소서. 저 악한 자들로부터 영원토록 지켜주시옵소서. 지금도 이 땅에서는 악인들이 곳곳에서 날뛰고 있나이다. 비열한 인간들이 높임을 받고 있나이다. 우리를 보존하여 주시고 안전한 곳으로 인도하여 주시옵소서."라고 기도한다.

이처럼 우리가 사용하는 말의 뒤에는 조종자가 있다. 그 조종자는 사탄 아니면 우리 주님이다. 우리가 거짓말과 아첨하는 말과 위선된 말을 하면 거짓의 아비인 사탄의 조정을 받고 있는 것이요, 축복과 사랑의 말을 하면 진리의 아비인 주님의 조종을 받고 있는 것이다.

여러분은 우리 주님의 조종을 받으시길 축원한다. 주님께서 여러분의 입술을 조종하심으로 창조적인 계획들이 쏟아져 나오길 축원한다. 여러분의 입술로 꿈과 비전이 나오길 축원한다. 여러분의 입술로 예수 그리스도의 십자가와 부활이 증거되시기 바란다.

마지막으로 사50:4절 말씀으로 여러분을 축복한다.

"주 여호와께서 학자들의 혀를 내게 주사 나로 곤고한 자를 말로 어떻게 도와줄 줄을 알게 하시고 아침마다 깨우치시되 나의 귀를 깨우치사 학자들같이 알아듣게 하시도다."

걱정의 감옥에서 찬양의 초원으로

사람은 누구나 근심이 있거나 우울할 때 탄식을 하게 된다. 이는 자신의 처지를 한탄하며 한숨을 짓는 것을 말한다. 악인이 득세하면 탄식하게 되고, 가증한 일을 볼 때도 탄식하게 되며, 너무 고생을 하다 보면 탄식을 하게 된다. 이러한 탄식은 이 세상 영광이나 물질의 궁핍에서 오는 탄식이다.

그러나 시편 13편 1절에 나오는 다윗의 하나님을 향한 탄식은 이와는 차원이 다른 사랑의 탄식이요, 사모함의 탄식이요, 거룩한 탄식이다. "여호와여! 어느 때까지니이까? 나를 영원히 잊으시나이까? 주의 얼굴을 나에게서 어느 때까지 숨기시겠나이까?" 이를 현대어로 표현하면 "주님! 제가 주님을 얼마나 사모하고 사랑하는데 아직까지도 저를 이러한 고통 가운데 있게 하십니까?"라는 말이다.

여러분도 하나님을 너무 사랑해서 탄식하게 되시기를 축원한다. 하나님께 대한 거룩한 갈망으로 인하여 마음 아파하시기를 축원한다. 헌신의 진정한 의미는 사랑에 끌려가는 것이지, 억지로 명령에 따르는 것이 아니다.

2절에서 다윗은 영혼이 번민한다고 고백한다. 종일토록 마음에 근심이 있다고 고백한다. 3절에서는 근심으로 인하여 눈이 침침함을 고백한다. 이러다가 사망의 잠을 잘 것 같은 극심한 고통을 호소하고 있다. 그러나 이러한 가운데서도 그는 여호와 하나님을 더 깊이 사랑하고 있다.

부부간에도 이러한 사랑이 흐르고 있다면 무엇이 두렵겠는가? 부모와 자식간에 이렇게 사랑하고 있다면 가난해도 얼마나 행복하겠는가? 교회의 목사와 장로가 이러한 사랑을 유지한다면 교회의 살림에 무슨 걱정이 있겠는가? 여러분의 가정과 교회가 이러한 사랑의 탄식으로 넘치기를 주님의 이름으로 축원한다.

신앙의 진정한 위기란 무엇인가? 하나님을 사랑하는 마음이 식는 것이다. 가정의 최대 위기란 무엇인가? 부부간에, 부모와 자녀간에 사랑이 식는 것이지 경제적으로 어려운 것이 아니다. 영적으로 어려움을 겪고 있으면서도 아무렇지 않은 양 주일에 한 번 교회에 나가는 신앙생활을 하고 있다면 이는 신앙적 위기에 이른 것이다. 부부간에 별 문제가 없는데도 사랑의 눈빛이 없다면 이 또한 위기이다. 사랑은 우리의 마음을 움직이는 것이요, 우리의 마음을 뜨겁게 하는 열정을 만들기 때문이다.

하나님께 정직하라. 마5:8절에서는 "마음이 청결한 자는 복이 있나니 그들이 하나님을 볼 것임이요."라고 말씀한다. 마음이 청결하면 위기 가운데서도 하나님이 보인다. 고통 가운데서도 하나님을 애틋하게 사랑한다. 역경과 어려움 가운데서도 하나님께 간절히 기도하면 영적 충만이 회복된다. 이것이 그리스도인들의 특권이다. 고통 가운데서도 하나님께 정직하고, 사랑의 관계가 유지되길 주님의 이름으로 축원한다.

4절에서 다윗은 또 두렵다고 한다. 무엇이 두려운가? 원수가 이겼다고 할까 봐 두렵다는 것이다. 자신이 계속해서 이런 번민과 우울 가운데 흔들릴 때에 대적들이 기뻐하는 것이 두렵다는 것이다. 그러나 이를 역설적으로 표현하면 아직 사탄의 밥은 될 수 없다는 오기가 살아 있다. 자신의 원수는 하나님의 원수라는 강한 믿음이 내포되어 있다. 이때 하나님의 능력을 경험하게 되는 것이다. 이때 하나님께서 일어나시는 것이다. 이때 하나님께서 같이 탄식하시며 일으켜 주시는 것이다. 성령 하나님도 우리를 사랑의 탄식으로 도와주신다. 롬8:26절에서는 "이와 같이 성령도 우리의 연약함을 도우시나니 우리는 마땅히 기도할 바를 알지 못하나 오직 성령이 말할 수 없는 탄식으로 우리를 위하여 친히 간구하시느니라." 고 말씀한다.

이러한 아름다운 교제의 결과는 무엇인가? 다윗은 5-6절에서 주의 구원을 기뻐하며 여호와 하나님을 찬송하고 있다. 주님께서 더 큰 은혜를 베풀어 주심을 찬양하고 있다. 다윗의 환경은 조금도 변한 것이 없다. 그러나 그의 마음은 심한 탄식에서 말할 수 없는 기쁨의 찬양으로 변했다. 이것이 신앙생활의 묘미이다. 신앙생활은 이런 것이다. 캄캄한 밤중에도 아직 올라오지 않은 태양을 볼 수 있는 것이 신앙의 힘이다. 감옥에서 착고에 몸이 묶여 있어도 "기뻐하고 기뻐하라, 내가 다시 말하노니 기뻐하라."고 외칠 수 있는 것이 바로 신앙의 힘이다.

이 모든 것은 말할 수 없는 사랑의 탄식으로 주님과 깊이 교제를 하는 자들만이 누리는 경험이다. 여러분도 하나님과의 관계에서 이런 경지를 경험하게 되시기를 주님의 이름으로 축원한다. 부부간에도 이러한 사랑의 애틋함을 회복하시기 바란다. 여러분의 직장과 사업장에서, 섬기는 교회에서 이러한 영적 부요함, 이러한 영적 기쁨을 마음껏 누리고 다시 푸른 초장과 쉴만한 물가에서 기쁨과 평안을 누리는 복된 하나님의 자녀들이 되시기를 주님의 이름으로 간절히 축원한다.

지혜로운 자와 어리석은 자

세상에는 지식이 있으나 소위 헛똑똑한 자들이 수도 없이 많다. 자신의 명예와 권세를 자랑하고 건강을 자랑하지만 어리석은 자가 수도 없이 많다. 한편 많이 배우진 못했어도 하나님을 아는 지각이 있는 사람이 있다. 많이 가지지는 못했어도 예수 그리스도가 나의 왕, 나의 하나님이라고 고백할 수 있다. 이러한 하나님의 은혜에 감사하시기 바란다.

시편 14편에서는 하나님을 알지 못하는 어리석은 자가 누구인지 가르쳐주고 있다. 어리석은 자는 어떤 사람인가? 1절을 보면 "그의 마음에 이르기를 하나님이 없다."고 하는 자이다. 무신론자가 바로 어리석은 자인 것이다. 사32:6절에서는 "어리석은 자는 어리석은 것을 말하며 그 마음에 불의를 품어 간사를 행하며, 패역한 말로 여호와를 거스르며 주린 자의 속을 비게 하며, 목마른 자에게는 마실 것을 없어지게 한다."고 말씀한다.

무신론자들은 하나님만 없다고 하는 것이 아니다. 그들의 마음은 부패하고 그 행실이 가증하기 때문에 패역한 말로 여호와 하나님을 거스른다. 이러한 사람들을 실천적 무신론자라고 한다. 러시아의 푸틴이나 북한의 김정은 정권이 이러한 실천적 무신론자라고 할 수 있다. 롬1:28절에서는 이처럼 어리석은 사람들을 이렇게 표현한다. "그들이 마음에 하나님 두기를 싫어하매 하나님께서 그들을 그 상실한 마음대로 내버려두사 합당하지 못한 일을 하게 하셨다." 이처럼 어리석은 자는 그 마음에 하나님 두기를 싫어한다.

그러므로 2-3절에 "하나님께서는 오늘도 지각이 있어 하나님을 찾는 자가 있는지 살피시나 모든 사람이 죄악에 치우쳐 더러운 자가 되고 선을 행하는 자가 하나도 없다고 한탄하신다."고 말씀한다.

하나님께서는 잠8:17절에서 "나를 사랑하는 자들이 나의 사랑을 입으며 나를 간절히 찾는 자가 나를 만날 것이니라."고 말씀한다. 날마다 전심으로 하나님께 나아가는 지혜로운 자들이 되시기를 주님의 이름으로 축복한다.

어리석은 자들은 하나님만 부정하는 것이 아니다. 4절에 보면 "그들은 하나님의 백성들을 떡 먹듯이 먹는다."고 표현한다. 이는 하나님의 백성들을 억압하며 고통을 준다는 것이다. 스탈린이 바로 그러한 사람이었고, 히틀러가 그러한 사람이었고, 김일성, 김정일, 김정은이 바로 그런 사람이 아닌가! 이러한 사람들을 이사야 선지자는 사1:3-4절에서 이렇게 표현한다. "소는 그 임자를 알고 나귀는 그 주인의 구유를 알건마는 이스라엘은 알지 못하고 나의 백성은 깨닫지 못하는도다 하셨도다. 슬프다. 범죄한 나라요 허물진 백성이요 행악의 종자요 행위가 부패한 자식이라."

5절을 보라. 설령 이러한 어려움과 고통이 있더라도 하나님은 결국 의인 편에 서신다고 말씀한다. 그러므로 결국 하나님의 백성들의 손을 들어 주실 것을 믿어야 한다. 거기서 저 어리석은 자들, 저 하나님을 거역한 백성들은 두려워하고 두려워할 것이라고 선포하신다. 이러한 승리가 종말에 우리에게 올 것이다. 하지만 이러한 하나님의 선포는 우리가 눈을 뜨고 이 세상을 사는 동안에도 얼마든지 확인할 수 있다. 우리가 어렸을 때 예수 믿는 것 때문에 주변에서 얼마나 많은 조롱과 핍박을 받았는가? 하지만 지금 그들 옆에 서 보라. 그들은 우리를 존경하며 경외하는 눈초리로 본다. 세상을 살아가는 원리 자체가 완전히 다르기 때문이다.

6절에서 시인은 세상 사람들을 향해 '너희가!'라는 2인칭을 사용한다. 하나님의 백을 믿고 세상의 어리석은 자들을 향하여 담대하게 선포한다. "너희가 가난한 자의 계획을 부끄럽게 하고 고통스럽게 했지만 오직 여호와 하나님은 우리의 피난처가 되시느니라!"라는 선포이다.

7절에서 시인은 갑자기 시야를 넓혀 시온에서 나올 이스라엘의 구원을 바라본다. "이스라엘의 구원이 시온에서 나오기를 원하도다." 시온이 어디인가? 다윗성이요, 하나님의 법궤가 있는 곳이다. 하나님이 좌정하신 곳이다. 그러므로 하나님의 백성들의 구원은 오직 여호와 하나님으로부터 온다고 하시는 선포이다. "여호와께서 그의 백성을 포로 된 곳에서 돌이키실 때에 야곱이 즐거워하고 이스라엘이 기뻐하리로다." 여기서 야곱과 이스라엘은 무엇을 말하는가? 바로 하나님의 백성들을 말한다. 구원받은 백성들을 말한다. 여호와 하나님께서 그의 백성들을 포로 된 곳에서 해방시켜 주신다는 약속의 말씀이다.

롬8:1-2절을 보면 "그러므로 이제 그리스도 예수 안에 있는 자에게는 결코 정죄함이 없나니 이는 그리스도 예수 안에 있는 생명의 성령의 법이 죄와 사망의 법에서 너를 해방하였다."고 말씀한다. 그러므로 현실이 아무리 어렵고 힘들더라도 참 해방과 자유를 주신 하나님께 감사와 찬양을 드리는 지혜로운 여러분이 되시기를 우리 주님의 이름으로 축원한다.

그리스도인의 권리와 의무

우리는 권리와 의무라는 두 과제를 안고 살아간다. 이 두 과제는 서로 비례한다. 권리가 많으면 의무도 많다. 지도자가 되면 다른 사람에 비해 권리가 많아지지만 의무도 거기에 비례해서 많아지게 된다는 것을 의미한다.

우선 그리스도인의 권리 부분에 대하여는 1절에 자세하게 나와 있다. 이는 곧 주의 장막에 머물 수 있는 권리, 또는 주의 성산에서 살 수 있는 권리이다. 주의 장막과 성산은 어떤 곳인가? 성산은 시온산을 의미하는 것으로 장막과 같은 개념이다. 왜냐하면 하나님의 법궤를 모신 곳을 말하기 때문이다. 또한 예루살렘 성전을 말하기도 한다.

신약에서 성산의 의미는 히12:22절과 같이 "너희가 이른 곳은 시온산과 살아계신 하나님의 도성인 하늘의 예루살렘"을 말한다. 즉, 하나님의 백성들이 머물 최종지인 것이다. 그러므로 신약에서 성막에 거하는 자는 빌3:20절의 말씀대로 하늘에 시민권이 있는 성도를 뜻한다. 믿는 사람들에게는 천국 시민의 권리가 있다. 이를 다른 말로 표현하면 우리 안에 하나님의 법궤가 있고 하나님이 계신 성전이 있다는 것이다.

고전3:16절에 "너희는 너희가 하나님의 성전인 것과 하나님의 성령이 너희 안에 계시는 것을 알지 못하느냐."고 하셨다. 주의 장막에 머물고 주의 성산에 사는 자격을 주신 하나님, 우리 안에 거룩한 성전을 허락하신 하나님의 은혜에 진심으로 감사하고 찬양하시기를 주님의 이름으로 축원한다.

2절부터는 이런 권리를 얻은 천국 시민들의 의무가 나온다. 무려 10가지이다. 아마도 시인은 구약의 십계명을 생각하며 10가지로 정리했는지 모른다. 10가지를 자세히 분석해 보면 하라는 의무 4개와 하지 말라는 의무 6개로 나뉜다.

하라는 것은 2절에 (1)정직하게 행하라. (2)공의를 실천하라. (3)그의 마음에 진실을 말하라. 4절에 (4)눈은 망령된 자를 멸시하며 여호와를 두려워하는 자들을 존대하라. 이는 사실상 같은 맥락이다. 여호와를 두려워하는 자는 망령된 자를 멸시하기 때문이다. 하지 말라는 것은 3절에 (1)혀로 남을 허물하지 말라. (2)이웃에게 악을 행하지 말라. (3)이웃을 비방하지 말라. 4절에 (4)마음에 서원한 것은 해로울지라도 변하지 말라. 5절에 (5)이자를 받으려고 돈을 꾸어주지 말라. (6)뇌물을 받고 무죄한 자를 해하지 말라. 이와 같이 정리할 수 있다.

결론은 5b절에 있다. 이러한 의무를 다하는 자는 영원히 흔들리지 않는다는 것이다.

이제 내용은 완전히 파악했다. 즉, 하나님의 백성들은 하늘의 시민권을 가지고 하나님과 함께 영원한 삶을 누릴 수 있는 권리가 있는데, 10가지 의무를 다해야 한다. 그러면 영원히 흔들리지 않는다는 것이다. 사도 바울은 이러한 그리스도인의 권리와 의무를 로마서에서 믿음과 순종이라는 새로운 단어로 아주 자세하게, 그리고 아주 강하게 우리에게 깨우쳐 주고 있다. 롬1:5절에 "그로 말미암아 우리가 은혜와 사도의 직분을 받아 그의 이름을 위하여 모든 이방인 중에서 믿어 순종하게 하나니."라고 한다. 여기서 "믿어 순종하게 하나니"란 말은 매우 중요하다. 믿음에 순종의 열매가 있을 때 진정한 천국 시민의 의무를 다하는 것이기 때문이다. 이때 하나님께서는 천국 시민으로서의 권리를 주실 것이다. 천국 시민의 의무를 다하고 권리를 누리시기를 주님의 이름으로 간절히 축원한다.

그러나 실제로 우리의 삶 가운데 위와 같은 10가지를 다 지킨다는 것이 얼마나 어려운가? 인간의 노력으로 이런 것들을 완벽하게 지킨다는 것은 거의 불가능할지 모른다. 우리가 십계명을 완전히 다 지키지 못하는 것과 같다. 그렇다면 안 지켜도 되는가? 아니다. 박윤선 박사는 그에 대한 해석을 이렇게 하였다. "인위적으로 지킨다는 것은 어렵다. 그러나 그 짐을 그리스도에게로 옮겨 놓기만 하면 가능하다."는 것이다. 이것이 복음이다. 이것이 복음의 자유와 해방이다. 이 말의 의미는 마11:28-30절에서 "수고하고 무거운 짐 진 자들아, 다 내게로 와서 나의 멍에를 메고 내게 배우라. 그리하면 너희 마음이 쉼을 얻으리니 이는 내 멍에는 쉽고 내 짐은 가볍다."고 하신 말씀과 같다. 이 진리의 말씀을 깨닫게 되시기를 주님의 이름으로 축원한다. 또한 롬13:14절에서는 이 말씀을 "그리스도로 옷 입는다."고 표현한다. 주님의 십자가와 부활에 연합된다는 의미이다. 그러므로 주님과 동행하면 가능하다는 것이다.

날마다의 삶 속에서 주님과 동행함으로 본문의 10가지 덕목인 정직하고, 공의롭고, 진실하고, 하나님의 사람들을 존대하며, 남의 허물을 들춰내지 말고, 이웃에게 악을 행하거나 비방하지 말고, 하나님과의 약속을 해로울지라도 지키고, 더러운 이자를 탐하지 말고, 뇌물에 현혹되지 않는, 하나님의 자녀로서의 권리와 의무를 다하는 믿음의 용사들이 되시길 우리 주님의 이름으로 축원한다.

나의 전부이신 하나님

여러분은 날마다 하나님께 얼마나 감사하며 사는가?

최근에 『평생감사』라는 좋은 책을 출판하신 전광 목사님이 다윗의 감사에 대하여 「전천후 감사」라는 제목으로 글을 쓴 것을 보았다. 그렇다. 다윗은 죽음의 구덩이에서도 생명의 길을 주실 하나님께 감사했다. 음부에 처한 고통 가운데서도 하나님의 오른손을 의지하며 감사를 부르짖은 위대한 하나님의 종이었다.

다윗은 구구절절 "여호와 하나님은 나의 주."라고 고백한다. 1-2절에서 "내가 주께 피합니다. 나를 지켜주옵소서. 주는 나의 주님이시오니 주밖에는 나의 복이 없습니다."라고 하며 주님은 자신의 복이라고 고백하고 있다. 하나님 앞에 엎드려 자신을 뒤돌아보니 자신은 비천한 집안의 일개 목동에 불과한 사람이었다는 것을 발견한 것이다. 삼하7:18절을 보면 "다윗왕이 여호와 앞에 들어가 앉아서 가로되 주 여호와여, 나는 누구오며 내 집은 무엇이관대 나로 이에 이르게 하셨나이까."라고 고백한 일을 말씀한다. 이 시간 예수 그리스도가 나의 주라고 고백할 수 있다는 것에 감사하라.

여러분도 다윗처럼 진정한 행복이 주님 안에 있다고 고백할 수 있는가? 왕의 신분이면서도 이렇게 겸손한 종이 다윗이었다. 어떻게 이러한 감사를 할 수 있었을까? 그는 왕이면서도 성전에 들어가 기도하는 영적 긴장을 늦추지 않았기 때문이다. 이러한 믿음과 감사가 있는 자들은 오직 하나님만 경외하고 우상숭배를 철저하게 배격한다.

4절을 보라. 그는 다른 이방 신에게 예물을 드리는 자를 저주하며 자신은 입술로 그 신의 이름을 절대로 부르지 않을 것이라고 고백한다. 우리도 철저하게 하나님 외에 다른 이방 신을 저주하고 그 앞에 절하지 말아야 한다.

다윗은 5절에서 "여호와 하나님이 바로 나의 산업과 나의 잔의 소득이시니 나의 분깃을 지키시나이다."라고 고백한다. 산업, 잔, 분깃 모두 유산의 일부인 몫의 개념이요 축복의 개념이다. 자신은 여호와 하나님을 유산으로 받았다는 것이다. 여호와는 자신의 전부라는 것이다. 다윗은 이것을 하나님께 감사하고 있다.

본문을 묵상하면 유산에는 경제적인 유산 외에 진짜 아름다운 유산이 있다는 것을 알게 된다. 바로 믿음의 유산이다. 다윗은 죽음의 위협과 고통 가운데서도 믿음으로 인하여 흔들리지 않고 하나님이 자신의 유산이라고 고백했다. 하나님이 자신의 전부라고 고백하고 있으니 하나님을 옆에 모시는 것만큼 부자가 어디 있겠는가? 그에게는 이러한 철학과 가치관이 있었다.

다윗은 3절에서 성도들을 존귀한 자들이라고 불렀다. 그리고 자신의 모든 즐거움이 그들에게 있다고 고백했다. 시133:1절에서 "보라, 형제가 연합하여 동거함이 어찌 그리 선하고 아름다운고!"라고 고백하였다. 우리는 모두가 그리스도 안에서 한 형제가 된 줄로 믿어야 한다. 우리는 교회라는 공동체에 소속된 것을 감사해야 한다. 교회는 즐거운 곳이요, 웃음이 있는 곳이요, 기쁨이 있는 곳이다. 성도들의 교제가 왕성한 곳이 건강한 교회요, 비전이 있는 교회다.

6절에서 다윗은 자신에게 줄로 재어 준 구역이 아름답다고 말한다. 이는 하나님께서 주신 가나안 땅에 이스라엘 백성들이 함께 모여 살게 된 것이 참으로 아름답다는 표현이다. 땅의 개념보다는 하나님의 백성들로서 하나님을 모시고 사는 삶이 너무 행복하다는 고백이다.

7절에서 시인은 밤의 고요함 속에서 자기 마음속에 들려오는 소리를 듣고 자신을 훈계하시는 여호와를 송축하고 있다. 지금 그의 상황은 죽음의 구덩이 속에 있다. 그러나 밤에 자신에게 들려주시는 하나님의 고요한 음성을 듣고 있다. 그 음성이 무엇인가? 9-10절에 마음도 기쁘고, 영도 즐거워하고, 육체도 안전히 살 것을 믿는 참된 부활신앙을 고백하고 있다. 주께서 자신의 영혼을 스올(음부)에 버리지 않으시며 멸망시키지 않는다는 분명한 부활신앙이 다윗에게는 있었다.

당시 다윗의 처지는 주님의 고통과 비슷했다. 주님이 십자가에서 부르짖은 "나의 하나님, 나의 하나님, 어찌하여 나를 버리셨나이까?"라는 절규가 바로 다윗의 현실이었다. 그러나 그는 11절에서 "주께서 생명의 길을 보이시리니 주의 앞에는 충만한 기쁨과 영원한 즐거움이 있나이다." 라고 부활의 신앙을 노래하고 있다. 다윗처럼 위기 가운데 부활신앙으로 마음의 평강을 주신 하나님께 감사하며, 오직 하나님만이 여러분의 인생의 전부가 될 수 있기를 우리 주님의 이름으로 축원드린다.

하나님 편에 있는 자

여러분은 인간관계 속에서 위기를 경험해 보았는가? 특히 성실하고 근면하며 제 앞길을 잘 감당하는 사람들은 많은 사람들에게 질투와 공격을 받게 된다. 이럴 때 우리는 어떻게 해야 하는가? 시편 17편 1-9절을 통하여 살펴보자.

억울한 일을 당했을 때 우리는 자기를 변호한다. 하지만 상대도 만만치가 않다. 상대는 상대대로 자기의 주장을 앞세우기 때문이다. 이러한 분쟁을 듣는 중간 입장의 사람은 이쪽 편 들기도 어렵고 저쪽 편 들기도 어려워 그저 "왜들 그래!" 하면서 화합하라고 한다. 그럴 때면 더 억울하고 화가 난다. 그러나 조심해야 한다. 혈기만 앞세우다 보면 지금까지의 옳고 그름의 판도가 완전히 역전될 수도 있기 때문이다. 그러므로 우리는 성경으로 돌아가야 한다.

성경은 이럴 때 무엇을 가르쳐 주는가? 주님과 눈을 마주치라는 것이다. 하나님 앞에 정직하면 그냥 당하라는 것이다. 3절을 보면 "주님께서 내 마음을 시험하시고 밤에 내게 오셔서 나를 감찰하셔서 흠을 찾지 못했으니 내가 결심하고 입으로 범죄하지 아니하리이다."라고 고백한다. "내가 결심하고 입으로 범죄하지 않겠다."고 고백한 의미는 무엇인가? 상대가 욕을 한다고 해서 나도 욕을 하지는 않겠다는 것이다. 나도 똑같은 사람이 되지 않겠다는 고백이다. 이처럼 하나님 앞에 정직함으로 상대가 아무리 욕하며 악하게 나와도 입으로 범죄하지 않는 자가 바로 하나님 편에 서는 자라는 것을 기억하시기 바란다.

그런데 이러한 것이 아무에게나 가능한가? 아니다. 하나님과의 교제 가운데 응답받은 경험이 있는 자라야 가능하다. 6절에 보면 "하나님이여, 내게 응답하시겠으므로 내가 하나님을 불렀사오니 내게 귀를 기울여 내 말을 들어주십시오."라고 기도한다.

여기서 우리는 6절을 잘 이해해야 한다. "내게 응답하시겠으므로" 이 말이 뜻하는 것은 무엇인가? 이럴 경우 하나님께서 응답해 주시는 것을 많이 경험해서 그 맛을 알고 있다는 고백이 아닌가! 그러므로 성숙한 그리스도인이란 무엇인가? 건강한 그리스도인이란 누구인가? 억울할 때 하나님과 깊이 교제하여 하나님께서 자신의 기도를 들으시고 자신의 예배를 받으시는 것에 대한 경험이 있는 사람이다. 다윗은 그런 특권을 누리고 있다. 이러한 특권과 권세를 누릴 수 있으시기를 주님의 이름으로 축원한다.

지금 다윗은 하나님과 함께 밤을 보내고 있다. 지금 성전에서 밤을 보내고 있는 상황이다. 성전에서 밤을 보낸다고 하는 것은 무엇을 의미하는가? 하나님과 1:1의 대면을 하고 있는 것이다. 그러므로 평상시에 경건의 연습을 게을리하지 말아야 한다. 평상시에 많든 적든 하나님을 경험하라. 평상시에 기도의 응답을 경험하라. 평상시에 하나님을 찬양하며 하나님의 임재를 경험하라. 평상시에 하나님과 동행하라. 그런 사람은 위기 때 하나님의 눈을 볼 수 있을 것이요, 하나님께 기도하여 응답받고 위기를 탈출할 수 있을 것이다.

잠10:12절에서는 "미움은 다툼을 일으켜도 사랑은 모든 허물을 가리느니라."고 말씀한다. 허물을 덮은 무기는 사랑이다. 질투와 시기를 덮은 무기도 사랑이다. 용서의 무기도 사랑이다. 여러분을 못살게 구는 사람들이 있는가? 사랑의 무기로 방어하시기를 주님의 이름으로 축원한다.

다윗은 7절에서 "주여! 주의 기이한 사랑을 나타내소서."라고 고백하였다. 기이한 사랑이란 무엇인가? 평범한 사랑이 아니다. 위기 가운데서 평범한 사랑만으로는 공격해 오는 사람을 덮을 수 없다. 기이한 사랑의 에너지가 있어야 그들을 덮고 용서할 수 있다. 그런데 이러한 사랑의 에너지가 어떻게 죄인인 우리 마음에 충전될 수 있는가? 스스로의 노력으로는 불가능하다. 하나님의 기이한 사랑을 경험해야만 가능하다. 다윗은 먼저 하나님의 기이한 사랑을 간구하고 있다. 7절을 자세히 보면 주께 피하는 자와 일어나 치는 자가 대비되고 있다. 자신이 대적을 상대하는 것이 아니라 자기는 주께 피하고 주님이 자기 대신 대적을 상대해 달라는 고백이다.

인간관계에서 어려움을 겪고 있는가? 열등감과 우울증에 시달리는가? 영적으로 충만하지 않고 메마른 상태인가? 다시 성전으로 들어가 고요하고 깊은 밤에 하나님을 만나라. 그리고 그와 눈과 눈을 마주치라. 그리고 정직하고 깨끗한 마음을 회복하라. 기도의 응답과 주님의 기이한 사랑을 경험하라. 그러한 사람이 하나님 편에 있는 자요, 이웃에게 주님의 기이한 사랑을 베풀 수 있는 그리스도인들이다. 이러한 그리스도인의 권세와 능력으로 승리하시기를 주님의 이름으로 축원한다.

나의 대적을 이기려면!

　환난과 핍박과 시험이 닥쳤을 때 어떻게 하면 대적과 원수를 영적으로 이기고 승리할 수 있는가? 시편 17편 10-15절을 읽으며 그에 대한 답을 찾아보자.

　나의 칼이 아닌 주의 칼로 대항해야 한다. 10절에서 악인들의 모습은 비만으로 인하여 마음과 얼굴이 모두 기름져 있다. 그들의 입은 교만하기 짝이 없다. 하나님의 은혜를 망각하면 교만하게 된다. 삼상 9장에 보면, 사울도 왕이 되기 전에는 잘생기고 키가 큰 데다 겸손하고 온유한 사람이었다. 그런데 왕이 되고 나서부터 하나님의 은혜를 망각했다. 교만해지기 시작했다. 교만해지니 사무엘 대신 제사를 수행하는 죄를 범했다. 아말렉과의 싸움에서 모든 전리품을 진멸하라는 하나님의 명령도 어겼다.(삼상15:1-9) 다윗을 향한 질투심에 계속해서 그를 죽이려고 하였다. 그러나 자신은 악신으로 인하여 괴로움을 당했다. 잘나갈 때 사울처럼 교만한 사람이 되지 않아야 한다. 위기를 만났을 때 다윗처럼 주님을 의지하고 믿음으로 나아가야 한다.

　다윗은 11절에서, 이렇듯 사울에게 환난 당하는 것을 적들이 걸어가는 것을 에워싸서 노려보고 땅에 넘어뜨리려 한다고 표현하고 있다. 12절에서는 사자가 은밀한 곳에 엎드려 먹이를 잡을 태세라고 표현한다. 다윗은 이러한 상황을 어떻게 극복했는가? 자신이 대항하지 않았다. 심지어 굴속에 숨어 있을 때 사울왕이 뒷일을 보기 위해 굴속으로 들어왔다. 칼 한번 휘두르면 사울의 생명을 끊을 수 있는 찬스였다. 그러나 다윗은 여호와의 기름부음받은 자를 함부로 해할 수 없다며 죽이지 않았다. 그는 13절에서 오직 여호와를 의지하였으며 자신의 칼이 아닌 주의 칼로 해결해 달라고 간청하고 있다.

여러분에게도 대적이 있는가? 그렇다면 직접 칼을 휘두르지 말고 주의 칼에 맡겨야 한다. 특히 담임목사 같은 영적 지도자들을 향하여 자신의 칼을 휘두르지 말아야 한다. 주의 종들은 여호와의 칼에 맡기는 것이 성경적이다.

우리는 물질관을 바로 세워야 한다. 물질은 내가 이 세상에 살아 있는 동안만 유효하다. 14절을 보면, 다윗의 대적들은 세상에서 떵떵거리며 잘나가고 있다. 다윗이 볼 때는 그 재물은 모두 주님의 것이었다. 그러나 그들은 그것으로 자신의 배를 채우고, 남은 것은 자녀들에게 유산으로 물려주었다.

하지만 다윗의 표현을 자세히 보라. 그는 "이 세상에 살아 있는 동안"이라는 분명한 한계를 정한다. 저들이 누리는 복은 이 세상에 한정된 것으로 일시적이며, 영원하지 않다는 고백이다. 이 한계를 정하지 못하면 말할 수 없는 혼동에 빠지게 된다. 다른 사람들이 나보다 훨씬 더 큰 영화를 누리며 잘살아간다면 나는 무엇인가? 하는 자괴감에 빠지고 만다.

그러므로 자족의 진리를 배워야 한다. 딤전6:7-10절에 "우리가 세상에 아무것도 가지고 온 것이 없으매 또한 아무것도 가지고 가지 못하리라. 우리가 먹을 것과 입을 것이 있은즉 족한 줄로 알 것이니라. 부하려 하는 자들은 시험과 올무와 여러 가지 어리석고 해로운 욕심에 떨어지나니 곧 사람으로 파멸과 멸망에 빠지게 하는 것이라. 돈을 사랑함이 일만 악의 뿌리가 되나니 이것을 탐내는 자들은 미혹을 받아 믿음에서 떠나 많은 근심으로써 자기를 찔렀도다."라고 말씀한다. 조금만 깊이 생각해 보면, 돈이 많고 적음의 문제가 아니다. 돈이 많아도 고통당하는 자가 있고 돈이 없어도 행복한 자가 있기 때문이다. 물론 돈도 많고 성경적으로 살면서 행복을 누릴 수 있다면 더 좋지 않겠는가! 즉 본질이 어디에 있느냐 하는 것이 문제이다. 아무리 부자라도 그 마음에 하나님 두기를 싫어하면, 그 돈은 고통과 근심을 가져다 준다는 것이 성경의 가르침이다.

15절은 시편 17편 전체의 결론과 같다. 주의 형상으로 만족해야 한다는 것이다. 다윗은 어려움과 환난과 핍박을 당해도 의로움 중에 거하는 것을 변경하지 않았다. 하나님 편에 서는 것을 포기하지 않았다. 그는 세상의 현상만 바라보지 않고 영원을 바라보았다. 주의 얼굴을 사모했다. "깰 때에 주의 형상으로 만족하리이다." 이 부분은 신학자마다 부활을 의미한다고도 하고 성전에서 잠이 깬 것이라고도 한다.

우리에게 중요한 것은 우리가 영안이 열려 주님의 얼굴을 뵙는 것으로 인하여 대적을 이기고 모든 어려움과 고난을 극복하는 믿음이 있는가 하는 것이다. 시84:10절에서 다윗은 "주의 궁정에서의 한 날이 다른 곳에서의 천 날보다 나은즉 악인의 장막에 사는 것보다 내 하나님의 성전 문지기로 있는 것이 좋습니다."라고 고백했다. 세상의 행복보다 주의 얼굴을 뵙는 것이 더 큰 행복이라는 사실을 분명히 정립하시기 바란다.

다윗이 경험한 하나님

시편 18편 1-19절은 다윗이 사울과 원수들의 손에서 완전히 벗어나 이스라엘 나라의 왕권을 회복하고 승전가를 지어 하나님께 올린 시이다.

삼하 22장에 있는 시와 거의 같은 내용이다. 다윗은 어떠한 하나님을 경험했는가?

다윗은 사랑의 관계 속에서 힘이 되신 하나님을 경험했다. 1절에서 다윗은 여호와를 향하여 '자신의 힘'이라고 고백한다. 또한 자신이 하나님을 사랑한다고 고백한다. 이처럼 하나님을 경험한다고 하는 것은 하나님과 사랑관계를 유지한다는 말과 같다. 사랑관계를 유지하려면 어떻게 해야 하는가?

2절에서 다윗은 자신을 숨겨주신 하나님에 대하여 8가지로 표현한다. '반석, 요새, 건지시는 자, 하나님, 피할 바위, 방패, 구원의 뿔, 산성'이다. 반석은 주로 '절벽, 암벽'이란 의미로 쓰인다. 다윗은 여기에 숨어서 사울의 추격을 피했다. 요새는 산악 속의 동굴을 말한다. 그는 이곳에서 여름의 뜨거운 태양을 피했다. 건지시는 자는 공의로운 판단을 하신다는 의미이다.

하나님은 결국 의의 편에 선 다윗의 손을 들어주셨다. 피할 바위는 반석의 개념도 되지만 견고하고 변함이 없는 곳을 말한다. 방패는 주님의 보호하심을 잘 드러내 주는 표현이다. 구원의 뿔은 힘과 능력을 상징한다. 산성은 망대처럼 외적의 침범이 있을 때 피할 수 있는 높은 성벽 같은 것을 말한다.

다윗은 이러한 경험을 토대로, 3절에서 하나님을 향하여 찬송받으실 분이라고 고백한다. 그러므로 하나님을 찬양하는 것은 하나님을 사랑의 관계 속에서 만난 경험이 있는 자가 할 수 있는 것이요, 하나님과의 사랑 관계를 유지한 사람이 할 수 있는 것이요, 그의 도우심을 경험한 자가 찬양하는 것이다. 하나님과의 긴밀한 사랑으로 이러한 찬양을 할 수 있으시길 축원한다.

다윗은 사망의 골짜기에서 자신의 기도를 들으신 하나님을 경험했다. 4절에서 다윗은 사망의 줄이 자신을 얽어매고 창수, 즉 홍수가 자신을 덮는 듯한 위험을 경험했다고 말한다. 5절에서는 스올, 즉 무덤까지 내려가는 듯한 올무를 경험했다고 하였다. 6절을 보면, 이때 그는 "성전에서 하나님께 부르짖었더니 들으시고 응답해 주셨다."고 고백한다. 그래서 다윗은 유명한 시23:4절에서 이렇게 고백한다. "내가 사망의 음침한 골짜기로 다닐지라도 해를 두려워하지 않을 것은 주께서 나와 함께하심이라. 주의 지팡이와 막대기가 나를 안위하시나이다." 사망의 음침한 골짜기 가운데서 나의 기도를 들으시는 하나님께 정직하고 진실하게 아뢰고 응답받는 복된 하루가 되시기 바란다.

다윗은 강림하시는 하나님을 경험했다. 하나님의 임재를 경험하는 것은 대단히 중요한 일이다. 다윗은 7절에서 하나님의 진노로 땅이 진동하고 산이 요동했다고 표현했다. 이로써 지진과 폭풍 가운데 임하시는 하나님을 연상할 수 있다. 8절에서는 코에서 연기가 오르고 입에서 불이 나왔다고 하였다. 이것은 화산이 터지고 천둥 번개가 치는 영상으로 볼 수 있다. 9절에서는 하늘이 변화하는 모습을 보여준다. 주님이 장막 같은 하늘을 가르고 내려오시는 모습이다. 10절은 보좌를 지키는 그룹을 타고 쏜 살같이 하강하시는 모습이다. 11절에서는 비와 구름을 안고 오신다.

12절은 구름과 우박과 벼락 속에서 숯불 같은 영광의 광채로 임재하시는 하나님을 보여준다. 이처럼 놀라운 하나님의 강림을 다윗은 구체적으로 묘사하고 있다. 이러한 엄청난 하나님의 역사를 15절에서 여호와의 꾸지람과 콧김으로 말미암아 물밑이 드러나고 세상의 터가 나타났다고 노래한다.

　하나님께서는 왜 이렇듯 엄청난 모습으로 강림하셨을까? 17절에서 시인은 "자기의 원수는 매우 강했고 자기를 미워하는 자들은 자신보다 힘이 셌기 때문"이라고 표현한다. 이는 자신의 힘으로는 당할 재간이 없다는 것을 인정하는 고백이다. 그래서 그는 능력의 하나님에게 의지했다. 18절에서 다윗은 여호와께서 나의 의지가 되었다고 고백한다. 이는 하나님이 나의 Support, 즉 내가 의지할 대상이 되어서 그분께 피했다는 것이다. 19절에서 "하나님께서는 자신을 넓은 곳으로 인도하셨고 자기를 기뻐하심으로 구원해 주셨다."고 고백한다. 할렐루야!

　지금 우리의 삶 가운데 다윗이 경험한 하나님은 어떻게 강림하시는가? 성령의 감동으로 강림하신다. 요14:17절에서는 "보혜사 그는 진리의 영이라. 세상은 능히 그를 받지 못하나니 이는 그를 보지도 못하고 알지도 못함이라. 그러나 너희는 그를 아나니 그는 너희와 함께 거하심이요 또 너희 속에 계시겠음이라."고 고백한다. 다윗처럼 보혜사 성령님을 내 영 깊은 곳에서 만나고 경험하시기 바란다. 그리고 다윗처럼 사망의 음침한 골짜기에서도 나를 도우시는 그 하나님을 마음껏 찬송하고 영광을 올려드리는 복된 하루가 되시기를 주님의 이름으로 축원드린다.

경건의 능력

시편 18편 20-31절은 다윗의 경험으로 말미암아 '경건의 능력'이 얼마나 귀한지를 가르쳐 주는 말씀이다. 한마디로 하나님은 행위대로 갚으시는 하나님, 경건의 모양이 아니라 경건의 능력을 따라 상 주시는 하나님이시라는 사실이다.

시인은 20-24절에서 "여호와께서 내 의를 따라 상 주시며 내 손의 깨끗함을 따라 내게 갚으셨다."고 고백한다. 자기가 의롭게 살았더니 하나님으로부터 보상을 받았다는 것이요, 나의 깨끗한 행동으로 인하여 하나님께서 거기에 걸맞은 보상을 해 주셨다는 고백이다. 사도 바울은 그의 사랑하는 제자 디모데에게 경건에 대하여 이렇게 권면한다. 딤전4:7절에서는 "망령되고 허탄한 신화를 버리고 경건에 이르도록 네 자신을 연단하라. 육체의 연단은 약간의 유익이 있으나 경건은 범사에 유익하니 금생과 내생에 약속이 있느니라.", 딤후3:5절에서는 "경건의 모양은 있으나 경건의 능력은 부인하니 이 같은 자들에게서 네가 돌아서라."고 말씀한다. 경건은 부담되고 고통을 주는 것이 아니다. 경건의 능력은 범사에 유익하고, 금생과 내생에 약속이 있는 줄 믿으시기 바란다.

25-27절은 다윗이 경험한 하나님의 속성에 대하여 말씀하고 있다. 하나님은 어떠한 하나님이신가? 자비로운 자에게 자비를 나타내시고 완전한 자에게 완전을 보이시는 하나님이시다. 깨끗한 자에게는 깨끗하심을 보이고 사악한 자에게는 주의 거스르심을 보이시는 하나님이시다. 고후7:1절에서는 "그런즉 사랑하는 자들아, 이 약속을 가진 우리는 하나님을

두려워하는 가운데서 거룩함을 온전히 이루어 육과 영의 온갖 더러운 것에서 자신을 깨끗하게 하자."고 말씀한다. 요일3:3절에서는 "주를 향하여 이 소망을 가진 자마다 그의 깨끗하심과 같이 자기를 깨끗하게 하느니라."고 하였다. 영적세계에서도 심은 대로 거둔다는 진리를 믿으시기 바란다.

반대로 사특한 자에게는 무엇을 주시는가? 주의 거스르심을 보이신다고 말씀하신다. 거스르신다는 것은 악을 악으로 갚아 주시겠다는 뜻이다. 사특한 자가 누구인가? 잠24:8절에서는 "악행하기를 꾀하는 자를 일컬어 사악한 자라 하느니라."고 말씀한다. 본문의 27절에, 교만한 눈을 낮추시는 하나님은 어떠한 하나님이신가? 레26:23-24절을 보면 "이런 일을 당하여도 너희가 내게로 돌아오지 아니하고 내게 대항할진대 나도 너희에게 대항하여 너희 죄로 말미암아 너희를 칠 배나 더 치리라."고 하셨다. 하나님을 대항하는 자에게 7배나 더 치시겠다고 하신다.

그러므로 기독교의 본질은 예수 그리스도의 겸손이요, 그 결과인 십자가와 부활이다. 신앙생활을 하면서 이것저것 복잡하게 생각할 것 하나도 없다. 주님의 십자가와 부활을 붙들고 있는가, 놓치고 있는가를 점검해 보면 된다. 거룩함과 깨끗함의 본질은 예수 그리스도의 십자가 보혈에서 부터 시작하기 때문이다. 오늘도 주님의 거룩하심과 깨끗하심에 동참하여 하나님의 영광을 보며 하나님의 임재를 경험하시기를 주님의 이름으로 축원한다.

28-31절에서는 "주께서 등불을 켜시고 내 흑암을 밝히셨다."고 말씀한다. 여기서 등불은 지혜나 지식의 개념이 아니다. 생명과 활력이요, 번성과 건강의 개념이다. 그러므로 이는 죽음에서 건져주셨다는 고백이요,

죄의 어두움에서 진리의 광명으로 건져주셨다는 것이다. 삶의 기쁨을 회복했다는 고백이요, 생기와 건강을 되찾았다는 것이다. 이러한 복이 아무에게나 오는가? 그렇지 않다. 이러한 복은 의롭게 산 사람, 깨끗하게 산 사람, 남에게 자비를 베푸는 사람, 겸손한 사람에게 주시는 하나님의 선물이다.

다윗은 29절에서 이렇게 고백한다. "내가 주를 의뢰하고 적군을 향해 달리며 내 하나님을 의지하고 담을 뛰어넘나이다." 그렇다. 이러한 충만한 은혜가 바로 하나님이 우리에게 주시는 상급이요 보상이다. 적군을 향해 달릴 수 있는 영적 에너지, 담을 뛰어넘는 활기찬 소망, 이것이 의롭고 깨끗하게 사는 자들의 영적 보상이다. 이러한 복을 누리시기를 주님의 이름으로 축원한다.

다윗은 30절에서 이렇게 고백한다. "오, 하나님 그렇군요. 하나님의 도, 하나님의 진리의 말씀은 정말 완전하군요, 여호와의 말씀은 순수하고 진실하군요. 그러므로 지금도 여호와를 의지하고 그분께 피하는 모든 자에게는 하나님께서 방패가 되어주실 것을 믿습니다!" 31절에서는 "여호와 외에 누가 하나님이며 우리 하나님 외에 누가 반석인가요? 역시 나의 하나님은 최고이십니다. 하나님을 찬양합니다. 하나님만 높입니다. 영광을 받으시고 높임을 받으시옵소서."라고 고백하고 있다.

다윗처럼 하나님의 영광을 위해 목숨 걸고 의롭고 깨끗하게 사시기를 바란다. 다윗처럼 자비를 베풀고 겸손하시기를 바란다. 경건의 모양이 아니라 경건의 능력을 소유하고, 하나님이 주시는 능력을 받아 넘치는 활력과 용솟음치는 열정으로, 말할 수 없는 만족감과 감사의 삶으로 승리하시기를 주님의 이름으로 축원드린다.

영적 승리의 비결

　시편 18편 32-50절은 죽음의 고비를 여러 번 겪으며 말할 수 없는 고난의 터널을 지나온 다윗이 툭툭 털고 일어나는 모습을 보여주는 승리의 말씀이다. 다윗이 경험한 승리의 비결은 과연 무엇이었는가?

　다윗은 믿음으로 하나님의 힘과 그분의 능력의 띠를 받았다. 이제 다윗은 더 이상 자신의 생존을 위해 몸부림치지 않는다. 하나님이 공급하시는 힘으로 승리를 확신하며 나아간다. 그는 32절에서 "이 하나님이 힘으로 내게 띠 띠우시며 내 길을 완전하게 하신다."는 고백을 한다. 군인에게 띠를 띠운다는 것은 강하게 만든다는 의미이다. 현대적으로 설명하면 실탄과 수통, 단창 등을 소지하는 군인 벨트를 매 주시며 용기를 북돋워 주시는 것을 뜻한다. 하나님은 출애굽할 때도 이스라엘 백성들에게 "허리에 띠를 띠고 급히 먹으라."고 하셨다. 엡6:14절에서도 "그런즉 서서 진리로 너희 허리띠를 띠라."고 하셨다. 그러므로 하나님의 힘과 능력으로 허리띠를 띤다는 것은 실패와 좌절, 두려움과 한판 붙어보자는 당찬 선전포고요, 하늘을 찌르는 듯한 사기를 표현하는 것이다. 본문의 39절에서 다윗은 다시 한 번 선포한다. "주께서 나를 전쟁하게 하려고 능력으로 내게 띠 띠우사 일어나 나를 치는 자들이 내게 굴복하게 하셨나이다."
　여러분도 어려움에 처했을 때 다윗 같은 믿음으로 툭툭 털고 일어나시길 바란다. 하나님의 힘과 능력으로 띠를 띠우는데 세상의 어떤 사람과 질병과 고난이 나의 앞을 가로막을 수 있겠는가!

　'띠 띠우다'는 말에는 자신의 의지와 관계없이 하나님의 도구로 사용된다는 또 다른 의미가 내포되어 있다. 요21:18절에 보면 예수님은 베드로에게 이렇게 말씀하신다. "내가 진실로 진실로 네게 이르노니 네가 젊어서는 스스로 띠 띠고 원하는 곳으로 다녔거니와 늙어서는 네 팔을 벌리리니 남이 네게 띠 띠우고 원하지 아니하는 곳으로 데려가리라." 본문의 33절에서는 이러한 사람의 발은 암사슴같이 가볍다고 말씀한다. 여기에 활도 주시고 방패도 주시니 이제는 원수를 피해서 도망 다니는 사람이 아니라, 37절에 보면 "내가 내 원수를 뒤쫓아간다."고 선포하고 있다.

여러분도 다윗처럼, 베드로처럼 주님이 주신 사명을 따라 주님의 도구로 사용되기 위해 주님의 허리띠를 맬 수 있기를 축원한다. 이처럼 시선을 나에게서 주님께로 옮길 때부터 능력의 역사가 일어나기 시작하는 것이다. 나의 앉은 자리에서 일어나는 정도가 아니라, 힘차게 달려가 하나님의 영광을 위한 도구로, 세상을 변화시키는 도구로, 하나님 나라 확장을 위한 도구로 아름답게 사용될 수 있으시길 간절히 축복한다.

다윗은 위기 가운데서도 살아계신 하나님을 찬양하였다. 우리는 날마다 하나님의 은혜에 감사해서 하나님을 찬양하며 살기를 원한다. 먹든지 마시든지 무엇을 하든지 하나님의 영광을 위해 살고 싶어 한다. 어떻게 하면 하나님을 기쁘시게 하면서 살까를 고민한다. 그러나 마음은 원이로되 육신이 말을 듣지 않는다. 머리로는 하나님을 찬양하는데 입술로는 원망과 불평이 나온다. 그러나 시인의 고백을 보라. 그는 46절에서 "여호와는 살아계시니 나의 반석을 찬송하며 내 구원의 하나님을 높일지로다."라고 선포하고 있다. 이는 지금 우리의 언어로 표현하면 '여호와 하나님 만세!'라는 의미이다.

다윗에게 하나님이 살아계시다는 것은 무엇을 의미하는가? 이는 바보처럼 사는 것 같지만 의롭게 사는 사람이 승리한다는 고백이요, 정직한 자와 깨끗한 자가 결국 승리하게 된다는 믿음이다. 이 같은 다윗의 믿음으로 승리하시기를 주님의 이름으로 축원한다.

이러한 사람은 당장은 손해를 보는 것 같다. 실패하는 것 같다. 성공이 보이지 않는다. 그러나 이러한 사람에게 하나님께서 주시는 보상이 무엇인가? 43절에서는 "주께서 나를 백성의 다툼에서 건지시고 여러 민족의 으뜸으로 삼으셨으니 내가 알지 못하는 백성이 나를 섬기리이다."라고 말씀한다. 나중에 보면 승리한 자신을 발견하게 된다는 뜻이다. 47절에서는 "하나님이 나를 위하여 보복해 주시고 민족들이 내게 복종하게 해 주시도다." 하고 고백하는데, 이는 무슨 의미인가? 어느 날 보니 자신도 모르게 많은 사람들이 자기 주변에 몰려 있는 것을 경험하게 하신다는 약속의 말씀이다.

시인은 48절에서 "원수가 되었든, 대적이 되었든, 포악한 자가 되었든, 모든 적들 가운데서 하나님의 은혜로 승리했다."고 먼저 선포하며 나아가고 있다. 49절에서는 "주께 감사하며 주의 이름을 찬송하리이다."라고 하나님을 찬양하며 나아간다. 이것이 승리의 비결이라는 것을 믿으시기 바란다. 세상을 변화시키는 사람은 누구인가? 바로 이런 믿음을 가지고 세상 속으로 찬양하면서 감사하며 나아가는 사람이다.

50절은 결론이다. 주님께서 왕에게 주시는 이러한 구원은 영원토록 다윗과 그 후손에게 이어진다는 것이다. 즉, 다윗의 자손 예수 그리스도와 그를 믿는 하나님의 자녀요, 예수님의 제자인 우리들에게 이 복이 이어진다는 것이다. 이러한 승리의 복이 충만하게 임하시기를 주님의 이름으로 간절히 축원드린다.

일반계시와 특별계시

　여러분은 계시라는 말을 들어본 적이 있는가? 계시는 구약에서는 "벗겨진다"는 의미로 쓰였고, 신약에서는 "숨겼던 것을 공개한다"는 의미로 쓰였다. 개혁주의에서 계시의 정의는 하나님께서 인간들에게 자기 자신이나 기타 영적 진리들을 나타내시는 행위나 그로 말미암은 진리를 말한다. 시편 19편에서는 자연을 통해서 보여주시는 일반계시와 구원의 길을 문자적으로 표현한 특별계시를 깨닫게 하신다.

　1-2절은 "하늘을 보아라, 궁창을 보아라, 너희는 거기에서 천지를 창조하신 하나님의 영광을 볼 수 있지 않는가?"라는 말씀이다. 궁창은 하늘의 푸른 바다를 붙들고 있는 접시이며, 창공이라고도 표현한다. 날은 날에게 말하고 밤은 밤에게 지식을 전한다는 것은 자연의 지식이 참으로 신비롭고 놀랍게 전수되고 있는 모습을 보여준다.

　3-4절에는, 하늘이 어떠한 언어나 말로 우리에게 전하는 메시지가 있지만 신비롭게도 그 소리가 사람의 귀에는 들리지 않는다. 비록 우리의 귀에는 들리지 않지만 이 소리는 온 땅에 통하고 그 말씀이 세상 끝까지 이른다. 이는 온 세상이 하나님의 영광을 찬양하는 소리로 가득 차 있는 모습을 나타낸다. 4절에서는 해(태양)를 위하여 하나님께서 하늘에 장막을 베푸셨다고 말씀한다. 지금도 많은 나라들이 태양신을 섬기고 있다. 그러나 이 말씀은 분명히, 태양도 하나님의 피조물 가운데 하나라고 선포하고 있다. 그러므로 태양은 독자적으로 존재하는 신이 아니라 하나님이 만드신 장막에 거하는 피조물에 지나지 않는다.

5-6절에서, 해가 신방에서 나오는 신랑과 같다는 것은 아침에 떠오르는 태양의 찬란한 광채가 마치 갓 결혼한 신랑이 기뻐하는 활기찬 모습과 같음을 표현한다. 또한 태양은 24시간 하늘의 길을 달린다. 이는 달리기를 기뻐하는 장사와 같다. 그러므로 동쪽 지평선에서 매일 영광스럽게 솟아오르는 태양은 신랑 같고, 서쪽 지평선까지 달리는 모습은 달리기를 기뻐하는 용사와 같다. 이것이 일반계시다. 이러한 자연의 웅장함을 통하여 하나님을 경험하시기를 축원한다.

7절부터는 특별계시인 하나님의 말씀을 찬양한다. 시인은 의도적으로 6절까지 태양의 영상을 보여주고 나서 7절부터 태양과 비교되는 아름다운 율법을 소개한다. 이는 무엇을 위함인가? 하늘의 태양을 통해 주는 생명과 주님의 율법을 통해 주는 생명을 비교하고자 하는 것이다.

하나님의 말씀은 완전하다. 성경은 구원의 길을 인도하는 데 완전하다. 이 말씀은 영혼을 소성시킨다. 태양이 내리쬐면 식물들이 생기가 도는 것처럼, 하나님의 말씀을 쬐면 그들의 영혼에 생기가 돈다. 이 말씀이 들려주는 증거는 우둔한 자를 지혜롭게 한다. 우둔한 자는 누구인가? 아직 자신의 가치관을 확실하게 정립하지 못한 자이다. 이러한 자에게 하나님의 말씀이 들어가면 지혜를 얻는다. 이는 지식이 아니고 지혜이다. 하나님을 아는 지혜요, 영적 가치를 깨닫는 지혜이다. 그러므로 우리에게 성경에 능해야 함을 가르쳐 주고 있다.

8절에서는, 여호와의 교훈은 정직하여 우리 마음에 기쁨을 선사한다고 하였다. 말씀공부에 재미가 들리면 즐겁고 기쁜 신앙생활을 할 수 있다. 나아가 이 말씀은 순결하여 눈을 밝게 한다. 눈을 밝게 한다는 것은 영적 진리를 깨닫게 한다는 뜻이다. 이처럼 태양이 세상의 물체를 보게 해준다면 율법은 정신의 눈을 밝혀준다.

9절은, 여호와를 경외하는 법도는 정결하고 진실하고 의롭다고 말씀한다. 정결하고 진실하고 의롭기를 원하는가? 말씀을 가까이하라. 10절에서는, 이 말씀의 가치는 금보다 귀하고 송이꿀보다 더 달다고 표현한다. 금이 값지다면 꿀은 달콤하다. 이는 그만큼 정신적으로, 심미적으로, 지식적으로 우리에게 최고의 선물을 가져다 준다는 것이다.

11절부터는, 이 엄청난 창조세계와 율법을 통해 시인은 하나님의 위엄과 그 광대하심 앞에 고꾸라진다. 하나님 앞에서 고꾸라지면 무엇을 하게 되는가? 죄의 고백과 헌신이 나타난다. 12절에서는 더욱 자신의 부족함을 느끼고 애통해한다. 태양을 보고 율법을 생각할 때는 찬양을 하지 않을 수 없었다. 하지만 이 엄청난 하나님의 거울 앞에 자신을 비추어 보니 자신이 너무 무가치하고, 보잘 것 없고, 무의미함을 절실히 느끼게 되었다. 13절의 시인의 고백을 보라. 결단으로 나아간다. 헌신으로 나아간다. 이 얼마나 위대한 신앙인가?

14절에서 시인은 엄숙한 헌신의 형식으로 끝을 맺는다. 그는 자신의 반석이시며 구속자이신 주님을 바라보면서, 이제 자기 입으로 결론을 내린다. "하늘이 하나님의 영광을 선포한 것처럼 나도 하나님을 찬양하기를 원합니다. 주께서 천사들의 찬양을 받으시는 것처럼 나의 기도와 묵상도 열납하여 주시옵소서."라고 기도한다.
오늘도 이처럼 정직하고 진실한 기도로 마음에는 감사가 가득하고 입술에는 찬양이 넘치는 복된 하루가 되기를 간절히 축복한다.

영적 전투에서 승리하려면!

시편 20편은 이스라엘 왕 다윗이 환난과 위기를 당했을 때, 즉 블레셋 혹은 아람 군대와 싸우게 되었을 때 출정을 앞두고 왕과 백성들이 하나가 되어 하나님께 기도하는 모습이다.

우리가 이 같은 영적 전투에서 승리하려면 어떻게 해야 하는가?

1-3절을 보면, 야곱의 집을 구원하신 하나님을 성소에서 제일 먼저 찾았다. 야곱의 하나님이 누구인가? 바로 이스라엘 백성들의 하나님이시다. 여러분도 어려움을 겪을 때 제일 먼저 하나님을 찾으시기 바란다. 교회에 나와서 예배하며 기도하시기 바란다.

특히 3절에서는 소제와 번제를 기억해 달라고 기도한다. 그렇다. 소제와 번제가 무엇인가? 예배다. 예배를 드리며 하나님과의 관계를 회복하고, 마음껏 찬양하고, 기도하며 눈물로 하나님께 나아갈 때 우리는 하나님께서 가르쳐 주시는 지혜를 얻을 수 있다.

삼상17:47절을 보라. "또 여호와의 구원하심이 칼과 창에 있지 아니함을 이 무리에게 알게 하리라. 전쟁은 여호와께 속한 것인즉 그가 너희를 우리 손에 넘기시리라." 그렇다. 전쟁은 여호와께 속한 것이다. 우리의 싸움은 칼과 창이 승패를 가르는 것이 아니라 하나님께서 우리의 승패를 가르신다. 그러므로 먼저 하나님께 드리는 예배를 회복하라. 개인이든 교회든 영적 전투에서 승리하려면 먼저 예배를 드리고 하나님을 찾고 그 앞에 엎드려야 한다.

4절에서 백성들은 왕의 마음의 소원대로 하나님께서 허락해 주실 것을 간절히 기도하고 있다. 또한 왕의 모든 계획이 성취되기를 기도하고 있다. 이는 곧 전투에서 군사작전이 성공할 수 있도록 기도하는 것이다.

교회에서 사탄의 공격 대상 1호가 누구인가? 담임목사이다. 다음은 당회 장로님들이다. 가정에서는 가장이다. 그러므로 영적 전투에서 승리하려면 먼저 지도자들을 위하여 간절히 기도해야 한다.

5절에서는 백성들과 왕이 한마음이 되어 왕의 군사작전을 성공으로 이끌고 승리의 개가를 부르며 승리의 깃발을 세우게 되기를 간절히 소원하고 있다. 하나님의 이름으로 깃발을 세울 것을 확신하고 있다. 여기서 하나님의 뜻과 왕과 백성이 분열되지 않고 하나된 모습을 볼 수 있다.

6절은 이러한 백성들을 향한 왕의 화답이다. 여호와께서 자기에게 기름부음받은 자를 구원하시는 줄 이제 내가 안다고 고백한다. 기름부은 자가 누구인가? 왕이다. 목사와 장로도 기름부음을 받은 자들이다. 하나님께서는 자기에게 기름부음받은 자들의 손을 들어주실 줄 믿는다. 하나님께서는 자신의 이름으로 기름부음받은 자들을 결코 외면하지 않으실 것이다. 그러므로 교회 지도자들을 위해서 축복하며 기도하는 것이 성도들이 영적 전투에서 승리하는 지름길이라는 것을 기억하시고, 사랑으로 그들을 위하여 간절히 기도해 주시기 바란다.

7-9절을 보면, 7절에서 병거와 말을 의지하는 사람들과 여호와 하나님의 이름을 의지하는 사람들을 강하게 대조시키고 있다. 적군들은 병거와 말을 자랑한다. 군사력을 자랑하는 것이다. 병거와 말은 고대 근동 아시아에서 가장 강한 무기였다고 한다. 그러나 이스라엘의 왕은 말과 병거가 없었다. 세상 사람들에게는 군사적이고 물리적인 싸움이 중요하지만

하나님의 백성들은 영적인 싸움, 거룩한 싸움이 우선한다.

교회도 병거와 말을 의지하지 말아야 한다. 이는 무엇을 말하는가? 세상의 방법으로 교회를 일으키려 하지 말라는 것이다. 믿음이 돈보다 위에 있는 곳이 교회이다. 그러므로 먼저 믿음을 회복하라. 먼저 말씀과 기도로 거룩함을 회복하라. 이것이 병거와 말을 의지하지 말라는 하나님의 말씀에 대한 순종이다. 개인도 마찬가지다. 잠16:16절은 "지혜를 얻는 것이 금을 얻는 것보다 얼마나 나은고. 명철을 얻는 것이 은을 얻는 것보다 더욱 나으니라."라고 하였다. 돈보다 하나님이 주시는 지혜와 명철이 우선이라는 말씀이다.

8절에서는 대적들이 비틀거리며 엎드러지는 모습을 보여준다. 그러나 이스라엘 군사는 꿋꿋이 선 채 넘어지지 않는다. 말과 병거를 의지하는 자들은 비틀거리고 엎드러진다. 하지만 주의 이름을 의지하는 자는 지혜와 명철로 꿋꿋이 선다. 이러한 영적 원리를 믿으시기 바란다. 하나님의 백성들은 하나님이 책임져 주시는 것이다.

9절은 "여호와여, 왕을 구원하소서. 우리가 부를 때에 우리에게 응답하소서."라고 다시 한 번 하나님을 향해 간절히 기도하면서 지속적인 믿음으로 나아가는 모습을 보여준다.

자신의 몸을 거룩한 산 제물로 드리는 예배의 삶에 성공하시고, 주님께서 주시는 지혜와 명철로 모든 일에 믿음으로 승리하는 복된 하루가 되시기를 주님의 이름으로 축원한다.

하나님과 사귐을 통한 선물

인격체의 특권이 무엇인가? 사귐이요 교제다. 우리도 하나님과 인격적으로 사귀면 아름다운 선물을 얻게 된다.

시편 21편은 20편의 연장선상에 있는 시이다. 적과의 전투에서 출정을 앞두고 왕과 백성들이 하나가 되어 하나님께 기도하는 모습이 20편이라면, 21편은 왕이 전쟁에서 승리를 거두고 하나님께 감사하는 내용이다.

그렇다면 하나님과 깊이 사귀면 어떠한 선물을 얻게 되는가?

첫째, 그리스도인들만이 경험하는 승리의 기쁨과 구원의 즐거움을 누리게 된다. 1절을 보라. '주의 힘'으로 기뻐한다고 말씀한다. 주의 구원으로 크게 즐거워한다고 말씀한다. 이러한 열매는 어디에서 비롯된 것인가? 시편 20편 2절을 보면 알 수 있다. "성소에서 너를 도와주시고 시온에서 너를 붙드시며". 그렇다. 모든 그리스도인들의 승리의 기쁨은 그들이 엎드려 기도한 성소와 시온에서 비롯된다.

주의 힘은 어디로부터 나오는가? 성소와 시온으로부터 나온다. 하나님의 구원은 어디서 나오는가? 시온에서 나온다. 이 말씀은 모든 그리스도인의 승리의 기쁨과 구원의 즐거움은 하나님을 향한 예배에서 나온다는 것을 뜻한다. 하나님을 경배하고 예배하고 찬양하는 것이 바로 하나님과의 사귐이요 교제이기 때문이다.

2-4절은, 하나님께서 그 마음의 소원을 들어주사 주님의 아름다운 금 면류관을 머리에 씌워 주셨다는 말씀이다. 하나님과 깊이 사귀어 보라. 하나님은 나의 소원을 들어주실 뿐만 아니라 성공의 면류관, 승리의

면류관도 주신다. 즉 우리의 소원에다가 보너스까지 얹어 주시는 것이다. 솔로몬왕이 주님께 일천번제를 드리자, 주님은 그에게 나타나셔서 "내가 네게 무엇을 줄꼬?"라고 물으셨다. 솔로몬이 "주의 백성을 올바로 다스릴 수 있는 지혜를 주세요!"라고 했더니, 하나님은 솔로몬의 소원을 듣고 감동을 받으시며 그가 구하지도 않은 재물과 명예까지 다 주셨다.

둘째, 영광과 존귀와 위엄의 열매를 얻게 된다. 5절을 보라. "주의 구원이 그의 영광을 크게 하시고 존귀와 위엄을 그에게 입히시나이다."라고 약속하신다. 하나님과 사귄다는 것은 어떤 의미인가? 빛 가운데 행하는 것이요, 거룩한 삶을 사는 것이요, 깨끗하고 정결한 삶을 사는 것이다. 이러한 사람에게는 하나님께서 영광과 존귀와 위엄의 선물을 주신다는 약속이다. 이처럼 하나님과 사귐이 있다고 하는 것은 빛 가운데 행하는 것을 말한다.(요일1:6-7) 영광 가운데 거하는 것을 말한다. 예수의 피가 우리를 모든 죄에서 깨끗하게 하신다는 것이다. 그러므로 하나님과 사귐이 있는 자는 얼굴이 밝다. 미소가 있다. 기쁨이 있고 평화가 있다. 그에게서 하나님의 영광이 나타난다. 그것이 예수를 잘 믿는 자들의 특권이다.

6절에서도 계속해서 말씀하신다. 하나님과 사귐이 있는 자는 복을 받게 하시고, 주 앞에서 기쁘고 즐겁게 하신다는 약속이다. 날마다 주님 안에서 영광과 존귀와 위엄의 복을 누리며 사시기를 주님의 이름으로 축원한다.

셋째, 결코 흔들리지 않는 견고한 삶을 선물로 받는다. 7절에서, 하나님께서는 지존하신 이의 인자함으로 흔들리지 않게 해 주시겠다고 약속하신다. 실제로 다윗왕이 하나님으로부터 사랑을 받고 인정을 받을 때 온 나라가 흔들리지 않고 평안했으며 형통과 번성함을 가져왔다. 그러나 반대로 하나님 앞에 죄를 범하고 사귐이 멀어질 때는 나라가 흔들리고, 재앙과 시련이 닥쳐왔다.

지금의 우리도 마찬가지이다. 하나님과 깊이 사귀면 나뿐만 아니라 나의 가족이 흔들리지 않고 번성하게 된다. 여러분의 삶이 하나님과 깊이 사귀면 교회도 흔들리지 않고 견고한 반석 위에 서게 될 줄 믿는다.

8절부터는 왕이 흔들리지 않는 단계를 넘어 더욱 큰 힘의 탄력을 받는 모습을 보여준다. 모든 원수들을 찾아내고 자신을 미워하는 자들을 찾아내게 하신다. 10절에 보면, 적들의 후손이나 자손까지 끊을 것이라고 한다. 11절에서는 왕을 해하려고 하는 원수들의 음모도 수포로 돌아가게 하시고, 12절에서는 오히려 원수들의 얼굴을 향해 활을 당기고, 원수들은 겁에 질려 등을 돌리고 도망가는 모습을 보여준다.

13절에서 시인은 처음 1절에서처럼 다시 여호와의 능력을 찬양하고 있다. 이를 수미일체首尾一體라고 한다. 머리와 꼬리의 내용이 똑같다는 것이다. 무슨 내용으로 똑같은가? 모든 것이 여호와의 능력이라는 것이다. 처음과 마지막에서 똑같이 주님의 권능을 즐거워하며 노래하고 있는 것이다. 하나님과 깊이 교제하며 이러한 놀라운 복을 체험하시기를 주님의 이름으로 축원드린다.

어찌하여 나를 버리셨나이까

시편 22편 1-11절은 인간의 고통과 왕의 고통을 넘어, 궁극적으로 예수 그리스도의 고통과 수난을 말해 주고 있는 유명한 시이다.

1절의 "내 하나님이여 내 하나님이여, 어찌 나를 버리셨나이까?"를 읽으면서 기억나는 것이 없는가? 마27:46절, "제구시쯤에 예수께서 크게 소리 질러 이르시되, 엘리엘리 라마 사박다니 하시니 이는 곧 나의 하나님, 나의 하나님, 어찌하여 나를 버리셨나이까 하는 뜻이라." 바로 우리 주님이 십자가 위에서 고통 가운데 안타깝게 아버지께 부르짖는 소리와 동일하다. 구약 중에서는 이러한 구절이 오직 여기밖에 없다. 버린다는 것이 무슨 뜻인가? 유기한다는 것이다. 하나님이 자신을 유기하셨다는 것이다. 이에 대하여 항의와 고통을 함께 쏟아내고 있다. 시인은 자신의 신음소리를 강조한다. 신음소리가 끙끙 앓는 소리가 아니다. 소리를 지른다. 부르짖는다. 고통이 심하면 끙끙 앓는 정도를 넘어 소리를 지르게 된다. 더 심하면 기도도 안 된다. 찬양을 하려고 해도 가사조차 생각나지 않는다. 성경을 보려고 해도 어디서부터 봐야 할지도 모르고 또 하루가 지나간다.

2절에서도 "내 하나님이여!"라고 부른다. "내가 낮에도 부르짖고 밤에도 잠잠하지 아니하오나 응답하지 아니하시나이다." 이처럼 나의 하나님을 부르짖지만 주님은 응답하지 아니하신다. "낮에는 구름기둥으로 밤에는 불기둥으로 인도하신 하나님은 지금 어디에 계십니까? 제가 밤낮을 가리지 않고 하나님을 찾는데 왜 아무 대답이 없으십니까?"라는 고백이다.

그러나 이때 시인의 행동을 보라! 어떻게 처신을 했는지.

3절에서 "이스라엘의 찬송 중에 계시는 주여, 주는 거룩하십니다."라고 고백한다. 마치 성전에서 피우는 향기가 천상의 성전으로 올라가는 것처럼, 이스라엘이 드리는 찬양이 주님께 올라가는 모습을 생각한다. 이는 영광 중에 하나님을 만나는 경험을 되살리는 것이다. 먼저 거룩하신 주님을 인정하고 찬송 중에 거하시는 하나님을 기억하는 것이다. 그러므로 우리가 하나님과 멀리 떨어져 있다는 느낌을 받을 때 어떤 행동을 취하는가가 중요하다. 찬송 중에 거하시는 하나님의 영광을 체험하던 때를 기억하는 것이 가장 좋다는 것을 깨달을 수 있다.

4절에서 시인은 자신도 모자라 조상들과 함께하신 하나님을 기억해 낸다. "우리 조상들이 주께 의뢰하고 의뢰하였으므로 그들을 건지셨나이다."라고 고백한다. 5절에서도 "그들이 주께 부르짖어 구원을 얻고 주께 의뢰하여 수치를 당하지 아니하였나이다."라고 고백한다. 이처럼 시인은 '의뢰'라는 단어를 3번씩이나 언급하면서 조상들과 자신을 철저하게 대조시키고 있다. 실제로 하나님은 출애굽 당시 이스라엘 백성들이 기도할 때 종 되었던 애굽에서 그들을 건져내시고, 그들의 기도를 들으시고 만나와 메추라기로 먹이셨다. 지금 하나님과 멀어져 영육간에 고통을 당하고 있지는 않은가? 어렵더라도 성령 충만할 때를 기억하면서 주님을 끝까지 의뢰하시기 바란다. 이때 주님께서 반드시 회복시켜 주실 것이다.

6절에서 시인은 원수의 훼방과 조롱과 비웃음을 열거하면서 "나는 벌레밖에 안 됩니다."라고 고백한다. 더 심각한 것은 7절에서 나를 보는 자는 다 나를 비웃으며 입술을 비쭉거리고 머리를 흔들며 말하는 것이다. 입술을 비쭉거리는 것이 무엇인가? 빈정대는 것이다. 머리를 흔들면서 말하는 것이 무엇인가? 멸시하고 가증스럽게 여기는 행동이다.

8절에서 원수들의 조롱은 극에 달한다. "저가 주께 의탁하니 구원하실 걸, 저를 기뻐하시니 건지실걸." 하며 놀려댄다. 이 광경은 눅23:35절에 우리 주님께서 십자가에 달려 돌아가실 때, 관원들이 주님을 비웃으면서 "저가 남을 구원하였으니 만일 하나님의 택하신 자 그리스도이면 자기도 구원할지어다."라고 빈정댄 것과 같다.

9-11절은 구구절절 '나'를 말한다. 9절에서 "내가 누구입니까? 모태에서 주님이 나를 나오게 하시지 않았습니까?"라고 하였다. 여기서 자세히 살펴보면 시인은 원수들의 빈정댐과 비웃음 가운데서도 절대로 하나님을 포기하지 않는다. 오히려 하나님과의 특별한 관계를 끄집어낸다. 여러분도 어려울 때 절대로 하나님을 포기하지 않으시기를 축원한다.

10절은, "내가 모태에서 나올 때부터 주님은 나의 하나님이 되시지 않았습니까? 그런데 주님은 왜 이렇게 멀리 계시는 것입니까?"라는 절규이다. 11절에서는 1절에서처럼 "주여, 나를 멀리하지 마옵소서. 환난이 가까우나 도울 자 없나이다."라고 고백한다. 렘1:5절에서는 "내가 너를 모태에 짓기 전에 너를 알았고 네가 배에서 나오기 전에 너를 성별하였다."고 말씀한다.

지금 깊은 고독 가운데 있는가? 외로움이 엄습하는가? 직분을 감당하기 어려운가? 하나님과 멀어졌다는 느낌이 자꾸 드는가? 절대로 세상의 생각이나 이성으로는 해결되지 않는다는 것을 깨달으라. 그리고 끝까지 주님을 의뢰하고, 목숨 걸고 주께 부르짖으며, 믿음으로 하나님을 더 가까이하며 나아가시기를 간절히 축복한다.

평화의 도구가 되라

시편 22편 12-21절은 아무리 하나님을 의뢰하고 믿음으로 나아가도 오히려 깊은 웅덩이로 떨어지는 자신을 그리고 있다. 이는 예수님의 십자가의 죽으심에 대한 구체적인 진행 사항과 같다.

12절에서는, 많은 황소와 바산의 힘센 소들이 시인을 에워싸고 있다. 황소들은 자신의 적을 둘러싸고 뿔로 찌르며 공격하는 습관을 갖고 있다. 이러한 모습은 무엇을 말하는가? 강하고 잔인한 십자가의 형틀을 그리고 있다. 십자가에 매는 형은 매우 극악했다. 많은 황소는 로마 군인들이었으며, 바산의 힘센 소들은 로마의 관원들이었다.

13절에서는, 원수들이 사자처럼 입을 벌리고 있다. 어제의 상황은 원수들이 입으로 조롱하고 비웃었다면 오늘은 목숨까지도 위협하는 모습이다. 요19:15절에서 이스라엘 백성들이 빌라도를 향하여 예수님을 십자가에 못 박으라고 소리 지르는 모습이다. 이제 우리 주님은 빠져나갈 구멍이 없다. 어린양이 힘없이 사자의 입속으로 들어가는 것과 같다.

14절에서는, 시인은 모든 마음과 육체가 물같이 녹아버렸다. 그 속은 밀랍(꿀벌의 집을 만드는 주성분. 꿀을 짜내고 남은 찌끼를 가열·압축하여 만드는 유지油脂 같은 것) 같다고 말한다. 모든 뼈가 어그러졌다는 것은 몸을 가눌 수 없는 엄청난 고통을 표현한다. 실제로 예수님은 십자가에서 창에 옆구리를 찔려 물과 피를 쏟으셨고 스스로 몸을 가눌 수 없는 엄청난 고통 가운데 죽으셨다.

15절에서는, 이제 내 힘이 말라 질그릇 조각같이 툭 건드리면 깨질 정도로 약해졌고, 혀가 입천장에 붙은 것과 같은 극심한 목마름을 표현한다. 죽음의 진토 속에 두셨다는 것은 죽음의 문턱에서 두려움에 떨고 있는 모습을 그리고 있다. 요19:28절에서 예수님은 십자가에서 고통 가운데 "내가 목마르다."라고 말씀하셨다. 이제 주님은 정말로 툭 건드리면 깨질 것 같은 질그릇처럼 약해졌다. 주님의 혀는 잇몸에 붙어버렸다. 그의 이 같은 목마름으로 인하여 우리에게는 영원한 생명수가 공급되었다는 것을 기억하시기 바란다.

16절에서는, 개들이 에워싸고 악한 무리가 손과 발을 찌르는 모습을 말씀한다. 이는 개 같은 로마 군인들과 관원들로 둘러싸여 십자가에서 손과 발에 못 박히시는 주님의 모습을 보여주고 있다. 우리는 지금도 이러한 예수님의 희생으로 말미암아 살고 있는 것이다. 우리는 지금도 이 같은 예수님의 멸시와 천대로 말미암아 평안을 누리고 사는 것이다.

17절에서 내 모든 뼈를 셀 수 있다고 하는 것은 자신의 몸이 너무 말라 뼈가 앙상하게 튀어나온 모습을 의미한다. 이는 피골이 상접한 모습이다. 우리는 이런 모습을 그리며 겸손해야 한다. 우리는 이런 모습을 그리며 하나님께 감사해야 한다.

18절에서는 원수들이 죽어가는 자의 옷을 벗긴 후, 나누어 가지기 위해 제비를 뽑는다. 특히 속옷까지 빼앗기는 것은 인간이 경험할 수 있는 가장 굴욕적인 수치일 것이다. 요19:24절은 "군인들이 서로 말하되 이것을 찢지 말고 누가 얻나 제비 뽑자 하니 이는 성경에 그들이 내 옷을 나누고 내 옷을 제비 뽑나이다 한 것을 응하게 하려 함이러라."고 시22:18절의 예언이 성취되었음을 기록하고 있다.

19절에서는 1절과 11절처럼 다시 한 번 자신을 멀리하지 말아 달라고 여호와께 간구하고 있다. 이제는 너무 절박하니까 신속히 도와 달라고 간청한다. 그러나 예수님은 이런 간구는 하지 않으셨다.

20절에서 내 생명을 칼에서 건져 달라는 것은 원수들의 칼에 죽지 않게 해 달라는 표현이다. 주님은 마26:39절에서 "내 아버지여, 만일 할 만하시거든 이 잔을 내게서 지나가게 하옵소서. 그러나 나의 원대로 마시옵고 아버지의 원대로 하옵소서."라고 기도하셨다.

21절은 20절의 '칼'과 '개'의 세력에서 '사자'와 '들소'로 넘어간다. 원수의 모습은 사자의 입이요, 들소의 뿔이다. 사자에게서 가장 무서운 것은 입이요, 들소에게서 가장 무서운 것은 뿔이다. 둘 다 죽이는 도구이다. 하지만 이 극단적인 상황에서 시인은 "구원하셨나이다."라고 완료형을 쓰고 있다. 이는 "주께서 나의 기도를 들어주셨습니다."라는 확신의 표현이요, 환희의 부활을 바라보는 승리의 메시지이다.

"그가 찔림은 우리의 허물 때문이요, 그가 상함은 우리의 죄악 때문이라. 그가 징계를 받음으로 우리는 평화를 누리고 그가 채찍에 맞음으로 우리는 나음을 받았도다." 이것이 본문의 중심 내용이다. 여기서 우리는 '평화'라는 메시지를 얻을 수 있다. 주님은 산상수훈인 마5:9절에서 "화평하게 하는 자는 복이 있나니 그들이 하나님의 아들이라 일컬음을 받을 것임이요."라고 가르치셨다. 우리 모두가 평화의 도구로, 화평케 하는 도구로 사용되는 복된 하루가 되시기를 주님의 이름으로 축원드린다.

교회의 사명

성도들이란 누구인가? 21절에 들소의 뿔 같은 죄와 사망과 사탄의 올
무에서 구원받은 백성들이다. 이렇듯 구원받은 백성들은 어떻게 살아
가야 하는가? 그들의 모임인 교회의 사명은 과연 무엇인가? 시편 22편
22-31절을 통하여 알아보자.

22-23절에서는, 주의 이름을 형제에게 선포하고 회중 가운데서 주를
찬송한다. 이는 구원의 감격을 함께 나누는 것이다. 은혜 충만한 사람을
보라. 그는 가만히 있지 못한다. 남과 함께 기쁨을 나누고 함께 찬송을 부
르고 싶어한다. 23절에서도 "찬송할지어다, 야곱의 모든 자손이여, 그에
게 영광을 돌릴지어다. 그를 경외할지어다."라고 선포한다. 이처럼 교회
는 하나님을 향한 영광과 찬송이 살아 있어야 한다. 예배가 살아 있어야
한다. 감격이 살아 있어야 한다. 사43:21절에 "이 백성은 내가 나를 위하
여 지었나니 나를 찬송하게 하려 함이니라."고 말씀하셨다.

24-25절에서는 왜 우리가 주님을 찬송해야 하는지를 제시한다. 그 이
유는, 주님은 곤고한 자의 고통을 무시하지 않으시기 때문이다. 곤고한
자들을 멸시하거나 싫어하지 않으시기 때문이다. 이처럼 곤고함 가운데
서 하나님을 경험하는 것이 중요하다. 자신과 함께한 주님을 경험해야 진
실한 찬양이 나온다. 시인은 "그가 울부짖을 때에 들으셨다."고 고백한다.
울부짖을 때 하나님을 경험하게 되는 것이다. 25절에서도 "나의 찬송은
주께로부터 왔다."고 고백한다. 그렇다. 찬송은 주님으로부터 와서 주님
께 돌려드리는 것이다. 주님께서 우리를 깊은 웅덩이에서 구원해 주셨으

므로 시인은 주를 경외하는 회중 앞에서 자신의 서원을 갚겠다고 말한다. 이처럼 우리는 고난 중에 함께하신 하나님을 찬송해야 한다. 이때 교만하면 또 실패하게 되기 때문이다.

교회는 거룩한 교제가 이루어지는 곳이다. 26절을 보라. 여기서는 먹고 배부른 장면이 나온다. 지금까지 시인은 못 먹고, 못 입고, 원수들에게 비방당하고 죽을 고비를 계속 넘기고 왔는데, 이제는 배부르게 백성들과 함께 먹게 되었다. 아마도 시인은 이제 완전히 회복되어 가난한 자들을 초대한 것 같다. 왜냐하면 겸손한 자, 즉 가난한 자는 여기서 먹고 배부를 것이라고 하기 때문이다. 그리고 이러한 교제 가운데서도 또다시 시인은 선포한다. "여호와를 찾는 자는 그를 찬송할 것이라. 너희 마음은 영원히 살지어다." 하면서 축배를 든다.

초대교회의 모습을 보라. 행2:46절에 "날마다 마음을 같이하여 성전에 모이기를 힘쓰고 집에서 떡을 떼며 기쁨과 순전한 마음으로 음식을 먹고 하나님을 찬미하며 또 온 백성에게 칭송을 받으니 주께서 구원받는 사람을 날마다 더하게 하시니라."고 말씀했다. 우리의 삶이 이처럼 찬송과 교제가 함께 어우러지는 복된 공동체가 될 수 있기 바란다.

교회는 예배를 드리는 곳이요, 복음이 전파되는 곳이다. 27-28절에서 시인은 온 땅의 백성들이 다 주님을 기억하고 돌아오기를 기원한다. 모든 나라와 족속이 주님께 예배하기를 기원한다. 28절과 같이, 모든 나라는 여호와 하나님의 것이요 하나님은 모든 나라의 주재이시기 때문이다. 27절에서 '기억하고 돌아온다"는 말이 무슨 뜻인가? 하나님을 잊어버린 자들이 다시 하나님을 기억하고 돌아오는 것을 의미한다. 즉 회개하는 것을 말한다. 이는 우리 주님의 십자가와 부활로 말미암아 모든 이방 민족에게 복음이 전해질 것을 예언하는 말씀이다.

29절은 세상을 완전히 통치하시는 하나님의 모습을 보여준다. 세상의 풍성한 자나, 사망의 음침한 골짜기로 내려가는 자나, 자기 영혼을 살리는 자, 모든 세상의 피조물은 하나님의 통치를 받아야 한다고 말한다. 죽음까지도 하나님의 통치를 거부할 수 없다. 그러므로 모든 피조물은 무조건 모두가 하나님께 엎드려 절해야 한다. 우리 하나님은 지옥과 천국, 삶과 죽음, 과거와 현재와 미래 모든 시간과 공간의 피조세계의 영원한 통치자이시기 때문이다. 이제 주님 재림하실 때는 이 같은 새 하늘과 새 땅이 재창조될 것이다.

30절에서는 우리의 후손들도 다 주께 예배하고 섬길 것이요, 대대에 주님의 복음을 전파할 사명을 가르쳐 주고 있다. 그렇다. 우리는 우리의 후손들에게 믿음의 유산을 물려주어야 한다.

31절에는 하나님의 공의가 계속해서 이어질 것을 예언한다. 하반절에 "주께서 이를 행하셨다."라는 것은 우리 주님의 십자가와 부활로 인하여 모든 민족과 열방에 주의 복음이 전파되는 것을 말한다. 이 대열에 우리가 도구로 사용될 것이고, 우리는 주님께서 이를 행하셨다 할 것이다.

진정으로 구원을 받은 백성이라면 하나님을 향한 찬송과 영광을 회복하시기 바란다. 날마다 성도간에 아름다운 교제를 회복하시기 바란다. 날마다 깨어서 복음 전파에 힘쓰고 선교의 지경을 넓히시기 바란다.

시81:10절을 보라. "나는 너를 애굽 땅에서 인도하여 낸 여호와 네 하나님이니 네 입을 크게 열라 내가 채우리라!" 아멘!

선한 목자와 아름다운 성도

시편 23편은 목자와 양, 예수님과 나, 목사와 성도 간의 아름다운 관계를 말해 주는 다윗의 유명한 시이다.

1절에서 선한 목자는 양을 보호한다. 또한 양에게 먹이를 주면서 키운다. 여호와 하나님은 이스라엘 백성들이 광야생활을 할 때, 낮에는 구름기둥으로 밤에는 불기둥으로 보호하셨다. 만나와 메추라기도 먹이셨다. 히브리인의 전통에서 목자라는 칭호는 여호와 하나님에 대한 가장 오래된 전통적 표현이다.

여기서 '나의 목자'라고 표현한 것은 주님이 나를 보호하시며 나를 기르신다는 의미이다. 이는 하나님과 나와의 개인적인 관계에서 부족함이 없다는 고백이다. 그러므로 행복한 성도는 여호와 하나님을 나의 목자로 고백하는 자이다.

2절에서 주님은 나를 푸른 초장으로, 쉴만한 물가로 인도해 주신다. 초장은 양이 먹을 연한 풀이 많은 곳이다. 양들이 누워서 쉴 수 있는 곳이다. 쉴만한 물은 잔잔한 물이다. 이는 쉬기에 편리한 물이요 신선한 물로서 계속 부드럽게 흘러 양들이 마음껏 마시기에 좋은 여건을 말한다. 그렇다면 다윗의 푸른 초장과 쉴만한 물가는 어디였을까? 바로 하나님의 집인 성전이었다.

여러분에게 푸른 초장과 쉴만한 물가가 어디라고 생각하는가? 성전이요 교회다. 여기는 주님의 법궤가 있는 곳이요, 하나님의 임재가 있는 곳이요, 하나님의 영광이 있는 곳이다.

3절에서 그는 내 영혼을 소생시키신다고 말씀한다. 이는 내게 활력을 소성시키실 것이며, 새롭게 해 주신다는 의미이다. 그리고 자기 이름을 위하여 의의 길로, 바른 길로, 곧은 길로 인도하실 것이다. 여기서 '자기 이름을 위하여'라는 말씀이 중요하다. 주님께서는 자신의 이름에 합당한 존재임을 드러내고자 자신의 백성을 위해 놀라운 일을 행하신다. 그러므로 하나님의 백성들은 존재 목적 자체가 주님의 이름을 위해 사는 사람들이다. 따라서 신앙생활에서는 어떠한 논리로도 주님의 영광을 우선할 수 없다. 이것이 성경적이다.

지금 나의 이름을 위하여 일하고 있는가? 주님의 이름을 위해서 일하고 있는가? 내가 목적이 되고 하나님이 수단이 되는가? 하나님이 목적이 되고 내가 수단이 되는가? 조금만 실수하면 이 경계를 넘나들 수 있다는 것을 명심하라. 지금도 하나님은 "교만은 패망의 선봉이요 거만한 마음은 넘어짐의 앞잡이."라고 경고하신다.

4절에서는, 우리가 사망의 음침한 골짜기로 다닐지라도 해를 두려워하지 않는다고 말씀한다. 주께서 나와 함께하시기 때문이다. 주의 지팡이가 나를 웅덩이에서 건져 주시기 때문이요, 주의 막대기가 나를 바른 길로 인도해 주시기 때문이다. 이는 시인 자신의 고백이기도 하다. 시인은 어두웠던 시절, 고통과 위험의 시기를 생각하며 그때 특히 하나님과 가까이 있었음을 기억하며 이렇게 고백하고 있다. 그러므로 고난이 심했던 사람은 겸손하다. 겸손을 위해서는 고난이 약이 된다. 그러므로 시 119:71절에서는 "고난당한 것이 내게 유익이라. 이로 말미암아 내가 주의 율례들을 배우게 되었나이다."라고 고백한다.

5절은 주님께서 나의 원수 앞에서 나에게 잔칫상을 차려 주시는 모습이요 기름을 바르고 축제의 잔을 높이 드는 장면이다. 그동안 시편에서 묵상한 것처럼 시인 다윗은 실제로 인생의 광야를 지날 때, 많은 사람들이 조롱하고 비웃고, 깊은 웅덩이에 빠지는 지경에서도 한 번도 하나님을 의심하지 않았다. 오히려 그는 이 과정에서 주님께서 베푸시는 잔치와 축제를 경험했다. 오늘은 그 클라이맥스에서 회중과 함께 축제의 옷을 입고 머리에 기름을 바르고 축제의 잔치를 하나님의 집에서 나누고 있다. 그 잔치에는 잔이 넘친다. 이는 생기가 넘친다는 것이요, 풍성하다는 의미이다. 여러분의 삶도 날마다 이처럼 축제의 삶이 되시기를 주님의 이름으로 축원한다.

6절에서 시인은, 자신의 평생에 하나님의 선하심과 인자하심이 반드시 따른다는 확신과 자신이 여호와의 집에 영원히 살겠다는 서원을 고백한다. 이는 한평생 주님이 계시는 성전에서 주님을 예배하고 싶다는 고백이다. 마치 잔칫집에 초대를 받았는데 그 집의 한식구가 되는 것과 같다. 이는 하나님과 더욱 친밀하고, 지속적인 교제를 하겠다는 서원이다.

목자와 양의 관계를 잘 유지하시기를 바란다. 주님과 동행하며 주님과 한식구로 사시기 바란다. 순간순간 예배의 감격에 빠지며, 하나님의 임재를 경험하며, 온맘과 정성으로 하나님께 찬송과 영광을 돌리시기 바란다. 나아가 주님의 복음을 전하는 통로가 되시기 바라고, 여러분 자신이 작은 예수가 되어 많은 사람들을 푸른 초장과 쉴만한 물가로 인도하는 복음 전파자의 삶을 사시기를 주님의 이름으로 축원한다.

하나님의 통치를 받으라

그리스도인들은 대개 두 종류로 나뉜다. 하나는 평상시에 하나님의 주권을 인정하고 인격적인 하나님과 깊이 교제하는 사람이고, 또 하나는 평상시에는 하나님과 멀리 떨어져 있다가 어려움을 당했을 때만 하나님께 매달리며 부르짖는 사람이다. 여러분은 어느 쪽이신가?

하나님께서는 우선적으로 "네가 창조주 하나님을 인정하느냐?" 하고 물으신다. 평상시의 삶 가운데서 하나님의 통치를 인정하고, 온 우주만물이 여호와 하나님의 것이며, 나 자신도 하나님의 피조물이라는 사실을 인정하고 있는가를 묻고 계신다.

대상29:11-12절에서 다윗은 하나님을 향하여 이렇게 고백하였다. "여호와여, 위대하심과 권능과 영광과 승리와 위엄이 다 주께 속하였사오니 천지에 있는 것이 다 주의 것이로소이다. 여호와여, 주권도 주께 속하였사오니 주는 높으사 만물의 머리이심이니이다. 부와 귀가 주께로 말미암고 또 주는 만물의 주재가 되사 손에 권세와 능력이 있사오니 모든 사람을 크게 하심과 강하게 하심이 주의 손에 있나이다." 이러한 고백이 오늘 여러분의 고백이 될 수 있기를 주님의 이름으로 축원한다. 그러므로 신앙인의 가장 기본은 창조주 하나님의 주권을 인정하고 자신이 피조물이라는 사실을 인정한다는 대답을 하는 것이다.

2-3절에서는, 산과 바다와 강들을 건설하신 이러한 하나님 앞에, 이러한 여호와의 산에 오를 자가 누구며 그의 거룩한 곳에 설 자가 누구냐고

묻는다. 이러한 사람의 특징은 4절에서 말씀한다. 곧 손이 깨끗하며, 마음이 청결하며, 뜻을 허탄한 데에 두지 아니하며, 거짓 맹세하지 아니하는 자이다. 이는 우리의 손이, 우리의 마음이, 우리의 입술이 하나님의 도구로 사용된다는 말씀이다. 시편의 대문과 같은 1편에서 제일 먼저 선포하는 말씀이 무엇인가? "복 있는 사람은 악인들의 꾀를 따르지 아니하며 죄인들의 길에 서지 아니하며 오만한 자들의 자리에 앉지 아니하고 오직 여호와의 율법을 즐거워하여 그의 율법을 주야로 묵상하는 자."라고 하였다. 이 말씀도 하나님의 통치를 받으며, 손과 마음과 입술이 하나님의 도구로 사용되는 자를 가리킨다.

이러한 사람은 본문 5절에서 무엇이라고 말씀하는가? 복을 받고 구원의 하나님께 의를 얻는다고 말씀한다. 이렇게 하나님의 통치를 받는 사람은 복 있는 성도가 된다는 것이요, 구원받은 백성이라는 것이요, 구원의 하나님으로부터 의롭다 칭함을 받는 성도가 된다는 것이다. 이를 구속사적인 관점에서 말하면 아브라함의 복을 받는다는 말이요, 예수 그리스도를 믿음으로 인하여 구원함을 얻으며 의롭다 칭함을 얻는 자를 말한다. 더 구체적으로 표현하면 행16:31절의 "주 예수를 믿으라. 그리하면 너와 네 집이 구원을 받으리라."는 말씀은 예수 그리스도를 당신의 주主로 믿을 때 구원을 받는다는 의미이다.

그러므로 하나님의 교회는 세상의 지식으로 되는 곳이 아니다. 예수 그리스도의 영, 주님의 영, 거룩한 영, 성령의 지배를 받는 곳이다. 성령님의 통치하에 정책이 결정되어야 하고, 성령님의 통치하에 정책이 진행되어야 하고, 성령님의 통치하에 열매를 맺어야 한다. 그래야 그 열매를 통하여 성삼위 하나님께서 영광을 받으시는 것이다.

6절에서는 이러한 사람이 어떠한 사람이라고 말씀하는가? 이들은 여호와를 찾는 족속이요, 야곱의 하나님의 얼굴을 구하는 자들이다. 이처럼 하나님은 거룩한 속성을 가지고 계시기 때문에 거룩하고 정결한 사람이 그를 찾으며 그의 얼굴을 구한다. 이것이 신앙의 법칙이다. 이처럼 거룩한 백성들은 거룩하신 하나님을 갈망한다. 하나님의 얼굴을 사모한다. 하나님의 말씀을 사모한다. 기도와 간구로 구할 것을 하나님께 아뢰는 영적 교제를 하며 산다. 이 정체성을 다시 회복할 수 있기를 소망한다.

7-10절까지는 영광의 하나님을 성전에 모시는 장면을 묘사하고 있다. 실제 이 대목은 다윗왕이 하나님의 언약궤를 성전에 모시는 장면을 묘사한 것이다. 7절을 보라. "문들아! 너희 머리를 들지어다. 영원한 문들아! 들릴지어다. 영광의 왕이 들어가시리로다." 누가 들어가신다고 하는가. '영광의 왕'이 들어가신다. 7-10절까지 '영광의 왕'이라는 말이 5번이나 나온다. 영광의 왕이 들어가시니 성전의 문들아 열릴지어다. '영광의 왕'이 누구신가? 다윗이 아니다. 강하고 능한 여호와시요 전쟁에 능한 여호와시로다. 그러므로 오직 영광의 왕이신 여호와 하나님의 통치만이 이루어지기를 축원한다. 우리는 모두 그분의 통치를 받는 수단이요 도구일 뿐이다. 이러한 복이 여러분과 함께하시기를 주님의 이름으로 축원한다.

성장하는 신앙의 전환점

오늘도 우리는 광야의 인생을 산다. 이러한 삶의 광야 가운데서 과연 주님은 우리에게 어떤 삶으로 대처하기를 원하시는가? 어떠한 삶이 바람직한 신앙생활인가? 시편 25편 1-11절을 중심으로 주님의 메시지를 듣게 되시기를 축원한다.

시인은 1절에서 주님을 우러러보는 간절함을 보여주고 있다. 2절에서는, 내가 주께 의지하였사오니 나를 부끄럽지 않게 해 달라고 간구한다. 3절에서는, 주를 바라는 자들은 수치를 당하지 않을 것이라는 확신에 찬 간구를 한다. 이처럼 시인은 끝까지 인내하고 주를 의지하며 주만 바라보고 나아간다.

누가복음 1장에 보면 세례 요한의 출생에 대한 말씀이 나온다. 세례 요한의 아버지 사가랴와 그의 아내 엘리사벳은 제사장 반열에 있는 사람들이요, 하나님 앞에 의인이요, 주의 계명과 규례대로 흠이 없는 자들이었다. 그렇게 성실하게 살아가는데도 이들에게는 늙도록 자녀가 없었다. 그래서 남들에게 부끄러움과 수치를 당하게 되었다. 그러한 삶을 묵묵히 성실하게 이어가던 어느 날, 사가랴가 제사장의 직무를 행할 때 그의 옆에 가브리엘 천사가 나타났다. 그가 말하기를 "네게 아들이 있을 것이요 그 이름을 요한이라고 하라."고 전해 준다. 그러고는 이 비밀을 지키기 위해 사가랴의 혀를 굳게 하여 벙어리가 되게 하신다. 그 후에 그의 아내 엘리사벳이 잉태하고 나서 고백한 것이 눅1:25절이다. "주께서 나를 돌보시는 날에 사람들 앞에서 내 부끄러움을 없게 하시려고 이렇게 행하셨다."

는 고백이다. 수십 년간 자녀가 없는 부끄러움과 수치에도 불구하고 끝까지 하나님을 의지하고 나아갔더니 하나님께서 부끄러움과 수치를 면하게 하시고 세례 요한 같은 위대한 인물을 주셨다는 고백이다. 이처럼 신앙의 성공은 한마디로 지속이다. 어려워도 인내하며 지속할 때 놀라운 하나님의 복을 경험하게 된다.

시인은 4절에서 주의 도, 주의 길을 가르쳐 달라고 애원한다. 이는 한마디로 "제가 어떻게 살아야 되겠습니까?" 하고 주님께 묻는 것이다. 5절에서는 주의 진리로 나를 지도하시고 교훈해 달라고 한다. 이는 주님께서 보여주신 길을 따라 살 수 있는 힘을 달라는 것이다. 주는 구원의 하나님이시니 가르쳐 주실 때까지 인내하며 기다리겠다는 것이다.

하나님은 오늘도 이러한 성도를 귀하게 보신다. 날마다 인내하면서 주님의 가르침을 사모하시기를 축원한다. 그러므로 새벽기도는 절대 손해 보는 일이 아니다. 지속적으로 새벽기도에 나와서 날마다 하나님의 말씀을 묵상하고 기도하고 순종해 보라. 분명히 하나님께서 성공의 첩경을 가르쳐 주실 것이다.

6절에서는 하나님의 속성을 꺼낸다. 출34:6절에서 "여호와께서 선포하시되, 여호와라 여호와라, 자비롭고 은혜롭고 노하기를 더디하고 인자와 진실이 많은 하나님이라."는 하나님의 언약의 말씀을 기억하며 시인은 하나님의 긍휼과 인자하심을 구한다.

7절에서는 자신이 젊었을 때 저지른 밧세바와의 죄와 허물을 다시 고백하며 용서해 주시기를 구한다. "이제는 중년이 되었사오니 그 죄를 기억하지 마시고 주의 선하심으로 돌보아 주시옵소서."라는 고백이다. 이때 하나님은 그를 치유해 주시고, 새로운 사명으로 거듭나게 해 주셨다.

8-9절에서는 "여호와는 선하시고 정직하시니 그의 도로 죄인들을 교훈하신다."고 말씀한다. 온유한 자를 정의로 지도하시는 하나님을 찬양한다. 이 말씀은, 하나님은 선하시기만 하신 분이 아니라 공평과 정의로 죄인들을 판단하시고 바른 길로 인도하신 분이라는 것이다. 죄를 확실하게 회개한 사람은 이처럼 영적 균형이 잡힌다. 이제는 그저 달라고만 하는 기도가 아니라 내가 잘못하면 거기에 해당하는 징계도 받는다는 것을 깨닫는다.

11절을 보라. 갑자기 자신의 죄악이 크니 용서해 달라고 다시 빈다. 그런데 자세히 보면, 이제는 자신의 명예회복을 위한 죄용서보다 "주의 이름으로 말미암아" 즉, 주님의 이름을 더럽히지 않기 위하여 자신의 죄를 용서해 달라고 빌고 있다. 성도는 이러한 과정을 거침으로 성화되어 가고, 자신의 모든 생각과 삶의 모습이 예수 그리스도의 DNA로 바뀌어 가는 것이다.

여러분은 지금 믿음의 인내, 가르침을 사모함, 죄를 회개함, 하나님의 영광을 구함, 이 네 사이클 중에 어디까지 와 있는가? 하나님과 깊이 교제하면서 여러분의 모습이 예수 그리스도의 DNA로 바뀔 수 있기를 주님의 이름으로 축원드린다.

여호와를 경외하는 자

앞서 우리는 주님이 원하시는 신앙의 사이클이 무엇인가에 대하여 묵상했다. 믿음도 대나무처럼 자라나는 과정의 전환점이 있고 그 전환점을 거치면서 나의 삶이 예수의 DNA로 바뀌게 된다는 것을 배웠다.

시편 25:12-22절에서는 여호와를 경외함에 대하여 설명하고 있다.

시편 25편 12절에서는 자신의 신앙경험을 통해 얻은 결론을 바탕으로 "여호와를 경외하는 자 누군가?"라는 질문을 던지며 그에게는 하나님께서 그의 택할 길을 가르쳐 주신다고 말씀한다. 길은 참으로 중요하다. 그런데 하나님을 경외하는 자는 하나님께서 바른 길, 선한 길, 복된 길을 택하게 하신다는 것이다. 이러한 자들에게는 하나님께서 길만 가르쳐 주시는 것이 아니다. 그 길을 가면서 복을 누리게 하신다. 그 복이 무엇인가? 13절을 보면, 영혼이 평안한 복을 누리게 하신다. 그리고 그의 자손이 땅을 상속받는 복을 누리게 하신다. 영혼이 잘되는 것이 무엇인가? 내적 부요함이다. 땅을 상속받는 것이 무엇인가? 외적 부요함이다. 영혼도 평안하고 물질의 복도 받으니 범사에 감사하게 되고, 날마다 강건한 삶을 사는 것은 당연한 이치가 아니겠는가! 그러므로 모든 복은 여호와를 경외함에서부터 시작한다는 것을 믿으시기 바란다.

14절을 보라. 이러한 자들에게는 여호와의 친밀하심이 있다. 즉 하나님과의 깊은 관계 속에 산다는 것이요, 하나님과 사귐이 있다는 뜻이다. 이러한 자들의 가슴은 열정으로 뜨겁고, 비전으로 벅차오른다. 그들의 마음속에 두려움이 사라지고, 오직 강하고 담대한 믿음으로 나아간다.

그들의 자녀는 성공하고, 그들의 곳간은 넘치게 된다. 이것이 하나님의 언약이요, 구원받은 백성들의 특권이다.

15절에서 시인은, 이러한 관계 속에서 항상 주님을 우러러보게 되고, 주님께서 자신의 발을 그물에서 벗어나게 하실 것이라고 고백한다. 자신이 원수의 지배권에서 벗어나게 된다는 것이다. 그러므로 하나님과 친밀하게 교제하고 사귀면 사탄의 그물에서 발을 뺄 수 있고, 사탄은 한 길로 와서 일곱 길로 도망갈 것이다. 이것이 하나님의 말씀이요, 약속이다.

그런데 16절부터 이상한 고백이 나온다. 갑자기 시인은 너무 외롭고 괴롭다며 하나님께 다시 하소연하고 있기 때문이다. 아니, 지금까지 하나님을 경외하는 자는 하나님께서 길도 가르쳐 주시고, 영육간에 강건함을 누리고 엄청난 복을 받는다고 말해 놓고는 왜 지금은 다시 외롭고 슬프고 괴롭다고 눈물을 짜고 있는 것인가? 이 부분을 우리는 잘 이해해야 한다. 하나님의 말씀을 사모하고 깨닫게 되면 자신의 죄악을 다시 고백하면서 하나님의 긍휼과 인자하심에 호소하게 된다. 그러므로 하나님의 거룩하심을 깨닫는 것만큼 우리의 죄악을 고백하게 되는 것이다.

17절에서는 근심과 고난을 하소연하고 있다. 이것도 평안함의 반대요, 부요함의 반대이다.

18-19절에서는 자신의 죄로 인하여 무서운 심판을 받았다고 생각한다. 그것이 바로 곤고와 환난이다. 그러므로 그루터기인 죄를 사해 달라고 간청한다. 이는 19절에서 원수와 연결된다. 수많은 원수들이 자신을 매장하기 위해 더욱 미워한다. 이는 좀전에 깨달은 자녀가 땅을 상속받는 복의 반대요, 원수들의 그물에서 벗어나는 것의 정반대이다.

20-21절에서 시인은, 다시 주께 피하오니 자신의 영혼을 지켜주시고 구원해 달라고 호소한다. 수치를 당하지 않게 해 달라고 애원한다. 주를 바라오니 성실과 정직으로 보호해 달라고 한다. 이는 하나님의 온전하심과 올바름으로 보호해 달라는 것이다. 또는 완전하고 올바르게 살아가도록 지켜 달라는 고백이기도 하다.

하나님의 은혜를 많이 받는다는 것은 무엇인가? 우리의 마음을 찢으며 회개하고 우리의 눈에 눈물이 고이는 것을 말한다. 성령충만이라는 것이 무엇인가? 죄로 충만했던 자신을 고백하고 회개하는 것이다. 하나님을 찬양한다는 것이 무엇인가? 내가 죄인이라는 것을 토해내는 것이다. 내가 의롭게 산다는 것이 무엇인가? 자신이 죄인 중에 괴수라는 것을 깨닫는 것이다. 사도 바울은 롬7:21-25절에서 이 양면의 고통을 고백한다. "그러므로 내가 한 법을 깨달았노니 곧 선을 행하기 원하는 나에게 악이 함께 있는 것이로다. 내 속사람으로는 하나님의 법을 즐거워하되, 내 지체 속에서 한 다른 법이 내 마음의 법과 싸워 내 지체 속에 있는 죄의 법으로 나를 사로잡는 것을 보는도다. 오호라, 나는 곤고한 사람이로다. 이 사망의 몸에서 누가 나를 건져내랴!" 이러한 영적 변화를 체험하고 나면 기도의 폭이 넓어지며, 자신도 모르게 예수의 DNA로 삶이 바뀌며 하나님께 찬송과 영광을 올려드리게 된다.

22절을 보라. 자신의 고난을 이스라엘의 환난과 동일시하는 모습을 보이며, 이스라엘 백성을 원수들로부터 구해 달라고 하나님께 간구한다. 이처럼 믿음의 확장은 그의 기도의 지경이 나라로 확대되는 것이다. 이러한 믿음으로 성장해 가시길 주님의 이름으로 축원드린다.

끝까지 포기하지 말라

우리는 때로 많이 지칠 때가 있다. 평상시에는 펄펄 날다가도 갑자기 누구에게 몇 마디 듣고는 시험에 빠지고 견디기 어려운 슬럼프에 빠지기도 한다. 모든 것을 포기하고 싶고, 멀리 떠나고 싶을 때도 있다. 이럴 때는 어떻게 해야 하는가?

1절에서 시인은, 하나님 앞에 자신을 판단해 달라고 한다. 조금은 교만해 보일지도 모르지만 우리는 금방 그가 억울한 처지에 있다는 것을 발견한다. 왜냐하면 지금까지 흔들리지 않고 지조 있게 여호와를 의지했기 때문이다. "하나님, 저는 지금까지 정말 올바르게 살았습니다. 주님만 의지하고 흔들리지 않는 믿음으로 살았습니다. 그런데 지금 이런 처지가 무엇입니까? 주님이 진짜 살아계시다면 나를 판단하시고 나를 변호해 주셔야 하겠습니다." 이런 말이다. 2절에서도 시인은 아직도 성이 안 풀려 "하나님, 저를 다시 살펴보시고, 다시 시험해 보십시오. 정말로 저는 양심적으로 살았습니다. 내 뜻과 내 양심을 용광로에 넣어 단련해 주십시오. 그리고 판단해 주십시오."라고 한다. 한마디로 "정말 저는 억울합니다."라는 호소이다. 양심은 정말 억울할 때 제시하는 무기가 아니겠는가!

3절에서, 주의 인자하심이 내 목전에 있고 내가 주의 진리 중에 행한다는 말은, 내가 주님을 항상 내 앞에 모신다는 코람데오의 신앙을 말한다. 내가 주의 진리를 따라 살았다는 고백이다. 신실한 사람의 정도는 무엇으로 판단되는가? 주의 인자하심과 진리를 얼마나 의식하며 살았느냐이다. 시인은 그렇게 살았다는 고백이다.

4절을 보면 허망한 사람이나 간사한 사람과는 함께하지 않았다고 고백한다. 이러한 사람들이 누구인가? 거짓을 일삼는 사람들이요, 두 마음을 품은 자들이요, 헛된 것을 좋아하는 자들이요, 사기꾼들이다. 이러한 사람과 함께하지 않는 것이 복인 줄 믿으시기 바란다.

5절에서는 행악자의 집회를 미워한다고 하였다. 대적들도 무리가 있다. 끼리끼리가 있다. 정치에서는 이들을 패거리 정치라고 한다. 교회 공동체 안에서도 이럴 수 있다는 것을 기억하라.

6절에서는 자신의 무죄를 증명하기 위하여 손을 씻고 제단 주위를 돌고 있다. 구약 시대에는 무죄를 위하여 손을 씻는 행위가 참으로 의미가 있었다. 신21:6-7절을 보면 자기 땅에서 피살체가 발견되었을 때 흐르는 물에 가서 손을 씻으며, 우리의 손이 이 피를 흘리지 아니하였고 우리의 눈이 이것을 보지도 못했다고 고백할 때 그 피 흘린 죄가 사함을 받았다. 이처럼 시인의 양심이 깨끗하다는 고백이다.

7절에서 시인은 남들에게 감사의 소리를 들려주겠다고 말한다. 하나님의 기이한 모든 일을 말하겠다고 한다. 이는 하나님께서 자신의 억울함을 들으시고 자신의 손을 들어주셨다는 확신에 찬 고백이다.

8절은 5절과 정반대이다. 5절에서는 행악자의 집회를 미워한다고 했는데, 여기서는 주님의 영광이 머무는 주님의 집을 사랑한다고 고백한다. 주님의 집이 어디인가? 성전이다. 주의 영광을 보고 싶어 하는 것이다. 여러분도 이러한 고백을 할 수 있기 바란다. 자신을 대적하는 무리가 미운 만큼, 오히려 하나님의 거룩한 성전을 사랑하라는 것이다. 이러한 신앙의 정조를 지키는 여러분이 되시기를 주님의 이름으로 축원한다.

9절에서 시인은 자신의 영혼이 죄인이나 살인자와 함께 휩쓸려 가지 않기를 간구한다. 우리는 악을 피해야 한다. 그것이 견디는 것이요, 그것이 인내하는 것이다. 세상 사람들과 함께 휩쓸려 가는 삶은 쉽지만 어리석은 방법이다. 하나님은 거기에 휩쓸리지 말라고 하신다.

10절을 보라. 그들의 손에는 무엇이 있는가? 사악함이 있고, 그들의 오른손에는 뇌물이 있다. 이는 하나님의 도구로 사용되는 것이 아니라 하나님의 영광을 가로채기 위한 사탄의 방법들이다. 시인은 이러한 세상의 방법에서 탈피하려고 몸부림치고 있다. 여러분 또한 이러한 삶을 살 수 있기를 축원한다.

11절에서 시인은 다시 1절로 돌아간다. "그렇습니다. 하나님, 나는 나의 완전함에 행하겠습니다. 끝까지 포기하지 않고 하나님만 의지하면서 온전한 삶을 살겠습니다."라는 서원이다. 그러면서도 하나님의 은혜를 구하는 겸손함을 보이고 있다. 하나님은 오늘도 그러한 사람을 찾으신다.

12절에서 시인은 이제 평탄한 데 서 있다는 확신을 가진다. 그는 원수의 올무에서 벗어났고, 거침돌에서 벗어나 자유함을 얻었다. 이것을 자신의 공동체 가운데서 선포하고 여호와를 송축하며 그에게 영광을 돌리고 있다.

하나님은 오늘도 우리가 어려움과 시험 가운데 어떻게 신앙을 지키며 살아가는가를 보신다. 시인처럼 청결한 마음과 선한 양심과 거짓이 없는 믿음(딤전1:5)으로 여러 가지 시험을 이기고(약1:2-4), 끝까지 하나님의 자녀답게 살기를 포기하지 않는 복된 삶을 사시기를 주님의 이름으로 축원드린다.

승리의 비결

　우리의 인생은 싸움의 현장이다. 날마다 생존경쟁이라는 전쟁터에 서 있다. 신앙생활도 영적 싸움의 현장이다. 우리는 날마다 우는 사자처럼 두루 다니며 삼킬 자를 찾는 사탄의 공격을 받으며 살고 있기 때문이다. 이러한 싸움의 현장에서 승리하려면 분명한 전략이 있어야 한다. 그 승리의 비결은 과연 무엇인가? 시편 27편 1-6절을 중심으로 살펴보자.

　첫째, 밝은 빛 가운데로 나와야 한다. 1절에서 시인은 주님을 '빛', '구원', '생명의 능력'으로 묘사한다. 주님은 나의 어둠을 물리쳐 주시고, 나를 구원해 주시고, 나의 생명을 안전하게 지켜주시는 능력이라는 의미이다. 내가 사망의 음침한 골짜기에 다닐지라도, 흑암의 어두운 길을 거닐어도 나를 비쳐주시고, 구원해 주시고, 안전하게 지켜주시는 분이 여호와 하나님이라는 확신에 찬 고백이다.

　성경은 유독 빛에 대하여 수없이 많은 곳에서 언급하고 있다. 빛은 하나님이 창조하셨다. 여호와도 빛이요, 예수 그리스도는 생명의 빛이다. 우리는 누구인가? 빛의 자녀이며 세상의 빛이다. 그러므로 우리는 빛의 원리를 알아야 한다. 실패하는 사람은 어둠으로 들어간다. 우울한 사람은 어둠을 찾는다. 근심이 있는 사람은 얼굴이 어둡다.

　2절에서는 악인들, 대적들, 원수들이 야수처럼 달려들어 자신의 살을 뜯고 싶어도 결국 그들은 실족하여 넘어졌다는 완료형을 썼다. 하나님께서 자신의 상황에 개입하셔서 그들이 넘어질 것을 확신하는 모습이다. 이는 그가 빛 가운데 깨어 있었기 때문에 가능한 표현이다.

2절이 원수들의 무리를 그렸다면 3절은 원수들이 '군대'로 다가오고 있음을 표현한다. 그럼에도 불구하고 시인은 여전히 태연할 정도의 강한 믿음을 가지고 있다. 이러한 사상이 바로 이스라엘 민족들의 '낫가리 속의 횃불'이라는 사상이다. 산더미 같은 낫가리가 무슨 소용이 있는가? 횃불 하나만 갖다 대면 끝장이다. 순식간에 산더미가 불더미가 된다.

둘째, 성전을 사모해야 한다. 4절은 하나님의 성전을 향한 뜨거운 마음을 보여준다. 자신이 평생을 통해서 여호와께 바라는 한 가지 유일한 일이 무엇인가? 오직 여호와의 성전에 거하며 여호와의 아름다움을 바라보며 주님을 사모하는 것이다. 오직 한 가지 소원은 주님이요, 그분이 계신 성전이다. 이는 한평생 주님과 동행하는 삶을 추구하는 모습이다.

5절은 환난날에 나를 그의 초막 속에 비밀히 지키신다고 말한다. 군대가 쳐들어와도 자신은 주님의 장막에서 보호받고 살 수 있다는 것이다. 장막이 무엇인가? 성막이다. 성막이 무엇인가? 성전이다. 그러므로 원리는 간단하다. 어찌하든지 하나님의 임재를 경험하고 하나님의 영광을 보면 그 사람은 승리하는 것이다. 시50:15절에 "환난날에 나를 부르라. 내가 너를 건지리니 네가 나를 영화롭게 하리로다." 이 말씀이 진리이다.

그러므로 승리하려면 성전을 사모해야 한다. 교회 중심으로 살아야 한다. 교회 중심, 말씀 중심으로 사는 사람은 100% 승리한다. 그것이 100% 보장되는 성경의 비밀이다. 성전을 사모한다는 것은 하나님 제일주의를 말한다. 하나님과의 깊은 교제를 우선시하는 것을 말한다. 그러므로 우리는 말씀을 묵상하며 영이 맑아야 한다. 영이 맑은 사람이 승리한다. 영이 맑은 사람은 머리가 복잡하지 않다. 영이 맑은 사람은 사랑이 넘친다. 영이 맑은 사람은 우울하지 않고 열정이 있다. 영이 맑은 사람은 세상의 정욕에 휩싸이지 않는다. 영이 맑으려면 교회 중심의 생활을 해야 한다. 성경 중심의 묵상과 생활을 해야 한다. 기도 중심의 생활을 해야 한다. 그런 사람은 세상에서도 반드시 승리한다. 다윗은 시편 23편 마지막 절에서 "내가 여호와의 집에서 영원히 살리로다."라고 고백하고 있다.

셋째, 감사하며 찬양해야 한다. 6절은, 시인이 주님께 축제의 즐거운 제사를 드리고 노래하며 여호와를 찬송하겠다는 서원이다. 아직 승리를 한 것이 아니다. 승리할 것을 믿고 감사하며 찬양하는 것이다. 그러면 실제로 하나님께서 승리하게 하신다. 그것이 하나님의 법칙이요 신앙의 원리이다. 우리를 끔찍이 사랑하시는 하나님이 자신을 향하여 그저 감사하고 찬양하는데 그냥 내버려 두시겠는가? 내 머리를 들어주시지 않겠는가! 이것은 바로 전쟁에서 역전의 승리를 가리키는 말이다.

여러분도 빛 가운데로 나아가고, 성전을 사모하고, 하나님께 감사하고 찬송함으로 모든 생존경쟁과 영적 싸움에서 승리할 수 있기를 주님의 이름으로 축원한다.

주의 얼굴을 찾으라

인간에게는 누구나 인정해야만 하는 한계가 있다. 예를 들어 나이가 들면 결국 죽는다는 것은 모두가 인정하는 사실이다. 그것은 인간이 결코 뛰어넘을 수 없는 한계이기 때문이다. 신앙적인 면에서도 인간은 한계를 보인다. 그렇다면 이 한계점에 섰을 때 우리는 어떻게 해야 하는가? 이것이 바로 시편 27편 7-14절이 주는 메시지이다.

시인은 27편 전반까지만 해도 여호와는 나의 빛이요 나의 구원이시요 나의 생명 되신다고 하며, 자신은 평생에 성전을 사모한다고 고백하였다. 그러나 본문 7절에서는 무엇이라고 고백하는가? 여호와여, 내가 소리내어 부르짖을 때에 들으시고 나를 긍휼히 여기사 응답해 달라고 호소하고 있다. 이것이 한계에 선 인간의 모습이다.

우리는 한계를 만났을 때 제일 먼저 무엇을 해야 하는가? 전능하신 하나님 앞에 무릎을 꿇고 주님의 얼굴을 찾아야 한다. 시인은 8절에서 "내가 주의 얼굴을 찾으리이다."라고 고백하고 있다. 렘29:12-13절에서는 "너희가 내게 부르짖으며 내게 와서 기도하면 내가 너희들의 기도를 들을 것이요, 너희가 온 마음으로 나를 구하면 나를 찾을 것이요, 나를 만나리라."고 말씀한다.

영육간에 어려움이 있는가? 마음이 답답하고 컬컬한가? 기쁨과 즐거움이 없고 무언가에 눌리고 있는 느낌인가? 온 마음으로 주님의 얼굴을 구하시기를 축원한다. 하나님의 얼굴을 찾는다는 것이 무엇인가? 하나님께 제사를 드린다는 것이다. 하나님께 예배한다는 것이다. 그러므로 하나님께서 여러분에게 가장 원하시는 것은 바로 예배의 회복이다.

9절에서 시인은 주의 얼굴을 내게서 숨기지 마시길 구한다. 얼굴을 숨기는다는 것은 주님께서 외면하신다는 것이다. 그러므로 시인은 간절한 마음으로 하나님께서 결코 자신을 버리지 않으시길 구한다. 그는 자신이 죄인이라는 것을 너무나 잘 알고 있다. 그럼에도 불구하고 그는 자신을 종이라고 고백한다. 이는 하나님이 나의 주인이시라는 고백이다. 주님이 나의 왕이요 주권자라는 '큐리오스 예수스'의 고백이다. "하나님, 저는 하나님의 노예입니다. 노예가 지금 어디로 갈 수 있단 말입니까? 노예에게 얼굴을 안 보이시면 내가 어디에 있어야 하나요? 노예는 24시간 주인의 목전에 대기하는 사람 아닙니까? 제발 이 노예의 얼굴을 외면하지 말아 주십시오."라는 고백이다. 이때 자비와 긍휼의 하나님이 이러한 사람을 외면하시겠는가? 아니다. 반드시 손을 내밀어 주실 것이다.

10절은, 내 부모는 나를 버렸으나 여호와는 나를 영접하신다고 고백한다. 이는 여호와 하나님은 부모보다도 더 큰 사랑으로 자신을 영접해 주신다는 것을 강조하는 것이다. 그러면서도 시인은 극도로 외로워하고 있다. 왜 그런가? 주변의 모든 사람들이 자신을 떠났기 때문이다.

11절에서 시인은 주의 도를 나에게 가르쳐 달라고 간구한다. 이는 주님께서 겟세마네 동산에서 드린 기도와 같다. "내 뜻대로 마옵시고 아버지의 뜻대로 하옵소서."(눅22:42)라는 의미이다. 나의 의지로 나아가는 것이 아니라 하나님이 원하시는 길로 나아가겠다는 고백이다. 우리도 뜻이 하늘에서 이룬 것같이 땅에서도 이루어 달라고 기도해야 한다. 하나님의 뜻이 여러분을 통하여 이 땅 위에서 이루어지는 것이 최대의 성공이요, 승리요, 평탄한 인생이라는 것을 믿으시기 바란다.

12절을 보라. 시인이 말하는 대적들은 위증자들이다. 거짓말로 증언하는 사람들이다. 악을 토하는 자가 일어나 자신을 친다고 고백한다. 이는 소위 언어폭력을 하는 모습이다. 미움의 언어이며 거짓으로 고소하는 모습이다. 이 모든 것이 누구의 모습인가? 사탄 마귀의 모습이다. 그러므로 조금만 방심하면 우리는 마귀의 종이 된다. 따라서 13절은 12절의 연장이다. 여호와의 선하심을 확실하게 끝까지 믿는다는 고백이다. 하나님께서 합력하여 선을 이루어 주실 것을 믿고 나아가는 것이다. 롬8:28절의 말씀대로 "우리가 알거니와 하나님을 사랑하는 자 곧 그의 뜻대로 부르심을 입은 자들에게는 모든 것이 합력하여 선을 이루느니라."라고 믿고 기도하는 것이다. 모든 것은 하나님이 하시는 것이다. 그러므로 마귀를 대적하라. 악에게 지지 말고 너무 황급히 낙망하지 말라. 서두르지 말고, 포기하지 말고, 하나님의 자비하심을 인내하며 기대하라.

14절은 시인이 청중들을 격려하고 있는 내용이다. 너희들도 나처럼 오직 하나님만이 유일한 도움이시며 선이심을 믿고 기다리라는 내용이다. 강하고 담대한 믿음으로 여호와를 기다리라고 권면한다. 그렇다. 인간은 한계가 있는 존재다. 이 한계를 인정하고 주님의 얼굴을 구하는 자가 지혜로운 사람이요, 하나님이 원하시는 백성이다. 또한 합력하여 선을 이루어 주시는 신실한 하나님을 믿고 끝까지 악을 악으로 갚지 말고 선으로 악을 이기시기 바란다. 무엇보다도 "너희는 강하고 담대하라. 내가 너를 떠나지 아니하며 버리지 않을 것이라."는 약속을 끝까지 믿고 나아가는 복된 주의 백성들이 되시기를 주님의 이름으로 축원드린다.

지성소에서 부르짖는 기도의 능력

세상의 수많은 악인들이 입으로는 평화를 말하지만 마음에는 칼을 품고 산다. 시인은, 구체적인 내용은 모르겠지만 목숨의 위협을 받고 있고 무언가 심각한 고난을 당하고 있다. 친구의 배신을 받아 정서가 파괴되어 깊은 정신적 고통과 사회적 시련을 겪고 있는 것을 알 수 있다. 아마도 압살롬의 반역으로 피난을 가던 때인 것 같다. 이럴 때 우리는 어떻게 나아가야 하는가?

시인은 1절에서 하나님을 향하여 "나의 반석이여!" 하며 부르짖고 있다. "주께서 귀를 막으시면 내가 무덤에 내려가게 됩니다. 나는 죽게 됩니다."라고 안타깝게 외치고 있다. '반석'은 가장 오래된 하나님의 칭호 중 하나이다. 이 반석은 모든 견고한 것을 보여주는 원형적인 장소를 말한다. 그 반석 되시는 하나님을 향하여 부르짖는 것은 하나님이 침묵하시기 때문이다. 우리 주변에는 육체적인 질병이나 경제적으로 고통을 당하는 자들이 많이 있다. 세상은 참으로 잘살게 되었다고 하는데, 삶의 현장은 그렇지 않은 것 같다. 오늘도 고통 가운데 있는가? 시인처럼 영원한 반석 되신 하나님께 부르짖으시기를 주님의 이름으로 축원한다.

2절은 지성소를 향하여 손을 들고 나아가는 모습이다. 지성소는 하나님이 계신 곳이다. 그곳에는 법궤와 그룹이 있다. 이는 하나님의 임재가 있는 곳을 향하여 손을 들고 나아가는 것을 의미한다. 여러분은 지성소가 어디라고 생각하는가? 물론 우리의 마음속에 성령님이 계신 곳이 곧 지성소가 된다. 하지만 하나님의 성전, 교회, 예배당이 될 수도 있다. 공예배

때마다 찾는 나의 예배의 자리가 하나님이 계신 지성소라는 것을 믿으시기 바란다. 그러므로 여기서 하나님께 부르짖고 하나님의 임재를 경험하시기 바란다. 아니, 지금 여러분이 있는 곳이 지성소가 되기를 바란다.

3절에서는 하나님을 향하여 악인의 심판을 기원한다. 그들의 입술은 화평을 말하는 것 같지만 그들의 마음에는 칼이 있다. 악독이 있다. 우리는 이러한 자를 조심해야 한다. 렘9:8절에 "그들의 혀는 죽이는 화살이라. 거짓을 말하며 입으로는 그 이웃에게 평화를 말하나 마음으로는 해를 꾸미는도다."라고 말씀하고 있다. 특별히 친구 간에 상호 신뢰와 정직이 끊기고 위선적으로 대할 때 우리는 심한 고통과 좌절을 경험하게 된다. 시인은 그러한 처지를 고백하고 있는 것이다.

4-5절은 이러한 자들을 하나님께서 친히 갚아 달라는 애원이다. 그들의 근본적인 잘못은 5절에 "여호와께서 행하신 일과 손으로 지으신 것을 생각하지 않는 것"이다. 이 세상에 하나님의 공의가 반드시 있어야 할 사람들이 누구인가? 창조주 하나님을 무시하고 멸시하는 자 아니겠는가? 사5:11-12절은 "아침에 일찍이 일어나 독주를 마시며 밤이 깊도록 포도주에 취하는 자들은 화 있을진저. 그들이 연회에는 수금과 비파와 소고와 피리와 포도주를 갖추었어도 여호와께서 행하시는 일에 관심을 두지 아니하며 그의 손으로 하신 일을 보지 아니하는도다."라고 하셨다.

6-7절은 찬양의 형식으로 나아간다. 주님께서 자신의 간구를 들어주셨다는 확신이다. 그래서 완료형을 썼다. 그러므로 시인은 7절에서 "여호와는 나의 힘과 나의 방패"라고 노래한다. 자신이 하나님을 굳게 의지하여 힘을 얻었으므로 마음이 기뻐 뛰놀며 주님께 감사한다는 고백이다. 완전히 원기를 회복한 모습이다.

8-9절에서 시인은 목자 되신 하나님께 백성을 위하여 간절히 기도드린다. "여호와는 그들의 힘이시요, 그의 기름부음받은 자의 구원의 요새이시로다." 자신과 백성들을 구원해 주신 하나님을 찬송하고 있다. 주님 안에서 참 안식과 쉼을 누리는 모습이다. 주님은 마11:28절에서 "수고하고 무거운 짐 진 자들아 다 내게로 오라. 내가 너희를 쉬게 하리라."고 하신다. 무엇보다 시인은 9절 하반절에서 또 그들의 '목자'가 되시어 영원토록 그들을 인도해 달라고 중보기도한다. 그러므로 시23:1절에 "여호와는 나의 목자시니 내게 부족함이 없으리로다."라고 고백할 수 있는 것이다.

반석이요, 힘이요, 구원의 요새가 되시는 하나님을 의지하고 사시기 바란다. 고난 가운데서도 공의의 하나님을 믿고 신뢰하시기 바란다. 하나님께서 여러분의 모든 억울함과 고난을 해결해 주실 것이다. 참 목자 되신 주님 안에서 푸른 초장과 쉴만한 물가를 달라고 기도하시기 바란다. 여러분이 계신 곳이 거룩하신 하나님을 만나는 지성소가 되기 바란다. 거기서 하나님을 만나시기 바란다. 그곳에서 하나님의 임재를 경험하고, 기도를 응답받고, 쉼과 안식을 누리시기를 주님의 이름으로 축원한다.

여호와의 소리를 들으며 살라

세상에는 수많은 소리가 있고, 우리는 그 소리를 들으며 산다. 그러나 영광의 하나님이 내시는 '여호와의 소리'는 누구나 들을 수 있는 것이 아니다.

1절을 보면, 천상에서 권능이 있는 자들, 거기서 하나님께 영광을 돌리는 자만이 하나님의 소리를 들을 수 있다. 2절에서는, 이러한 자는 하나님의 이름에 합당한 영광을 돌리며 거룩한 옷을 입고 하나님께 예배하는 자를 말한다고 하였다. 한마디로 죄 씻음 받은 자, 거룩한 자가 '여호와의 소리'를 들을 수 있는 것이다. 지금도 마찬가지다. 하나님의 음성을 듣는 유일한 길은 '거룩'이다. 그러므로 대상16:29절에 "여호와의 이름에 합당한 영광을 그에게 돌릴지어다. 제물을 들고 그 앞에 들어갈지어다. 아름답고 거룩한 것으로 여호와께 경배할지어다."라고 말씀한다. 이 시간, 거룩한 마음으로 하나님의 음성을 들을 수 있는 여러분 되시기를 축원한다.

이러한 자들에게 여호와는 영광으로 임하신다. 3절에서는 여호와의 소리를 물과 우렛소리로 비유한다. 이는 폭풍 가운데 임하시는 하나님의 음성을 말한다. 4절에서는 이러한 소리의 힘과 위엄을 강조한다. 이는 무서운 뇌성이 망망한 바다와 강과 엄청난 홍수를 쳐서 잔잔케 하는 모습으로 하나님의 강림을 표현하고 있는 것이다. 다소 은유적인 표현이지만, 우리가 거룩함으로 나아갈 때 이러한 강력한 하나님의 음성과 권면을 들을 수 있는 것이다. 이때 우리는 세상의 온갖 걱정거리들을 잊게 되고,

우리의 삶은 새롭게 변화되기 시작할 것이다. 하나님으로부터 강력한 응답을 받으시기 바란다. 하나님은 오늘도 살아계신다.

5절에서는 레바논의 백향목을 꺾으시는 하나님을 볼 수 있다. 이는 폭풍으로 바다와 강과 홍수를 잠잠케 하신 하나님이 산도 장악하심을 표현하는 것이다. 레바논의 백향목은 아주 강하고 쉽게 꺾이지 않으며 하늘을 찌를 정도로 크고 높다고 한다. 그래서 옛 성전을 이 레바논의 백향목으로 지은 것이다. 그러나 이는 무엇을 나타내는가? 교만을 나타낸다. 여호와의 소리는 이 백향목의 교만을 꺾으시고, 6절에 이러한 산들이 송아지처럼 뛴다는 표현을 한다. 그 교만한 산이 천둥과 우레로 인하여 놀란 들송아지처럼 뛴다는 것이다. 이는 견고한 교만을 조롱하시는 하나님을 표현한 것이다. 우리의 교만한 마음이 여호와의 소리로 흔들리기를 바란다. 그리고 다시 겸손함을 회복하시기 바란다.

7절부터는 여호와의 소리가 번개와 땅의 지진으로 임하시는 것을 보여준다. 화염이 무엇인가? 번개로 일어난 불꽃이다. 하나님은 번개를 자신의 무기로 사용하시는 분이다. 8절에서는 지진으로 인하여 광야를 진동케 하시는 여호와의 소리를 말씀하고 있다. 여호와의 소리가 광야를 진동하심이여, 여호와께서 가데스 광야를 진동시키시도다. 이 소리에 놀란 암사슴은 낙태를 하게 되고 푸른 삼림은 화염으로 인하여 말갛게 벗겨진다. 이때 하나님의 성전에서 이 모든 것을 영광이라 한다. 시인은 이러한 땅의 혼란에서 벗어나 하늘의 성소로 올라가는 신비함을 노래하고 있는 것이다. 비행기를 타고 구름 위를 비행하다 보면, 그 아래 구름과 산들이 보인다. 비행기에서는 그 모습을 보며 평화로움을 경험한다.

10절에서 하나님은 1-2절의 천상의 권능 있는 자들에게 경배를 받으시고, 물과 바다, 강과 산을 정복하신 후 친히 왕으로서 통치하시는 모습이다. "여호와께서 홍수 때에 좌정하셨음이여, 여호와께서 영원하도록 왕으로 좌정하시도다." 이처럼 우리는 하나님의 음성을 들으며 사는 존재들이다. 이 소리는 천둥 같은 놀라운 위엄과 능력의 소리이다. 번개와 폭풍을 동반하는 우렁찬 소리이다. 혼돈의 바다를 정복시키는 소리이다. 산을 흔들고 레바논의 백향목을 쓰러뜨리는 소리이다. 그 산의 암사슴이 놀라 낙태하는 소리이다. 삼림을 불사르는 소리요, 바위가 터지고 광야가 흔들리는 진동의 소리이다. 이러한 하나님이 여러분의 왕 되시기를 간절히 축원한다.

이 소리를 들으며 천상의 모습을 그려볼 때 온 세상이 새롭게 느껴지고 주님이 주시는 평안을 누리게 된다. 이 소리는 우리에게 새로운 감동의 에너지를 공급하고, 세상이 줄 수도 알 수도 없는 평안을 준다. 그래서 시인은 11절에서 "여호와께서 자기 백성에게 힘을 주심이여, 자기 백성에게 평강의 복을 주시도다."라고 고백한다. 이 놀라운 신앙의 비밀을 체험하게 되시기를 축원한다.

그리스도인들은 이러한 여호와의 소리를 들을 수 있는 특권이 있다. 그 소리를 들으며 주님의 왕권을 인정하고, 주 안에서 평안과 권세와 능력을 누리는 행복한 자들이다. 세상이 복잡한가? 답답한가? 풀리지 않는 문제가 있는가? 하나님께 깊이 기도하면서 하나님께서 주시는 폭풍과 지진으로 그 마음이 흔들리고, 그 폭풍 뒤에 오는 주님의 평화를 마음껏 경험하시기를 간절히 축원드린다.

슬픔을 춤이 되게 하시는 하나님

시편 30편은 깊은 웅덩이에서 부르짖는 소리이다. 시인은 이것을 스올 혹은 무덤이라고 표현한다. 울음으로 표현하기도 하고, 슬픔과 근심으로 표현하기도 한다. 그리고 9절에서 "내가 무덤에 내려갈 때에 나의 피가 무슨 유익이 있으리요. 진토, 즉 나의 육체가 썩어 흙이 된다면 어떻게 주를 찬송하여 주의 진리를 선포하리이까." 하고 반문한다.

그러나 한편으로 또 다른 단어들을 찾아보면 놀랍다. 시인은 기쁨을 노래하고 찬송하고 감사한다. 자기가 형통할 때 영원히 흔들리지 않는 견고함이 있었다고 고백한다. 11절에서 "주께서 나의 슬픔이 변하여 내게 춤이 되게 하시며, 나의 베옷을 벗기고 기쁨으로 띠 띠우셨나이다."라고 고백한다.

이것이 바로 우리 인생의 굴곡이요 사이클이다. 우리는 때로는 슬픔과 근심으로 밤을 새운다. 그리고 저 깊은 웅덩이와 무덤까지 내려가는 침울함과 어두움을 경험한다. 이러한 원인은 오늘도 사탄이 우리를 조롱하기 때문이다. 사탄이 우리를 심리적으로 억압하며 사회적, 정신적, 육체적, 영적으로 공격해 오기 때문이다. 사탄은 여러 가지를 통해서 우리를 비웃지만, 특히 사람들을 통하여 "네가 뭐 잘났다고 그래. 야, 너만 못한 사람이 어디 있어. 너 함부로 까불지 마."라는 음성을 듣게 한다. 이때 우리는 "그래, 내가 뭐 잘났다고. 놀려나 가야지. 하나님께서 뭐 나를 특별한 존재로 부르셨다고. 그저 쉬어야겠다." 하고 낙망을 하게 된다. 그러므로 우리는 남을 죽이는 말을 삼가야 한다. 남을 살리는 언어를 사용해야 한다. 우리의 한마디가 사람을 죽이고 살리기 때문이다.

깊은 웅덩이에서는 오직 하늘만이 뚫려 있다. 하늘만 쳐다보게 된다. 나는 어렸을 때 몸이 날렵하여 우리집 우물 청소를 할 때 그 깊은 우물에 들어갔다. 삼발이로 두레박을 걸어놓고 그 두레박을 타고 우물 속으로 내려가 먼저 물을 다 퍼낸다. 그리고 그 두레박에 온갖 쓰레기들을 담아 우물 바닥을 깨끗하게 청소한다. 새로운 샘물이 여기저기서 솟아나는 것을 보고는 다 되었다고 외친 후에야 두레박에 매달려 지상으로 올라왔다. 음침하고 깊은 우물 속을 청소하고 난 후, 밖으로 안전하게 나와 햇볕을 쬐는 그 기분은 체험한 사람만이 알 수 있다.

우리의 영혼도 마찬가지다. 우리 안의 깊은 곳에 있는 오물, 흙탕물을 퍼내 버려야 한다. 그리고 성령의 새로운 샘물이 솟아나는 것을 경험해야 한다. 이때 우리는 다시 하나님 앞에 감사와 찬송을 회복할 수 있는 것이다. 그래서 다윗은 시51:10-11절에서 "하나님이여, 내 속에 정한 마음을 창조하시고, 내 안에 정직한 영을 새롭게 하소서. 나를 주 앞에서 쫓아내지 마시며 주의 성령을 내게서 거두지 마소서."라고 고백하고 있다.

우리가 웅덩이에 들어가는 것은 분명한 이유가 있다. 그것은 내가 형통할 때 교만했기 때문이다. 그러므로 형통할 때 겸손해야 한다. 평안할 때 영적으로 긴장하고 고통을 느껴야 한다. 안전할 때 경계심을 늦추지 말아야 한다. 돈이 있을 때 함부로 남용하지 말아야 한다. 교만은 패망의 선봉이요, 거만한 마음은 넘어짐의 앞잡이다. 욕심이 죄를 낳고 죄는 사망을 낳는다. 탐심은 우상숭배. 겸손의 영으로 충만하시기 바란다. 감사의 영으로 충만하시고, 마음껏 하나님께 찬양할 수 있는 영적 에너지가 충만하시기를 주님의 이름으로 축원한다. 시인은 2절에서 "여호와 내 하나님이여, 내가 주께 부르짖으매 나를 고치셨나이다."라고 고백한다. 오늘도 하나님께 부르짖고 고침받는 영적 경험을 하시기 바란다.

4-5절에서는 "주의 성도들아, 여호와를 찬송하며 그의 거룩함을 기억하며 감사하라. 그의 노여움은 잠깐이요, 그의 은총은 평생이로다. 저녁에는 울음이 깃들일지라도 아침에는 기쁨이 오리로다." 하고 성도들에게 권면한다.

여러분은 지금 깊은 웅덩이 속에 있는가? 하나님께 부르짖으면 하나님이 고쳐주실 것이다. 이것이 우리의 믿음이다. 슬픔과 고통이 있는가? 기쁨의 새 아침이 올 것을 믿고 기도하라. 요일5:4절은 "무릇 하나님께로부터 난 자마다 세상을 이기느니라. 세상을 이기는 승리는 이것이니 우리의 믿음이니라." 하고 말씀한다.

시인은 10절에서 "여호와여 들으시고 내게 은혜를 베푸소서. 여호와여 나를 돕는 자가 되소서 하였나이다."라고 간구한다. 그러므로 세상 사람들이 나를 조롱하고 비웃어도 하나님의 도우심을 간절히 간구하시기를 바란다. 주의 은혜를 간절히 사모하면 하나님은 여러분의 베옷을 벗기시고 축제의 가운을 입혀 주시고, 춤을 추게 하실 것이다. 하나님은 오늘도 잠잠하지 않으신다. 하나님이 응답하시면 기적이 일어난다. 그 하나님은 우리를 통하여 감사와 찬양을 받기 원하신다. 주의 말씀으로 무장하고 승리하시기를 주님의 이름으로 축원드린다.

최후의 보루이신 나의 하나님

시편 31편 1-14절은 시인이 질병에 걸려 심한 고통을 당하는 것을 배경으로 하고 있다. 그런 가운데 사람들에게 외면당하고, 친구들에게는 따돌림을 당하고, 원수들은 그를 거짓말로 공격하고 비방하고 살인의 음모까지 있는 것을 볼 수 있다. 이러한 상황에서 시인은 어떻게 행동하고 있는가?

그는 여호와께 피한다. "하나님, 나를 부끄럽게 하지 마시고 주의 공의로 나를 건져주소서."라고 호소한다. 왜냐하면 자신은 하나님 앞에 경건하게 살려고 하는 사람이라는 것이다. 참 신앙인이 누구인가? 자신의 양심과 경건의 힘으로 다른 이의 공격을 이겨내는 사람이다. 이들은 하나님께 호소한다. 하나님께 피한다. 그리고 하나님을 견고한 바위와 구원의 산성, 나의 반석이요 산성이라고 고백한다. 하나님은 살아계시고 우리의 신음 소리와 호소하는 부르짖음에 귀를 기울이신다는 것을 믿으시기 바란다. 하나님께 호소하고 응답받으시길 주님의 이름으로 축원한다.

4-5절에서는 대적들이 나를 위하여 비밀히 친 그물이 있다고 고백한다. 주는 나의 산성이시니 그 그물에서 나를 빼달라는 것이다. 그리고 자신의 목숨을 하나님께 맡기고 아직 속량함을 받지 못했지만 확신에 찬 어조로 나를 속량하셨다고 선포한다. 이것이 바로 믿음의 세계다. 믿음은 바라는 것들의 실상이요, 보지 못하는 것들의 증거이다. 살다 보면 남이 친 그물에 걸릴 수도 있다. 하지만 진실은 언제나 통하는 법이다. 남이 비밀리에 친 그물을 너무 의식하지 말고 믿음으로 피난처 되신 주님께

123

구원을 요청하며 나아가시기를 바란다.

시인은 올무에서 벗어날 것에 대한 신뢰를 천명하고 있다. 어떻게 그렇게 할 수 있는가? 6절을 보면, 자신은 허탄한 거짓을 숭상하는 사람들과는 다르다고 하였다. 자신은 사탄의 편에 선 것이 아니라 여호와 편에 섰다는 것이다. 그러므로 믿음으로 승리하는 비결은 먼저 거짓되고 허탄한 사람들과는 구별된 삶을 살아야 한다. 신앙생활을 하는 사람들은 이 말이 무슨 뜻인지 잘 알 수 있을 것이다. 내가 거짓되고 죄악되고, 위선되면 하나님은 거룩한 분이기 때문에 스스로 자신감을 상실하게 된다. 그러나 반대로 내가 의롭게 살고, 거룩하게 살고, 내 안에 주의 영으로 충만하면, 설령 남들이 나를 비방하고 올무를 건다고 할지라도 주님이 건져주신다는 확신을 갖게 된다. 이것이 바로 하나님과의 교제이다. QT(Quiet Time의 약자. 조용한 시간을 정해 하나님과 교제하며 말씀을 묵상하고 기도하는 시간을 의미한다)는 바로 이러한 능력을 쌓는 것이다. 경건의 훈련이 바로 이것이다. 7절의 말씀처럼, 이때 주의 인자하심을 기뻐하며 즐거워할 수 있다. 그리고 주님께서 자신의 고난과 환난을 보고 계신다는 확신을 갖게 되는 것이다. 그러므로 하나님과의 관계가 친밀하시기 바란다. 하나님과 짧은 줄로 매시기 바란다. 그 안에서 영적 능력을 회복하시고, 어떠한 어려움과 환난과 고난이 있을지라도 8절의 말씀대로, 하나님께서는 나를 원수의 수중에 가두지 않으시고 내 발을 넓은 곳으로 다시 번쩍 들어다가 세워 주실 것을 믿고 나아가시기를 축원한다.

믿음으로 나아가던 시인은, 갑자기 고통과 근심 중에 눈과 영혼과 몸이 몹시 쇠하여졌다. 10절에서, 내 일생을 슬픔으로 보내며 나의 연수를 탄식하며 내 기력이 완전히 쇠했다고 고백한다. 11절에서, 원수와 대적까지도 자신을 욕하고 조롱하므로 말할 수 없는 시름에 잠겨 있다고 호소한다.

10절 하반절에는 이렇듯 고통당하는 이유가 "나의 죄악 때문"이라고 고백한다. 이 말씀의 비밀은 무엇인가? 하나님께 간절히 나아가는 자는 비교적 경건함에도 불구하고 그 가운데서 자신의 죄를 찾는다는 것이다. 하나님께 나아가는 자는 그 기준이 '거룩'이기 때문이다. 12절에서는 자신은 잊혀진 존재요 깨진 그릇과 같다고 하소연한다. 13절에서는 원수들의 비방으로 인하여 사방이 두려움으로 싸여 있음을 고백한다.

그러나 14절에서 무엇이라고 하는가? "여호와여, 그리하여도 나는 주께 의지하고 말하기를 주는 내 하나님이시라 하였나이다." 하고 말씀한다.

시인은 1절에서 원수들 앞에 너무나 분하고 원통해서 여호와께 피하겠다고 천명했다. 6절에서는 여호와를 의지하겠다고 하였다. 14절에서는 주께 의지하며 주는 내 하나님이시라고 하였다. 이것이 믿음이다.

여러분은 참으로 분하고 원통한 일이 있는가? 내가 원수를 갚겠다고 나설 때부터 하나님의 개입은 끝난다는 것을 기억하라. 롬12:19절에 "내 사랑하는 자들아, 너희가 친히 원수를 갚지 말고 하나님의 진노하심에 맡기라. 원수 갚는 것이 내게 있으니 내가 갚으리라고 주께서 말씀하시니라."고 하였다. 매사에 최후의 보루가 되시는 하나님을 끝까지 의지하며 그분께 맡기고 치유받고 응답받는 여러분 되시기를 주님의 이름으로 간절히 축원드린다.

고난, 은혜, 감사와 찬양의 축복

시편 31편 15-24절은 시인이 끝내 강하고 담대한 믿음으로 나아가는 모습이다. 지금 현실은 원수들과 자신을 핍박하는 자들의 손에 있다. 그러나 그런 가운데서도 15절에서, 나의 앞날이 주의 손에 있다고 고백한다. 17절에서는, 내가 주를 불렀사오니 나를 부끄럽게 하지 마시고 악인들을 부끄럽게 해 달라고 간청한다. 저 교만하고 완악한 말로 무례하고 거짓말하는 자들의 입을 막아 달라고 간청한다. "주의 사랑하심으로 나를 구원해 주옵소서." 하면서 안타깝게 기도한다. 17절 하반절에서는 "그들이 스올에서 잠잠하게 하소서."라고 한다. 무슨 뜻인가? 대적들을 무덤에서 시체가 누워 있는 것처럼 잠잠하게 해 달라는 의미이다.

이 시인의 신앙을 본받으시기 바란다. 우리는 우리의 지혜로 문제를 해결하려고 한다. 내가 판단하려고 한다. 내가 원수를 갚으려고 한다. 그러나 그것은 또 다른 문제를 일으킬 뿐이다. 하나님께 맡겨야 한다. 하나님께 구해야 한다. 하나님께 자신의 대적을 부끄럽게 해 달라고 매달려야 한다. 이것이 믿음 있는 자의 태도이다. 그러므로 남이 나를 정죄하고 못 살게 굴어도 함께 분내지 마시기 바란다. 하나님께 호소하시기 바란다.

19절부터 시인은 갑자기 감사의 찬양으로 돌변한다. 이것이 믿는 자의 특권이다. 기도하다가 확신이 들면 하나님의 은혜에 감사하며 찬송이 나오는 것과 같은 원리이다. "주께 피하는 자를 위하여 베푸신 은혜가 어찌 그리 큰지요." 20절에서는 "그들을 주의 은밀한 곳에 숨기시고, 사람의 꾀에서 벗어나게 하시고 말다툼에서 면하게 하시리이다."라고 고백한다.

여러분도 이러한 은혜를 경험하게 되시기를 바란다. 그냥 하나님께 원통함을 호소하고, 기도하고 나아가면 하나님께서 결국 하나님의 장막에 나를 숨겨 주시고, 상대의 꾀에서 벗어나게 하시고, 특히 말다툼에서 면하게 하신다. 하나님만 의지하라. 그리고 하나님의 장막에 숨으라. 그리고 말다툼에서 벗어나라. 그렇게 하면 주변에 다시 사랑과 평화의 기운이 돌게 될 것이다.

시인은 감사에서 나아가 여호와를 찬송한다. 21절에 "여호와를 찬송할지어다. 견고한 성에서 그의 놀라운 사랑을 내게 보이셨음이로다."라고 하였다. 당시의 견고한 성이 어디인가? 예루살렘성이요, 다윗성이다. 하나님은 우리에게도 이러한 성을 주시겠다는 것이다. 우리의 견고한 성은 주님의 품이다. 주님께 피하시기를 바란다.

22절을 보면 시인 자신도 놀란다. 단지 기도만 했을 뿐인데 하나님께서 모든 것을 해결해 주시고 사랑과 평화를 회복시켜 주셨기 때문이다. "내가 놀라서 말하기를 주의 목전에서 끊어졌다 하였사오나 내가 주께 부르짖을 때에 주께서 나의 간구하는 소리를 들으셨나이다."라고 고백한다. 여러분도 이러한 복을 받을 수 있기를 주님의 이름으로 축원한다.

이제 시인은 결론을 내린다. 어떠한 경우에도 진실한 믿음과 견고한 마음으로 하나님께 기도하며 나아가기만 하면, 하나님의 선하심과 인자하심으로 승리한다는 것이다. 그러므로 23-24절에서 모든 하나님의 성도들에게 권면한다. "너희 모든 성도들아, 여호와를 사랑하라. 여호와께서 진실한 자를 보호하시고 교만하게 행하는 자에게 엄중히 갚으시느니라. 여호와를 바라는 너희들아, 강하고 담대하라."

억울하신가? 고통스러운가? 남이 여러분을 미워하는가? 그 미움을 묵상하지 말고 그 시간에 하나님을 사랑하시기 바란다. 이웃을 사랑하시기 바란다. 미움의 고통을 막을 수 있는 유일한 길은 사랑이다. 서로 사랑하라. 여러분을 미워하는 자를 사랑하라. 그리고 이러한 모든 것을 알고 우리를 바라보시는 여호와 하나님을 사랑하라. 이때 여호와 하나님은 진실한 자를 보호하시고 교만한 자에게 엄중하게 갚으신다. 이것이 오늘 우리에게 주시는 하나님의 메시지이다. 그러므로 매사에 강하고 담대하시기 바란다. 오히려 감사하며 찬양하시기 바란다. 기뻐하시기 바란다.

빌4:4-7절 말씀으로 여러분을 축복한다. "주 안에서 항상 기뻐하라. 내가 다시 말하노니 기뻐하라. 너희 관용을 모든 사람에게 알게 하라. 주께서 가까우시니라. 아무것도 염려하지 말고 다만 모든 일에 기도와 간구로, 너희 구할 것을 감사함으로 하나님께 아뢰라. 그리하면 모든 지각에 뛰어난 하나님의 평강이 예수 그리스도 안에서 너희 마음과 생각을 지키시리라."

죄사함의 은혜

시편 32편은 한마디로 죄사함의 기쁨을 노래하는 시이다. 시인은 자신의 죄를 하나님께 감추려고 하였다. 그 결과 그는 심한 양심의 가책으로 고통을 당했고, 하나님 앞에 진실된 고백을 할 때까지 그의 고뇌는 떠나지 않았다. 그러나 이후에 죄를 토해 내고, 하나님으로부터 죄사함을 받고 진정한 복을 깨달았다.

그러므로 1-2절에 복된 자가 누구인가? 바로 허물의 사함을 받고 자신의 죄가 가려진 자, 마음에 간사함이 없고 여호와께 정죄를 당하지 아니하는 자가 복된 자라고 고백하고 있다.

3-5절에서는 자신이 죄를 고백하지 않았을 때 얼마나 고통스럽게 신음하였는지를 고백한다. 뼈가 쇠하였다고 말한다. "주의 손이 주야로 나를 누르심으로 내 진액이 빠져서 여름 가뭄에 마름같이 되었나이다." 이는 기력이 쇠잔하여, 여름 가뭄에 베어놓았을 때 금방 시들어 버리는 풀에 비유한 말씀이다. 죄를 두고 있으면 내면의 정서가 바로 그렇게 되는 것이다.

그러나 5절에서 "내가 내 허물을 여호와께 자복했더니 주께서 내 죄악을 사하셨나이다."라고 말한다. 인간은 왜 죄가 있으면 두려움과 신음으로 떨게 되는가? 하나님께서 마음속에 양심이라는 법정을 주셨기 때문이다. 여러분도 은밀한 죄가 있는가? 하나님께 토해 내시기 바란다. 그리고 죄사함의 기쁨을 누리시기 바란다. 예수님의 보혈은 여러분의 어떠한 죄도다 용서해 주실 수 있는 능력의 피이다. 주님께서 주시는 참된 기쁨과 해방을 누리시기를 주님의 이름으로 축원한다.

6-7절에서는 이렇게 죄사함을 받은 자의 기쁨이 어떠한지를 가르쳐 주신다. 한마디로 죄를 은폐한 자가 여름 가뭄에 마른 풀 같았다면, 죄사함을 받은 자의 기쁨은 홍수가 범람할지라도 주를 만날 기회를 얻어 기도함으로 홍수가 절대로 미치지 못하고, 이 모든 환난을 감당하며, 오히려 자신만의 억누르지 못할 기쁨과 해방이 있다는 것이다.

8절은 남들에게 축복할 때 가장 많이 사용하는 아름다운 말씀이다. "내가 네 갈 길을 가르쳐 보이고 너를 주목하여 훈계하리로다." 하나님이 일거수일투족을 주목해서 보시고 훈계하시며 갈 길을 가르쳐 주신다면 성공하는 삶을 살 수 있다. 그러나 그 이면에는 하나님은 거룩하니 나도 거룩해야 한다는 전제가 있다. 죄를 통회하고 자복하는 과정이 있어야 하나님이 주목해 보실 수가 있는 것이다.

그러므로 9절에서 우리 인간을 노새같이 우매한 자로 언급하고 "억지로 입에 자갈을 물리고, 굴레로 단속하는 우매하고 무지한 사람이 되지 말라."고 권면한다. 노새의 특징이 무엇인가? 고집이 세고 말을 잘 듣지 않는 우매한 짐승이다. 이렇게 우매한 자가 누구인가? 죄를 자복하지 않는 자이다. 그 결과는 무엇인가? 악인에게는 슬픔이다. 그러나 경건함과 거룩함으로 여호와 하나님을 신뢰하고 나아가는 자는 주의 인자하심이 감싸고 둘러주신다는 것이다.

10-11절에서는, 악인에게는 슬픔이 있고, 의인에게는 기쁨과 즐거움이 있으며, 여호와를 신뢰하는 자, 정직한 자들은 주의 인자하심과 긍휼

로 인하여 즐거이 외치는 삶을 산다고 권면한다. 시인은 죄에 대한 고뇌와 고백과 죄사함을 받은 후, 이렇게 죄사함을 받은 자의 행복을 선언하고 있는 것이다.

죄와 허물은 사탄의 수식어이다. 거룩함과 정결함은 하나님의 수식어이다. 죄는 우리를 슬프게 하고, 우리의 뼈를 쇠하게 하지만, 죄사함과 거룩함은 진정한 기쁨과 행복을 가져다준다. 우리는 하나님의 형상대로 지음을 받았기 때문에 양심의 법정이 있다. 그러므로 거룩할 때 행복하며, 정직할 때 상대 앞에 당당하게 되는 것이다.

다윗은 양심의 법정에서 통회하고 자복했다. 바울은 양심의 법정에서 소멸되지 않는 자신의 끈질긴 죄악을 보았다. 베드로는 양심의 법정에서 예수님을 부인한 자신의 비겁함을 깨닫고 한없이 고통스러워했다. 자신의 죄를 모르는 사람을 양심에 화인 맞았다고 말한다. 양심을 불로 지져버리기 전에야 인간은 누구나 양심의 법정을 통하여 경고를 받는다.

하나님 앞에 죄를 토해 내시기 바란다. 사59:2절은 "오직 너희 죄악이 너희와 너희 하나님 사이를 갈라놓았다."고 말한다. 너희 손이 피에, 너희 손가락이 죄악에 더러워졌으며, 너희 입술은 거짓을 말하며 너희 혀는 악독을 낸다고 말씀하신다. 마5:8절에서는 마음이 청결한 자가 하나님을 볼 것이라고 하였다. 그러나 요일1:9절에서는 만일 우리가 우리 죄를 자백하면 그는 미쁘시고 의로우사 우리 죄를 사하시며 우리를 모든 불의에서 깨끗하게 하실 것이라고 하였다.

죄를 고백하고 여호와 하나님께 나아가라, 그리고 그가 주시는 참된 해방과 기쁨과 즐거움을 누리라. 이것이 믿는 자들의 특권이다. 오늘도 죄와의 싸움에서 승리하시기를 주님의 이름으로 축원한다.

주 안에서 기뻐 찬양해야 할 이유

시편 33편은 하나님을 찬양하는 전형적인 찬양시이다.

1절부터 "너희 의인들아, 여호와를 즐거워하고 찬송하라."고 권면한다.

의인들이 누구인가? 하나님의 백성들이다. 수금과 비파로 여호와께 감사하고 찬송하라고 권면한다. 진실하신 하나님, 공평과 정의의 하나님, 인자와 긍휼이 풍성하신 사랑의 하나님을 노래하라고 권면한다.

여러분의 현실이 어떠하든지, 찬양과 감사의 마음을 회복하시기를 주님의 이름으로 축원한다. 아무것도 염려하지 말고, 여호와를 찬양하는 복을 누리시기 바란다. 놀라운 것은 그냥 기뻐하고 기도하고, 감사하고 찬양할 때 우리의 모든 문제는 씻은 듯이 날아가며, 주님이 주시는 평강이 이러한 통로를 통하여 우리에게 들어오는 것이다. 이러한 하나님의 백성이 갖는 특권을 누리시기 바란다.

본문에서는 그냥 즐거워하고 찬양하는 것이 아니라, 찬양의 중심을 이루는 부분을 정확하게 언급한다.

6-9절 말씀을 보면, 하늘의 궁창과 땅, 산과 바다와 강을 지으신 여호와 하나님, 창조주 하나님을 찬양하라고 하신다. 마음을 넓혀 온 우주만물을 창조하시고 통치하시는 하나님의 놀라운 섭리를 보며 창조주 하나님을 찬양하시기 바란다.

하나님은 모략과 지혜의 하나님이시다. 10절을 보면, 하나님은 인간들이 세운 나라들의 계획을 폐하신다. 민족들의 철학과 사상이 하나님 앞에서는 아무 소용이 없는 무용지물이 된다. 하나님의 계획만이, 그분의 생각과 섭리만이 대대에 이르는 것이다.

지혜의 왕 솔로몬도 전1:17절에서 이렇게 고백한다. "내가 다시 지혜를 알고자 하며 미친 것들과 미련한 것들을 알고자 하여 마음을 썼으나 이것도 바람을 잡으려는 것인 줄을 깨달았도다." 그러므로 전12:1절에서 "너는 청년의 때에 너의 창조주를 기억하라."고 권면하시는 것이다. 따라서 본문의 12절에 무엇이라고 하시는가? "여호와를 자기 하나님으로 삼은 나라 곧 하나님의 기업으로 선택된 백성은 복이 있도다."라고 선포하신다. 지혜의 근본이신 하나님으로부터 "내가 너를 구속하였고, 내가 너를 지명하여 불렀나니 너는 내 것이라."고 선택받은 것만큼 더 큰 복이 어디 있는가?

세상의 지혜보다 지혜의 근본이신 하나님을 경외함으로 진정한 지혜를 누리시기 바란다. 선택된 백성의 긍지를 가지고 행복을 누리시기 바란다. 하나님은 만세 전에 여러분을 택하여 주시고, 여러분을 향한 놀라운 계획을 가지고 계신다. 이 놀라운 사실로 인하여 가슴이 뛰고 열정이 회복되시기 바란다.

하나님은 택하여 주실 뿐만 아니라, 13절에서 알 수 있듯이 하늘에서 굽어보시고, 모든 인생을 살피신다. 우리의 일거수일투족을 굽어살피시는 하나님과 깊이 교제하시기 바란다.

하나님은 우리를 고아와 같이 버리시지 않는다. 눈동자같이 보호하신다. 하나님은 상한 갈대를 꺾지 않으시고 꺼져가는 등불을 끄지 않으신다. 비록 우리는 돈도 없고 건강하지도 못하고 연약하지만, 하나님의 사랑의 눈동자를 경험할 때 다시 삶의 생기를 얻게 된다. 우리를 굽어살피시는 주님의 눈을 바라보며 사랑을 확인하시기 바란다.

16절을 보면, 많은 군대가 있어도, 용사들이 힘이 세어도 스스로 구원하지 못한다. 군대의 말이 헛되고, 병력이 헛되다. 19절에서는, 이런 그들의 혼을 사망에서 건지시며, 그들이 굶주릴 때에 그들을 살리시는 하나님을 노래하고 있다.

하나님은 우리를 구원해 주시기 위하여 독생자 예수 그리스도를 이 땅에 보내셨다. 그의 몸 찢기시고 피 흘리심을 인하여 우리를 사망에서 생명으로 옮겨주셨다. 영원한 부활의 소망을 갖게 하셨다. 이로써 영생을 누리게 되고 영원한 복락을 누리는 특권을 소유하게 하셨다. 구원의 은혜에 감사하시기 바란다. 이는 하늘을 두루마리로 삼고 바다를 먹물로 삼아도 다 감당할 수 없는 하나님의 은혜요, 사랑이기 때문이다.

시인은 20-22절에서 결론을 짓는다. 하나님을 찬양하는 자는 어떠한 마음으로 살아가야 하는가? 날마다 우리의 영혼이 여호와를 바라고, 우리의 도움과 방패이신 하나님을 즐거워하며 찬양하며 살아야 한다.

22절에서 시인은 "여호와여, 우리가 주께 바라는 대로 주의 인자하심을 우리에게 베푸소서."라고 기도한다. 도움과 방패 되신 하나님을 마음껏 찬양하고 그의 인자와 긍휼 안에서 진정한 행복을 누리시기를 주님의 이름으로 축원한다.

고난 중에 임하시는 하나님의 은혜(1)

이 시는 히브리어의 알파벳 순서로 한 절 한 절이 기록된 말씀이다. 특히 이 시편은 교훈적인 의도로 씌어짐으로 주를 경외하는 법을 배우라는 뜻이 드러나 있다.

이 시의 배경은 삼상 21장에서와 같이, 사울을 피하고자 했던 다윗이 너무 배가 고파 제사장 아히멜렉을 찾아가 진설병을 얻어 가지고 이웃나라 가드 왕 아기스에게 피신할 때이다. 아기스의 신하들이 다윗을 알아보고, "사울이 죽인 자는 천천이요, 다윗은 만만이로다."라고 백성들이 칭송하는 그 다윗이 바로 이 사람이라고 하자 위기를 느낀 다윗은 아기스 앞에서 미친 체하며 대문짝에 그적거리며 수염에 침을 흘리는 바람에 미친놈으로 취급받고 간신히 풀려나왔다. 그는 이처럼 소위 미친 체한 순간을 2절에서 '주님을 자랑하는 순간'으로 바꾸고 있다. 이 같은 놀라운 경험을 그는 8절에서 "너희는 여호와의 선하심을 맛보아 알지어다. 그에게 피하는 자는 복이 있도다."라고 고백하며 하나님을 경험하는 것을 맛에 비유하고 있다. 그만큼 극적이라는 말이다. 여러분의 삶 가운데서도 이처럼 하나님을 경험하는 것이 음식 맛을 보는 것처럼 극적이고, 강하고 놀라운 체험이 될 수 있기를 축원한다.

6절 말씀은 미국의 16대 대통령 아브라함 링컨이 가장 사랑하는 말씀이다. "이 곤고한 자가 부르짖으매 여호와께서 들으시고 그 모든 환난에서 구원하셨도다." 기도는 응답을 받아봐야 그 맛을 안다. 곤고한 자는 누구인가? 비천한 자, 자신의 한계를 인정하고 있는 자이다. 이때 하나님께 부르짖음으로 응답을 받는 맛이란, 하나님을 경험한 자만이 부를 수 있는 찬양이 될 것이다. 이것을 7절에서 시인은 "여호와의 천사가 주를 경외하는 자를 둘러 진 치고 그들을 건지시는도다."라고 고백하고 있다. 천사가 자신을 도와주지 않았다면 아기스왕에게 들켰는데 살아남을 수 있었겠는가 하는 고백이다. 이것을 시인은 8절에서 음식의 맛처럼 "너희는 여호와의 선하심을 맛보아 알지어다!"라고 극적인 맛의 경험으로 묘사하고 있는 것이다. 곤고한 가운데, 비천한 가운데, 고통 가운데 하나님을 찾는 자에게 천사를 보내서 둘러 진을 치고 건져주시는 사랑의 하나님을 신뢰하고 믿음으로 승리하는 여러분 되시기를 주님의 이름으로 축원한다.

이러한 개인적인 경험이 있는 자는 어떠한 모습일까? 9절을 보라. "너희 성도들아, 여호와를 경외하라. 그를 경외하는 자에게는 부족함이 없도다." 그렇다. 이러한 극적인 경험을 한 자는 다른 사람에게 하나님을 자랑하게 된다는 것이다. 요한복음 4장에서 예수님을 만난 사마리아 수가성 여인은 어떠한 모습이었는가? 물동이를 버려두고 동네로 뛰어 들어갔다. 여러분도 하나님을 깊이 경험하고 자신이 만난 하나님, 자신이 경험한 주님을 마음껏 자랑할 수 있기를 바란다.

11절에서는 "너희 자녀들아, 와서 내 말을 들으라. 내가 '여호와를 경외하는 법'을 가르쳐 주겠다."고 말한다. 그 가르침의 핵심이 무엇인가? 어떠한 사람이 이러한 응답을 받고 하나님을 경험하게 되는가? 바로 의인이다. 13-14절을 보면, 혀를 악에서 금하는 자, 입술로 거짓을 말하지 않는 자, 선을 행하며 화평을 추구하는 자가 의인이라고 말한다. 여기서 말하는 의인은 죄가 없는 의인의 개념이 아니라, 선과 악에서 선의 편에 서는 자를 뜻한다. 하나님은 거룩하신 분이기 때문에 항상 의인의 편에 서신다는 것을 기억해야 한다.

15절에 "여호와의 눈은 의인을 향하시고 그의 귀는 의인의 부르짖음에 기울이신다."라고 하였다. 반대로 16절에서는, "여호와의 얼굴은 악을 행하는 자를 향하사 그들의 자취를 땅에서 끊으신다."고 말한다. 그러므로 하나님을 가까이하는 것이 복이요, 거룩함이 능력임을 깨달아 우리의 언어가 선하며, 우리의 행실이 화평을 추구하시기를 축원한다. 마음이 정직하며, 선한 일에 풍성하시기 바란다.

17절부터는 결론적인 말씀이다. 하나님은 오늘도 의인의 부르짖음에 응답하신다. 우리가 죄를 회개하지 않고, 그저 내가 돈이 없으니, 내가 사업이 안되니, 내가 병에 걸렸으니 고쳐달라고 하면 하나님은 그 기도를 들어주시지 않는다. 그렇다면 전제 조건이 무엇인가? 내가 의인이 되어야 한다. 청결한 마음과 선한 양심으로 거룩하고 진실하고 정직해야 한다. 의롭게 살지 못했다면 하나님 앞에 죄를 통회하고 회개함으로 그 마음의 더러움을 토해내야 한다. 그 후에 기도하며 부르짖어야 응답받는 기도가 되는 것이다. 그러므로 하나님은 18절에서 마음이 상한 자를 가까이하시고 충심으로 통회하는 자를 구원하신다고 선포한다.

의인에게도 고난이 많다. 주를 경외하는 삶에도 역경과 시련은 있다. 고통도 회피할 수 없다. 하지만 20절에서 하나님은 그들의 뼈를 보호해 주신다고 말씀한다. 이는 죽이지 않는다는 표현이다. 그러나 21절에서 악인에게는 어떻게 하시는가? 죽이신다. 벌을 주신다. 이러한 하나님을 경험하는 영적인 맛을 체험하여 영혼이 춤을 추는 복된 하루가 되시기를 주님의 이름으로 축원드린다.

고난 중에 임하시는 하나님의 은혜(2)

하나님을 믿는 자의 특권은 무엇인가? 억울하고 답답할 때 하나님을 의지할 수 있다는 것이다.

시편 35편 1-18절은 그동안 믿고 신뢰했던 친한 친구에게 배신을 당해 너무 억울하고 답답하여 하나님께 간청하는 내용이다. 지금까지 친구의 속마음을 모르고 살았던 자신이 너무 어처구니가 없어서 슬프고, 친구가 진실하다고 믿었는데 거짓말쟁이라는 것에 마음이 무너진다. 뿐만 아니라 거짓 증인을 세워 자신을 까닭 없이 거짓말로 음해하는 모습을 보면서 완전히 탈진한다. 자신이 친구에게 선으로 행한 모든 것이 너무나 억울해서 밤잠을 자지 못하고, 이제 친구는 원수가 되어 버렸다.

시인은 1절에서 "여호와여, 나와 다투는 자와 다투시고 나와 싸우는 자와 싸우소서."라고 호소한다. 2절에서는, 방패를 가지고 자신을 도와달라고 간청한다. 창을 빼사 자기를 공격하는 자의 길을 막아달라고 한다. 그래도 인생을 어느 정도 산 사람들은 지금 시인이 어떠한 심정인지 이해할 수 있을 것이다. 또한 믿음을 가진 자라면 시인처럼, 하나님은 우리의 기도를 외면치 않으시고 공평과 정의를 실현하셨고, 원수들이 수치를 당하게 하셨다고 분명히 고백할 수 있을 것이다.

4절에서는 상대가 부끄러워 수치를 당하고 낭패를 당하게 해달라고 기도한다. 왜 그런가? 7-8절에 그들은 까닭없이 자신을 잡으려고 그물을 웅덩이에 숨기고 함정을 파놓았기 때문이다. 가까운 사람에게 배신을 당하여 억울하신가? 여호와 하나님께 간청하시기 바란다. 하나님께서 친히 싸워주시고, 방패로 막아주시고, 창으로 적이 쫓아오는 길목에서 우리를 구원해 주실 것이다.

9절부터는 자신의 승리를 확신하고 주님께 감사의 서원을 드리고 있다. "내 영혼이 여호와를 즐거워함이여, 그의 구원을 기뻐하리로다."

10절에서는 "내 모든 뼈가 이르기를"이라고 표현한다. 이는 뼛속에서 나오는 나의 고백이라는 의미이다. 무엇이라고 고백하는가? 하나님은 가난한 자를 강한 자에게서 건지시고 궁핍한 자를 노략하는 자에게서 건지시는 분이라고 고백한다.

오늘도 하나님은 여러분의 편에 서실 것이다. 그것을 믿고 하나님을 찬양하되, 뼛속 깊은 곳에서 나오는 찬양으로 하나님께 영광을 돌리시기 바란다. 성경은 고전1:27-28절에서 "하나님께서 세상의 미련한 것들을 택하사 지혜 있는 자들을 부끄럽게 하려 하시고, 세상의 약한 것들을 택하사 강한 것들을 부끄럽게 하려 하시며, 하나님께서 세상의 천한 것들과 멸시받는 것들과 없는 것들을 택하사 있는 것들을 폐하려 하신다."고 말씀한다.

11-18절까지는 상대가 모함하는 정도가 아니라 불의한 증인들을 내세워 공격하는 모습이다. 어느 사람이 종중땅을 팔아먹은 사람을 고소했더니 법정에서 오히려 그쪽의 변호사가 "당신들은 수십 년간 왜 땅을 팔아도 가만히 있었느냐?" 하면서 "무슨 종중사람이라고 땅을 내놓으라고 하느냐?"고 공격을 해서 정말 어처구니가 없었다고 하는 소리를 들은 적이 있다. 이러한 것을 바로 선을 악으로 갚는 것이라고 말한다.

시인은 상대가 병들었을 때 굵은 베옷을 입고 금식하며 내 일처럼 괴로워하면서 기도해 주었다. 심지어 자기 어머니가 죽을 때 슬퍼함같이 상대가 슬픔을 당했을 때 같이 슬퍼해 주었다. 그러나 지금 내가 넘어지고 별볼일 없어졌다고 나를 치며 이를 갈면서 공격한다는 내용이다. 시인은 여기서 하나님을 향하여 관망만 하지 마시고, 저 악한 사자들에게서 자신을 건져달라고 호소한다.

신앙인이 세상 사람과 다른 모습이 무엇인가? 바로 이처럼 나의 억울함을 하나님을 향해 호소할 수 있다는 것이다. 렘33:3절에 "너는 내게 부르짖으라. 내가 네게 응답하겠고, 네가 알지 못하는 크고 은밀한 일을 네게 보이리라."고 약속하신다. 빌4:6-7절에서는 "아무것도 염려하지 말고 다만 모든 일에 기도와 간구로 너희 구할 것을 감사함으로 하나님께 아뢰라. 그리하면 모든 지각에 뛰어난 하나님의 평강이 그리스도 예수 안에서 너희 마음과 생각을 지키시리라."고 하신다. 하나님께만 맡기고 간청하시기 바란다. 이때 하나님께서는 결국 우리를 승리하게 하실 뿐만 아니라, 그러한 고통의 과정을 통하여 우리가 알지 못하는 크고 은밀한 일을 보여주실 것이다.

시인은 이 사실을 믿고 18절에 하나님께 찬송함으로 나아간다. "내가 대회 중에서 주께 감사하며 많은 백성 중에서 주를 찬송하리이다." 여기서 '대회'는 성전에서 드리는 공적인 예배를 말한다. 여기에는 자기를 공격하는 사람들도 왔을 것이다. 이때 하나님만 의지하고 오직 하나님께 감사하며 찬송하는 모습을 그려보라. 이것이 믿는 자들의 승리하는 모습이다. 나의 모난 부분을 깎으시고 겸손의 훈련을 시키시는 신실하신 하나님을 믿고, 억울해도 하나님께 감사와 찬양으로 나아갈 수 있는 큰 믿음의 그릇이 되시기를 주님의 이름으로 축원드린다.

기도와 찬양으로 승리하라

시편 35편 19-28절은 자신을 배신하고 공격하는 원수와 대적들 앞에서 더욱 차분한 자세로, 확신에 찬 모습으로 하나님만을 바라보는 모습을 그리고 있다. 그에게는 원수들의 악이 결코 승리하지 못한다는 확신이 있다.

19절에서 시인은 "부당하게 나의 원수 된 자가 나로 말미암아 기뻐하지 못하게 해 주소서. 까닭없이 나를 미워하는 자들이 서로 눈짓하지 못하게 하소서."라고 말한다. 여기서 눈짓한다는 것은 히죽거리고 비웃으며 능글거리는 모습을 말한다. 우리가 진짜 화나는 것은 가만히 있는 사람을 정죄하면서 비웃음을 당할 때이다. 이때 우리는 토할 것 같다. 하지만 어찌하겠는가? 우리는 힘이 약해져 있고, 스스로 이길 힘이 없으니. 그러므로 우리는 하나님께 나아와 부르짖으면서 마음을 잘 다스리며 넘겨야 한다.

그들의 특징은 화평을 추구하지 않는다. 그들은 평안한 꼴을 보지 못한다. 그리고 거짓말로 상대방을 모략한다. 왜 사람들은 평안할 때 평안을 누리지 못하는 것인가? 항상 자기가 스포트라이트를 받아야 성이 풀리기 때문이다. 이것이 바로 교만이다. 내가 어떻게 남을 섬길 것인가를 생각해야 하는데, '흥, 저 사람이 나를 무시해? 내가 누군데!' 이런 마음이 교만함으로 사람들을 고통스럽게 만드는 것이다.

그러므로 우리는 존경할 자를 정중하게 존경하는 습관을 배워야 한다.

남을 칭찬하는 습관을 배워야 한다. 부정적인 언어를 사용하지 말아야 한다. 21절을 보라. "또 그들이 나를 향하여 입을 크게 벌리고, 하하, 우리가 목격하였다 하나이다."라고 하였다. 한마디로 조롱하고 멸시하는 모습이다. 사57:3-4절에 "무당의 자식, 간음자와 음녀의 자식들아, 너희는 가까이 오라. 너희가 누구를 희롱하느냐. 누구를 향하여 입을 크게 벌리며 혀를 내미느냐. 너희는 패역의 자식, 거짓의 후손이 아니냐."고 말씀한다. 한마디로 이는 무당 같은 자, 간음자와 음녀 같은 자식들이 하는 짓이다. 우리는 이러한 자를 멀리해야 하며, 결코 이러한 자가 되지 말아야 한다.

시인은 하나님께 "주님이 이러한 자를 보셨사오니 잠잠하지 마옵소서. 주여, 나를 멀리하지 마옵소서. 나의 하나님, 나의 주여, 떨치고 깨셔서 나를 공판하시며 나의 송사를 다스리소서."라고 호소한다. 24-25절에서 간절히 호소하는 것은 "하나님은 공의의 하나님"이라는 것이다. 그러니 저 무당같이 간사한 자들, 저 사탄의 자식들이 마음속으로 '하하, 우리가 소원을 성취했다. 우리가 그를 삼켰다.' 하고 말하지 못하게 해 달라는 것이다. 가장 좋은 것은 이러한 일 자체가 발생하지 않는 것이다. 그러나 인생이 어디 그런가? 사탄은 시기하는 영이기 때문에 남을 시기하고 질투하게 만들어 나를 곤경에 처하게 한다. 우리는 이 시험에서 이겨내야 한다. 참고 인내하며 "공의의 하나님이 살아계시다면 나를 공판하시고 나의 송사를 다스리소서." 하고 기도로 승리해야 한다.

이러한 뜻을 생각하면서 26-28절을 읽어보자. "나의 재난을 기뻐하는 자들이 함께 부끄러워 낭패를 당하게 하시며, 나를 향하여 스스로 뽐내는 자들이 수치와 욕을 당하게 하소서. 나의 의를 즐거워하는 자들이 기꺼이 노래 부르고 즐거워하게 하시며, 그의 종의 평안함을 기뻐하시는 여호와는 위대하시다 하는 말을 그들이 항상 말하게 하소서. 나의 혀가 주의 의를 말하며 종일토록 주를 찬송하리이다."

그렇지 않아야 되지만, 나의 재난을 기뻐하는 자들이 있다는 것을 항상 기억하시기 바란다. 내가 쓰러지고 넘어지는 것에 쾌재를 부르는 사람들이 있다. 나쁜 사람들이다. 그들은 스스로 뽐내는 자들이다. 한마디로 교만한 자들이다. 하지만 어떻게 하겠는가? 그들의 비웃음, 조롱, 히죽거림을 받아야 하는 것을. 그러므로 우리는 하나님께 이렇게 기도해야 한다. "나의 의를 즐거워하는 자들이 기꺼이 노래 부르고 즐거워하게 하옵소서. 종의 평안함을 기뻐하시는 여호와 하나님은 위대하시다 하는 말을 듣게 하옵소서."

결국 28절에서는 "나의 혀가 주의 의를 말하며 종일토록 주를 찬송하리이다."라고 말씀한다. 이러한 시험에서 승리하시기 바란다. 고전10:13절에 "사람이 감당할 시험밖에는 너희가 당한 것이 없나니 오직 하나님은 미쁘사 너희가 감당하지 못할 시험당함을 허락하지 아니하시고, 시험 당할 즈음에 또한 피할 길을 내사 너희로 능히 감당하게 하시느니라."고 말씀한다. 하나님은 결국 여러분의 손을 들어주실 것이다. 남들이 비웃어도 낙망하지 말라, 괴로워하지 말라. 하나님은 우리에게 승리하게 하시고, 오히려 우리의 혀로 주의 의를 말하며 종일토록 주님을 찬송하게 하실 것이다. 이러한 믿음으로 승리하시기를 주님의 이름으로 축원드린다.

두 개의 가치관의 공존과 충돌

가만히 생각해 보면 세상에는 두 개의 가치가 공존하고 있다는 사실을 알 수 있다. 그러므로 시편 36편의 시 속에는 어둠과 밝음, 죄와 은혜, 죽음과 생명, 아픔과 기쁨이 교차된 인생의 모습이 나타나고 있다. 한마디로 우리의 삶 속에서 악의 충동과 하나님의 인자하심을 함께 경험하는 것이다. 이는 갈5:16-17절에 나오는 성령을 따라 사는 것과 육체의 욕심이 우리의 삶 가운데 공존하는 것과 같다. 그러므로 시편 36편에서는 악인의 성격을 말함과 동시에 하나님의 인자하심에 대한 찬양이 함께 있고 공의로운 하나님께 권선징악을 원하는 기도가 들어 있다.

1절에서는 악인의 죄가 그의 마음속에 말하는 모습을 볼 수 있다. 죄가 어떻게 마음에 말을 하는가? 이는 악인의 마음 깊은 곳에 흐르는 죄의 충동을 표현하고 있는 것이다. 우리는 때때로 이러한 충동을 받는다. 그것이 죄인 된 인간의 모습이다. 이러한 사람의 특징은 무엇인가? 하나님을 두려워하지 않는다. 이들을 악한 길로 인도하는 근원은 무엇인가? 죄다. 죄의 근원은 무엇인가? 사탄이다. 그러므로 내가 하나님과 멀어지는 것은 죄의 결과라는 것을 기억해야 한다. 오늘도 나의 마음속에 죄의 충동이 없는가를 잘 살피시기 바란다. 악한 일과 선한 일은 백지 한 장의 차이다. 우리 마음에 죄의 충동이 자리잡으면 악이 나간다. 반대로 하나님의 말씀이 들어가면 선이 나간다.

하나님을 두려워하지 않는 이러한 죄의 특성은 그다음에 어디로 가는가? 2절을 보면, 스스로 자랑하는 데로 나아간다. 이것이 바로 교만이다.

그러므로 교만을 조종하는 근원도 죄요 사탄이다. 이 교만은 하나님이 자신의 죄악을 모를 것이라고 생각한다. 한마디로 죄책감이 없어지게 된다. 이때부터는 심각한 단계로 접어드는 것이다. 결국 3절에서 이렇게 고백한다. "그의 입에서 나오는 말은 죄악과 속임이라." 이 모습이 바로 사기꾼들의 전형적인 모습이 아니겠는가! 4절에서, 이제 그는 이러한 생활이 습관이 되어 침상에서까지 죄악을 꾀한다. 이미 그의 양심은 무디게 되어 악을 거절하지 못하게 된다.

시편을 여는 시1:2절에서 그는 "오직 여호와의 율법을 즐거워하여 그의 율법을 주야로 묵상하는도다."라고 말씀한다. 그러나 지금 죄인의 모습은 자나 깨나 악을 묵상하고, 침상에서까지 악을 도모한다.

여러분은 매일 무엇을 생각하며 살고 있는가? 죄가 마음에 말을 하는가, 아니면 하나님의 말씀이 마음에 말을 하는가? 하나님을 두려워하지 않는가? 윤동주의 시처럼 잎새에 이는 바람에도 떠는 양심을 가지고 사는가? 침상에서 하나님께 감사하며 하나님의 말씀을 묵상하는가? 분노하며 죄를 도모함으로 잠을 이루지 못하는가? 하나님 편에 서시기를 주님의 이름으로 축복한다. 하나님의 말씀을 묵상하고 여러분의 입과 행동을 통하여 선한 일들을 이루시기 바란다. 양심이 예민하게 반응하며 정직하고 성실하게 사시기 바란다.

하나님은 오늘도 거룩한 생활을 원하신다. 내가 거룩하니 너희도 거룩하라고 하신다. 딤전1:5절에서는 청결한 마음과 선한 양심과 거짓이 없는 믿음에서 나오는 사랑을 말씀하고 있다.

5절에서는 주의 인자하심이 하늘에 있고 주의 진실하심이 공중에 사무쳤다고 노래한다. 이는 4절까지와는 완전히 반대의 개념이다. 천군 천사들이 하나님의 놀라우신 인자하심과 성실하심을 찬양하고 있는 모습이다.

6절에서는 죄인들이 그렇게 날뛰며 의인들을 속이려고 해도 하늘의 공중과 땅의 바다와 산들은 하나님이 통치하신다는 고백으로 이어진다. 그러므로 사람과 짐승을 구해 주시고 보호해 주시는 분은 신실하신 하나님이라는 것을 고백한다.

7절에서는 주의 인자하심이 가장 큰 보배라는 것을 고백한다. 그리고 주의 날개 그늘 아래 피하겠다고 고백한다.

이처럼 하나님 안에는 풍성함과 생명의 원천이 있다. 우리는 이 원리를 알아야 한다. 세상에서 돈 많고 잘나가는 사람들이 다 행복한 것은 아니다. 왜냐하면 그들은 우리처럼 하나님의 인자하심과 영광을 보지 못하기 때문이다. 우리는 돈은 부족하지만 하늘의 영광을 보며 그 풍성함을 누린다. 이것이 믿는 자들의 특권이다. 우리에게는 세상 사람들에게 없는 우리 주 예수 그리스도께서 계신다. 우리 주님으로 인한 풍성함은 어디에 있는가? 8절을 보면, 주의 집에 있는 살진 것으로 풍족함이 있고 주의 복락의 강물이 있다. 그러므로 생명의 원천은 주님께 있다. 주의 빛 안에서 우리가 빛을 보게 된다. 10절에서 시인은 이것을 계속 공급해 달라고 한다. 이러한 기도가 여러분의 기도가 될 수 있기를 축복한다.

11-12절에서 시인은 교만한 자의 권세와 폭력에서 벗어나기를 구한다. 그는 세상적인 번영과 물질적인 소유를 추구하지 않는다. 자동차는 기름을 먹어야 하고, 꽃은 물을 먹어야 한다. 사자는 풀을 먹을 수 없고, 소는 고기를 먹어서는 안 된다. 그리스도인은 거룩과 정직과 진실을 먹고 사는 존재이다. 내 안에 계신 성령의 전을 거룩하게 유지하며 주님이 주시는 풍성한 복을 마음껏 누리는 행복한 하루가 되기를 주님의 이름으로 축원드린다.

악인들 속에서 사는 지혜

　죄악 된 세상을 살면서 풀리지 않는 문제가 무엇인가? 악인들이 형통한 것이다. 하나님께서 진정으로 살아계시다면 금방 어떤 심판의 결과가 보여야 하는데 악인이 보란듯이 잘 먹고 잘 살고 있는 것이다.

　여러분은 이러한 악인에 대하여 어떠한 마음을 가지고 있는가? 시편 37편 1-22절을 통해 결국 악인을 망하게 하고, 의인에게 성공과 복을 주시는 하나님의 말씀을 묵상해 보자.

　한마디로 하나님은 악인을 투기하지 말고 주님을 의지하라고 말씀하신다. 그들을 시기조차 하지 말고 그로 인하여 화를 내지 말라고 하신다. 왜냐하면 그들은 오래가지 않아 끊어질 것이기 때문이다. 하나님은 1-2절에서 "악한 자의 형통을 부러워하지 말라. 결국 풀과 푸른 채소에 지나지 않는다."고 권면하신다. 하지만 우리의 눈에는 그들이 대대로 잘 먹고 잘 살고 있는 것처럼 보인다. 오히려 의인은 점점 더 고통을 당하고 실패하며 시들어가는 것처럼 보인다. 이것이 그리스도인들의 갈등이다.

　그러나 3-4절에서 하나님은 공격 자세를 갖되 악인을 향하지 말고 선행을 적극적으로 하라고 하신다. 3절의 성실을 먹을거리로 삼으라는 말씀이 무엇인가? 본래 이 말은 히브리어의 '에무나'로서 안전한 목장에서 양들이 즐거움을 누리는 것을 의미한다. 영어로 표현하면 'enjoy safe pasture'이다. 4절에서는 여호와를 기뻐하면 마침내 네 마음의 소원을 이루어 주신다고 약속하신다. 결국 마음의 문제요, 성품의 문제라는 것이다. 도산 안창호 선생의 가르침처럼 죽을 각오로 거짓말을 하지 않고 성실하게 살아간다면, 그리고 악인이 형통하든지 말든지 그들을 무시하고 진실한 마음으로 주님을 의지하고 적극적으로 선을 행하며 산다면, 얼마 가지 않아 우리에게 복을 주시는 하나님을 경험하게 된다는 약속의 말씀이다. 이 언약의 말씀을 의지하여 낙망하지 않고, 주님을 의지하며 적극적인 선을 행하시는 여러분 되시기 바란다.

너의 길을 여호와께 맡겨라.(5-7절) 이는 나의 계획을 하나님께 맡기는 것이다. 잠잠하고 참고 기다리라. 이는 믿음으로 마음의 평안함을 지키는 것이다. 성도는 이처럼 인내하며 기다려야 한다. 순식간에 성공하려는 생각을 버려야 한다.

결국 주님을 바라는 자는 땅을 차지하리라.(8-9절) 이는 아브라함에게 주신 약속이요, 부요함과 풍성함에 대한 약속이다. 우리가 참고 기다리면서 묵묵히 주님의 은혜를 사모하며 살아간다면 그 과정 속에서 삶의 생기가 일어나며, 마음의 소원이 일어나며, 결과적으로 땅을 기업으로 받는 복을 누리게 됨을 체험하게 된다는 말씀이다.

이때쯤 악인의 상황을 보면 악인은 사라지며 온유한 자는 땅을 차지할 것이라고 하였다.(10-11절) 마5:5절에는 "온유한 자는 복이 있나니 그들이 땅을 기업으로 받을 것."이라고 약속하신다.

온유한 자가 복을 받는다. 악인은 이를 갈지만 주님은 그를 비웃으실 것이다.(12-13절) 주께서 그를 비웃는다는 말씀이 무엇인가? 주님의 보응을 약속하시는 것이다.(13절) 악인은 칼을 빼지만 그 칼은 자신을 찌를 것이다.(14-15절)

우리는 에스더서에서, 아각 사람 하만이 이스라엘 사람 모르드개를 죽이기 위해 높이가 50규빗이나 되는 장대를 준비했는데 결국 하만 자신이 거기에 달리게 된 것을 보았다.(에7:9-10) 이를 역전된다고 한다.

그리스도인들은 이러한 역전의 인생을 경험하는 자들이다. 모든 성도들이 이런 경험을 하시길 간절히 소원한다.

예수를 잘 믿으면 반드시 성공한다. 풍성하게 된다. 악인들의 형통함보다 더 풍성함을 누린다. 이러한 믿음으로 살아가시기를 축원한다. 이때 악인의 팔은 부러지나 의인은 주께서 붙드신다.(16-17절) 악인의 팔은 악인의 권세를 나타낸다. 즉 하나님께서 악인의 권세를 부러뜨려 버리신다는 것이다.

반대로 의인의 기업은 영원할 것이다.(18-19절) 악인은 연기처럼 사라질 것이다.(20절) 악인은 꾸고 갚지 않으나 의인은 은혜를 베풀고 나누어 준다.(21-22절) 이는 꾸어주는 삶이 된다는 것이다. 이러한 삶이 그리스도인의 성공적인 삶이다. 신28:12절에 "네가 많은 민족에게 꾸어줄지라도 너는 꾸지 아니할 것이오."라고 말씀한다. 그 이유가 무엇인가? 본문의 22절에 "주의 복을 받은 자들은 땅을 차지하고 주의 저주를 받은 자들은 끊어지게 하시리로다."라고 말씀한다. 잠3:33절에 "악인의 집에는 여호와의 저주가 있거니와 의인의 집에는 복이 있느니라."고 약속하셨다. 잠4:23절에 "모든 지킬 만한 것 중에 더욱 네 마음을 지키라. 생명의 근원이 이에서 남이니라."고 하셨다.

때로는 속상하고, 나는 왜 이렇게 사는가 한탄하고 싶을 때도 있겠지만, 나를 향하신 하나님의 약속의 말씀을 붙들고 마음을 잘 지켜 인내하여 하나님께서 주시는 풍성한 복을 누리시기를 주님의 이름으로 축원드린다.

의인을 보호하시는 하나님

시편 37편 23-40절에서는 하나님께서 어떻게 우리를 보호하시는가를 중심으로 말씀을 묵상해 보고자 한다.

본문 23절을 보면, 여호와께서는 사람의 걸음을 정하시고 그의 길을 기뻐하신다고 말씀한다. 하나님은 어떠한 분이신가? 빌2:13-14절에 "너희 안에서 행하시는 이는 하나님이시니 자기의 기쁘신 뜻을 위하여 너희에게 소원을 두고 행하게 하시나니 모든 일을 원망과 시비가 없이 하라."고 권면하신다. 하나님은 우리를 향하여 놀라운 계획을 가지고 계신다는 것을 믿으시기 바란다. 하나님은 당신의 그 기쁘신 뜻을 이루시기 위하여 우리의 마음속에 소원을 주신다는 것을 믿으시기 바란다. 그러므로 예수를 믿는 사람들은 날마다 기대가 있어야 한다. 꿈과 소망이 있어야 한다.

하지만 그 과정이 결코 쉽지는 않다. 그래서 24절에 때로는 넘어진다고 말씀한다. 때로는 엎드러진다고 말씀한다. 그러나 여호와께서 그의 손으로 우리를 붙드심으로 아주 엎드러지지 않게 하신다.

고전10:13절에 "사람이 감당할 시험밖에는 너희가 당한 것이 없나니 오직 하나님은 미쁘사 너희가 감당하지 못할 시험당함을 허락하지 아니하시고 시험당할 즈음에 또한 피할 길을 내사 너희로 능히 감당하게 하시느니라."고 약속해 주셨다. 그러므로 염려하지 마시기 바란다. 걱정하지 마시기 바란다. 하나님이 붙들어 주신다. 오히려 범사에 감사하고 찬양하시기 바란다.

빌4:6-7절에 "아무것도 염려하지 말고 다만 모든 일에 기도와 간구로, 너희 구할 것을 감사함으로 하나님께 아뢰라. 그리하면 모든 지각에 뛰어난 하나님의 평강이 그리스도 예수 안에서 너희 마음과 생각을 지키시리라."고 권면하신다. 우리에게 소원을 주시는 하나님을 기대하시기 바란다. 넘어지고 엎드러지더라도 아주 넘어지지 않게 하시고 우리의 손을 붙들어 주시는 하나님을 믿고 승리하시는 여러분이 되시기를 축원한다.

25절에서는 결론적인 말씀을 주신다. "내가 어려서부터 늙기까지 의인이 버림을 당하거나 그 자손이 걸식함을 보지 못하였도다." 여러분 같은 의인이 결국 승리하게 된다. 이기게 된다. 잘살게 된다. 부요하고 풍성하게 살게 된다. 이 말씀을 조금도 의심하지 말고 문자 그대로 믿고 나아가시기를 주님의 이름으로 축원한다.

나아가 26절에서는 지속적인 복을 말씀한다. "종일토록 은혜를 베풀고 꾸어주니 그 자손이 복을 받는도다." 순간적인 승리가 아니다. 계속해서 대를 이어 하나님께서는 믿음의 가정에 복을 주실 것이다. 풍성함을 주실 것이다. 여러분의 가정이 이러한 복을 받을 수 있기를 주님의 이름으로 축원한다.

신학적으로 '성도의 견인'이라는 것이 있다. 하나님은 믿는 자를 결코 버리지 않으신다는 뜻이다. 28절을 보면, 악인의 자손은 끊어지지만 하나님께서 택하신 성도는 버리지 않으신다고 약속하신다. 이에 대하여 요10:29절에서 "그들을 주신 내 아버지는 만물보다 크시매 아무도 아버지 손에서 빼앗을 수 없느니라."고 약속해 주셨다. 결코 고아와 같이 버리지 않으시는 하나님을 믿으시기 바란다.

우리는 우리의 걸음을 인도하시고 우리에게 소원을 주시는 하나님을 배웠다. 그 과정에서 때로는 넘어지고 쓰러져도 결코 아주 엎드러지지 않게 하시는 하나님을 배웠다. 또한 감당할 시험밖에 주시지 않고 피할 길을 주시는 하나님을 묵상했다. 결국 우리의 자손이 걸식하지 않고 대대로 복을 받게 된다는 것도 깨달았다. 그리고 끝까지 책임져 주시고 우리를 버리지 않으시는 하나님을 알게 되었다.

그렇다면 우리는 어떻게 해야 하겠는가? 34절에서 "여호와를 바라고 그 도를 지키라, 그리하면 네가 땅을 차지하게 하실 것이라. 악인이 끊어질 때에 네가 똑똑히 보리로다."라고 말씀한다. 나를 넘어뜨리는 자, 멸시하는 자, 시기하는 자들이 끊어지는 것을 똑똑히 보시는 여러분이 되시기를 바란다.

39-40절에서는, 의인들의 구원은 여호와로부터 오고 그분은 우리가 환난을 당할 때 요새가 되신다고 선포한다. 그리고 하나님이 우리를 구원하시는 것은 우리가 그를 의지했기 때문이라고 말씀한다. 마1:21절은, "아들을 낳으리니 이름을 예수라 하라. 이는 그가 자기 백성을 그들의 죄에서 구원할 자이심이라 하니라."라고 말씀한다.

예수 그리스도 안에서 부르시고 의롭다 하시고 이 땅의 삶과 영원한 천국에서 영화롭게 하신 하나님을 찬양하며 구원의 감격 속에서 하나님께 감사하는 여러분이 되시기를 주님의 이름으로 간절히 축원드린다.

하나님께만 소망을 두라

시편 38편에서 시인은 질병 가운데 깊은 죄책감을 느끼며 시달리고 있다. 어떤 외상을 입은 것만이 고통이 아니다. 외롭고 마음이 아픈 것이 더 괴로운 것이다. 이러한 가운데 원수들이 아주 못살게 굴고 있다. 그러므로 시인은 3가지 고통을 고백하고 있다. 하나는 질병의 고통이요(3-8절), 친구들이 배반하고 떠남으로 사회적 고립으로 인한 고통이요(11절), 원수들이 자신을 박해하는 고통(12,19절)이다. 이런 배경 가운데 시인은 애통하고, 하나님을 의지하며 구원을 기다린다. 이처럼 고통을 당할 때 자신의 죄를 깨닫고 회개하며 하나님의 품속으로 더 깊이 들어가는 자가 복된 자이다.

질병의 고통은 화살이 찌르는 것과 같다. 하나님의 손이 누르는 것과 같다. 고대에는 무서운 피부병을 신이나 악마의 화살 탓으로 여겼다고 한다. 신이 활촉에 독을 묻혀 쏜 것을 맞으면 피부가 병들어 죽게 된다고 생각한 것이다. 상처가 썩어 냄새가 나고 허리에 열기가 가득해 살에 성한 곳이 없어 심히 피곤하고 지쳐 있는 모습이다. 이때 하나님께 간절히 아뢰는 것이다. 옛날 예레미야 선지자도 하나님을 향해 이렇게 고백하였다. "여호와여, 나를 징계하옵시되 너그러이 하시고, 진노로 하지 마옵소서. 주께서 내가 없어지게 하실까 두려워하나이다."(렘10:24)

그렇다. 우리는 하나님 앞에 정말 연약한 존재이다. 치통 하나에도 고개를 숙일 수밖에 없고, 다리 관절 하나에 주저앉을 수밖에 없고, 허리만 아파도 꼼짝없이 누울 수밖에 없는 존재이다. 아플 때 신음하며 하나님께 구원을 요청하는 것은 우리 영혼의 잠을 깨우는 자명종 역할을 한다. 다시 생명이신 하나님의 빛을 구하는 것이다. 다시 하나님께 겸손하게 나아가게 하시는 훈련이다. 그러므로 시119:67절에 "고난 당하기 전에는 내가 그릇 행하였더니 이제는 주의 말씀을 지키나이다."라고 고백한 것이다. 오늘도 주님의 따뜻한 은총과 보호하심이 여러분의 심령 가운데 충만하시기를 기도한다.

시인에게는 친구의 배반과 사회적으로 고립되는 고통이 있었다. 11절에 "내가 사랑하는 자와 내 친구들이 내 상처를 멀리하고 내 친척들도 멀리 섰나이다."라고 하였다. 우리는 친구들을 비롯하여 친척, 형제들과 함께하며 사랑을 나누며 살아가야 한다. 서로 멀리하는 것은 서로의 고통이다. 특히 여러 가지 질병과 경제적 어려움으로 고통당하는 자를 외면하지 마시기 바란다. 그들은 이중 삼중의 고통을 겪고 있기 때문이다. 특히 나이를 먹을수록 사회성이 중요하다.

최근 지적되는 양로원의 문제는 무엇인가? 수년 동안 몇몇 사람들끼리만 지내며 갇혀 있으니 사회성이 떨어진다는 것이다. 장애인들도 마찬가지다. 웬만한 장애인들은 특수학교에 보내지 말고 어렵더라도 일반학교에 가서 다른 학생들과 함께해야 사회성이 자란다. 이것을 통합교육이라고 한다. 교회도 마찬가지다. 사실 교회야말로 천차만별의 사람들이 모여 있는 곳이 아닌가? 이곳에서 고립되지도 말아야 하고, 고립시키지도 말아야 한다.

가족도 마찬가지다. 서로 대화가 있어야 하고, 서로 장난치고 우선적으로 친해야 한다. 많은 사회적 문제가 건강치 못한 가정에서 나온다. 하나님은 오늘도 하나님과의 관계, 이웃과의 관계에서 사랑하기를 원하신다.

그러므로 더욱더 서로 소통하고 사랑하고, 칭찬하고 격려하며 서로간의 축복의 도구로, 사랑의 도구로 사용되어야만 한다.

시인은 자신이 질병에 걸리고 사회적으로 고립된 것도 힘들지만, 악인들이 기고만장하는 것이 더 고통스러웠다. 12절에서 "내 생명을 찾는 자가 올무를 놓고 나를 해하려는 자가 괴악한 일을 말하여 종일토록 음모를 꾸민다."고 고백하고 있다. 19절에서는 "내 원수가 활발하며 강하고 부당하게 나를 미워하는 자가 많다."고 고백한다. 시인은 이러한 악인들이 자기를 못살게 구는 것이 너무 괴로워 13-14절에 "나는 못 듣는 자같이 듣지 아니하고 말 못하는 자같이 입을 열지 아니하오니 나는 듣지 못하는 자같아서 내 입에는 반박할 말이 없나이다."라고 하였다. 그렇다. 남들이 나를 찧고 까부를 때는 그저 귀를 닫고 입을 열지 않는 것이 상책이다. 대화가 통하지 않는 사람과 다투어봐야 더 고통스러운 것은 나이기 때문이다.

지금까지 우리는 3가지 고통을 생각해 보았다. 질병으로 고통을 당하고 있는가? 사회적 고립으로 고통을 당하고 있는가? 악인들의 횡포로 고통을 당하고 있는가? 21-22절의 기도가 여러분의 기도가 되기를 바란다. "여호와여, 나를 버리지 마소서. 나의 하나님이여, 나를 멀리하지 마소서. 속히 나를 도우소서. 주 나의 구원이시여." 이러한 기도의 삶으로 치유와 회복을 경험하시기를 주님의 이름으로 축원드린다.

다윗의 침묵과 사색의 영성

시편 39편의 주제는 '눈물과 침묵'이다. 자신의 입에 자갈을 물리겠다고 하나님과 약속했지만, 침묵으로 지내는 고통이 너무 심해서 마치 화산이 폭발하기 일보 직전처럼 더 이상 참을 수 없음을 고백하고 있다.

이 침묵의 적막을 깨고 처음으로 터뜨린 말이 바로 4절 말씀이다. "여호와여, 나의 종말과 연한이 언제까지인지 알게 하사 내가 나의 연약함을 알게 하소서." "내가 언제까지 살 수 있는 것입니까?" 이렇게 묻고 나서 철저하게 나그네 인생이요, 자신의 인생이 주님 앞에서는 한 뼘의 길이밖에 되지 않는다는 것을 깨닫고, 자신의 연약함을 고백한다. 젊었을 때는 소위 한가닥할 때도 있었지만, 모든 것이 비눗방울보다 더 헛되고, 신기루에 불과하다는 것을 고백하는 것이다.

여러분은 지금까지 살아오면서 시인과 같은 마음을 느낀 적이 없는가? 지나온 세월을 생각하면 모든 것이 헛된 일로 소란하며 재물을 쌓으나 누가 거둘는지 알지 못한다고 하는 시인의 고백에 나는 공감한다. 돈 많다고 자랑하는 사람들이 오히려 불쌍하게 보일 때가 있다. 그저 남에게 꾸러 다니지 않으면 됐지, 뭐 그것을 그렇게 자랑하고 다니나 싶고, 그 돈으로 선교사들을 돕든지 교회건축을 한다든지, 얼마든지 의미 있는 일을 할 수 있을 텐데 하는 생각도 든다.

여러분! 돈을 많이 벌면 하나님 사업을 위해 많이 쓰시기 바란다. 돈은 버는 것보다 쓰는 것에 의미가 더 있지 않겠는가?

그렇다면 이 같은 우리의 인생에서 남은 생을 어떻게 살아야 하겠는가? 7절에 답이 있다. "주여, 이제 내가 무엇을 바라리요. 나의 소망은 주께 있나이다." 이 말이 여러분의 고백이 될 수 있기를 주님의 이름으로 축원한다.

우리가 나이를 먹으면서 참으로 주의해야 할 것이 있다. 그것은 바로 '허무주의'에 빠지는 것이다. 그러나 하나님께서는 뜻이 있어 우리를 세상에 보내셨으며, 나를 향하신 위대한 계획이 있다. 그러므로 허무주의는 하나님께 죄를 짓는 것이다.

시인은 병과 고통, 절망의 강을 넘어서 주님께 소망을 둔다. 뒤돌아보니 인생을 폭포와 같이 쉬지 않고 쏟아지는 죄의 줄기로 살아왔다. "참으로 나는 죄악 된 세상의 중심에 있었습니다."라고 고백한다. 그러나 여기까지 인도하신 분도 주님이라는 것을 부인하지 않는다. 그리고 보니 인생 전체 중에 나는 없어지고 주님만이 크게 보이게 되는 것이다. 지나온 세월도 아침 안개와 같은 순간이었다. 결국 눈물이 나온다. '길손'의 인생이요, '거류자'요, 또한 '나그네' 인생임을 실감한다. 하지만 그것을 깨닫는 것으로 끝나면 안 된다. "주여, 나의 소망은 주께 있나이다."라고 고백하기를 원하신다. "내가 이대로 죽을 수는 없습니다. 이제 나의 건강과 원기를 회복시켜 주시옵소서." 남은 생애를 참으로 하나님의 영광을 위해 살겠으니 나를 일으켜 주시고 건강을 회복시켜 달라는 간절한 소망이 담겨 있다. 이러한 고백이 여러분의 고백이 되기 바란다.

우리는 때로 악인의 번성과 자신의 고난을 원망하며 고통과 불평 가운데 살기도 한다. 그러나 조금만 생각을 바꾸어 시선을 자기 밖에서 자기 안으로 전환해 보면 오히려 하나님께 소망을 두지 않고 세상의 상대적인

가치관에 지배를 받고 살아왔다는 것을 깨닫게 된다. 그러므로 하나님의 눈으로 보면 그러한 삶이 후회되고 부끄러운 생각이 드는 것이다. 하나님께서는 이러한 자들에게 평강을 주시는 줄 믿는다.

시인은 그 사실을 깨달은 것이다. 그리고 남은 생애를 다시 파이팅하면서 소망 가운데 살겠다고 몸부림친다. 여러분도 이처럼 건강과 원기를 회복하고 사자처럼 포효하며 다시 일어날 수 있기를 주님의 이름으로 축원한다. 세상에는 어차피 차이가 있다. 잘살고 돈 있는 사람이 거드름피우면 그냥 무시하면서 살면 된다. 그리고 때로는 그들을 축복해 주는 여유를 가지고 사시기 바란다.

12-13절을 보라. "여호와여, 나의 기도를 들으시며 나의 부르짖음에 귀를 기울이소서. 내가 눈물 흘릴 때에 잠잠하지 마옵소서. 나는 주와 함께 있는 나그네이며 나의 모든 조상들처럼 떠도나이다. 주는 나를 용서하사 내가 떠나 없어지기 전에 나의 건강을 회복시키소서."

이렇게 해서 다시 일어난 다윗의 인생은 어떠했는가? 대상29:28절에 "그가 나이 많아 늙도록 부하고 존귀를 누리다가 죽으매 그의 아들 솔로몬이 대신하여 왕이 되니라."라고 하였다. 이 말씀 앞에 서신 여러분 위에 신실하신 하나님께서 건강과 원기와 새로운 소망을 회복시켜 주시기를 주님의 이름으로 간절히 축원드린다.

진정한 예배자의 삶

시편 40편은 하나님을 향한 다윗의 예배 모습으로, 하나의 예배 의식으로 볼 수 있다. 내가 하나님께 다윗처럼 한 사람의 예배자로 섰다고 생각하면서 묵상해 보시기 바란다.

1절은, 오랜 기다림 속에서 하나님으로부터 응답을 받아 기쁨으로 감사하며 찬송하는 모습이다. 그리스도인은 이런 체험을 하는 맛으로 산다. 늘 고통만 있고 염려와 근심으로 우울하기만 하다면 어떻게 살겠는가? 이럴 때 하나님을 향하여 부르짖고 기도하면서 인내했더니, 어느 날 하나님이 햇빛같이 밝은 날을 보여주신 것이다.

시인은 2절에서 "나를 기가 막힐 웅덩이와 수렁에서 끌어올리시고 내 발을 반석 위에 두사 내 걸음을 견고하게 하셨다."고 고백한다. 마치 물개들이 바닷속에서 나와 바닷가 바위 위에서 햇볕을 쬐는 모습을 연상하게 한다. 여러분의 삶 속에 이러한 날이 속히 임하게 되기를 축원한다. 이때 우리는 3절의 새 노래로 마음껏 하나님을 찬송하게 될 것이다.

이러한 경험을 하려면 주 안에서 기도하고 인내하며 '기다림'의 과정을 거치라고 하신다. 침묵이라는 터널을 지나라고 하신다. 1절에서 다윗은 "내가 여호와를 기다리고 기다렸더니 귀를 기울이사 나의 부르짖음을 들으셨도다."라고 말씀한다. 이처럼 깊은 웅덩이와 수렁을 경험한 사람은 영적 귀가 뚫리는 것을 알 수 있다. 웅덩이 안에서 부르짖는 기도는 지상에서보다 몇 배나 더 크게 들린다. 하지만 사람들은 이러한 웅덩이와 수렁과 기다림의 법을 외면한다. 인내하지 못한다. 너무 급하다. 그러나 하나님은 준비된 마음, 준비된 과정과 제물로 드리는 제사를 기쁘게 받으신다. 사1:11절에 "여호와께서 말씀하시되, 너희의 무수한 제물이 내게 무엇이 유익하뇨. 나는 숫양의 번제와 살진 짐승의 기름에 배불렀고, 나는 수송아지나 어린 양이나 숫염소의 피를 기뻐하지 아니하노라."라고 말씀한다. 소위 마음으로 준비되지 못한 가증된 예물은 가져오지 말라는 것이다. 헛된 제사를 드리지 말라는 것이다. 하나님이 받으시는 제사는 깊은 수렁에서 하나님의 은혜를 경험한 자들이 드리는 감사의 제사라는 것이다. 이러한 예배자가 될 수 있기를 간절히 축복한다.

그렇다면 이러한 자의 다음 행동은 무엇인가? 하나님을 향한 순종이요, 헌신이다. 진정한 예배자가 진정한 헌신을 할 수 있고, 예배에 성공하는 자가 순종의 삶을 살 수 있다. 시인은 4-8절에서, 하나님은 교만한 자, 거짓에 치우치는 자를 보지 않으시고 여호와 하나님께 집중하며 주의 뜻대로 행하는 자, 말씀에 순종하는 자를 찾으신다고 하신다. 그렇다. 예배와 순종, 믿음과 행위는 하나이다. 롬12:1-2절을 보면 "그러므로 형제들아, 내가 하나님의 모든 자비하심으로 너희를 권하노니 너희 몸을 하나님이 기뻐하시는 거룩한 산 제물로 드리라. 이는 너희가 드릴 영적 예배니라, 너희는 이 세대를 본받지 말고 오직 마음을 새롭게 함으로 변화를 받아 하나님의 선하시고 기뻐하시고 온전하신 뜻이 무엇인지 분별하도록 하라."고 하였다. 우리가 먼저 우리의 삶을 거룩한 산 제물로 드릴 때 하나님은 우리의 기도에 응답하신다.

하나님은 지금도 나의 삶을 요구하신다. 이러한 자는 하나님께 헌신하고 순종하는 삶이 힘들지 않다. 성령 하나님이 공급하시는 성령의 능력으로 살기 때문이다. 이러한 복이 임하기를 주님의 이름으로 축원한다.

이러한 자는 하나님 앞에서 자신의 죄성과 나약함을 깊이 깨닫는다. 그러므로 11-12절에서, 주의 긍휼과 인자를 구하며 자신의 죄성으로 크게 낙심한다. 그러나 원수를 향해서는 겁이 없어진다. 나아가 하나님의 능력을 받아 원수를 저주하고 물리쳐 버린다.

14-15절을 보라. 이제 원수에게 패하는 기도가 아니라 원수를 이기는 기도이다. "내 생명을 찾아 멸하려 하는 자는 다 수치와 낭패를 당하게 하시며 나의 해를 기뻐하는 자는 다 물러가 욕을 당하게 하소서. 나를 향하여 하하 하하 하며 조소하는 자들이 자기 수치로 말미암아 놀라게 하소서."라고 선포한다. 여러분을 향하여 칼을 들이대며 위협하는 사람들, 여러분을 조소하는 못된 질병들이 다 물러가고 수치를 당하며, 욕을 당하며, 낭패를 당하게 되기를 축원한다. 이런 권세와 능력이 바로 믿는 자들에게 있는 것이다.

예배의 마지막은 무엇인가? 기쁨과 즐거움이다. 16절에 "주를 찾는 자는 다 주 안에서 즐거워하고 기뻐하게 해 달라."고 기도한다. 17절에서는 "나는 가난하고 궁핍하오니 지체하지 마시고 도와주소서."라고 간청한다. 예배의 결과는 이처럼 기쁨과 즐거움의 새 노래와 축제가 되어야 한다.

다윗과 같은 예배와 영적 체험을 하시기 바란다. 깊은 웅덩이와 수렁 가운데서 치유받고 빛과 생명 되신 예수님 앞으로 나와 새 노래로 찬양과 영광을 돌리시기 바란다. 하나님께 더욱더 순종하며 가난과 질병과 염려와 근심을 가져온 원수 마귀를 향하여 담대하게 저주를 선포하는 성령충만한 하루가 되시기를 주님의 이름으로 축원드린다.

하나님의 은혜 안에 사는 자

시편을 시작하는 1편에서 복 있는 사람은 누구였는가? 주님의 말씀을 주야로 묵상하는 사람이었다. 그런데 41편의 1절에서 복 있는 사람은 누구인가? 바로 가난한 자를 보살피는 자이다.

그러나 복 있는 자에게도 고난은 찾아온다. 질병도 오고 환난도 닥친다. 시인은 지금 치명적인 병에 걸려 고통을 당하고 있다. 이때 시인의 감정의 변화는 어떠했는가?

1절을 보면, 시인은 자신의 과거를 회상하며 "그래도 제가 가난하고 연약한 자와 함께했는데…." 하는 선한 자로 쓰임 받던 때를 생각해 낸다. 그런데 지금은 원치 않는 질병으로 고난을 당하고 있으니, 하나님 앞에서 나의 선행을 생각하사 이러한 재앙의 날에 여호와께서 도와주실 것이라는 확신으로 나아간다. 여러분은 그러한 마음이 없는가? 그래도 내가 악하게 살지는 않았는데, 그래도 내가 남을 도우면서 살았는데 이 꼴이 웬일인가? 하면서 자신을 돌아보지 않겠는가? 그래서 평상시에 선한 일을 해야 한다. 남을 도우며 살고, 연약한 자를 멸시하지 말아야 한다.

특히 이 시는 역사적으로 압살롬에게 박해를 받던 시기라고 추정하고 있다. 아들 압살롬은 아버지 다윗이 오랫동안 병상에 누워 있는 기회를 이용하여 공정한 재판관으로 자처하면서 이스라엘 국민의 지지를 이끌어냈다. 급기야 다윗의 가장 친한 친구 중 한 사람이었던 아히도벨과 함께 반역을 일으켰다.(삼하15:1-12) 이때 아들의 반역을 보는 아버지의 마음이 어떠했겠는가? 자신의 모사로서 최측근이었던 아히도벨이 자신을 배반하고 아들에게 갔을 때 그 마음이 어떠했겠는가? 다윗은 그래도 내가 저들에게 악하게 하지 않았는데, 하면서 하나님께 자신의 옛날을 기억하고 지금 이 재앙에서 건져 달라고, 3절에서는 병을 고쳐 달라고 하나님께 간청한다.

그러나 이상한 일이 생겼다. 자기의 잘한 일만 생각나야 하는데 자신이 밧세바와 동침하고 그의 남편 우리아를 죽인 일이 가슴을 송곳처럼 찔렀다. 엄청난 양심의 가책이 왔다. 그래서 시인은 4절에서 "내가 주께 범죄하였사오니 나를 고치소서."라고 고백한다. 이러한 마음이 바로 그리스도인들의 정상적인 마음의 변화이다. 우리가 하나님을 가까이하면 할수록 처음에는 나의 선행이 생각나지만, 곧 "나는 죄인입니다. 내가 잘못했습니다. 나를 용서해 주옵소서." 하면서 자신의 죄악을 통회하게 된다는 것을 알 수 있다. 이때 하나님이 그들의 마음을 받으시는 것이다. 이렇듯 거룩하고 예민한 마음을 소유하시기를 축원한다.

이제 시인은 하나님 앞에서 자신을 향하여 이렇게 말한다. "너는 지금 하나님께 죄를 지어놓고 병을 고쳐 달라고 간청하는 것이 웬말인가?" 그런 마음이 들기 시작하니, 5절에서 원수의 악담을 받아들인다. 6-9절에 친구들이 거짓을 말하고 자신을 미워하며 해하려고 하는 것을 받아들인다. 심지어 그들이 발꿈치를 들고 자신을 발로 차려고 해도 이 모든 것이 자신의 죗값이라 여기고 받아들인다. 이처럼 죄의 고백과 마음의 치유는 함께하는 것이다. 슬퍼서 눈물을 많이 흘리면 더 슬퍼져야 하는데 오히려 마음이 더 시원해지는 것과 같은 원리이다. 이 같은 경험으로 마음의 더러운 죄성들이 다 고백되고 깨끗하고 정결한 심령을 회복할 수 있기를 축원한다. 우리는 거룩한 하나님의 백성이기 때문이다.

이러한 죄의 고백이라는 홍역을 치르고 나니, 죄성은 물러가고 거룩한 성령님이 마음을 통치하게 되었다. 이때는 어떠한 감정인가?

10절에 "그러하오나 주 여호와여, 내게 은혜를 베푸시고 나를 일으키사 내가 그들에게 보응하게 하소서!"라고 용기를 얻고 하나님께 나아간다. 이는 악을 악으로 갚겠다는 것이 아니라 선으로 보복하겠다는 선언이다.

11절에서는 원수들이 '내가 너를 눌렀다!' 하며 환호성을 지르지 못하도록 하나님께 구하고 있다. 이제 시인은 원수들의 조롱에서 벗어나 하나님에 대한 생각으로 가득 차게 된다. 그렇다. 결국 하나님과 나와의 문제는 거룩이다. 거룩하면 용기와 소망을 얻는다. 죄를 지으면 좌절하고 낙망한다.

여러분도 이러한 시인의 마음을 이해할 줄 믿는다. 나도 나이 70이 되도록 때로는 배신당하는 처지도 되어 보았고, 그 가운데서 나의 죄악을 고백하고 마음이 깨끗해지는 것도 경험해 보았다. 분명한 것은 내가 하나님 앞에서 죄인 중에 괴수라는 것을 깨달을 때 영혼이 맑아지고 마음이 깨끗해지고 평강이 찾아온다는 사실이다. 그러므로 겸손은 우리의 의지가 아니라 대가를 지불한 거룩한 산물이다.

질병과 남이 모르는 심적인 고통 중에 있는 자들이 있는가? 겸손하게 하나님께 토로하고 은혜를 구하라. 그리고 사랑의 하나님이 주시는 힘과 용기와 소망으로 다시 딛고 일어나 13절처럼 마음껏 여호와를 송축할 수 있기를 주님의 이름으로 축원드린다.

힘들고 어려울 때

학자들은 시편 42-43편이 본래 하나의 시편이었다고 본다. 왜냐하면 동일한 주제를 가지고 있기 때문이다.

시인은 지금 어떤 유배지에서 하나님의 성전을 사모하며, 옛 은혜를 회고하고 속히 성전으로 돌아가기를 사모하고 있다.

유배지에서 하루 종일 할 수 있는 것이 무엇일까? 옛날을 회상하는 일일 것이다. 시인은 외로움과 고통 가운데서 옛날 자신이 경험했던 축제의 날을 회상하고 있다. 많은 무리와 함께 기쁨과 감사의 노래로 주의 장막에 거할 때의 행복을 생각하며 자신의 마음을 추스른다. "낙망하지 말자, 괴로워하지 말자, 하나님이 살아계시지 않는가. 하나님을 바라보자. 하나님을 찬양하자." 하고 외친다. 언제가 될는지 모르지만 속히 그 옛날의 성소에 들어가 하나님을 만나고, 또한 높은 이상을 품고 헤르몬산에 올라가는 비전을 세워본다.

그러나 현실은 어떠한가? 정신을 다시 차려보니 자신은 여전히 유배지의 광야에 서 있는 것을 발견한다.

여러분은 이렇듯 영혼이 곤고하고 외롭고 고독할 때 어떻게 하는가?

시편 42편 1절에서 시인은 자신의 영혼의 갈급함을 목마른 사슴이 시냇물을 찾기에 갈급함 같은 마음으로 묘사했다. 이는 생명의 물을 한 모금이라도 마시고 싶은 영혼의 갈증을 의미한다. 하나님의 얼굴을 간절히 구하고 있다.

그러나 2-3절을 보면, 하나님은 '눈물'만 허락하신다. 자신의 처지가 너무 안타까워 목마른 사슴같이 작은 시냇가를 찾았지만, 하나님은 시냇물 대신 폭포 소리의 요란함과 깊은 바다의 파도와 물결 소리를 듣게 하신다. 이것은 생명의 폭포수가 아니라 죽음의 폭포수였다. 눈물의 폭포수였다. 그 마음을 7절에서 "주의 폭포 소리에 깊은 바다가 서로 부르며 주의 모든 파도와 물결이 나를 휩쓸었나이다."라고 고백하고 있다. 이처럼 본문은 생명의 물과 죽음의 물을 극렬하게 대조하고 있다. 이러한 영적 싸움이 바로 우리의 내면적 갈등과 시련이다.

하나님은 우리가 거룩한 생수를 마시기 원하는 것만큼 회개의 눈물을 주신다. 주님의 깊은 옹달샘을 사모하는 것만큼 내면의 폭포수 같은 죄악의 덩어리들, 파도와 같은 나의 허물들을 생각나게 하신다. 이는 마치 큰 폭포가 떨어질 때 깊은 물이 소용돌이치는 것과 같다. 이것으로 인해 통회의 눈물을 흘리게 되고, 생명의 근원이신 하나님께 기도하며 돌아오게 된다. 그러므로 시119:67절에 "고난당하기 전에는 내가 그릇 행하였더니 이제는 주의 말씀을 지키나이다."라고 고백한 것이다. 그러므로 고난은 우리를 하나님께로 돌아오게 하는 원동력이요, 하나님의 은혜다.

이제 시인은 다시 과거의 축제 장면을 생각해 낸다. 4절에서 "내가 전에 성일을 지키는 무리와 동행하여 기쁨과 감사의 소리를 내며 그들을 하나님의 집으로 인도하였더니."라고 하였다. 그러나 현실은 어떠한가. 10절을 보라. "내 뼈를 찌르는 칼같이 내 대적이 나를 비방하여 늘 내게 말하기를 네 하나님이 어디 있느냐 하도다." 극심한 고통 가운데서 옛날을 회상하며 현실과 교차하는 과정을 겪는다. 여기서 자신의 교만을 내려놓게 된다. 다시 겸손을 회복하며 은혜를 사모하며 하나님 앞에 무릎을 꿇는다. 지금 시인은 옛날의 기쁨과 즐거움을 생각하는 것만큼 자신의 뼈를 찌르는 칼같은 대적들의 비방 소리를 듣고 있다. 대적으로부터 네가 섬기는 하나님이 어디 있느냐고 조롱을 받고 있다. 이때 그의 모든 것은 절망으로 끝나는 것인가? 아니다. 이때에 저 골고다 십자가에서 피 흘리신 주님이 보인다. 거기서 주님의 마음을 이해한다. 시편 43편 2절을 보라. "주는 나의 힘이 되신 하나님이시거늘 어찌하여 나를 버리셨나이까?" 이 외침은 무엇인가? "엘리 엘리 라마 사박다니, 나의 하나님, 나의 하나님, 어찌하여 나를 버리셨나이까?"십자가에서의 주님의 외침이 아닌가? 이 외침을 듣고 주님과 자신을 동일시하는 아픔을 겪고 나면 드디어 거룩한 영안이 열린다.

시43:3절을 보면 "주의 빛과 주의 진리로 나를 인도하시는 하나님, 다시 주의 거룩한 산 시온에 이르게 하소서."라고 간구한다. 다시 구원의 주님을 만나 그의 손을 붙잡게 되는 것이다. 그리고 주님은 결코 나를 저버리지 않으신다는 확신이 몰려오고 이 확신은 감사와 찬양으로 이어진다. 그 결과 깊은 절망 속에서 소망의 빛을 보게 되는 것이다. 이 마음을 본문 3곳(시42:5, 시42:11, 시43:5)에서 이렇게 표현한다. "내 영혼아, 네가 어찌하여 낙심하며 어찌하여 내 속에서 불안해하는가, 너는 하나님께 소망을 두라. 나는 그가 나타나 도우심으로 말미암아 내 하나님을 여전히 찬송하리로다."

영적인 우리의 마음은 이처럼 항상 역설적이라는 것을 기억하라. 샘물을 사모하면 폭포수 같은 눈물을 주시고, 아름다운 예배의 감격을 사모하면 자신의 뼈를 깎는 죄성이 생각나며 교만했던 것만큼 예수님의 골고다 십자가 앞에 자신의 죄를 통회한다. 이것이 바로 성도들이 주님을 닮아가는 성화의 과정이다. 이러한 과정을 통하여 하나님과 깊은 만남을 경험하시고, 낙심과 불안 가운데서도 하나님께 소망을 두며, 시편 43편 4절처럼 찬송과 영광의 영성을 회복하시기를 주님의 이름으로 축원드린다.

주 안에서의 절망과 용기

시편 44편은 쓰라린 삶의 현장 가운데서 과거에 자기와 함께하셨고 자기 민족과 함께하셨던 하나님을 기억하면서 지금의 처지를 안타깝게 호소하고 있는 내용이다.

하나님은 1-8절에서 옛날 이스라엘 민족에게 큰 능력과 기사로 함께하시고, 가나안 7족을 몰아내게 하시고, 그 땅에 뿌리박게 하셨다.

그러나 지금은 어떠한가? 9절을 보라. "그러나 이제는 주께서 우리를 버려 욕을 당하게 하시고 우리 군대와 함께 나아가지 아니하시나이다."라고 하소연한다. 13절에는 "우리로 하여금 이웃에게 욕을 당하게 하시니 그들이 우리를 둘러싸고 조소하고 조롱하나이다."라고 고백한다.

대개 이쯤 되면 자신의 죄를 회개한다. 그러나 그들은 오히려 하나님을 향해 자신들의 무죄를 천명한다. 17절을 보라. "이 모든 일이 우리에게 임하였으나 우리가 주를 잊지 아니하며 주의 언약을 어기지 아니하였나이다. 우리의 마음은 위축되지 아니하고 우리 걸음도 주의 길을 떠나지 아니하였나이다. 그런데 주께서는 우리를 승냥이의 처소에 밀어넣으시고 우리를 사망의 그늘로 덮으셨나이다."

또한 시인은 22절 이하에서 하나님을 향하여 이렇게 고백한다. "우리는 지금 도살할 양같이 죽임을 당하게 되었나이다. 어찌하여 주의 얼굴을 이처럼 가리시고 우리의 고난과 압제를 잊으시나이까? 주여, 깨소서. 어찌하여 주무시고 계시나이까? 우리의 영혼은 진흙에 파묻히게 되었고,

우리는 멸망하게 되었나이다. 일어나 우리를 도와주소서. 주의 인자하심으로 우리를 구원해 주소서."라고 외친다.

여러분은 이러한 지경에 처했을 때 어떻게 하시는가? 내가 목사안수를 받고 나서 진로가 결정되지 않아 마음고생을 심하게 할 때 본문을 가지고 쓴 에세이가 한 편 있다. 지금 돌아보면 하나님께서 선한 길로 인도하시려는 과정이었지만 그때는 너무 답답하여 이렇게 썼다.

하나님, 저는 어렸을 때부터 하나님을 사랑하며 모범 주일학생 표창을 받은 사람 아닙니까? 중고등부 회장, 청년회장을 거쳐 주일학교 교사, 찬양대 지휘자, 서리집사, 안수집사, 장로까지 안 거친 직분이 없으며, 어렸을 때부터 하나님의 교회에서 놀기 좋아하고, 신실한 영적 지도자가 되고 싶어 했던 사람이 아닙니까? 고등학생 때 저의 일기장에 적어놓은 저의 미래상은 "The Leader of faith"(믿음의 지도자)였습니다. 무언가 영적 일을 전문으로 하는 지도자가 되고 싶었습니다. 그런데 어찌하여 50대 중반까지 광야로만 내모시는 것입니까?

그동안 스스로 돈 벌어가며 공부하고, 군대 갔다 오고, 취직하고 결혼하고, 가족의 생계를 책임지고 사업을 하면서 여기까지 저는 정말 성실하게 살아왔다고 생각합니다. 저는 오직 경제적으로 스스로 자립하면 그다음에 하고 싶었던 신학을 할 것이라는 외침뿐이었습니다.

그런데 그 꿈을 이루고 나니 이젠 나이를 너무 먹고 말았습니다. 50대 중반에 목사안수를 받게 되었습니다. 차라리 장로로 인생을 마치는 것이 순리가 아니겠습니까? 이제 이 나이에 뭘 하라고 하시는 겁니까?

평신도 지도자로서 교회에서 작은 성경공부 모임이라도 열정을 다해보려고 하니 담임목사님이 눈치를 주는 것 같습니다. 그럼 나가서 개척을 할까요? 아니면 전문인 선교사로 해외로 나갈까요? 하나님 나라의 확장을 위한 소박한 소망이 왜 이리도 복잡합니까? 하나님 마음대로 하십시오. 저는 그저 계속 공부만 하고 있으렵니다. 하나님이 필요하실 때 불러주십시오. 저는 준비만 하고 있으렵니다. 내 의지로 무엇을 하고 싶지는 않습니다. 그런데 하나님, 그러면서도 한편으로는 자꾸 자신의 성을 쌓고자 하는 것은 또 무엇입니까? 요즘은 기도하지 않으면 도대체 머리가 복잡해서 정리가 되지 않습니다.

결국 롬8:28절 말씀대로 "우리가 알거니와 하나님을 사랑하는 자 곧 그의 뜻대로 부르심을 입은 자들에게는 모든 것이 합력하여 선을 이루느니라."의 말씀이 정답인 것 같습니다.

그 후 우여곡절 끝에 경신교회에서 목회를 시작하게 되었다. 지금 생각해 보니 복된 경신교회에 보내주시려고 그런 아픔을 주셨던 것 같다.

하나님을 향한 마음을 가지고 성실하게 살면, 하나님의 때에 반드시 하나님께서 사용하신다는 것을 믿으시기 바란다.

여러분은 요즘 어떠한 고통을 안고 사시는가? 22절의 도살할 양처럼 힘을 잃었는가? 용기를 내시기 바란다. 이 구절은 사도 바울이 롬8:36절에서 인용한 말씀이다. 성실하게 믿음생활 잘해도 도살장에 끌려가는 양같이 처절한 신세가 되도록 환난과 박해를 받을 수 있다는 것이다.

그러나 롬8:37절에서 무어라 선포하는가? "이 모든 일에 우리를 사랑하시는 이로 말미암아 우리가 넉넉히 이기느니라." 예수님의 사랑에는 이처럼 어떠한 고난과 역경도 이겨내는 놀라운 에너지가 있다. 신실하신 하나님께서 반드시 여러분의 기도에 응답하시고 놀라운 치유와 위로와 평강으로 인도해 주실 것을 믿는다. 이러한 은혜가 여러분의 삶 가운데 직접적으로 체험될 수 있기를 우리 주님의 이름으로 축원드린다.

왕이신 예수 그리스도

시편 45편은 왕이 신랑이 되어 왕후와 결혼하는 '왕의 결혼 축하'를 노래하는 모습이다.

우리의 왕이 누구신가? 메시아, 예수 그리스도이시다. 특히 히1:8-9절의 예수 그리스도에 대하여 "아들에 관하여는 하나님이여, 주의 보좌는 영영하며 주의 나라의 규는 공평한 규이니이다. 주께서 의를 사랑하시고 불법을 미워하셨으니 그러므로 하나님 곧 주의 하나님이 즐거움의 기름을 주께 부어 주를 동류들보다 뛰어나게 하셨도다 하였고."라고 말씀한 내용이 바로 본문의 6-7절의 말씀을 인용한 것이다.

왕 되신 메시아를 생각하면서 그분의 속성에 대하여 살펴보기로 하자.

우리는 예수님이 하나님이라는 것을 믿는다. 이 사실을 바탕으로 하여 1-5절까지 마음껏 왕을 칭송하고, 6절에서는 그 절정에 이르러 "하나님이여, 주의 보좌는 영원하며 주의 나라의 규(임금의 지팡이. 홀이라고도 한다)는 공평한 규이니이다."라고 그리스도의 왕국을 선포한다.

예수님께서 하나님이라는 사실은 마귀도 증거하였다. 마8:29절에서 마귀는 예수님을 향하여 "하나님의 아들이여."라고 불렀다. 마28:18절에서는 예수님 자신이 "하늘과 땅의 모든 권세를 내게 주셨다."고 선포했다. 요1:1절에서는 "태초에 말씀이 계시니라. 이 말씀이 하나님과 함께 계셨으니 이 말씀은 곧 하나님이시니라."고 하였다. 여기서 '말씀'이란 '로고스' 예수님이시다. 그는 태초에 계신 분이요, 하나님과 함께 계셨고, 자신이 곧 하나님이라는 것이다. 이를 사도 요한은 증거하고 있다.

이 세상의 왕인 독재자는 거의 다 망했다. 이라크의 후세인, 리비아의 카다피도 무참히 살해되었다. 세상의 왕은 이처럼 완전하지 못하며 일시적이다. 그러나 우리가 믿는 메시아는 십자가 죽음으로 끝나지 않았다. 죽은 지 사흘 만에 부활하시고, 승천하시고, 지금도 하나님 보좌 우편에 계시며, 때가 되면 이 땅의 심판주로 다시 오실 만왕의 왕이요, 만주의 주가 되신다. 그러므로 예수를 믿음은 그분과 함께 영생을 얻는 것이 최고의 목표이다. 그것을 우리는 복음이요, 구원이라고 한다. 요일5:12절은, "아들이 있는 자에게는 생명이 있고 하나님의 아들이 없는 자에게는 생명이 없느니라."고 하였다. 또한 우리가 잘 아는 요3:16절은 "하나님이 세상을 이처럼 사랑하사 독생자를 주셨으니 이는 그를 믿는 자마다 멸망하지 않고 영생을 얻게 하려 하심이라."고 선포한다.

예수 그리스도가 나의 왕이 되시며, 그분으로 말미암아 영원한 생명을 얻게 되었다는 사실에 대하여 깊이 묵상하고 감사하는 복된 날이 되기를 주님의 이름으로 축원한다.

세상의 독재자는 자기 재물을 모으기에 급급하고, 지금의 국회처럼 거짓과 위선으로 가득하다. 그러나 예수님은 자신을 모든 사람의 대속물로 주시는 왕이었다. 4절에 "왕은 진리와 온유와 공의를 위하여 왕의 위엄을 세우셨다."고 말씀한다. 7절에서는 "왕은 정의를 사랑하고 악을 미워하신다."고 하셨다. 그러므로 이 세상에 참다운 공평과 의로움이 거하는 나라는 그리스도의 나라뿐이다.

벧후3:13절에서는 "우리는 그의 약속대로 '의'가 있는 곳인 새 하늘과 새 땅을 바라보도다."라고 선포하고 있다. 주님은 예루살렘에 올라가실 때 겸손히 나귀 새끼를 타고 올라가셨다. 주님은 겸손히 제자들의 발을 씻어주셨다. 주님은 겸손의 왕이시며 의로우신 왕이신 것이다. 이러한 예수님 닮기를 사모하시기 바란다. 정직한 자, 의로운 자, 겸손한 자, 온유한 자, 남을 위해 희생하고 사랑하는 자가 되어 왕 되신 예수님을 닮기 바란다. 이러한 사람에게는 주님께서 그에 해당하는 권위를 주실 것이다.

신랑이 왕이라면 왕후는 어떠한 자세를 가져야 하는가?

9절에서 "왕후는 오빌의 금으로 꾸미고 왕의 오른쪽에 서도다."라고 말씀한다. 10절에서는 왕에게 "듣고 보고 귀를 기울이라."고 하신다. 이는 순종의 자세를 뜻한다. 그러면 11절과 같이, 왕이 네 아름다움을 사모할 것이라고 하였다. 이는 한마디로 신랑 되신 예수님과 신부 되는 신자와의 관계를 말하는 것이다. 순종이 제사보다 낫다고 하셨다. 순종이 없는 예배는 죽은 예배이다.

이러한 예화가 있다. 한 나라의 임금이 순종을 시험하기 위하여 사람들을 불렀다. 물을 길어다가 통에 채우라는 것이었다. 그러나 통은 새고 있었다. 한 사람은 낙심하고 그만두었지만, 한 사람은 계속 우물에서 물을 길어다가 부었다. 그런데 우물의 물을 다 긷고 보니, 그 바닥에 큰 보석 덩어리가 있었다고 한다. 어느 수도원에서는 새로 들어온 수도사에게 배추를 거꾸로 심으라는 명령으로 순종을 시험하기도 했다. 그리스도인들에게는 이 순종의 정도가 바로 믿음의 척도가 되는 것이다.

신랑 되신 예수님, 왕 되신 예수님께 순종하며 17절 말씀대로 왕의 이름을 만세에 기억하면서 영원히 그의 이름을 찬송하는 복된 여러분 되시기를 주님의 이름으로 축원드린다.

피난처가 되신 하나님

우리가 잘 아는 찬송가 585장 〈내 주는 강한 성이요〉는 종교개혁자 마틴 루터가 시편 46편을 근거로 작성한 찬송이다. 그래서 시편 46편을 '마틴 루터의 시편'이라고 부르기도 한다.

이러한 믿음은 어디서부터 출발하는가? 내가 창조주 하나님의 자녀라는 분명한 정체성으로부터 출발한다. 1절에서 "하나님은 우리의 피난처시요 힘이시니 환난 중에 만날 큰 도움이시라."고 말씀한다. 하나님은 창조주이시기 때문이다.

2-3절에서는 지구상의 가장 핵심인 땅과 산과 바다가 나온다. 우리가 살면서 만나는 여러 가지 재난 중에 가장 큰 것은 땅의 지진과 화산 폭발, 바다의 해일이나 쓰나미 같은 자연재해라고 할 수 있다. 이러한 것은 사실상 신의 영역이기 때문에 자연재해라고 부르는 것이다. 인간의 힘으로는 조정이 불가능하다는 뜻이다.

기독교는 창조주 하나님의 주권을 믿는 종교이다. 사도 바울은 뭐라고 고백하는가? 롬11:36절에 "이는 만물이 주에게서 나오고 주로 말미암고 주에게로 돌아감이라. 그에게 영광이 세세에 있을지어다. 아멘."이라고 하였다. 여러분이 그러한 하나님의 자녀가 된 것은 정말 대단한 일이다. 그 하나님의 사랑을 아는 자의 특징은 무엇인가? 요일4:18절은 "사랑 안에 두려움이 없고 온전한 사랑이 두려움을 내쫓나니 두려움에는 형벌이 있음이라. 두려워하는 자는 사랑 안에서 온전히 이루지 못하였느니라."

라고 말씀한다. 여러분 안에 있는 모든 두려움이 피난처가 되신 하나님의 사랑으로 안개와 같이 사라지게 되기를 간절히 축복한다.

4절을 보면, 두려움을 해소하기 위해서는 성소에 있는 '한 시내'를 찾아야 한다고 말씀한다. 옛날 엘리야 선지자가 아합왕과 싸우며 엄청난 환난을 경험할 때도 하나님은 엘리야에게 "너는 먼저 그릿 시냇가에 가서 거기에 숨고 거기서 시냇물을 마시라."고 하셨다. 이때 하나님은 그에게 까마귀들을 시켜 먹이를 공급하셨다.(왕상17:3-4)

삶 속에서 경제적인 어려움이 쓰나미처럼 몰려오는가? 건강의 위험신호가 쓰나미처럼 밀려오는가? 자녀들의 근심과 걱정이 쓰나미처럼 몰려오는가? 먼저 마음을 다스리고 조용한 시냇가를 찾으시기 바란다.

"하나님이여, 사슴이 시냇물을 찾기에 갈급함같이 내 영혼이 주를 찾기에 갈급하니이다."(시42:1)

"누구든지 목마르거든 내게로 와서 마시라. 나를 믿는 자는 성경에 이름과 같이 그 배에서 생수의 강이 흘러나오리라."(요7:37-38)

주님은 오늘도 수고하고 무거운 짐 진 자들을 조용한 시냇가로 부르신다. 거기서 쉼과 안식을 누리라고 하신다. 환난을 당하셨는가? 두려움이 엄습하는가? 예수께로 나아오라. 거기에 진정한 회복과 안식이 있다.

그 성소에서 어떻게 하라는 것인가? 간단하다. 전심으로 하나님께 기도하라는 것이다. 5절에서 "하나님이 그 성중에 계시매 성이 흔들리지 아니할 것이라. 새벽에 하나님이 도우시리로다."고 하였다. 아무리 세상이 뒤집히고 요란해도 하나님이 계시는 예루살렘성은 견고하다. 그러므로 그곳에 올라가 전심으로 하나님께 기도하라는 것이다. 이는 마치 십자가의 고난을 앞에 놓고 겟세마네 동산에 올라가 땀이 피가 되도록 기도하시는 예수님의 모습과 같다.

옛날 하나님의 성소에는 무엇이 있었는가? 하나님의 법궤가 있었다. 그 법궤 안에는 무엇이 있었는가? 하나님의 기적을 상징하는 만나 항아리와 아론의 싹난 지팡이와 십계명이 들어 있었다. 하나님이 계신 성소야말로 진정한 피난처요 환난 중에 만날 큰 도움이다.

하나님은 시50:15절에 "환난날에 나를 부르라. 내가 너를 건지리니 네가 나를 영화롭게 하리로다."라고 하셨다. 본문의 6절은 "뭇 나라가 떠들며 왕국이 흔들렸더니 그가 소리를 내시매 땅이 녹았도다."라고 선포한다. 시48:14절에서는 "이 하나님은 영원히 우리 하나님이시니 그가 우리를 죽을 때까지 인도하시리로다."라고 말씀한다. 특별히 본문은 5b절에서 "새벽에 하나님이 도우시리로다."라고 하며 '새벽'을 강조한다. "하나님이여, 내 마음이 확정되었고 내 마음이 확정되었사오니 내가 노래하고 내가 찬송하리이다. 내 영광아, 깰지어다. 비파야, 수금아, 깰지어다. 내가 새벽을 깨우리로다."(시57:7-8) 새벽을 깨우라. 아침 묵상이 삶의 기적을 창조하는 여러분의 거룩한 루틴이 될 수 있기를 간절히 축복한다.

본문은 1, 7, 11절에서 창조주 하나님이 여러분과 함께하시기만 하면 진정한 피난처가 되시고 힘이 되신다고 선포한다. 어찌하든지 그 창조주 하나님을 끝까지 신뢰하며 믿고 나아가라. 그 방법대로 하나님께 기도하며 나아가기만 하면 8-9절과 같이 여호와 하나님의 행적을 볼 것이다. 그가 요란한 땅을 황무지로 만드시고 땅끝까지 전쟁을 쉬게 하시고 활을 꺾고 창을 끊으며 수레를 불사르심으로 나의 진정한 피난처가 되어 주신다는 것이다. 그러므로 10절에 "너희는 가만히 있어 내가 하나님 됨을 알지어다."라고 선포한다. 다음과 같은 11절의 말씀이 여러분의 고백이 될 수 있기를 바란다. "만군의 여호와께서 우리와 함께하시니 야곱의 하나님은 우리의 피난처시로다!"

온 땅의 왕이신 하나님을 찬양하라

시편 47편의 말씀은 한마디로 온 땅을 다스리시는 하나님을 찬양하라는 찬양시이다. '여호와' 혹은 '하나님' 혹은 '왕'이라는 단어가 총 13번이나 나온다. 그 하나님을 찬양하라는 것이다.

그렇다면 우리는 왜 하나님을 찬양해야 하며 어떻게 찬양해야 하는가?

우리는 존재론적으로 하나님께 찬양을 해야만 하는 존재이다. 사43:21절에 "이 백성은 내가 나를 위하여 지었나니 나를 찬송(찬양)하게 하려 함이니라."고 하셨기 때문이다.

그렇다면 어떻게 찬송해야 하는가? 1절에 "너희 만민들아, 손바닥을 치고 즐거운 소리로 찬양하라."고 하신다. 이는 기쁨의 표현이요, 감사의 표현이다. 그러므로 하나님께 나아가는 자의 기본은 기쁨의 찬양을 하는 것이다. 이러한 의미에서 예배는 기쁨의 축제가 되어야 한다. 시150:3-5절은 "나팔 소리로 찬양하며 비파와 수금으로 찬양할지어다. 소고 치며 춤추어 찬양하며 현악과 통소로 찬양할지어다. 큰 소리 나는 제금으로 찬양하며 높은 소리 나는 제금으로 찬양할지어다."라고 선언한다.

즐겁고 기쁘신가? 행복하신가? 롬5:3절에 "우리는 환난 중에도 즐거워한다."고 했다. 그렇다. 성도들은 심지어 환난 가운데서도 기쁨을 누릴 수 있는 자들이다. 사도 바울은 감옥에 갇힌 영어의 몸으로 빌립보교회 성도들에게 "주 안에서 항상 기뻐하라. 내가 다시 말하노니 기뻐하라."고 외쳤다.(빌4:4) 살전5:16-18절에서는 "항상 기뻐하라."고 하신다. "쉬지 말고 기도하라."고 말씀하신다. "범사에 감사하라"고 하신다. 이것이 그리스도 예수 안에서 우리를 향하신 하나님의 뜻이기 때문이다.

누구를 찬양해야 하는가? 2절을 보라. "지존하신 여호와, 온 땅에 큰 왕이 되시는 하나님을 찬양하라."고 하신다. 하나님은 우리의 왕이다. 그는 스스로 계신 지존자이시며 우주만물을 통치하시는 창조주 하나님이시다. 그분은 나의 과거와 현재와 미래를 통치하시고 섭리하신다.

3-4절에서 만민과 나라들을 우리 발아래에 복종하게 하시며 우리를 위하여 기업을 택하셔서 야곱의 영화를 누리게 하셨다는 것은 바로 가나안 7족을 몰아내고 가나안 땅을 차지하게 해주신 하나님의 승리를 말씀하는 것이다. 여기서 우리는 하나님의 도우심으로 날마다 승전가를 부르며 승리의 삶, 성공의 삶을 사는 존재들이라는 것을 깨달아야 한다. 사실 창조주 하나님이 나의 하나님이 되시는데 어찌 보면 이는 너무나 당연한 것이 아닌가? 특히 5절에 보면 "하나님께서 즐거운 함성 중에 올라가심이여. 여호와께서 나팔 소리 중에 올라가시도다."라고 하신다. 이는 예수님의 승천을 예언하시는 말씀이다. 그러므로 우리는 믿음으로 창조주 하나님, 승천하신 하나님을 찬양해야 한다. 6-7절을 보면, 모두 하나님의 왕권을 찬송하고 있다. "찬송하라, 하나님을 찬송하라. 찬송하라, 우리 왕을 찬송하라. 하나님은 온 땅의 왕이심이라. 지혜의 시로 찬송할지어다." 라고 왕 되신 하나님을 찬양하고 있는 것이다.

여호와 하나님이 여러분의 삶 가운데 진정한 왕이 되시기를 축원한다. 하나님은 성전에서 예배를 드릴 때뿐만 아니라 깊은 밤 나의 침상에까지, 은밀한 나의 장소에까지 여러분의 왕이 되시기 바란다. '코람데오' 즉 왕 되신 하나님 앞에서 찬양하며 사시는 여러분 되시기를 주님의 이름으로 간절히 축복한다.

우리는 찬양을 받으실 대상이 하늘 보좌에 앉으신 하나님이시라는 부분에 대하여 이방인으로서 감사하는 마음을 새롭게 해야 한다. 8절에

"하나님이 뭇 백성을 다스리시며 하나님이 그의 거룩한 보좌에 앉으셨도다."고 하신다. 9a절에는 "뭇 나라의 고관들이 모임이여, 아브라함의 하나님의 백성이 되었다."고 한다. 이는 온 열방이 한 하나님의 백성, 즉 아브라함의 하나님의 백성이 된다는 말씀이다. 이처럼 당시 선지자들은 이방인들이 하나님의 백성이 되는 날을 믿음으로 바라보았다.

우리 같은 이방인도 찬양하고 있는데, 택함 받은 당사자인 유대인들은 이를 아직도 거부하고 있다. 열방을 다스리는 하나님에 대하여 사40:15절에서는 "보라, 그에게는 열방이 통의 한 방울 물과 같고 저울의 작은 티끌 같으며 섬들은 떠오르는 먼지 같으리니."라고 하였고, 대상16:30-31절에서는 "온 땅이여, 그 앞에서 떨지어다. 세계가 굳게 서고 흔들리지 아니하는도다. 하늘은 기뻐하고 땅은 즐거워하며 모든 나라 중에서는 이르기를 여호와께서 통치하신다 할지로다."라고 하였다.

이러한 연합 찬양대의 마지막 완성이 어디인가? 계7:11-12절에 천상의 보좌에 계신 하나님을 찬양하는 모습이 나온다. "모든 천사가 보좌와 장로들과 네 생물의 주위에 서 있다가 보좌 앞에 엎드려 얼굴을 대고 하나님께 경배하여 이르되, 아멘, 찬송과 영광과 지혜와 감사와 존귀와 권능과 힘이 우리 하나님께 세세토록 있을지어다 아멘 하더라."고 보좌에 앉으신 하나님을 찬송한다.

9b절 마지막에서는 "세상의 모든 방패는 하나님의 것임이여, 그는 높임을 받으시리로다."라고 선포한다. 하나님의 백성으로 주 안에서 기뻐하고 감사하며 온맘과 정성을 다해 찬양하는 복된 하나님의 자녀가 되시기를 주님의 이름으로 축원드린다.

시온성에 거하시는 하나님

    고라 자손이 노래한 이 시는 감사 찬양시 중의 하나이면서 시편 43, 46, 87, 122편 등과 더불어 하나님이 이스라엘을 완전하게 보호하신 것을 노래하는 찬양시이다.

    1절에서 그 위대하신 하나님은 그분이 거하시는 거룩한 성과 거룩한 산에서 우리의 찬양과 영광을 받으신다. 특히 2절에서는 하나님의 보호로 인하여 예루살렘, 즉 시온이 터가 높고 아름다워 안전하며, 영광을 얻게 되는 것을 노래함으로 '시온시'라고 부르기도 한다.

    성경은 시온산, 시온성, 예루살렘성, 다윗성, 거룩한 성, 하나님의 성, 왕의 성, 높은 산성 등 여러 가지로 표현하고 있는데, 이는 다 같은 말이다. 예루살렘성 안에 시온산이 있고, 다윗왕이 그 산에 자신의 궁전을 만들어 다윗의 궁이 되었기 때문이다. 또 이 예루살렘성 안에 성전을 만들고 그 안에 하나님의 법궤를 모셨기 때문에 거룩한 성, 하나님의 성이라고 부른 것이다.

    시온산은 실제로 가보면 그리 높지 않다. 그러나 하나님이 계신 곳이기에 가장 높고 위대한 성이라고 부른다. 그러므로 지금도 예루살렘은 이슬람교, 유대교, 기독교의 성지이다. 이로 인하여 수많은 대적들이 침범을 감행하고 맹렬히 공격했지만 결과는 넋을 잃고 혼비백산하여 도망치는 것뿐이었다. 5-7절에서는 "그들이 보고 놀라고 두려워 빨리 지나갔도다. 거기서 떨림이 그들을 사로잡으니 고통이 해산하는 여인의 고통 같도다. 주께서 동풍으로 다시스의 배를 깨뜨리시도다."라고 고백한다. 왜냐하면 여기서 모든 적들을 이기는 하나님의 권능이 나왔기 때문이다.

그러므로 이곳을 높은 산성이요, 요새요, 피난처라고 노래하는 것이다.

그렇다면 궁극적으로 우리의 예루살렘성은 어디인가? 천국이다. 거기서 우리는 하나님의 보호 아래 그분을 찬송하며 영원토록 거할 것이다. 그러므로 시온산은 새로운 에덴동산이며 온 누리의 기쁨이다.

그리스도인들은 누구인가? 시온성, 예루살렘성에 들어갈 티켓을 확보한 자들이다. 그들의 안전은 하나님으로 말미암아 보장되어 있고, 하나님께서는 우리가 안전하게 거할 수 있도록 영원히 견고하게 지켜주실 것이다. 이에 대하여 예수님은 눅17:20-21절에 "하나님의 나라는 볼 수 있게 임하는 것이 아니요, 또 여기 있다 저기 있다고도 못하리니 하나님의 나라는 너희 안에 있다."고 하셨다. 하나님의 나라는 '이미already' 우리 가운데 임하였고, 주님이 재림하지 않으셨기에 '아직not yet' 완성되지 않았다. 여러분과 여러분의 가정이 이러한 시온산에 거하는 영광을 누릴 수 있기를 주님의 이름으로 축원한다.

시온의 안전은 시온성의 견고함이나 백성의 힘이나 단결력에 있는 것이 아니다. 오직 영원한 피난처가 되시는 여호와 하나님께 있다.

이 성은 9절에서 어떠한 성이라고 말씀하는가? 주의 인자하심이 있는 성전이다.(고전3:16) 우리는 주의 인자하심과 긍휼하심이 없으면 하루도 살 수 없는 연약한 존재들이다.

10절에서는 어떠한 성이라고 말씀하는가? 주의 오른손에는 정의가 충만하였다고 말씀한다. 그러므로 이 성은 공평과 정의의 성이다. 예수 그리스도의 보혈로 구속함을 받은 의로운 백성만이 거할 수 있는 성이다.

11절에서는 어떠한 성이라고 말씀하는가? 주의 심판이 있는 성이라고 말씀한다. 우리에게는 인자와 긍휼의 성이지만, 하나님을 믿지 않는 사탄의 세력에게는 심판의 성이 된다는 말씀이다. 그러므로 우리는 영안이 열려 이러한 믿음의 세계를 볼 수 있어야 한다.

12절에서, 너희는 시온을 돌면서 그곳을 둘러보고 그 망대들을 세어보라고 말씀한다. 우리는 참으로 피곤한 세상을 살고 있다. 사람들은 점점 더 여유가 없어지고, 두발자전거가 멈추면 쓰러지는 것처럼 우리들의 삶은 정지할 수 없는 상태요 끝없는 경쟁과 싸움의 현장에서 살고 있다. 그러나 주님은 우리에게 비상 엘리베이터를 주시고 시온의 망대에 올라가 그곳을 둘러보고 망대들을 세어보라고 하신다. 남산 타워에 올라가면 서울 시내가 한눈에 들어온다. 자동차들이 물방개처럼 보이고 사람들이 개미처럼 보인다. 한강이 조그만 시골의 개울처럼 보이고 63빌딩이 조그만 모형처럼 보인다. 주님의 말씀에 따라 영적으로 저 높은 시온산에 올라가 세상을 내려다보는 복을 누리시기를 축원한다. 삶의 여유와 쉼을 누리시기 바란다. 신앙생활을 한다는 것은 영적인 시온산에서 세상의 현실을 내려다볼 수 있는 영적 에너지를 소유하고 사는 것이다. 거기서 주님이 주신 진정한 해방과 자유를 누리며 사는 것이다.(요8:32, 롬8:1-2)

13-14절에서는, 너희는 그 성벽을 자세히 보고 그의 궁전을 살펴서 후대에 전하라고 하신다. 하나님은 이 땅의 삶 가운데서 우리를 죽을 때까지 인도하시고 그다음에도 영원한 천국에서 우리 하나님이 되신다고 선포한다. 이러한 복을 누리며 많은 세상 사람들에게, 여러분의 자녀손들에게 그 기쁨과 즐거움과 자유와 해방을 전하는 도구로 사용되시기를 축원한다. 저 높은 시온산 위에서 참 자유와 해방을 누리면서 위대하신 하나님을 마음껏 찬양하며 영광을 올려드리는 복된 하루가 되시기를 주님의 이름으로 축원드린다.

시편
49편

재물과 죽음에 대한 지혜

시편 49편은 인간의 삶에 있어 지혜를 가르쳐 주는 '지혜시'이다. 그러므로 1-2절에서 "뭇 백성들아, 이를 들으라. 세상의 거민들아, 모두 귀를 기울이라. 귀천 빈부를 막론하고 다 들을지어다."라고 선포한다. 그만큼 인생에서 중요한 지혜를 가르쳐 준다.

이 말씀의 핵심은 한마디로 재물과 죽음에 대한 지혜로써 가난한 자들을 위로하고, 귀하고 부한 자들에게는 경고가 된다. 특히 3절에서 '지혜'와 '명철'이라는 단어를 사용함으로써 깊은 통찰력에서 나오는 것임을 강조하고 있다.

여러분은 재물과 죽음, 이 두 부분에 대하여 어떠한 가치관을 가지고 사시는가?

재물과 죽음이라는 것은 과연 무엇인가? 믿는 자들은 이 수수께끼를 푼 사람들이어야 한다, 이 수수께끼는 너무 쉽다. 하지만 수많은 사람들은 영안이 어두워 이 문제의 답을 깨닫지 못한다. 부자들만 이 문제를 풀지 못하는 것이 아니다. 가난한 사람들도 풀지 못한다. 그러므로 그들은 가난한 자신을 원망하며, 날마다 탄식하며 산다. 그러나 주님 안에서 이 비밀을 깨달은 자는 5절의 말씀대로 죄악이 나를 따라다니며, 환난이 나를 에워싸도 나는 그것을 두려워하지 않겠다고 선언한다. 이는 자기를 배신한 자들이 쫓아다니며 자신을 괴롭히는 것에 대하여 연연하지 않겠다는 확신이요, 가난하게 살아도 만족할 수 있다는 자신감을 보여준다.

어떻게 그런 확신이 가능한가? 6-9절을 보면 "자기의 재물을 의지하고 부유함을 자랑하는 자는 아무리 돈이 많아도 자신의 죽음을 돈으로 변제(속전)할 수 없기 때문이다."라고 말씀한다. 인간의 권세와 부귀가 죽음 앞에 무슨 의미가 있는가? 하는 뜻이다. 10절을 보라. 우리는 결국 모두 죽는다. 아무리 돈이 많은 사람도 죽을 때 재물을 남겨 두고 떠나야 한다.

나는 이라크의 후세인 대통령이 사형당하는 장면을 보던 날, 잠을 이루지 못할 정도로 큰 충격을 받았다. 리비아의 독재자 카다피의 최후를 보았을 때도 마찬가지였다. 참으로 불쌍한 마음이 들었다. 일국의 최고 지도자로서 수많은 돈을 벌어들이면서도 그처럼 어리석을 수가 있단 말인가? 그러나 지금도 수많은 사람들이 그러한 어리석음 속에서 살아간다. 11절을 보라. 그들의 생각에 그들의 집은 영원히 있고 그들의 거처는 대대에 이르리라 하여 자기 이름으로 토지 등기를 내려고 한다.

그러나 하나님은 눅12:19-21절에서 이렇게 경고하신다. "또 내가 내 영혼에게 이르되, 영혼아, 여러 해 쓸 물건을 많이 쌓아 두었으니 평안히 쉬고 먹고 마시고 즐거워하자 하리라 하되, 하나님은 이르시되 어리석은 자여, 오늘 밤에 네 영혼을 도로 찾으리니 그러면 네 준비한 것이 누구의 것이 되겠느냐."

그렇다. 본문 12절을 보면, 아무리 부하고 존귀한 존재로 떵떵거리고 살아도 그의 생명은 장구하지 못하며 그의 결국은 짐승과 다를 것이 없다는 것이다.

13절에서도, 이것이 바로 하나님을 경외하지 않는 부자들의 어리석음이요, 그들의 말을 기뻐하는 자들의 종말이라고 하였다. 여러분이 이 부분에 대하여 분명한 가치관을 정립할 수 있기를 주님의 이름으로 축원한다. 재물이 없다고 낙망하지 말고 부자를 너무 부러워하지 말라. 예수 믿고 구원받은 자가 최고의 부자다.

14-15절에서는, 그들은 사망이라는 목자가 양을 스올(무덤)로 데리고

가는 것과 같다고 말씀한다. 그들은 인생의 달콤한 목장에서 풀을 뜯어 먹고 있을 때에, 모든 것이 평안하고 형통하다고 생각할 때에, 죽음이 그들의 목자가 되어 이미 그들을 뜯어 먹고 있다는 것을 모르고 산다. 그러므로 그들의 아름다움은 다 소멸될 것이다.

그렇다면 우리는 어떠한 인생관을 가지고 살아야 하는가? 16절을 보면, 부자들이 치부하여 그의 집에 영광이 더할 때에 너는 가난하다고 마음이 약해져 고통당하지 말고 마음의 평정을 되찾고 두려워하지 말라고 권면한다. 왜 그런가? 17절에 "그가 죽으매 가져가는 것이 없고 그의 영광이 그를 따라 무덤으로 내려가지 못하기 때문"이다. 그가 생시에 자기를 축하하며 스스로 좋게 함으로 사람들에게 칭찬을 받을지라도 그들은 그들의 역대 조상들에게로 돌아가리니 영원히 빛을 보지 못할 것이다. 부자로 존귀한 삶을 사는 것 같지만 깨닫지 못하는 사람은 이처럼 도축되어 멸망하는 짐승같이 되는 것이다.

그러므로 인생의 진정한 행복은 하나님의 임재를 체험하며 하나님과 동행하는 삶이라는 것을 기억하시기 바란다. 사람에게 죽음에 대한 지혜와 명철이 없다면, 예수 그리스도를 믿는 신앙이 없다면 그의 죽음은 짐승과 똑같다. 아니, 그들보다 더 불행하다. 짐승은 영혼이 없지만 인간에게는 영혼이 있기 때문이다. 하나님을 떠나 사는 것은 환상과 속임수로 사는 것이다. 그들의 삶은 텅 비어 있고, 목적도 없다. 그들을 부러워하지 마시기 바란다. 주님 안에서 부요하고 풍성한 부자로 사시기를 주님의 이름으로 축원드린다.

하나님이 하나님 되시게 하라

시편 50편은 하나님이 우리에게 진정으로 원하시는 것이 무엇인가에 대하여 가르쳐 주고 있다.

우리는 하나님께 영광을 돌려드린다는 비전을 쉽게 이야기한다. 당연히 우리는 하나님의 자녀로서 먹든지 마시든지 무엇을 하든지 다 하나님의 영광을 위하여 살아야 한다.(고전10:31) 또한 먼저 그의 나라와 그의 의를 구하는 삶을 살아야 한다.(마6:33)

그러나 하나님께서 이러한 것보다 더 우선적으로 원하시는 것은 무엇인가?

7절을 보라. "내 백성아, 들을지어다. 내가 말하리라. 이스라엘아, 내가 네게 증언하리라. 나는 하나님 곧 네 하나님이로다." 너는 먼저 진정으로 내가 하나님 되심을 인정하느냐는 것이다. 나는 너의 헌신으로 부족한 부분을 채우는 신이 아니다. 나는 네가 아프리카 정글에 가서 순교를 해야만 욕구가 충족되는 하나님이 아니다. "나는 하나님 곧 네 하나님이로다." 즉 네 자신이 하나님의 소유라는 사실을 인정하는 것으로 만족하신다는 것이다.

1절 이하에서, 해 뜨는 데서부터 해 지는 데까지 온 세상이 내 것이라 하셨다. 성도들을 모으시는 분도 하나님이요, 그들에게 빛을 주시는 분도 하나님이요, 그들을 심판하고 판결하는 분도 하나님이시다. 그러니 너희는 무슨 제물을 잘 드려야 내가 만족한다고 생각하지 말라. 네가 제물로 드리는 모든 짐승이 본래 다 내 것이다. 나는 수소의 고기를 먹고 염소의 피를 마셔야 욕구가 충족되는 하나님이 아니다. 내가 네게 원하는 것은 진실한 네 마음이요, 네 자신을 원한다는 말씀이다.

14-15절에서, "감사로 하나님께 제사를 드리며 지존하신 이에게 네 서원을 갚으며 환난날에 나를 부르라. 내가 너를 건지리니 네가 나를 영화롭게 하리로다."라고 하신다. 우리는 이 말씀을 잘 이해해야 한다. 하나님은 먼저 내 마음이 정직하기를 원하신다. 하나님은 내가 먼저 거룩하고 정결하기를 원하신다. 하나님은 나의 삶이 먼저 산 제물이 되기를 원하신다.(롬12:1) 그러므로 내가 하나님께 어떠한 헌신을 하기 전에 내 자신이 제물이 되었는가를 점검해 보아야 한다. 이러한 자는 먼저 감사로 하나님께 제사를 드리게 될 것이요, 이는 하나님과 약속한 서원을 지킬 것이요, 이러한 자는 오히려 환난을 당할 때 하나님의 이름을 부르며 찾고 찾으면 내가 건져주고 그 환난으로 인하여 나를 영화롭게 할 것이라는 귀한 말씀이다. 이처럼 먼저 하나님이 여러분의 진정한 하나님이 될 수 있기를 축원한다. 나의 헌신을 드리기 전에 먼저 내 자신이 하나님 앞에 거룩한 산 제물이 될 수 있기를 축원한다.

16절부터는 그렇지 못한 악인에 대한 책망과 경고를 하신다. 한마디로 거짓되며, 형식적이며 위선된 사람에 대하여 경고하신다. 21절을 보라. "네가 이 일을 행하여도 내가 잠잠하였더니 네가 나를 너와 같은 줄로 생각하였도다. 그러나 내가 너를 책망하여 네 죄를 네 눈앞에 낱낱이 드러내리라 하시는도다."라고 하셨다. 하나님은 오늘도 만홀히 여김을 받지 않으신다. 하나님을 속일 생각을 하지 말라는 말씀이다. 이러한 자에게 닥치는 하나님의 보응은 무엇인가? 22절에 "하나님을 잊어버린 너희여, 이제 이를 생각하라. 그렇지 아니하면 내가 너희를 찢으리니 건질 자 없으리라."라고 하신다. 네가 마음으로 나를 잊어버리고 남들의 눈을 의식

해서 헌신하는 척, 예수 잘 믿는 척이나 한다면 너는 나 하나님을 잊었으니 내가 너를 찢어 버릴 것이라는 심판에 대한 경고의 말씀이다.

그러면 어떻게 하라는 말씀인가? 23절에서 "감사로 제사를 드리는 자가 나를 영화롭게 하나니 그의 행위를 옳게 하는 자에게 내가 하나님의 구원을 보이리라."고 하신다. 14절에서 말하는 전반부의 결론도 "감사로 하나님께 제사를 드리라."고 하셨다. 이 말씀은 외적으로 보이는 헌신, 제물이 아니라 진정 네 마음으로 감사의 제사를 드리라는 말씀이다. 가슴으로 하나님을 경외하라는 말씀이다. 제단에 바치는 물질적인 희생이 아니라, 내적이며 영적인 헌신을 요구하시는 것이다. 이는 곧 딤전1:5절의 청결한 마음과 선한 양심과 거짓이 없는 믿음에서 나오는 사랑이다. 삼상16:7절에 "내가 보는 것은 사람과 같지 아니하니 사람은 외모를 보거니와 나 여호와는 중심을 보느니라."고 하셨다. 시34:18절에서는 "여호와는 마음이 상한 자를 가까이하시고 충심으로 통회하는 자를 구원하시는도다."라고 하신다. 갈6:7절에는 "스스로 속이지 말라. 하나님은 업신여김을 받지 아니하신다."고 하셨다.

이처럼 하나님이 가장 원하시는 것은 거룩함이요, 정직함이요, 진실함이다. 그리스도인에게는 거룩함이 능력이다. 하나님 앞에 거짓과 위선을 벗어버리고 정직하고 진실하게 벌거벗고 나아가는 여러분이 되시기를 주님의 이름으로 축원한다. 하나님은 우리의 중심을 보시기 때문이다.

참회를 통한 새사람

시편 51편은 다윗이 밧세바와 정을 통한 뒤에 나단 선지자가 찾아와 자신의 죄를 지적했을 때 하나님 앞에 엎드려 철저하게 죄를 회개하는 내용이다.

인간에게는 누구나 자기만이 아는 은밀한 죄가 있으며, 이는 크나큰 고통의 짐이라는 것을 부인할 수 없다. 이것이 바로 죄의식이다.

시인 다윗은 밧세바와 정을 통한 것이 하나님 앞에 큰 죄라는 것을 깊이 인식하고 있었다.

진정한 참회는 언제부터 시작하는 것인가? 죄의식으로부터 출발한다. 죄를 짓고도 죄를 모르면 참회가 이루어질 수가 없다. 시인은 계속해서 내 죄악, 나의 죄, 내 죄라고 고백하며, 심지어 내가 죄악 중에서 출생하였고, 어머니가 죄 중에서 나를 잉태하였다고 고백한다. 이러한 죄들이 바로 원죄요, 자범죄이다. 이처럼 자신의 죄를 깊이 인식하고 죄의식 가운데 있는 자는 죄를 용서해 줄 대상을 찾게 된다. 그분이 누구신가? 완벽하게 거룩하신 여호와 하나님이시다. 그러므로 다윗은 이러한 하나님의 인자와 긍휼이 아니고서는 도무지 빠져나갈 구멍이 없다는 것을 알고 있었다.

다윗은 나단 선지자의 지적으로 하나님 앞에 영적으로 벌거벗은 채 눈물로 죄를 고백한다. 우슬초는 당시 부정함을 없애는 의식에 사용되던 약초이다. 그러므로 다윗은 제사 때의 정결 의식을 생각해 내어 7절과 같이 고백한다. "우슬초로 나를 정결하게 하소서, 내가 정하리이다. 나의 죄를 씻어주소서, 내가 눈보다 희리이다." 특히 10-11절에서는 "하나님이여, 내 속에 정한 마음을 창조하시고 내 안에 정직한 영을 새롭게 하소서."라고 부르짖으며 "성령을 내게서 거두지 마소서." 하고 간청한다.

여러분도 다윗처럼 회개의 영으로 충만하게 되기를 축원한다. 거룩한 성령님의 말할 수 없는 탄식으로 인하여 자신의 죄가 생각나기를 축복한다. 죄가 생각나는 것만큼 우리는 하나님의 인자와 자비와 긍휼의 은혜를 사모하게 된다.

더 나아가 다윗은 새로운 창조, 즉 새사람이 되기를 사모한다. 그는 10절에서 내 속에 정한 마음을 창조해 달라고 고백한다. 창조는 하나님이 천지를 창조하신 것을 묘사할 때 사용된 단어다.(창1:1) 그러므로 우리는 예수 그리스도의 보혈로 새롭게 죄사함 받는 것을 새로운 피조물이 된다고 말한다. 고후5:17절에서는 "그런즉 누구든지 그리스도 안에 있으면 새로운 피조물이라. 이전 것은 지나갔으니 보라 새것이 되었도다."라고 하였다. 겔36:26-27절에서도 "또 새 영을 너희 속에 두고 새 마음을 너희에게 주되 너희 육신에서 굳은 마음을 제거하고 부드러운 마음을 줄 것이며, 또 내 영을 너희 속에 두어 너희로 내 율례를 행하게 하리니 너희가 내 규례를 지켜 행할지라."라고 말씀한다. 그렇다. 우리의 마음은 거룩하신 성령의 기름부으심으로 영혼이 깨끗해지는 것이다.

이러한 죄사함의 결과는 무엇인가? 12절을 보라. 새로운 피조물로서 기쁨과 즐거움을 회복하는 것이요, 이와 함께 자원하는 마음을 회복하는 것이다. 헌신은 누가 시켜서 되는 것이 아니다. 자신의 죄를 고백하고 죄사함의 기쁨을 누리게 되면 헌신은 자동적으로 일어나게 되는 것이 하나님의 법칙이다. 이러한 죄사함의 열매로 헌신이 이루어지기를 축복한다.

그다음에 어떻게 되는가? 13절을 보면, 다른 범죄자에게 주의 도를 가르치기를 원한다는 것이다. 그러므로 내가 은혜를 받으면 하나님께 헌신을 할 뿐만 아니라, 다른 성도들과 함께 받은 은혜를 나누게 되어 있다. 그러므로 교회는 유기적인 공동체라고 할 수 있다. 내가 여러분에게 말씀을 전하는 것 또한 성령님이 시키신 것이다.

그다음에는 어떠한 일이 생기는가? 하나님께 입술을 열어 찬송을 드리게 된다. 14-15절은 "내가 주의 의를 높이 노래하리이다. 주여, 내 입술을 열어 주소서. 내 입이 주를 찬송하여 전파하리이다."라고 하였다. 죄 사함을 받고 성령충만을 회복하면 다른 사람과 은혜를 나눌 뿐만 아니라, 하나님을 찬양하며 입술을 열어 주님을 전파하게 된다. 이것이 은혜 받는 성도들의 모습이다.

시인은 17절에서 이렇게 결론짓는다. "하나님께서 구하시는 제사는 상한 심령이라. 하나님이여, 상하고 통회하는 마음을 주께서 멸시하지 아니하시리이다." 하나님은 속임과 만홀히 여김을 당하지 않으신다. 모든 만물은 하나님의 것이기에 하나님께서는 뭐가 부족해서 나를 찾으시는 것이 아니라 오직 나의 거룩함과 정직함을 통하여, 마음의 진실함을 통하여 영광을 받으시며 기뻐하시는 것이다. 수많은 소와 양의 피보다 하나님이 더 기뻐하시는 것은 나의 정결한 마음이요, 깨끗한 마음이다.

그렇다고 하나님께서 제사를 거부하는 것은 아니다. 19절에서 "그때에 주께서 의로운 제사와 번제와 온전한 번제를 기뻐하시리니 그때에 그들이 수소를 주의 제단에 드리리이다."라고 고백한다. 옛날 다윗이 경험한 이 놀라운 영적 원리를 깨닫고 나의 죄를 철저하게 토해내며 깨끗하고 정결한 마음으로 온전한 예배를 회복하게 되시기를 간절히 축원드린다.

악한 혀의 소유자

시편 52편은 사울왕의 사람 도엑이 다윗이 아히멜렉을 찾아가 진설병을 얻어먹었다(삼상 21장)는 것을 고발하는 내용을 배경으로 하고 있다.

인간은 선인과 악인, 두 부류로 나뉜다. 곧 자신의 혀를 잘 사용하는 사람과 잘못 사용하는 사람이다. 여러분은 항상 선인 편에, 혀를 잘 사용하는 사람 편에 설 수 있기를 간절히 축복한다.

시인은 1절에서 "포악한 자여!"라고 직접 탄핵한다. "너는 어찌하여 하루 종일 악한 계획을 스스로 자랑하는가? 하나님의 인자하심은 항상 있다!"라고 선포한다. 이 의미는 "너, 하나님의 눈에 치욕거리가 되는 자여! 네가 하루 종일 악한 계획을 꾸며도 자신의 자녀들을 향하신 하나님의 인자하심은 항상 있다는 것을 잊지 말라."는 것이다. 그렇다. 도엑처럼 악한 사람은 악한 계획을 하고, 거짓말로 다른 사람들에게 치명적인 해를 끼친다. 악한 말은 2절에서와 같이 날카로운 칼과 같다. 그 날카로운 칼이 무엇인가? 인간의 '혀'다. 그러므로 약3:8절에서는 "혀는 능히 길들일 사람이 없나니 쉬지 아니하는 악이요 죽이는 독이 가득한 것이라."고 경고한다. 그러므로 우리는 의도적으로 선한 말을 해야 한다. 남을 축복하는 언어, 사랑하는 언어를 사용해야 한다. 오늘도 혀를 조심하는 여러분 되시기를 주님의 이름으로 축원한다.

혀를 잘못 사용하는 자는 하나님의 심판을 받는다. 처음에는 자기 혀로 남이 심판을 받는 것처럼 느껴지나 결국은 그 악함으로 인하여 심판이 자신에게 돌아온다는 것이 성경의 경고이다. 5절에서 "그런즉 하나님이 영원히 너를 멸하심이여, 너를 붙잡아 네 장막에서 뽑아내며 살아 있는 땅에서 네 뿌리를 빼시리로다.”라고 말씀한다. 그러므로 약3:1절에서 하나님은 우리에게 “내 형제들아, 너희는 선생 된 우리가 더 큰 심판을 받을 줄 알고 선생이 많이 되지 말라.”고 하신다. 선생이 되는 것 같지만 너희의 말로 더 큰 심판을 받는다는 것이다.

이때 의인은 악인이 심판을 받는 모습을 보고 두려운 마음이 생긴다. 그러므로 자기 마음을 더 강화한다. 그렇구나, 하나님은 공의의 하나님이시구나, 하면서 고백하는 말이 무엇인가? 7절에서 “하나님을 자기의 힘으로 삼지 않고, 오직 자기 재물의 풍부함을 의지해서 교만한 말을 하는 사람은 결국 저렇게 심판을 당하는구나!”라고 깨닫는다. 돈이 있든지, 권력이 있든지, 명예가 있다고 생각되는 사람들은 이러한 우를 범할 수 있다. 이런 것들을 하나님보다 더 의지했다면 그것으로 하나님의 심판을 받게 된다는 말씀이다. 그게 바로 우상숭배이기 때문이다.

시49:6-7절도 같은 말씀이다. “자기의 재물을 의지하고 부유함을 자랑하는 자는 아무도 자기의 형제를 구원하지 못하며 그를 위한 속전을 하나님께 바치지 못할 것이다.” 재물이 우리를 구원하지 못하며, 우리의 지식과 경험이 남을 구원하는 값이 되지 못한다는 것을 다시 한 번 깊이 묵상하시기 바란다. 우리를 구원하는 길은 오직 예수 그리스도의 피밖에 없다. 그러므로 함부로 우리의 혀를 가지고 악한 말을 하여 남을 다치게 하면 안 된다. 함부로 나의 재물을 자랑하지 말아야 한다. 시18:1절 말씀대로 “나의 힘이신 여호와여, 내가 주를 사랑하나이다.”라고 고백하는 여러분 되시기를 주님의 이름으로 축원한다.

의인은 이러한 악인의 심판을 보며 자신의 마음을 더욱 견고히 한다.
8절을 보라. “그러나 나는 하나님의 집에 있는 푸른 감람나무 같음이여,

하나님의 인자하심을 영원히 의지하리로다." 감람나무는 올리브나무이다. 이 나무는 기름나무로서 풍성함을 상징한다. 이 같은 풍성함은 어디서 오는가? 하나님의 인자하심을 의지하는 데서 나온다. 이러한 사람은 하나님의 집을 사랑한다. 하나님과의 교제를 사모한다. 하나님으로부터 지혜와 능력을 공급받는다. 그러므로 다윗에겐 항상 하나님을 만나는 성전이 피난처였다.

여러분도 성전이, 나의 기도자리가 항상 피난처가 될 수 있기를 축원한다. 이처럼 땅에 뿌리를 두고 있는 초목이나 짐승과는 달리 하늘에 머리를 두고 있는 인간은 하늘에서 부어주시는 영적 에너지에 뿌리를 두고 살아야 한다. 거기로부터 내려받는 영적 권위가 있어야 이웃에게 신뢰와 사랑과 존경을 받는다. 그런 사람은 혀를 함부로 놀리지 않고, 하나님을 경외하며 하나님의 인자하심을 의지하기 때문이다.

이러한 자들의 혀는 감사로 충만하다. 하나님을 찬송하고 송축한다. 시인은 9절에서 "주께서 이를 행하셨으므로 내가 영원히 주께 감사하고 주의 이름이 선하시므로 주의 성도 앞에서 내가 주의 이름을 사모하리이다."라고 선언한다. 이는 감사와 찬송을 오직 여호와 하나님께만 올려드리겠다는 결단이다.

자신의 혀로 축복의 언어를 사용하시기 바란다. 재물과 자신의 명예를 의지하지 말고 인자와 자비의 하나님을 의지하시기 바란다. 성전에서 하나님과의 교제를 통해 영적 에너지를 공급받고 하나님께 감사하며 찬송하며 영광을 올려드리시기를 주님의 이름으로 간절히 축원드린다.

어리석은 자

시편 53편은 시편 14편과 비슷한 내용이다.

1절에서 어리석은 자는 한마디로 하나님이 없다고 말하는 사람이다. 이는 그 마음이 부패하고 양심의 소리를 듣지 않음으로 선을 행할 수 없기 때문이다. 그러나 롬1:20절에서는 하나님의 영원하신 능력과 신성이 만물에 분명히 보여 알려졌기 때문에 하나님이 없다고 핑계하지 못할 것이라고 경고하신다. 이러한 자들은 세상의 기준과는 관계없이 하나님 앞에서 악을 행하는 자들이다. 하나님을 부인하는 것 자체가 가장 큰 악이기 때문이다. 그러므로 하나님과의 관계가 회복되기 전에는 누구도 하나님으로부터 선하다고 인정받을 수 없다. 여호와 하나님을 믿으며 예수 그리스도를 통하여 선한 사람 반열에 두게 하신 하나님께 감사할 수 있기 바란다.

3절에서 시인은 "선을 행하는 자가 없으니 한 사람도 없다."고 말씀한다. 롬3:23절에서는 "모든 사람이 죄를 범하였으매 하나님의 영광에 이르지 못한다."고 하였다. 사32:6절은, "어리석은 자는 어리석은 것을 말하며 그 마음에 불의를 품어 간사를 행하며 패역한 말로 여호와를 거스르며 주린 자의 속을 비게 하며 목마른 자에게는 마실 것을 없어지게 한다."고 말씀한다.

무신론자들은 하나님만 없다고 하는 것이 아니다. 그들의 마음은 부패하고 그 행실이 가증하기 때문에 패역한 말로 여호와 하나님을 거스른다. 이러한 사람들을 실천적 무신론자라고 한다.

롬1:28절에서는 이렇듯 어리석은 사람들을 이렇게 표현한다. "그들이 마음에 하나님 두기를 싫어하매 하나님께서 그들을 그 상실한 마음대로 내버려 두사 합당하지 못한 일을 하게 하셨다." 이처럼 어리석은 자는 그 마음에 하나님 두기를 싫어한다. 세상의 독재자들이 다 이런 자들이요, 자신의 재물을 믿고 하나님을 멀리하는 자들이 다 이런 사람들이다. 그러나 그리스도 예수 안에 있는 속량으로 말미암아 하나님의 은혜로 값없이 의롭다 하심을 얻은 자 되었다.(롬3:24) 우리도 이런 악한 사람들이었다. 하지만 예수 그리스도의 십자가의 공로로 인하여 100% 하나님의 은혜로 의롭다고 인정을 받게 되었다. 이것이 하나님의 은혜이다.

하나님께서는 잠8:17절에서 "나를 사랑하는 자들이 나의 사랑을 입으며 나를 간절히 찾는 자가 나를 만날 것이니라."고 말씀한다. 결코 어리석은 자가 되지 아니하고 구속받은 하나님의 백성이 된 것을 감사하며 전심으로 하나님께 나아가는 여러분 되시길 주님의 이름으로 축복한다.

4절에서는 세상에서 득세하는 자들이 믿는 자들을 떡 먹듯이 무시하며 하나님의 이름을 부르지 않는다고 하였다. 이는 하나님의 백성들을 억압하며 고통을 준다는 것이다. 스탈린이 바로 그러한 사람이었고, 히틀러가 그러한 사람이었고, 북한의 김정은이 바로 그런 사람이 아닌가! 이러한 사람들을 이사야 선지자는 사1:3-4절에서 이렇게 표현한다. "소는 그 임자를 알고 나귀는 그 주인의 구유를 알건마는 이스라엘은 알지 못하고 나의 백성은 깨닫지 못하는도다 하셨도다. 슬프다, 범죄한 나라요 허물진 백성이요 행악의 종자요 행위가 부패한 자식이라."

그러나 하나님은 5절에서 우리에게 큰 위로를 주신다. "그들이 두려움이 없는 곳에서 크게 두려워하였으니 너를 대항하여 진 친 그들의 뼈를 하나님이 흩으심이라. 하나님이 그들을 버리셨으므로 네가 그들에게 수치를 당하게 하였도다." 이 말씀의 의미는 무엇인가? 하나님께서 김정은을 버리셨기 때문에 북한의 지하교인들이 박해를 받는다는 것이다. 즉 예수 그리스도를 믿는 것 때문에 박해를 당한다는 수많은 기독교인들을 향하신 하나님의 사랑에 대한 역설이다. 그러므로 사도 바울은 딤전3:12절에서 무어라 외치는가? "무릇 그리스도 예수 안에서 경건하게 살고자 하는 자는 박해를 받으리라." 경건한 그리스도인들에게 박해는 숙명적이다. 경건함으로 어떠한 환난과 핍박 가운데서도 하나님의 마음을 시원케 해드리는 성숙한 성도들이 되시기를 바란다. 삶이 어려우신가? 하나님이 여러분의 편이 되어주신다는 사실을 끝까지 흔들리지 말고 믿으시기 바란다.

시인은 6절에서 갑자기 시야를 넓혀 시온에서 나올 이스라엘의 구원을 바라본다. 하나님이 자기 백성을 포로에서 돌이키신다고 선포한다. 시온이 어디인가? 하나님의 법궤가 있는 곳이다. 하나님이 계신 곳이다. 그러므로 하나님의 백성들의 구원은 오직 여호와 하나님으로부터 온다고 하시는 선포다. "시온에서 이스라엘을 구원하여 줄 자 누구인가. 하나님이 자기 백성을 포로 된 곳에서 돌이키실 때에 야곱이 즐거워하고 이스라엘이 기뻐하리로다." 여기서 야곱과 이스라엘은 누구인가? 하나님의 백성들을 말한다. 억압 가운데서 구원받은 백성들을 말한다. 여호와 하나님께서 그의 백성들을 포로된 곳에서 해방시켜 주신다는 약속의 말씀이다. 피난처 되신 우리 주님 안에서 참 쉼과 안식과 평안을 얻으시고, 강하고 담대한 믿음으로 승리하시기를 주님의 이름으로 축원드린다.

감사로 시련을 이겨내라

시편 54편의 배경은 삼상23:19절과 삼상26:1절이다.

이제 다윗을 따르는 사람들은 600명 가량 되었다. 엄연한 하나의 군대였다. 그러나 그는 사울에 비하면 아무 힘도 없었다. 다윗은 사울을 피하여 십 광야라는 곳에 숨었다. 여기서 사울의 아들 요나단을 만나 서로간에 깊은 정을 나눈다.

그러나 어디든 적은 있는 법이다. 십 광야의 사람들이 기브아의 사울을 찾아가 다윗이 자기 동네의 숲에 숨어 있다는 사실을 밀고한다. 그들은 다윗을 사울왕에게 넘겨주는 것이 자신들의 의무라고 생각하였다. 완전히 사면초가 상태에 처한 다윗은 마온 광야 아라바에서 꼼짝없이 사울에게 잡힐 처지가 되었다. 사울이 이쪽 산으로 쫓아오면 얼른 저쪽 산으로 도망간다. 그러나 이러한 시소 게임이 얼마나 가겠는가? 사울이 병역을 조금만 더 풀면 그대로 잡힐 판이 되었다.

이때 다윗은 1-3절과 같이 기도한다. "하나님이여, 주의 이름으로 나를 구원하시고 주의 힘으로 나를 변호하소서. 하나님이여, 내 기도를 들으시며 내 입의 말에 귀를 기울이소서. 낯선 자들이 일어나 나를 치고 포악한 자들이 나의 생명을 수색하며 하나님을 자기 앞에 두지 아니하였음이니이다." 이때 놀라운 일이 벌어졌다. 전령이 사울에게 급히 찾아와 "큰일 났습니다. 블레셋이 쳐들어왔습니다."라고 보고한다. 결국 사울은 다윗 쫓는 것을 포기하고 전쟁터로 나간다. 그래서 그곳 이름이 '셀라하마느곳'이다. 이는 '분리하는 바위'라는 뜻이다. 다윗은 이렇듯 하나님의 은혜로 무사히 '엔게디'라는 요새로 도망간다.

얼마 후, 다윗은 다시 십 광야 하길라산에 숨었다. 이때 또 기브아 사람이 사울에게 알렸다. 사울은 3,000명의 부하들과 함께 십 광야로 찾아간다. 여전히 시기와 질투의 더러운 영이 사울을 장악하고 있었다. 다윗은 자신의 참모 아히멜렉(다윗을 돕다가 죽은 제사장 아히멜렉과 동명이인이다)과 요압의 동생 아비새와 함께 밤에 사울의 진영으로 들어간다. 들어가 보니 사울은 누워 자고 창은 머리곁 땅에 꽂혀 있으며 아브넬과 백성들은 그를 둘러 누워 있었다. 아비새는 다윗에게 자신이 단번에 사울을 죽이고 오겠다고 청원한다. 그러나 다윗은 여호와의 기름부음받은 자를 치지 말라고 권면한다. "여호와께서 그를 치시리니."라고 말한다. 다윗은 사울을 처리하는 것을 하나님의 손에 맡기는 믿음을 보였다.

다윗은 아비새와 함께 사울의 창과 물병만 취한다. 4-5절을 보라. 그는 "하나님은 나를 돕는 이시며 주께서는 내 생명을 붙들어 주시는 이시니이다. 주께서는 내 원수에게 악으로 갚으시리니 주의 성실하심으로 그들을 멸하소서."라고 고백한다. 자신의 손으로 죽이지 않는다. 주의 성실하심으로 그들을 멸해 달라고 한다. 이것이 바로 하나님의 사람 다윗의 마음이었다. 그렇다. 하나님의 통치를 경험하는 사람들은 모든 것이 합력하여 선을 이루는 것을 경험하게 된다. 하나님께서 우리의 삶에 개입하시고 우리의 손을 들어주시기 때문이다.

다윗은 창과 물병만 훔쳐와서 사울의 호위병 아브넬에게 외친다. "아브넬아, 너는 왕의 호위장군이 아니냐. 그런데 백성 가운데 한 사람이 네 주왕을 죽이려고 들어갔었느니라."고 외친다. "너는 왕을 보호할 자격이 없으니 마땅히 죽을 자다. 이제 왕의 창과 왕의 머리곁에 있던 물병을 찾아 보라." 이때 사울이 다윗의 음성을 알아듣고 "내 아들아." 하면서 자기가 나쁜 짓을 했다고 고백한다. 결국 누가 이겼는가? 쫓기는 다윗이 이겼다. 이것이 하나님의 방법이요 하나님의 통치다.

6절에서 시인은 "내가 낙헌제로 주께 제사하리이다."라고 고백한다. '낙헌제'가 무엇인가? 낙헌제는 어떤 의무나 맹세 혹은 약속을 이루기 위하여 드리는 제사가 아니다. 그저 감사해서 드리는 이가 자발적으로 하나님께 즐거운 마음으로 예물을 드리는 제사다.(레7:16) 다윗은 꼼짝없이 사울에게 잡힐 위기에서 하나님께 기도했더니 하나님이 기적같이 살려주셨다. 그러니 그 하나님의 은혜에 감사해서 낙헌제로 주께 제사를 드린다고 한 것이다. 그는 "주의 이름에 감사합니다. 주의 이름이 선하심이니이다."라고 고백한다.

7절에서 시인은 "참으로 주께서는 모든 환난에서 나를 건지시고 내 원수가 보응받는 것을 내 눈이 똑똑히 보게 하셨나이다."라고 고백한다. 여러분도 이러한 하나님의 은혜를 경험할 수 있기를 주님의 이름으로 축원한다. 하나님은 오늘도 다윗처럼 기적 같은 방법으로 우리를 도우심을 믿으시기 바란다.

우리의 최대 적은 바로 '낙심'이다. 시42:5절에 "내 영혼아, 네가 어찌하여 낙심하며 어찌하여 내 속에서 불안해하는가 너는 하나님께 소망을 두라. 그가 나타나 도우심으로 말미암아 내가 여전히 찬송하리로다."라고 하였다. 오직 합력하여 선을 이루시는 하나님(롬8:28)을 믿고 감사의 제사를 드리는 복된 하루가 되시기를 주님의 이름으로 축원드린다.

배신당한 자의 기도

'마스길'은 교훈적인 내용을 담고 있는 찬송시라는 의미로, 시편 55편 1-15절 말씀의 배경은 사무엘하 15장에 나오는 다윗의 아들 압살롬의 반역이다. 이때 다윗의 모사였던 아히도벨도 그의 꾀에 넘어간다. 그는 참으로 다윗의 측근 중 측근이었다. 그런데 그가 다윗을 배반하고 압살롬 편에 선 것이다.

다윗이 황급히 왕궁에서 도망가는 모습을 삼하15:30절에서는 이렇게 표현한다. "다윗이 감람산길로 올라갈 때에 그의 머리를 그가 가리고 맨발로 울며 가고 그와 함께 가는 모든 백성들도 각각 자기의 머리를 가리고 울며 올라가니라." 이때의 상황을 생각하면서 시편 55편 1-5절을 읽으면 참으로 기가 막힌다.

이럴 때 우리에게는 피할 바위가 있다는 것을 기억하시기 바란다. 기도의 대상이 있다는 것을 잊지 마시기 바란다. 시62:8절에 "백성들아, 시시로 그를 의지하고 그의 앞에 마음을 토하라. 하나님은 우리의 피난처시로다.(셀라)"라고 하신다. 그런데 그게 잘 안 된다. 그냥 어디론가 훨훨 날아가고 싶은 마음뿐이다. 사실 다윗도 그런 마음이었다. 다윗의 그 마음을 6-8절에서 잘 표현해 주고 있다. 한마디로 비둘기처럼 훨훨 광야로 날아가거나 피난처로 숨고 싶다는 것이다.

그러나 다윗은 결국 다시 기도의 자리로 돌아온다. 9-11절에 압살롬을 비롯한 배신자들의 음모를 깨뜨려 달라고 하나님께 간절히 기도한다.

201

9절에서는 배신자들의 행위를 '강포와 분쟁'으로 묘사한다. 얼마나 분했으면 그들의 혀를 잘라 달라고 기도했겠는가? 이는 사실 혀를 잘라 달라는 기도가 아니고, 그들의 혀를 혼잡케 해 달라는 기도이다. 10절에서는 그들이 있는 성 중에는 '죄악과 재난'이 있다고 고백한다. 11절에서는 '악독과 압박과 속임수'가 그 거리를 떠나지 않고 있다고 고백한다.

사실 다윗이 이처럼 간절하게 기도를 하지 않았으면 큰일 날 뻔했다. 압살롬의 모사가 된 배반자 아히도벨이 참으로 악독한 일을 계획했기 때문이다. 그가 맨 처음 낸 의견이 무엇인가? 다윗이 남겨놓은 후궁 10명을 성폭행하라는 것이다. 얼마나 악독한가? 그래도 다윗의 후궁이니 압살롬의 어머니가 아닌가? 압살롬은 그 계획에 따라 옥상에 장막을 치고 이스라엘의 무리의 눈앞에서 이 못된 죄를 저지른다.

그다음으로 아히도벨은 정말 무시무시한 계획을 제안한다. 오늘 밤 자신이 직접 병사 12,000명을 데리고 다윗을 뒤쫓아 습격하여 죽이고 오겠다는 것이다. 사실 이때 그 계획대로 했으면 다윗은 죽었을 것이다. 이 계획에 대하여 압살롬이나 이스라엘 장로들은 다 동의했다. 그런데 압살롬은 아렉 사람 후새의 이야기도 들어야 한다고 신중함을 보였다. 후새가 누구인가? 그곳에 남아 아히도벨의 계략을 무너뜨리라고 들여보낸 다윗의 사람이었다. 이때 후새는 깜짝 놀라 아히도벨의 계략은 좋지 않다고 간언한다.

후새가 압살롬에게 말했다. "왕이시여, 생각해 보세요. 다윗이 누구입니까? 천하의 용사가 아닙니까? 그리고 그는 이미 굴에 숨었을 것입니다." 그러니 이제 단에서부터 브엘세바까지, 우리나라로 이야기하면 백두산에서 한라산까지 온 이스라엘 백성의 군사를 모집해서 왕께서 직접 전장에 나가 진두 지휘하시고 완전히 진멸해야 할 것이라고 진언한다.

이에 대하여 성경은 삼하17:14절에서 "압살롬과 온 이스라엘 사람들이 이르되 아렉 사람 후새의 계략은 아히도벨의 계략보다 낫다 하니 이는 여호와께서 압살롬에게 화를 내리려 하사 아히도벨의 좋은 계략을 물리치라고 명령하셨기 때문"이라고 하였다. 결국 아히도벨은 자기의 계략이 실패로 돌아가자 나귀에 안장을 지우고 고향에 돌아가서 집을 정리하고 스스로 목을 매어 자살한다. 그러므로 우리는 배반을 당하고 위기를 당했을 때 하나님께 기도하고 무조건 하나님 편에 서야 한다.

다윗은 12절에서 "그들이 본래 나의 원수였다면 참을 수 있었고 또 예상하고 피할 곳을 준비할 수 있었다."고 고백한다. 그런데 정말 놀랍게도 자기 아들, 동료, 친구들이 배신했다. 그렇다. 본래 배신자들은 다른 사람이 아니라 나와 가장 가까웠던 사람이다. 이들이 배반하면 일반 사람들보다 더 악하게 된다. 예수님을 배신한 가룟 유다가 바로 그런 사람이 아니었는가? 가룟 유다는 공동체의 회계업무를 볼 정도로 예리하고 똑똑한 제자였다. 다윗은 얼마나 위기를 느꼈는지 15절에 "사망이 갑자기 그들에게 임하여 산채로 스올에 내려갈지어다. 이는 악독이 그들의 거처에 있고 그들 가운데에 있음이로다."라고 선언한다.

참으로 억울한 일을 당하고 배신을 당했을 때는 어떻게 해야 하는가? 하나님께 나와 기도해야 한다. 하나님은 여러분의 신음 소리에도 응답하시고 산더미 같은 큰 문제도 해결해 주실 능력이 있는 분이시다. 그 하나님과 짧은 줄로 매고 깊이 교제하시기를 주님의 이름으로 축원드린다.

확신에 찬 믿음의 기도

시편 55편 16-23절은 우리가 친구에게 황폐함을 경험하게 되었을 때나 배신을 당했을 때 끝까지 하나님께 기도함으로 믿음으로 나아가라는 내용에 대한 좀 더 구체적인 내용을 담고 있다.

우리는 어려울 때 하나님께 어떻게 기도해야 하는가? 16절에서는 하나님께 부르짖어야 함을 가르쳐 주고 있다. "나는 하나님께 부르짖으리니 여호와께서 나를 구원하시리로다." 많은 성도들이 어려움을 당하면 오히려 하나님을 멀리하고 기도의 자리를 떠난다. 그러나 그것은 정말 망하는 길이다. 부르짖을 뿐만 아니라 어떻게 기도하라고 하시는가? 17절을 보라. "저녁과 아침과 정오에 내가 근심하여 탄식하리니 여호와께서 내 소리를 들으시리로다." 오히려 시간을 정해서 하나님께 단단히 맘먹고 기도하라는 것이다.

다니엘은 바로 이러한 기도를 드렸다. 단6:10절에는, 다니엘을 모함하는 자들은 다니엘이 다리오왕에게 절하지 않고 하나님께 기도를 함으로 그를 사자굴에 넣기 위해 왕의 도장이 찍힌 조서를 확인했다. 이때 다니엘은 그 사실을 알면서도 예루살렘을 향하여 창문을 열고 전에 하던 대로 하루 세 번씩 무릎을 꿇고 기도하며 그의 하나님께 감사하였다고 기록하고 있다. 그는 결국 사자굴에 던져졌다.

그 결과 어떻게 되었는가? 털끝 하나 다치지 않고 살아나와 하나님께 영광을 돌렸다. 그러자 다리오왕은 다시 조서를 내린다. 단6:26절에 "내가 이제 조서를 내리노라. 내 나라 관할 아래에 있는 사람들은 다 다니엘의 하나님 앞에서 떨며 두려워할지니라. 그는 살아계시는 하나님이시요, 영원히 변하지 않으실 이시며, 그의 나라는 멸망하지 아니할 것이요, 그의 권세는 무궁할 것이라."고 선포한다. 이것이 바로 하나님의 승리이다.

이처럼 하나님께 맘먹고 결단하고 기도하는 사람을 하나님이 어찌 외면하시겠는가? 마7:10-11절에 보면, 하나님은 생선을 달라 하는 자에게 뱀을 주시지 않고, 떡을 달라는 자에게 돌을 주시지 않는다. 매일 문을 두드리며 강청하는 자에게 귀찮아서라도 들어주신다는 것이 하나님의 말씀이다. 어려움을 당하는가? 하나님께 부르짖으시기 바란다. 시간을 정해놓고 기도하시기 바란다. 하나님께서 책임져 주실 것이다.

이러한 기도 응답에 대한 시인의 확신은 그의 생명을 반드시 구원해 주실 것에 대한 확신으로 이어진다. 18절을 보라. "나를 대적하는 자 많더니 나를 치는 전쟁에서 그가 내 생명을 구원하사 평안하게 하셨도다."라고 하였다. 지금 그가 처한 상황은 조금도 변함이 없다. 상황만을 보았을 때는 소망의 여지가 전혀 없었다. 하지만 그의 믿음은 하나님께서 '평안하게' 자신의 목숨을 구해 주실 것을 확신한다.

나아가 19절에서는, 하나님께서 응답하시고 악인들을 낮추실 것이라고 선포한다. 대적들은 이미 악한 행동을 했고, 그 악함을 조금도 고치지 않으며, 창조주 하나님을 두려워하지 않고 경외하지 않기 때문이다. 시인은 배신한 친구들을 다시 언급하고 있다. 20-21절을 보면, 그는 손을 들어 옛친구를 치고 언약을 배반하였다. 그의 입엔 기름기가 흐른다. 그는 기름처럼 자연스럽게 말을 하는 것 같지만 빈정거리며, 그의 마음은 전쟁이요, 그의 말은 뽑힌 칼이다. 이것이 배신자의 실상이다. 이럴 때 22절에서는, "네 짐을 여호와께 맡기라. 그가 너를 붙드시고 의인의 요동함을 영원히 허락하지 아니하시리로다." 하고 말씀한다. 그렇다. 여호와께 맡기라고 하신다. 하나님이 붙들어 주신다고 하신다. 이 믿음으로 나아가시기를 주님의 이름으로 축원한다.

민수기 16장에 보면 레위 자손 중에 고핫의 후손 고라 자손이 모세와 아론을 배반하는 장면이 나온다. 모세와 아론도 레위 지파인데, 누구는 멋있는 지도자이고, 누구는 매일 성전 기물이나 메고 다녀야 하는 것이냐고 불만이 나온 것이다. 결국 어떻게 되었는가? 하나님께서 순식간에 땅이 갈라지게 하시고 반역하는 자들의 처자와 어린아이들까지 한꺼번에 산 채로 삼켜 버렸다. 또 그들 앞에서 분향하던 250명도 불살라 버리시고, 이것도 모자라 순식간에 염병을 퍼뜨려 14,700명이 죽었다. 그것도 아론이 급하게 염병이 퍼지는 속으로 들어가 하나님이 그치게 해 주신 것이다. 그다음부터 아론의 지팡이에만 싹이 나고 살구 열매를 맺게 하심으로 지도자의 권위를 갖게 하셨다.

23절을 보라. "하나님이여, 주께서 그들로 파멸의 웅덩이에 빠지게 하시리이다. 피를 흘리게 하며 속이는 자들은 그들의 날의 반도 살지 못할 것이나 나는 주를 의지하리이다." 그렇다. 이렇게 하나님은 살아계신다. 하나님이 우리를 변호해 주시고, 하나님이 갚아 주신다.

간절한 기도 제목이 있는가? 하나님께 부르짖으라. 그리고 시간을 정해서 하나님께 기도하라. 하나님이 깊은 수렁과 기막힌 웅덩이에서 건져 주실 것이다. 의심하지 말고 끝까지 믿음으로 나아가시기를 바란다.

18절의 "나를 대적하는 자 많더니 나를 치는 전쟁에서 그가 내 생명을 구원하사 평안하게 하셨다."는 시인의 고백이 여러분의 고백이 되기를 주님의 이름으로 축원드린다.

시편 56편

두려운 날에 의지할 하나님

'믹담 시'는 황금시 혹은 금언시를 말하며, '요낫 엘렘 르호김'은 멀리서 침묵하고 있는 비둘기란 뜻이다. 시편 56편은 삼상 21장의 다윗이 사울왕의 위협으로 블레셋 땅 가드로 피신한 내용을 배경으로 하고 있다.

다윗은 놉이라는 지역에 가서 제사장 아히멜렉을 만난다. 거기서 간신히 성전에서 제사를 지낸 거룩한 진설병을 얻게 된다. 여기서 다윗이 생각한 것은 위기 때 먼저 성소를 찾았다는 것이다. 다윗이 아히멜렉에게 "혹시 창이나 칼 같은 무기가 없습니까?"라고 물으니 "골리앗의 칼이 보자기에 싸여 있다."고 답하였다. 참으로 감개무량했을 것이다. 왜냐하면 이 칼은 "전쟁은 여호와께 속한 것!"이라는 외침과 함께 자신이 탈취했기 때문이다. 이제 그 칼은 본 주인에게 돌아갔다. 다윗은 골리앗의 칼을 가지고 가드왕 아기스에게 간다. 자기 나라에서는 도저히 숨을 수가 없기에 아예 적진으로 들어가 버린 것이다.

그런데 아기스의 신하들은 다윗을 금방 알아보았다. "아기스왕이여, 이 자가 누구인지 아십니까? 바로 사울이 죽인 자는 천천이요, 다윗은 만만이로다,라고 존경을 받은 그 장본인입니다." 다윗은 덜커덕 겁이 났다. '이들이 나의 정체를 아는구나.' 다윗은 일생일대의 위기를 맞는다. 이때 하나님께서 다윗에게 한 가지 지혜를 주셨다. 바로 미친 척을 하는 것이다. 다윗은 대문짝에 그적거리고 침을 수염에 질질 흘리며 완전히 미친 사람 행세를 했다. 그러자 아기스는 "아니! 이 친구는 미치광이 아닌가. 왜 미친놈을 내게 데리고 왔느냐."며 화를 냈다. 다윗은 미친 척을 하여 간신히 그곳을 빠져나올 수 있었다. 이는 다윗에게 엄청난 위기였다. 그 배경을 생각하며 1절을 보라. "하나님이여, 내게 은혜를 베푸소서. 사람이 나를 삼키려고 종일 치며 압제하나이다."라고 고백한다. '삼키다', '치다', '압제하다'라는 말로 그때의 위기를 나타내고 있다. 그리고 3절에서 "내가 두려워하는 날에는 내가 주를 의지하리이다."라고 고백한다. 이처럼 하나님의 은혜를 구하고 주를 의지한다는 말씀이 본문에서 무려 6번이나 반복된다. 여러분도 하나님을 의지하는 법을 배우시기 바란다.

역대하 32장에는 위기에 처한 히스기야왕의 이야기가 나온다. 그의 나라는 태평성대를 이루다가 위기에 부딪혔다. 앗수르 산헤립 왕이 쳐들어온 것이다. 그러나 영적으로 잘 준비되어 있던 히스기야는 조금도 당황하지 않았다. 왜냐하면 그에게는 영적 에너지가 있었기 때문이다. 그 에너지가 무엇인가? 바로 '임마누엘'이다. '나는 하나님이 함께하시는 자'라는 확신과 믿음이다. 대하32:8절을 보면, "그와 함께하는 자는 육신의 팔이요, 우리와 함께하시는 우리의 하나님 여호와시라. 반드시 우리를 도우시고 우리를 대신하여 싸우시리라 하매 백성이 유다왕 히스기야의 말로 말미암아 안심하니라."고 하였다. 그들과 함께하는 자는 육신의 팔이다. 그러나 우리와 함께하시는 이는 우리의 하나님 여호와라는 것이다. 다윗이 시편 56편 4, 11절에서 "사람이 내게 어찌하리이까."라고 고백한 것과 같은 맥락이다. 이 싸움은 하나님과 사람의 싸움이라는 것이다. 이 믿음을 갖는 것이 우리 그리스도인들의 특권이요, 무기라는 것을 기억하시기 바란다. 임마누엘 하나님과 함께하심으로 어떠한 어려움 가운데서도 승리하시기를 축원한다.

믿음의 용사라고 해서 그냥 기도만 하면 되는 것은 아니다. 눈물을 흘리는 고통이 있어야 한다. 8절을 보라. "나의 눈물을 주의 병에 담으소서."

라고 고백한다. 오죽하면 자신의 눈물을 병에 담아 달라고 하겠는가? 실제로 고대 근동지방에서는 '눈물병'이라는 것이 있었다고 한다. 초상을 치르는 동안 문상 온 친척들과 친구들의 눈물을 눈물병에 담아 무덤에 함께 묻는 풍습이 있었기 때문이다. 중요한 것은, 하나님께서는 지금도 외롭게 고통을 당하며 울고 있는 성도들의 눈물을 모두 담아 두시고, 헛되게 버리지 않으신다는 것이다. 이 사실을 믿고 나아가는 여러분 되시기를 주님의 이름으로 축원한다.

다윗은 위험에서 벗어난다는 것을 확신하고 하나님께 감사의 제사를 드린다. "주께서 내 생명을 사망에서 건지셨음이라." 그러므로 우리는 원망과 불평의 제목보다는 지금 하나님 앞에 감사드려야 할 일이 무엇인가를 살펴보아야 한다. 그가 감사제를 드릴 수 있는 이유는 13절에서 찾을 수 있다. 사망에서 생명으로 건져 주셨고, 하나님 앞, 생명의 빛에 다니게 하시려고 실족하지 않게 하셨기 때문이다.

여러분에게도 어려움이 있는가? 답답함이 있는가? 결국 두려움은 심리적인 상태요 영적인 문제이다. 이 문제를 해결하려면 하나님의 은혜가 임해야 한다. 시107:9절은, "그가 사모하는 영혼에게 만족을 주시며 주린 영혼에게 좋은 것으로 채워 주심이로다."라고 선포한다.

오늘도 실족치 않게 하시고 생명의 빛으로 인도하시는 하나님을 신뢰하고 의지하시기 바란다. 두려움과 위기 가운데서도 감사의 제사를 드리시기를 주님의 이름으로 축원드린다.

내가 새벽을 깨우리로다

　시편 57편은 다윗의 '믹담 시' 즉 황금시 혹은 금언시이며, '알다스헷'
은 '멸하지 마소서'라는 의미이다.

　본문은 다윗이 사울을 피해 동굴에 숨어 있던 때를 배경으로 하고 있
다. 삼상 24장을 보면, 다윗이 피신할 때 엔게디 광야의 굴속에 숨은
기사가 나온다. 사울왕은 다윗이 엔게디 광야에 있다는 소식을 듣고
3,000명의 병력을 동원하여 끝장을 내려고 찾아갔다. 절대 놓치지 않으
리라, 몇 번이고 다짐하고 떠났다. 다윗은 정말 거기에 있었다. 그리고
그의 일행은 한 굴속에 숨어 있었다.

　이때를 생각하면서 1절을 읽어보라. 다윗은 굴속이 주의 날개 그늘이
되어 죽음을 위협받는 재앙이 지나가기를 간절히 기도했다. 2절에서는
자신의 부르짖음이 응답되고, 3절에서는 하나님이 하늘에서 천사들을 보
내셔서 구원해 주기를 간절히 소원했다. 이것을 하나님의 인자와 진리라
고 표현하고 있다. 인자는 언약에 신실하신 하나님의 사랑이요, 진리는
그 약속을 반드시 지키신다는 고백이다.

　4절에서는 자신을 쫓아오는 자들을 '사자들' 혹은 '불사르는 자들'이라
고 표현한다. 그들의 이는 창과 화살이요, 그들의 혀는 날카로운 칼 같다
고 표현했다. 그러나 다윗은 5절에서 "하나님이여, 주는 하늘 위에 높이
들리시며 주의 영광이 온 세계 위에 높아지기를 원하나이다."라고 하였
다. 즉 자신이 구원을 받아 자기가 섬기는 하나님이 영광을 받으시기를
간절히 소원한다. 6절에서는 "그들이 내 걸음을 막으려고 그물을 준비했
고 웅덩이를 팠지만 자기들이 그 중에 빠졌도다."라고 기도한다.

이러한 다윗의 기도에 응답하신 하나님은 어떻게 다윗을 구원하셨는 가? 그 굴 옆을 지나던 사울은 갑자기 용변이 마려웠다. 그래서 하필이면 다윗이 숨어 있는 굴속으로 들어갔다. 다윗이 칼을 들어 단칼에 사울의 목을 벨 수 있는 지경이 되었다. 이때 부하들은 사울을 죽이자고 속삭인 다. 그러나 다윗은 얼마나 마음이 착한지, 기름부음을 받은 사울왕의 옷 자락만 자른다. 그것도 양심에 찔려 고통을 당한다. 기름부음을 받은 자 가 이렇게 중요하다.

이제 서로가 멀찌감치 있게 되었을 때 다윗이 사울왕에게 말한다. "왕 이시여! 사실 하나님께서 오늘 왕을 내 손에 넘기신 것을 왕께서 아셨을 것입니다. 그때 나의 부하들은 왕을 죽이라고 하였지만 왕께서는 기름부 음을 받은 자이기 때문에 제가 해하지 못한다고 하였습니다. 왕의 옷을 한번 살펴보십시오."(삼상24:10) 사울이 확인해 보니 정말 자신의 옷자락 이 잘려 나가 있었다.

다윗은 계속해서 안타깝게 말한다. "왕께서는 제 생명을 찾아 해하려 하시지만 저는 왕에게 범죄한 일이 없나이다. 하나님께서 왕과 저를 판 단하실 것입니다. 지금 왕께서는 누구를 찾아다니시는 겁니까? 죽은 개 나 벼룩을 쫓는 거나 마찬가지입니다. 이는 헛수고이니 이제 그만두십시 오."라고 애절하게 호소한다. 이에 사울은 양심의 가책을 느껴 목을 놓아 운다. "나는 너를 학대하되 너는 나를 선대하니, 참으로 의롭도다. 사람 이 원수를 만나면 어떻게 그냥 두겠느냐, 여호와께서 네게 선으로 갚으 시기를 원하노라. 보라, 나는 네가 반드시 왕이 될 것을 알고 이스라엘 나 라가 네 손에 견고히 설 것을 아노니 그런즉 너는 내 후손을 끊지 아니하 며 내 아버지의 집에서 내 이름을 멸하지 아니할 것을 여호와의 이름으 로 내게 맹세하라." 그러자 다윗은 조금도 지체하지 않고 그대로 맹세한 다. 그는 누구를 죽이거나 해할 악한 마음이 전혀 없었기 때문이다. 사울 도 이때는 선한 마음이었다.

믿음의 능력은 이처럼 위대하다. 믿음이란 현실 속에서 이상을 바라볼 수 있는 능력이요, 좌절 가운데서도 승리를 확신할 수 있는 꿈이요, 하나님을 경험하는 첩경이다. 시인은 이러한 가운데 7절에서 "하나님이여, 내 마음이 확정되었고 내 마음이 확정되었으니 내가 노래하고 찬송하겠나이다."라고 선언한다. 이는 어떠한 상황 가운데서도 흔들리지 않고 신뢰하겠다는 모습이다. 시인은 이 믿음으로 흥분되어, 자신을 깨우고 심지어 자신의 악기도 깨운다. "비파와 수금아 깰지어다!" 전심으로 자신의 입술과 모든 악기로 하나님을 찬양하고 싶은 열정이 되살아났다. 하나님이 새벽을 깨우시는 분이지만 지금은 내가 새벽을 깨운다고 외친다.

오랜 여행에서 돌아와 피곤한 날에도 나는 새벽예배에 참여하여 마음껏 하나님을 찬양하며 기도를 올려드린다. 여행하는 동안 참으로 예배의 시간이 그리웠기 때문이다. 여러분도 새벽을 깨우는 영성이 되살아나시기를 간절히 축복한다.

"내가 새벽을 깨우리로다." 이와 같은 8절의 말씀처럼 믿음의 용사들은 새벽을 깨우는 자들이다. 거기서 하나님으로부터 내려오는 참 만나를 먹는 자들이다. 이러한 자들은 폭탄이 투하되는 전쟁터의 한복판에서 엄마 품의 젖을 먹는 어린아이와 같다.

마음이 복잡한가? 질병의 고통이 있는가? 보이지 않는 원수가 웅덩이를 파놓았는가? 그물에 걸렸는가? 다윗이 굴속에서 사울의 옷자락을 자르는 승리를 연상하며 이겨내시기를 바란다. 그리고 새벽을 깨우는 영성으로 다시 일어나시기 바란다. 이렇듯 찬송하는 마음으로 9-11절을 읽으며 오늘도 승리하시기를 축원드린다.

불의한 통치자들을 심판하시는 하나님

시편 58편은 다윗의 '믹담 시' 즉 황금시 혹은 금언시이며, '알다스헷'은 '멸하지 마소서'라는 의미이다.

본문은 정직한 다윗이 거룩한 분노를 표출하는 모습을 그리고 있다. 그는 거침없이 악인들의 정의롭지 못함을 고발한다. 사실 정의롭지 못한 재판을 한 장본인이 누구였는가? 자기 아들 압살롬이었다. 압살롬은 다윗에 대한 반역을 본격적으로 도모하기에 앞서 백성들의 마음을 도적질하기 위한 계략을 꾸몄다. 왕에게 억울함을 호소하기 위해 찾아가는 백성들을 중간에 개입하여 다윗을 불신하게 만들었다.(삼하 15장) 이것을 삼하15:6절에서 "압살롬의 행함이 이와 같아서 이스라엘 사람의 마음을 훔치니라."고 말씀하고 있다. 그렇다. 정직하지 못한 통치자들은 백성들의 마음을 훔쳐 자기 편으로 만든다.

깨어 있는 사람들은 요즘 정치인들 중에 백성들의 마음을 훔치고 거짓말을 하는 사람이 누군지 알 수 있을 것이다. 누군가는 정의를 말하고 있고, 누군가는 거짓을 말하고 있다. 본문에서는 불의한 지도자들의 판단이나 주장으로 인해 사회가 폭력과 불법이 판치는 곳이 될 수 있다는 것을 경고하고 있는데 지금 우리나라의 실정도 그렇지 않은가? 그러므로 정치 지도자들을 탓하기 전에 국민들이 깨어 있어야 한다. 특별히 3절에서 무어라 하는가? 악한 통치자들의 부정한 행동들은 갑자기 생긴 것이 아니라 모태에서부터 타고난 본성이라고 고발한다. 본질적으로 곁길로 나가고 거짓을 말하는 자들이 있다는 경고의 말씀이다. 우리나라 현실에 딱 맞는 말씀이다. 악랄한 사채업자들, 조폭들, 투쟁만 일삼는 노동자들,

알코올과 마약 중독자들, 동성애자들, 나아가 자유민주주의를 부정하고 사회주의, 공산주의를 추구하는 종북주의자들을 경계해야 한다.

이러한 자들의 위험성에 대하여 본문은 3가지 예를 들고 있다.

첫 번째는 독사이다. 이는 그들의 결정이나 말들이 독사의 독처럼 치명적인 결과를 가져온다는 경고이다. 옛날에는 독사를 주술로 훈련시키는 일이 종종 있었다. 이때 독사가 마술사의 말을 듣지 않고 마술사를 물어버리면 어떻게 될까? 전10:11절에 "주술을 베풀기 전에 뱀에게 물렸으면 술객은 소용이 없느니라."고 말씀하고 있다. 렘8:17절에는 "여호와의 말씀이니라. 내가 술법으로도 제어할 수 없는 뱀과 독사를 너희 가운데 보내리니 그것들이 너희를 물리라 하시도다."라고 말씀한다. 이처럼 술법으로 제어하지 못하는 장면을 본문 4절에서는 '귀를 막은 귀머거리 독사'로 표현하고 있다. 또한 5절에서는 "술사의 홀리는 소리도 듣지 않고 능숙한 술객의 요술도 따르지 아니하는 독사로다."라고 하였다. 그렇다면 뱀은 무엇과 연관을 맺고 있는가? 사탄이다. 그러므로 분별의 영으로 충만하시기를 주님의 이름으로 축원한다.

두 번째는 달팽이다. 다윗은 6-8절에서 "그러한 사람들의 입에서 이를 꺾으소서. 여호와여, 젊은 사자의 어금니를 꺾어내소서." 하고 간구한다. 그들이 급히 흐르는 물같이 사라지고, 겨누는 화살이 꺾임 같게, 소멸하여 가는 달팽이 같게, 만삭되지 못하여 출생한 아이가 햇빛을 보지 못함 같게 해 달라고 기도한다. 달팽이는 소라딱지같이 생겼다. 몸에는 연한 껍데기를 지고 다닌다. 머리에는 신축이 자유로운 촉각이 있고, 그 끝에 눈이 있다. 살에는 점액이 있어서 기어간 자리에 자국을 남긴다. 달팽이가 가뭄을 만나면 완전히 말라 껍데기만 남는다. 악인도 이와 같이 껍데기 속에서 산다. 달팽이처럼 잘도 숨는다. 가는 곳마다 악의 점액을 남기며 악의 발자취를 남긴다. 그러나 껍데기만 믿고 살다가 어느 날 하나님의 공의 앞에 완전히 말라죽게 된다는 경고의 말씀이다.

세 번째 비유는 9절의 가시나무 불이다. 광야를 여행하는 자가 가시나무를 모아 불을 지핀다. 처음에는 강한 불이 일어나 밥솥이 데워지고 밥과 국과 고기가 익어간다. 그러나 갑자기 회오리바람이 몰아치면 불붙은 가시나무와 아직 타지 않은 생나무가 다 날아가 버린다. 그러면 솥 안의 밥과 국은 어떻게 되겠는가? 먹지 못하게 설어 버린다. 악인의 말로가 그렇게 되기를 소원한다는 기도이다.

지금도 세상의 독재자들과 악인들은 가시나무에 불을 붙여 그들의 가마를 데우려고 한다. 그들은 가마 속에 온갖 음모를 꾸미고 익히고 있다. 그러나 우리가 나라와 민족을 위해 기도할 때 공의로우신 하나님은 갑자기 회오리바람을 불게 하심으로 그들의 계획과 결정이 무르익기 전에 실패로 돌아가거나 소멸케 하신다는 말씀이다. 미6:8절은, "사람아, 주께서 선한 것이 무엇임을 네게 보이셨나니 여호와께서 네게 구하시는 것은 오직 정의를 행하며 인자를 사랑하며 겸손하게 네 하나님과 함께 행하는 것이 아니냐."라고 말씀한다.

우리는 1절의 악한 통치자들의 판결 아래서 신음하는 자들이다. 그러나 10-11절은, "의인이 악인의 보복당함을 보고 기뻐함이여, 그의 발을 악인의 피에 씻으리로다. 그때의 사람의 말이 진실로 의인에게 갚음이 있고 진실로 땅에서 심판하시는 하나님이 계시다 하리로다."라고 하였다. 이러한 믿음으로 성령충만하여 끝까지 주 안에서 거룩하고 의로운 삶으로 승리하는 여러분 되시기를 주님의 이름으로 축원드린다.

하나님의 통치를 받으라

　시편 59편은 거짓과 저주의 말을 무기로 다윗과 예루살렘을 공격하는 사울을 비롯한 엄청난 대적들에게서 구원받기를 간구하는 시이다.

　삼상19:11-17을 보면, 사울이 전령들을 다윗의 집으로 보내 다윗을 죽이려고 하였다. 이를 눈치챈 사울의 딸이며 다윗의 아내인 미갈은 다윗을 창문으로 도망치게 하고는 다윗이 있던 잠자리에 우상을 가져다가 염소털로 머리를 씌우고 의복을 입혀 놓았다. 사울의 전령들이 들이닥치자 미갈은 다윗이 병들었다고 말한다. 그러자 사울은 "병들었으면 아예 침상째 내게로 들고 오라. 내가 죽이겠다."고 한다. 이에 전령들이 방에 들어가 보니, 다윗은 이미 도망가고 우상이 그 자리에 누워 있었다. 사울은 화가 머리끝까지 나서 딸에게 "너는 내 대적을 왜 그렇게 놓아주었느냐."고 소리치니 미갈은 "그가 나를 죽이겠다고 하는데 어떡하느냐."고 얼버무린다. 이렇게 해서 다윗은 목숨을 건졌다.

　시편 59편의 배경은 바로 이 사건이다. 그때의 상황을 생각하면서 1-4절을 읽어보라. 다윗은 자기를 변호하는 데 있어 3가지를 말한다. 3b절에서 "여호와여, 나의 잘못으로 말미암음도 아니요, 나의 죄로 말미암음도 아니로소이다."라고 말한다. 자기는 허물이 없다는 것이다. 죄는 과녁을 벗어난다는 의미가 있다. 허물(히브리어 '아온')은 '진리를 굽게 하거나 벗어나는 도덕적, 종교적 부패 행위'를 뜻한다. 다윗은 "나는 잘못하지도 않았고, 죄도 짓지 않았고, 허물도 없으니, 주여, 나를 도우시기 위하여 깨어 살펴주소서."라고 간절히 기도한다.

5절 이하에서는 대적들의 모습을 여러 가지로 표현한다. 그들의 모습은 '개'처럼 울고 다닌다. 그들의 '입'으로는 악을 토한다. 그들의 '입술'에는 칼이 있다. 그러고는 "자기의 말을 누가 들으리요!" 하면서 교만을 떤다. 10대, 20대에는 입술의 공격보다는 서로 맞붙어 싸우는 일로 승패가 갈렸다. 그러나 나이가 들면서 제일 무서운 것이 '언어폭력'이라는 것을 깨닫게 되었다. 내가 공사 현장에서 일할 때 나에게 피해를 보았다고 참으로 악한 짓을 한 아줌마가 있었다. 지금 생각해도 정말 소름 끼친다. 그런데 그녀는 영락교회 집사였다. 맘 같아서는 정말 때려주고 싶었지만 그럴 수도 없고, 아무 대책 없이 매일 욕을 먹고 지낸 적이 있었다. 여러분의 주위에는 그런 사람이 없는가? 개처럼 울며 입으로는 악을 토하고 칼처럼 무서운 입술을 가진 사람이 없는가? 그들을 직접 상대하지 말고 도망치시기 바란다. 하나님께서 그들을 심판하실 것이기 때문이다.

그러나 한편, 자신이 그러한 악인의 자리에 있었던 적은 없었는지 깊이 뒤돌아보는 여러분이 되시기를 축원한다. 우리는 그 누구도 절대권력을 가질 수 없다는 것을 알아야 한다. 내가 누구를 공격하면 나보다 더 강한 사람에게 공격을 당한다는 사실을 염두에 두어야 한다. 예를 들어 대통령도 국민에게 심판을 받는다. 교회의 목사는 절대적인가? 장로님들을 잘 섬기고 동역해야 한다. 장로님, 권사님들은 절대적인가? 성도들과 목사의 신뢰를 얻어야 한다. 남편은 절대권력을 갖는가? 아내를 잘 섬겨야 한다. 독재자는 절대권력자인가? 민중들에 의해 축출을 당하고 비참한 최후를 맞는다. 그러므로 때로는 자존심 상하고 어려움을 겪더라도 싸울 것이 아니라 피하며 참아야 한다. 벧전2:19-20절은 "부당하게 고난을 받아도 하나님을 생각함으로 슬픔을 참으면 아름답고, 선을 행함으로 고난을 받고 참으면 하나님 앞에 아름답다."고 말씀한다. 여러분의 가정, 속해 있는 교회, 만나는 모든 사람 가운데서 한 발짝 물러나고, 참고 선을 행함으로 아름다운 사람들이 되시기를 축원한다. 그러므로 우리는 "미안합니다. 죄송합니다. 감사합니다."라는 말을 잘 사용할 줄 알아야 한다.

다윗은 본문 12절에서 "그들의 입술의 말은 곧 그들의 입의 죄라. 그들이 말하는 저주와 거짓말로 말미암아 그들이 그 교만한 중에서 사로잡히게 하소서."라고 하나님께 아뢰고 자신이 직접 대적을 상대하지 않는다. 이러한 지혜가 여러분에게 충만하게 임하시기를 축원한다. 부부간에도 도망가라. 또 상대가 도망가면 쫓아가서 공격하지 마라. 그냥 거기서 끝내라. 하나님은 그것을 원하신다. 하나님은 어디로 도망가라고 하시는가? 피난처 되시는 하나님께 도망가라고 하신다.

16절을 보라. "주는 나의 요새이시며 나의 환난날에 피난처심이니이다."라고 말씀한다. 실제로 이스라엘에는 도피성이 있었다. 우발적으로 살인한 사람은 그곳으로 피했다.(민35:9-34) 각 지파에 하나씩 두어서 보호하였다. 그리고 제단의 뿔이 있었다. 피의 보복에서 안전을 위해 성전에 들어가 제단의 뿔을 잡았다.(아도니야, 요압 등-왕상1:50-53,2:28-34)

우리의 영원한 피난처는 천국이다. 그러나 이 땅에서도 우리는 피난처를 찾아야 한다. 바로 하나님의 성전이다. 거기서 주님께 피하고 주님을 찬양하고, 주님께 영광을 돌려야 한다. 사울처럼 분노하며 이를 갈며 악한 마음으로 상대를 찾아다니는 사람이 아니라, 다윗처럼 피난처 되신 주님께 피하며 거기서 하나님을 찬양하며 예배하는 슬기로운 하나님의 백성들이 되시기를 주님의 이름으로 축원드린다.

실패 중에 소망의 주를 바라보라

'수산에둣'에 맞춘 노래라는 것은 '언약의 백합'이라는 뜻을 가진 곡조 이름이다. 시편 60편은 구약 삼하8:3-14절(혹은 대상 18장)에 있는 아람, 에돔 연합군과의 전쟁을 배경으로 하고 있다.

하지만 그 내용은 다윗이 패배하는 내용이 아니라 승리하는 내용이다. 하나님의 종 다윗은 블레셋, 모압을 쳐서 그들로 땅에 엎드리게 한다. 그리고 소바 왕 하닷에셀과 그를 도우려고 온 다메섹의 아람 사람들을 다 물리치고 그들을 종으로 만든다. 이러한 모든 것을 삼하8:6절에서는 "다윗이 어디로 가든지 여호와께서 이기게 하시니라."고 말씀한다. 그렇다. 당시 다윗은 한마디로 승승장구하였다. 그러나 처음부터 승리가 주어진 것은 아니다. 이 시를 쓸 때의 다윗은 밀리기도 했고, 패하기도 하였다. 그러므로 본문은 전쟁 중 일시적으로 어려움을 당했을 때 기록한 내용으로 볼 수 있다.

1절에서 그는 "주께서는 우리를 버려 흩으셨고 분노하셨다."고 고백한다. 3절에서는 "주께서 주의 백성에게 어려움을 보이시고 비틀거리게 하는 포도주를 마시게 하셨다."고 말씀한다. 하나님은 결국 승리를 주실 거면서 왜 이러한 실패와 어려움을 겪게 하시는 것인가?

어린 외아들을 둔 부부가 있었다. 어느 날 약속을 어긴 아들에게 아버지가 말했다. "다시 한 번 약속을 어긴다면 그때는 추운 다락방에 가두어 버릴 거야!" 그러나 아들은 또다시 약속을 어겼다. 아버지는 아들을 다락방에 가두고 밖에서 문을 잠갔다. 그날 밤은 유난히 눈보라가 몰아치고

219

기온이 떨어져 매우 추웠다. 부부는 잠을 이루지 못하고 뒤척였다. 조금 있으려니 아내가 슬그머니 일어났다. 그러자 남편은 "당신 마음은 아프겠지만 그 애를 지금 다락방에서 데려오면 앞으로 우리의 말을 절대 듣지 않을 거요." 하고 말했다. 결국 아내는 다시 주저앉았다.

잠시 후, 남편이 "화장실 좀 다녀오리다." 하며 나갔다. 남편은 화장실에 가는 척하면서 다락방으로 올라갔다. 아들은 추운 다락방의 딱딱한 바닥에서 이불도 없이 웅크린 채 잠들어 있었다. 아버지는 말없이 그 옆에 누워 아들에게 팔베개를 해주고 꼭 안아주었다. 자다가 문득 눈을 뜬 아들은 자신을 안고 잠들어 있는 아버지를 보고 깜짝 놀랐다. 아버지는 아들이 조금이라도 덜 춥도록 창문 틈으로 들어오는 찬바람을 등으로 막고 있었다. 이때 아들은 크게 결심하고 자신의 잘못을 뉘우쳤다.

이런 아버지의 마음이 바로 하나님의 마음이라는 것을 기억하시기 바란다. 지금 시인이 어려움을 겪고 휘청거리는 것은 자신의 잘못으로 인하여 하나님이 분노하셨기 때문이다. 하지만 내가 회개하고 하나님을 기쁘시게 하면 하나님은 언제든지 나의 편이 되어 주신다. 시인에게는 그런 믿음이 있었다.

우리의 삶의 현장도 마찬가지다. 내가 돈이 없어서 사업이 잘 안 되고, 내가 판단을 잘못하여 어려움을 겪는다고 생각하지만 배후에서 하나님께서 우리를 통치하고 계시다는 것을 기억하시기 바란다. 그리고 우리의 삶을 뒤돌아보면서 잘못된 것은 고치고, 하나님의 주권을 인정하고 하나님께 감사하는 여러분이 되시기 바란다.

홍해바다를 누가 건너게 하셨는가? 여리고성을 누가 무너뜨리셨는가? 삼상 2:6-7절에서는 "여호와는 죽이기도 하시고 살리기도 하시며 스올에 내리게도 하시고 거기에서 올리기도 하시는도다. 여호와는 가난하게도 하시고 부하게도 하시며 낮추기도 하시고 높이기도 하시는도다."고 선포한다.

세상에서는 이를 운명이라고 한다. 그러나 운명이 아니라 하나님의 주권이다. 우리의 생명과 사업과 모든 생사화복을 주장하시는 하나님께 인정받는 여러분이 되시기를 주님의 이름으로 축원한다. 이 부분에 대하여 시인은 4절에서 "주를 경외하는 자에게 깃발을 주시고 진리를 위하여 달게 하셨나이다."라고 고백한다. 승리의 깃발은 주를 경외하는 자가 받는다고 하는 것이다. 마6:33절은 "너희는 먼저 그의 나라와 그의 의를 구하라. 그리하면 이 모든 것을 너희에게 더하시리라."고 말씀한다.

5-12절에서는 하나님만을 의지하는 모습을 볼 수 있다. 믿음의 눈으로 보면 길르앗도 므낫세도 내 것이며, 에브라임도 내 머리의 투구요, 유다는 나의 규이다. 이는 온 이스라엘이 하나님의 강력한 군사력과 더불어 하나님이 세우신 왕을 통하여 지키시고 다스리시는 나라라는 것을 천명하는 것이다. 이에 모압은 나의 목욕통이라, 에돔에는 나의 신발을 던지리라, 블레셋아 나로 말미암아 외치라. 이는 저런 나라들은 나의 발을 씻는 그릇이요, 신발을 던진다는 것은 소유가 내 것이라는 것이요(룻4:7) 여호와의 이름을 두려워하여 외쳐 부르게 하실 것이라는 믿음의 선언이다. 12절에서는 "우리가 하나님을 의지하고 용감하게 행하리니 그는 우리의 대적을 밟으실 이심이로다."라고 하였다.

구구절절 온전히 하나님만을 의지하는 내용들이 아닌가? 오늘도 하나님의 주권을 인정하고 우리의 삶을 뒤돌아보면서 온전한 믿음으로 승리하는 여러분이 되시기를 축원드린다.

벼랑 끝 기도의 특권

고인이 되신 부산 수영로교회를 담임하셨던 정필도 목사님은 교회에 어려움이 있을 때 일부러 높은 산에 혼자 올라가 벼랑 끝에 앉아서 목숨을 건 기도를 드리셨다고 한다. 이때 졸면 떨어져 죽을 수도 있고, 강한 바람이 갑자기 불어도 떨어져 죽을 수 있었다. 이렇게 벼랑 끝 기도를 드릴 때에 하나님께서는 자신의 기도에 응답해 주셨고, 선한 길로 인도하셨다고 고백했다.

본문의 시인도 마음이 약해졌을 때 벼랑 끝 기도로 하나님께 나아갔다. 본문 2절에서 "내 마음이 약해질 때에 땅끝에서부터 주께 부르짖으오리니 나보다 높은 바위에 나를 인도하소서."라고 고백한다. 여기서 땅끝이 벼랑 끝은 아니지만 4절과 관련시켜 보면 성전에서 가장 멀리 떨어진 곳이요, 엄청난 고난 가운데서 죽음의 위협을 느끼는 상태를 말한다. 그리고 '높은 바위'는 다윗 자신이 대적의 군사적 위협으로부터 절박한 가운데 피할 수 있는 안전한 곳을 말한다. 그러므로 우리가 벼랑 끝에 몰렸을 때 바라보아야 할 높은 바위는 무엇일까? 바로 우리 주 예수 그리스도이시다. 그분은 우리를 높은 곳으로 인도하실 능력의 주요, 하나님이시다.

그렇다면 어떻게 예수 그리스도라는 바위 위로 올라갈 수 있을까? 그분의 영, 성령님의 인도하심을 받아야 한다. 롬8:26절을 보면 이렇게 약속하신다. "이와 같이 성령도 우리의 연약함을 도우시나니 우리는 마땅히 기도할 바를 알지 못하나 오직 성령이 말할 수 없는 탄식으로 우리를 위하여 친히 간구하시느니라." 이처럼 벼랑 끝에서, 땅끝에서 하나님께 매달리는 처절한 기도는 하나님의 마음을 감동시킨다. 시인은 더 이상 나아갈 수 없는 한계점에서 고통과 신음을 토해낸다. 그리고 3절과 같이 "주는 나의 피난처시요, 원수를 피하는 견고한 망대."라고 고백한다.

우리는 기도함으로 피난처 되신 하나님의 날개 아래 숨어야 한다. 시인은 4절에서 "내가 영원히 주의 장막에 머물며 내가 주의 날개 아래 피하고 싶나이다."라고 말한다. 시인은 진정한 안전과 보호가 하나님이 계시는 성전 안에 있다는 사실을 너무나 잘 알고 있었다. 여기서 그는 자신의 기도에 응답해 주실 것을 믿으며 주님을 향한 찬양의 제사를 드린다.

인생을 살아가면서 어려움과 위기를 겪지 않는다고 한다면 그것은 거짓말이다. 심지어 돈 많고 잘먹고 잘사는 사람도 위기를 당하게 하신다. 이때 시50:15절의 말씀을 기억하라. "환난날에 나를 부르라. 내가 너를 건지리니 네가 나를 영화롭게 하리로다." 벼랑 끝 위기를 당했을 때 하나님을 찾으시기 바란다. 하나님께 엎드려 부르짖기 바란다. 그리스도인으로서 낙심될 때 우울증에 걸리거나 방안에서 낙심만 하고 있는 것은 결코 성경적이 아니다. 하나님의 말씀을 붙들고 일어나야 한다. 시42:5절의 말씀을 붙들어야 한다. "내 영혼아, 네가 어찌하여 낙심하며 어찌하여 내 속에서 불안해하는가. 너는 하나님께 소망을 두라. 그가 나타나 도우심으로 말미암아 내가 여전히 찬송하리로다." 그렇다. 환난을 당해도, 벼랑 끝에 처해도 믿음으로 말씀을 붙들고 하나님께 감사하고 찬양하는 자가 진정으로 복된 자요, 승리자가 될 줄 믿으시기 바란다.

이때 하나님께서는 우리의 마음속에 응답의 표시로, 하나님을 향한 거룩한 서원과 결단을 하게 되는 놀라운 역사가 나타난다. 5절을 보라. 시인은 하나님께 자신의 서원을 들어 달라고 한다. 주의 이름을 경외하는 자가 얻을 기업을 주셨기 때문이다. 그렇다. 믿음의 세계는 이러한 비밀이 있다. 위기 때에 하나님께 기도하고 응답받으면, 그다음에는 하나님께 헌신이 나타나고 서원이 나타난다.

다윗은 이러한 헌신을 위해 6-7절에서 하나님께 자신이 장수하기를 기도한다. 하나님의 인자와 진리로 보호해 달라고 간구한다. '인자와 진리'는 '하나님의 언약적 사랑과 신실하심'을 나타내는 표현이다. 이는 하나님께서 자신에게 주신 사명을 잘 감당하고 마지막에는 왕위를 견고케 하시겠다는 하나님의 언약을 이루기 위해 왕위를 원만히 솔로몬에게 넘겨주고 싶어서이다. 이에 대하여 하나님께서는 삼하7:16절에서 선지자 나단을 통하여 "네 집과 네 나라가 내 앞에서 영원히 보전되고 네 왕위가 영원히 견고하리라 하셨다 하라."고 약속하셨다. 다윗은 위기 때 이 언약의 말씀을 끝까지 붙들고 기도한 것이다. 이처럼 사명이 있는 자는 결코 죽지 않는다. 죽으면 하나님이 손해를 보시기 때문이다.

8절에서는, 하나님께서 나의 기도를 들으시고 나를 회복시켜 주신다면 내가 지금 서원한 것을 이행하고 영원히 주의 이름을 찬양하겠다고 고백한다. 이는 조건이 아니다. 확신에 찬 헌신의 고백이다. 이 고백이 오늘을 사는 여러분의 고백이 될 수 있기를 바란다.

이처럼 기도와 서원은 함께 가는 것이다. 기도와 감사도 함께 가는 것이다. 기도와 찬양도 함께 가는 것이다. 다윗처럼 악착같이 하나님을 향한 사명이 나의 생명과 건강을 유지하도록 전심으로 부르짖고 기도하며 나아가시기를 주님의 이름으로 축원드린다.

성도의 위기관리 능력

우리는 누구나 인생을 살아가면서 예기치 않은 위기를 만난다. 그리스도인이라고 예외는 아니다. 시편 62편은 다윗을 통해 어떻게 위기관리를 해야 하는가를 잘 가르쳐주고 있다.

첫째, 위기의 주도권을 하나님께 맡겨야 한다. 우리가 위기를 당하면 대개 나의 지식, 건강, 물질, 인맥 등이 먼저 떠오른다. 그러나 다윗은 가장 먼저 하나님을 떠올렸다. 1-2절을 보라. 평소에 많이 듣던 찬양 가사이다. "나의 영혼이 잠잠히 하나님만 바람이여, 나의 구원이 그에게서 나오는도다. 오직 그만이 나의 반석이시요, 나의 구원이시요, 나의 요새이시니 내가 크게 흔들리지 아니하리로다." 다윗은 위기를 당했을 때 흔들리지 않고 모든 문제를 하나님께 넘기는 믿음을 보여주고 있다. 이러한 믿음이 바로 5-6절의 고백이다. "나의 영혼아, 잠잠히 하나님만 바라라. 무릇 나의 소망이 그로부터 나오는도다. 오직 그만이 나의 반석이시요, 나의 구원이시요, 나의 요새이시니 내가 흔들리지 아니하리로다."

사실 이러한 믿음을 소유하기는 쉽지 않다. 그러나 생각해 보면 이 말씀이야말로 정말 진리이다. 왜냐하면 나의 창의력과 아이디어가 10개라면 하나님은 1,000개, 10,000개를 보유하고 계시지 않는가. 잠3:5-6절에 "너는 마음을 다하여 여호와를 신뢰하고 네 명철을 의지하지 말라. 너는 범사에 그를 인정하라. 그리하면 네 길을 지도하시리라."고 말씀한다.

둘째, 하나님께 자신의 사정을 정직하게 아뢰어야 한다. 본문 7-8절에서는 "나의 구원과 영광이 하나님께 있음이여, 내 힘의 반석과 피난처도 하나님께 있으니, 백성들아, 시시로 그를 의지하고 그의 앞에 마음을 토하라. 하나님은 우리의 피난처시로다."라고 말씀한다. '시시로'는 '항상, 언제든지'라는 뜻이다. 그러므로 언제든지 하나님 앞에 나아가 그분께 너의 속마음을 다 털어놓으라는 것이다. 내 이성, 내 경험, 내 지식, 내 고집, 내 생각을 포기하고 하나님께 내려놓으라는 것이다.

사무엘의 어머니 한나가 자식이 없어 말할 수 없는 근심 중에 있을 때 어떻게 했는가? 하나님의 성전에 나아가 그 마음을 모두 하나님께 토해냈다. 이 모습이 얼마나 간절했으면 마치 술취한 사람처럼 보여서 엘리 제사장이 "네가 언제까지 취하여 있겠느냐. 포도주를 끊으라."고 했겠는가.(삼상1:12-14) 렘29:13절을 보라. 주님은 "너희가 온 마음으로 나를 구하면 나를 찾을 것이요 나를 만나리라."고 약속하셨다. 빌4:6절에서는 "아무것도 염려하지 말고 다만 모든 일에 기도와 간구로, 너희 구할 것을 감사함으로 하나님께 아뢰라."고 말씀하셨다.

그렇다면 하나님 앞에 나아가 얼마 동안 기도하면 될까? 일주일 금식기도? 한 달 새벽기도? 지금 시인의 상황은 어떠한가? 3-4절에 보면 자신이 넘어지는 담과 흔들리는 울타리 같다고 표현한다. 적들이 자신을 높은 곳에 올려놓고 흔들어 떨어뜨려 죽이려고 한다는 것이다. 9-10절에 의하면, 이러한 때임에도 불구하고 다윗은 하나님 앞에 기도하기를 자신과 자신을 죽이려고 흔드는 대적들 모두가 하나님 앞에 입김보다 가볍다고 선포한다. 어떠한 속임수나 포악이나 재물에 마음 두지 말고 하나님 앞에 겸손하라는 것이다. 11절에서 말씀한 바와 같이, 권능은 하나님께 속하기 때문이다. 그러므로 그 정도의 마음을 회복할 때까지 자신을 토해내며 기도하면 된다.

암병동에서 야간 근무를 했던 어느 간호사의 이야기이다. 새벽 5시쯤 갑자기 병실에서 호출벨이 울려 달려가 보니 가장 오래 입원하고 있던 환자가 사과 한 개를 내밀면서 깎아 달라고 부탁을 하였다. 그 옆에는 간병하던 환자의 아내가 잠들어 있었다. 그 모습을 본 간호사는 좀 짜증이 났다. 그래서 "이런 것은 보호자에게 부탁해도 되지 않나요?" 했더니 환자는 그냥 좀 깎아 달라고 하였다. 간호사는 할 수 없이 대충 깎아 주었다. 그러자 이제는 먹기 좋게 잘라 달라는 것이다. 정말 화가 났지만 참고 반을 뚝 잘랐다. 그랬더니 좀 더 예쁘게 잘라 달라고 하는 게 아닌가. 꾹 참고 사과를 좀 더 작은 조각으로 잘라놓은 뒤 서둘러 병실을 나왔다.

얼마 후 그 환자는 세상을 떠났다. 며칠 뒤 장례를 치른 그의 아내가 수척한 모습으로 간호사를 찾아왔다. "간호사님, 사실 그날 새벽에 사과 깎아 주셨을 때 저도 깨어 있었습니다. 그날이 저희 결혼기념일이었는데 아침에 남편이 결혼기념일 선물이라며 깎은 사과를 담은 접시를 주더군요. 제가 사과를 참 좋아하는데 남편은 손에 힘이 없으니 깎아 줄 수가 없어서 간호사님께 부탁했던 것입니다. 저를 깜짝 놀라게 하려던 남편의 마음을 지켜주고 싶어서 간호사님이 바쁜 줄 알면서도 모른 척하고 누워 있었어요. 혹시 거절하면 어쩌나 하고 가슴을 졸였는데 그날 사과를 깎아 주셔서 정말 고마웠습니다."라고 인사를 하는 것이었다. 간호사는 차마 고개를 들 수 없을 정도로 미안했다. 그 가슴 아픈 노부부의 사랑 앞에 무심했던 자신의 행위가 미안해서 눈물이 쏟아졌다. 그러자 보호자는 "간호사님, 남편이 제게 마지막 선물을 하고 떠날 수 있게 해 줘서 고마웠어요."라고 위로해 주었다.

인생 별거 아니다. 그러므로 아무리 세상이 험하고 삭막하고 바쁘게 돌아가며 위기를 만나도 하나님을 가까이하며 쉼과 여유를 찾으시기 바란다. 인생은 아침 안개와 같기 때문이다.

광야에서 찬양하는 믿음

시편 63편 말씀은 다윗이 아들 압살롬에게 쫓겨 유대 광야로 추방되었을 때 성전을 사모하며 지은 시이다. 성전의 갖추어진 제사보다 메마른 광야에서 간절한 마음으로 하나님을 바라는 것이 진정한 제사가 될 수 있다는 것을 보여준다.

많은 사람들은 이원화된 신앙생활을 하고 있다. 나도 젊었을 때는 이원화된 신앙이었다. 교회에 가면 누구보다 하나님께 진실하게 예배드리는 것 같다. 하지만 직장생활 속에서는 말처럼 쉽지 않았다. 특히 군대생활을 할 때는 고참들 눈치보느라 쉽지 않았다. 그래서 날마다 갈등 속에서 일기장과 싸우며 힘든 신앙생활을 한 기억이 생생하다.

하지만 사우디에서 생활할 때는 몸은 비록 피곤하고 가족과 떨어져 있었지만, 그리스도인으로서 다윗이 광야에서 제사를 지내는 마음이 무엇인지를 이해할 수 있었다. 우선 사우디에는 술 문화가 없는 것이 건설인으로서 가장 좋았다. 또한 휴일에는 현장이 모두 쉬기 때문에 교회에서 예배드리는 데 전혀 지장이 없었다. 그래서 주말 저녁에는 신앙 동료들끼리 사막에 나가 비닐을 깔고 밤새워 새벽이슬을 맞아가며 기도할 수 있었다. 밤새도록 함께 기도하며 찬양할 때는 진정한 영혼의 만족과 행복을 누릴 수 있었다.

시인은 1절에서 "하나님이여, 주는 나의 하나님이시라. 내가 간절히 주를 찾되 물이 없어 마르고 황폐한 땅에서 내 영혼이 주를 갈망하며 내 육체가 주를 앙모하나이다."라고 고백하고 있다. 2절에서는 성소에서 주의 권능과 영광을 경험했던 때를 회상하고 있다. 심지어 6절에서는 나의 침상에서 주를 기억하며 새벽에 주의 말씀을 작은 소리로 읊조리며 하나님을 찬송한다고 고백하고 있다.

시편 1편에서 우리는 복 있는 사람이 누구인지를 배웠다. 시1:2절에서 복 있는 사람은 오직 여호와의 율법을 즐거워하며 그 율법을 주야로 묵상하는 자라고 가르쳐 주었다. 여기서의 묵상하는 자는 바로 다윗처럼 입술로 주의 율법을 읊조리며 찬양하는 자를 말한다. 그러므로 하나님께 드리는 예배는 우리의 장소에 관계없이 오직 하나님이 계신 성전, 하나님의 법궤를 바라보는 것을 말한다. 여러분의 삶의 현장이 다윗처럼 예배 처소가 되기를 주님의 이름으로 축원한다.

본문 3-4절에서는 우리가 하나님을 예배하고 찬송할 제목이 무엇인지를 가르쳐 준다. "주의 인자하심이 생명보다 나으므로 내 입술이 주를 찬양할 것이라. 이러므로 나의 평생에 주를 송축하며 주의 이름으로 말미암아 나의 손을 들리이다." 우리는 무엇 때문에 하나님께 예배하는가? 주의 인자하심이, 주의 자비하심이, 주의 은혜와 사랑이 감사해서 드리는 것이다. 우리는 아담과 하와의 죄로 말미암아 어떠한 경우에도 하나님께 나아갈 수 없었다. 오직 대제사장이신 예수 그리스도를 이 땅에 보내셔서 그의 십자가를 통하여, 예수 그리스도의 이름을 통하여 담대하게 하나님께 예배하며 찬양할 수 있는 특권을 우리에게 주신 것이다. 그러므로 이 은혜가 나의 생명보다 낫다고 시인은 고백하고 있다.

그러므로 우리는 예배를 드리기 전에 하나님의 인자하심과 은혜와 사랑에 깊이 감사해야 한다. 나 같은 죄인을 살리려 육신의 옷을 입으시고 이 땅에 오신 주님을 새롭게 묵상하시기 바란다. 특히 11월은 추수감사의 계절이다. 진정한 감사로 시인이 5절에서 고백한 대로 골수와 기름진 것을 먹음과 같이 내 영혼이 춤을 추며 입술로 주를 찬송하는 감사의 영으로 충만한 날이 되시기 바란다.

이러한 자들에게 하나님이 주시는 복이 무엇인가? 8-10절을 보라. 이처럼 주를 가까이 따르는 자는 주의 오른손이 그를 붙들어 주심으로 자신을 멸하려고 쫓아오는 모든 악한 권세, 사탄 마귀는 땅 깊은 곳에 들어가며 자신을 공격하는 모든 칼의 세력은 승냥이 혹은 여우의 밥이 된다고 하였다. 이는 비유법을 쓴 것이다. 그렇다면 그 의미는 무엇인가? 주님을 가까이 따르면 악한 사탄에게 넘어지지 아니하며 믿음 안에서 든든히 서서 나아갈 수 있다는 말씀이다.

하나님은 장소에 관계없이 우리의 삶으로 드리는 예배를 받으신다. 그러므로 롬12:1절에 "그러므로 형제들아, 내가 하나님의 모든 자비하심으로 너희를 권하노니 너희 몸을 하나님이 기뻐하시는 거룩한 산 제물로 드리라. 이는 너희가 드릴 영적 예배니라."라고 말씀하신다.

여러분이 거하는 모든 곳이 하나님께 예배를 드리는 성소가 될 수 있기를 축복한다. 하나님의 은혜가 감사하기 때문에, 주의 인자하심과 자비하심이 하늘보다 크기 때문에 삶이 예배가 되시기 바란다. 하나님의 은혜를 감사하는 것만큼 풍성한 삶을 살 수 있다는 것을 기억하시기 바란다. 하나님은 이러한 자들을 책임져 주신다고 약속하신다. 여러분을 넘어뜨리려고 하는 모든 악한 권세는 승냥이와 여우의 밥이 될 것이다. 삶으로 드리는 예배에 성공하시기를 주님의 이름으로 축원한다.

악인의 혀와 하나님의 보호하심

시편 64편은 악한 자들이 음모를 꾀하고 독한 말로 남의 마음에 상처 주고, 남을 넘어뜨리려고 하는 갖은 묘책을 꾸미는 것에 대하여 말씀하고 있다. 이러한 자는 하나님의 심판을 견디지 못할 것이요, 이들에게 고통을 받았던 자들이 결국에는 하나님 앞에서 자랑이 된다는 것이다.

그렇다면 이러한 말씀이 우리에게 주는 메시지는 무엇인가?

성도는 원수로 인하여 많은 고생을 하지만 이것도 하나님의 은혜가 될 수 있다는 것이다. 이 세상에서 원수가 없다면, 성도는 방심하여 신앙생활에 해이해질 것이기 때문이다. 인간은 방해자로 말미암아 퇴보함보다는 발전하는 일이 많다. 지방에서 서울로 살아 있는 물고기를 싣고 올라올 때 천적이 되는 물고기를 몇 마리 넣어가지고 온다고 한다. 방심하지 않게 하기 위해서이다. 결국 한두 마리는 천적에게 잡아먹히지만 나머지는 정신을 차리고 있기 때문에 거의 죽지 않는다.

누군가를 통하여 마음고생을 하고 있는가? 하나님 앞에서 원망과 불평을 하지 말라. 하나님께서 여러분을 훈련시키기 위해서 그런 것이다. 정신을 차리고 오히려 하나님께 감사하는 여러분 되시기를 축원한다.

본문은 우리가 의인이라고 생각하지만 악인이 될 수도 있다는 경고의 말씀을 하고 있다. 성도의 원수는 불신자 중에서 일어나는 것이 아니라 신자란 이름을 가진 무리 중에서 일어난다. 예수님을 죽인 사람은 다름 아닌 예수님의 제자였던 가룟 유다였다. 요16:1-2절에서는 "내가 이것을 너희에게 이름은 너희로 실족하지 않게 하려 함이니 사람들이 너희를

231

출교할 뿐 아니라 때가 이르면 무릇 너희를 죽이는 자가 생각하기를 이것이 하나님을 섬기는 일이라 하리라."고 말씀한다. 교회 안에서 진짜 신실한 성도인데 그를 출교할 뿐만 아니라 출교한 자들이 말하기를 이것이 하나님을 섬기는 일이라고 말할 수도 있다는 것이다. 그러므로 우리는 항상 주의하는 마음을 가져야 한다. 우리는 한솥밥을 먹으면서 가룟 유다의 입장이 될 수도 있고 예수님의 자리에 있을 수도 있다. 오늘도 두렵고 떨리는 마음으로 살 수 있기를 바란다.

악한 자의 특징은 무엇인가? 2절의 '음모', 3절의 '독한 말', 4절의 '두려워하지 않음', 5절의 '악한 목적으로 올무를 놓음', 6절의 '죄악의 묘책을 꾸밈' 등이다. 특히 악한 자들은 말로 현혹한다. 잠18:8절에 "남의 말하기를 좋아하는 자의 말은 별식과 같아서 뱃속 깊은 데로 내려가느니라."고 경고하였다. 무엇보다도 5절을 보라. "남을 넘어뜨리는 자들은 악한 목적으로 서로 격려하며 남몰래 올무 놓기를 함께 의논하고 하는 말이 누가 우리를 보리요 한다."는 것이다. 한마디로 악한 사람들은 무리짓기를 좋아하며 악한 짓을 위해 단결한다는 것이다. 옛날의 헤롯과 빌라도가 예수님을 죽이기 위해 친구가 된 것과 같다.

우리가 뒤에서 남의 험담을 한다든지 근거 없이 비판한다든지 함부로 원망과 불평을 했을 때 결과적으로 하나님의 심판을 받게 된다. 이때 우리도 악한 자가 될 수 있기 때문이다. 그러므로 함부로 남을 비판하지 말아야 한다. 마7:1-2절에 "비판을 받지 아니하려거든 비판하지 말라. 너희가 비판하는 그 비판으로 너희가 비판을 받을 것이요, 너희가 헤아리는 그 헤아림으로 너희가 헤아림을 받을 것이니라."라고 하였다.

나는 몇 년 전 성지순례를 갔을 때 튀르키예(터키)에서 특이한 문화를 하나 발견하였다. 그 나라는 집은 허술한데 집들의 창문이 한결같이 모두 깨끗하였다. 이는 그 나라의 문화가 창문이 깨끗지 않으면 그 집 사람은 게으르다는 비난을 받기 때문이란다. 우리도 남탓을 하기 전에 내 마음의 창문을 깨끗하게 닦아야 한다. 우리가 크게 잘못하는 것 중의 하나가 무엇인가? 자기의 마음을 닦지 않고 남의 행동을 함부로 평가한다는 것이다.

이들에게 남은 것이 무엇인가? 하나님의 심판이다. 7절에서는 하나님의 심판을, 하나님이 그들을 향해 화살을 쏘시는 것으로 묘사한다. 이는 곧 그들의 혀가 그들을 해하게 되는 것이다. 하나님께서 악인들을 자기의 함정에 빠지게 하신다는 뜻이다. 8절에서는 그들을 화살에 엎드러뜨리며, 그들을 보는 자가 머리를 흔들고 다 도망하게 될 것이라고 말씀하신다.

하나님의 심판이 임했을 때 사람들이 무엇을 깨닫게 되는가? 9절을 보라. "모든 사람이 두려워하여 하나님의 일을 선포하며 그의 행하심을 깊이 생각하리로다." 심판을 당하게 될 때에야 자신의 잘못을 깨닫고 뉘우치게 된다는 것이다. 그러나 이때는 하나님의 심판이 이미 임했기 때문에 늦어버렸다. 오히려 이때는 의인들이 즐거워하며, 더욱 하나님께 피하며, 의지하게 되며, 결국 하나님의 자랑이 되는 것이다.

우리는 자신의 힘으로 악인들의 간책에서 벗어나기 힘들다.

시인은 1절에서 이렇게 고백하였다. "하나님이여, 내가 근심하는 소리를 들으시고 원수의 두려움에서 나의 생명을 보존하소서." 오직 나의 입술에 파수꾼을 세워 하나님께만 기도하며 보호와 위로를 받으시고 승리하는 여러분 되시기를 주님의 이름으로 축원드린다.

하나님의 복을 누리는 자

여러분은 "내가 복을 받았다." 하는 것을 무엇으로 말할 수 있는가? 돈이 많으면 복을 받은 것이다, 건강하면 복을 받은 것이다, 그것밖에 없는가? 아니다. 정신적으로 부요하고, 사회적으로 부요하고, 심리적으로 부요하고, 무엇보다 영적으로 부요할 때 우리는 행복하다고 말할 수 있다.

이것을 크게 내적인 복과 외적인 복으로 나눌 수 있다. 돈은 외적인 복이다. 마음의 기쁨은 내적인 복이다. 나의 목회 비전은 모든 성도들이 행복해지는 것이다. 그러므로 교회에 봉사만 잘하는 것을 원치 않는다. 세상에서 성공하는 것과 균형이 있기를 바란다. 세상에서 사업만 잘하는 것도 원치 않는다. 교회에서 봉사도 잘하고 헌신도 잘해야 한다. 이것이 바로 균형 있는 그리스도인의 삶인 것이다.

본문은 시인의 내적인 복과 외적인 복을 함께 이야기하고 있다. 예수님은 요10:10절에서 "내가 온 것은 양으로 생명을 얻게 하고 더욱 풍성히 얻게 하려는 것이라."고 말씀하셨다. 하나님을 믿는 백성들은 십자가로 인하여 새 생명을 소유할 뿐만 아니라, 세상의 삶도 부요하고 풍성해야 된다.

내적인 복이란 무엇인가? 1절에 의하면, 하나님을 찬송하는 것이다. 그 마음이 기뻐 하나님께 서원을 하고 그 서원을 이루어 드리는 것이다. 하나님을 믿는 자는 하나님께 무엇을 드리고자 하는 헌신, 그것도 약속으로 나아가는 서원이 있어야 한다. 그로 인한 찬송이 있어야 한다. 그러므로 성도는 비전에 사는 사람들이다. 빌2:13절에 "너희 안에서 행하시는 이는 하나님이시니 자기의 기쁘신 뜻을 위하여 너희에게 소원을 두고 행하게 하시나니."라고 말씀한다. 하나님이 주시는 소원과 비전으로 말미암아 찬송과 헌신으로 나아가게 되시기를 축원한다.

2절의 내적인 복은 기도하는 삶을 가리킨다. "기도를 들으시는 주여, 모든 육체가 주께 나아오리이다." 허공을 치는 기도가 아닌, 하나님이 응답하시는 기도, 또한 하나님의 음성을 듣는 기도가 기도하는 사람이 누리는 진정한 복이다. 이 세상의 훌륭한 인간과 교제하는 것도 말할 수 없는 복이거늘, 하늘에 계신 하나님과 기도로 교통하는 자는 그 마음에 얼마나 큰 부요함을 누리겠는가?

3절의 내적인 복은 죄사함 받는 것을 말한다. 우리의 죄악과 허물이 예수 그리스도의 십자가로 인하여 말갛게 씻음을 받았다는 것, 그리고 삶 가운데 때로는 실수하고 죄를 짓지만 십자가의 공로로 다시 용서받고 마음의 평화를 누리게 되는 것, 그것이 진정한 내적인 복이다. 항상 스트레스 받고 골치 아프고 신경이 날카로운 자들에게 비기겠는가? 이러한 내적인 평화를 누리시기 바란다.

4절의 내적인 복은 무엇인가? 주의 뜰, 즉 성전에서 예배하는 것이다. 성전에서 주님께 나아가 영과 진리로 예배하는 복, 이것을 본문에서는 아름다움으로 만족한다고 표현한다.

이러한 자들은 5a절에서 말하듯이 성령충만하여 땅끝과 먼바다를 바라볼 수 있는 마음의 여유가 생긴다. 그리고 만물을 창조하신 창조주 하나님을 의지하고 노래하며, 하나님의 형상을 닮은 한 인간으로서 진정한 만족감을 누리게 된다.

5b-8절은 나의 모든 전쟁에서 승리하게 하신 하나님을 노래하고 있다. 우리의 삶은 생존경쟁의 연속이다. 영적 싸움은 말할 것도 없다. 여기서 마음껏 구원의 하나님을 노래하고 있다. 의를 따라 나를 엄위하시고 우리를 도우시는 하나님, 산과 바다를 다스리시는 하나님의 권능 아래서 자유와 해방을 누린다.

이러한 자는 8절에서 아침 되는 것과 저녁 되는 것을 즐거워한다. 한마디로 날마다 하나님께 감사하며 행복한 삶으로 참된 만족을 누리며 살게 된다. 시4:7절에 "주께서 내 마음에 두신 기쁨은 그들의 곡식과 새 포도주가 풍성할 때보다 더하니이다."라고 하였다.

내적으로 풍성한 여러분이 되시기를 축원한다. 새벽기도를 나오는 것만으로 받는 내적인 복이 몇 개인 줄 아는가? 찬송, 기도, 죄사함, 예배, 승리가 다 들어 있다. 새벽제단이 그렇게 중요한 것이다.

이러한 자들이 누리는 외적인 복은 무엇인가? 9절 이하에서는 놀라운 단비를 주심으로 경영하는 농사가 풍성하게 된다. 사업이 푸른 초장이 된다. 많은 양 떼들이 한가롭게 놀고 있는 모습을 보여준다. 적당한 단비로 인하여 물도 넉넉하다. 11절에서는, 주의 은택으로 한 해를 관 씌우시니 주의 길에는 기름방울이 떨어진다. 그야말로 영혼과 육체가 춤을 추며 하나님의 나라를 누리는 것이다. 13절을 보라. "초장은 양 떼로 옷 입었고 골짜기는 곡식으로 덮였으매 그들이 다 즐거이 외치고 또 노래하나이다." 이 모습이 진정으로 지상낙원이 아니겠는가? 여러분이 살고 있는 가정이, 여러분이 경영하는 사업장이 이러한 모습이 되기를 주님의 이름으로 축원드린다.

지혜로운 그리스도인의 삶

경신교회 장수희 권사님의 아들은 이율구라는 유명한 작곡가이다. 그분이 작사, 작곡한 찬송 중에 〈세상을 사는 지혜〉가 있다. 그 찬송은 이렇게 시작한다. "하늘을 볼 겨를도 없이 정신없이 세상을 살다가 마음의 먹먹함이 내 삶을 짓누를 때 그때서야 주님을 찾습니다." 한마디로 지혜가 없었던 삶을 회개하는 찬양이다.

세상에는 두 종류의 사람들이 살아간다. 한 사람은 지혜로운 사람이요, 또 한 사람은 미련한 사람이다. 옛날 다니엘에게는 비상한 지혜가 있었다.(단5:14) 그러나 아비가일의 남편 '나발'은 미련한 자의 대명사였다.(삼상 25장) 그래서 사도 바울은 엡1:17절에 에베소교회 성도들을 향하여 "우리 주 예수 그리스도의 하나님, 영광의 아버지께서 성도들에게 지혜와 계시의 영을 부어 주시옵소서."라고 간절히 기도했다.

본문은 지혜로운 그리스도인의 삶을 아주 잘 표현하고 있다. 그렇다면 어떤 사람이 지혜로운 사람일까? 하나님을 찬양하고 하나님께 영광을 돌려드리는 것을 삶의 목적으로 삼는 자가 지혜로운 자이다. 성경은 이 진리를 강조한다. 1-5절이 바로 그 내용이다. 하나님께서 우리를 창조하신 목적은 무엇인가? 하나님께 찬송과 영광을 돌리기 위함이다. 사43:21절을 보면 "이 백성은 내가 나를 위하여 지었나니 나를 찬송하게 하려 함이니라."고 하였다. 고전10:31절에서는 "그런즉 너희가 먹든지 마시든지 무엇을 하든지 다 하나님의 영광을 위하여 하라."고 말씀한다. 왜 이토록 하나님을 찬송하고 그분께 영광을 돌려야 하는가? 창조주 하나님은 나를 구원하시기 위해 놀라운 은혜와 사랑을 베풀어 주셨기 때문이다. 이 놀라운 일을 하신 하나님은 엄위하신 분이다. 엄격하고 위엄이 있으신 분이라는 것이다. 그 표현도 모자라 6절에서는 바다를 육지가 되게 하신 분, 홍해바다를 가르신 분으로 묘사하고 있다. 7절을 보라. 그러므로 하나님의 통치 앞에 교만하지 말라고 하였다. 하나님 앞에 교만하지 말고 하나님을 찬송하고 그분의 영광을 위해 열심히 살아가는 자가 참으로 지혜 있는 자인 줄 믿으시기 바란다.

하나님께서 나를 단련하시는 것과 나를 심판하시는 것을 잘 분별하는 자가 지혜 있는 자이다. 이는 정말 중요한 성경의 사상이다. 출애굽 때 광야 40년은 무엇을 의미하는가? 단련의 기간이다. 그러므로 8-9절에서 하나님은 우리가 마음껏 하나님을 찬양하며 감사하며 부요하고 풍성하게 살아가기를 원하신다고 권면한다. 10절에서 시인은 "하나님이여, 주께서 우리를 시험하시되 우리를 단련하시기를 은을 단련함같이 하셨나이다."라고 고백한다. 어느 정도로 우리를 단련하셨는가? 11절은 '그물'과 '짐'에 비유한다. 때로는 실패라는 그물에 걸리고, 질병의 그물에 걸리고, 가난의 무거운 짐이 우리를 누른다는 것이다. 그러한 짐들이 우리의 허리를 짓눌렀다는 것이요, 12절에 사람들이 우리 머리를 타고 가게 하셨다는 것은 무엇인가? 전쟁에 패배한 군인들과 생존자들이 원수의 말발굽에 짓밟히는 끔찍한 모습으로 우리의 삶이 완전히 처절하게 짓밟혔다는 뜻이다. 그러나 12b절에 이러한 불과 물을 통과하였더니 주께서 우리를 끌어내사 풍부한 곳에 들이셨다고 고백한다.

하나님의 은혜를 망각하지 않고, 하나님께 감사의 제사를 드리는 자가 지혜 있는 자이다. 이는 너무나 당연하다. 시인은 하나님께 감사의 마음을 어떻게 표출하는가? 13절을 보면 "내가 번제물을 가지고 주의 집에 들어가서 나의 서원을 주께 갚으리니."라고 한다. 한마디로 헌신이 나타나게 되는 것이다. 이 세상 사는 날까지 하나님을 위해 헌신하며 사는 여러분이 되시기 바란다. 14절에 "이는 내 입술이 낸 것이요, 내 환난 때에 내 입이 말한 것이니이다."라고 하였다. 즉 내가 어려움을 겪었을 때 "이 어려운 터널만 지나면 어떻게 하겠습니다."라고 말한 그 약속을 지키겠다는 말씀이다. 15절에서는 "내가 숫양의 향기와 살진 것으로 주께 번제를 드리리이다."라고 말한다. 그렇다. 하나님께 감사하는 자는 하나님께 감사의 제사를 드린다. 이러한 사람들은 믿지 않은 사람들을 향해 선포하며 나아간다. 16절에 "하나님을 두려워하는 너희들아, 다 와서 들으라. 하나님이 나의 영혼을 위하여 행하신 일을 내가 선포하리로다."라고 하였다. 무슨 말인가? 내가 하나님을 믿고 이렇게 복을 받았다는 것을 증언하는 삶을 살겠다는 것이다. 복음을 전하며 하나님의 영광을 드러내겠다는 것이다. 그래서 17절에 다시 "내가 나의 입으로 그에게 부르짖으며 나의 혀로 높이 찬송하였도다."라고 고백한다.

이처럼 복 받은 사람의 가장 큰 특징은 무엇인가? 18절이다. "내가 나의 마음에 죄악을 품었더라면 주께서 듣지 아니하시리라." 하나님은 거룩한 분이기 때문에 마음이 진실한 사람, 정직한 사람, 양심이 예민한 사람의 기도를 들으신다는 것이요, 겸손한 마음으로 우리 하나님께 감사와 찬송과 영광을 돌리며 살아야 한다는 것이다. 그래서 시인은 19절에 "내 기도 소리에 귀를 기울이셨도다."라고 고백한다.

이러한 지혜의 마음을 합하여 20절을 함께 읽어보자. "하나님을 찬송하리로다. 그가 내 기도를 물리치지 아니하시고 그의 인자하심을 내게서 거두지도 아니하셨도다." 이러한 고백이 지혜로 오늘을 살아가는 여러분의 고백이 될 수 있기를 주님의 이름으로 축원드린다.

세계 민족과 열방을 품으라

시편 67편의 말씀은 한마디로 '세계선교'라는 제목을 붙일 수 있다. 이처럼 세계선교에 대한 사상은 신약에만 있는 것이 아니다. 본문 2절에서는 "주의 도를 땅 위에, 주의 구원을 모든 나라에게 알리소서."라고 선포한다. 그렇다면 세계선교에 대하여 시편이 가르쳐 주는 중심 내용은 무엇인가?

세계선교는 우선적으로 내가 은혜를 받고, 이 은혜를 다른 민족과 나눈다는 것이다. 1절에서 하나님은 우리에게 은혜를 베푸사 복을 주시고 그의 얼굴빛을 우리에게 비추어 주셔서 세계 만방에 알리게 하신다. 3절에서는 세계 모든 민족들이 주를 찬송하기를 바라는 마음을 표현하고 있다. 레19:33-34절에 "거류민이 너희의 땅에 거류하여 함께 있거든 너희는 그를 학대하지 말고 너희 중에서 낳은 자같이 사랑하라."고 하셨다. 너희도 애굽땅에서 그러한 처지였기 때문이라는 것이다. 그러므로 우리는 민족을 차별하는 것이 하나님 앞에 죄악이라는 사실을 알아야 한다. 나도 사우디에서 근무할 때 가난한 나라 사람들을 학대하며 멸시하는 것을 보면서 인간의 본성이 참으로 악하다는 생각이 들었다.

오늘도 하나님의 은혜를 사모하라. 옛날 다윗은 자기를 죽이려는 사울왕의 병력 3,000명이 동원되었을 때 시57:1절에서와 같이 오직 하나님만 바라보며 "하나님이여, 내게 은혜를 베푸소서. 내게 은혜를 베푸소서. 내 영혼이 주께 피하되 주의 날개 그늘 아래에서 이 재앙들이 지나기까지 피하리이다."라고 생명을 걸고 기도했다. 선교는 이런 마음을 전제로 시작되는 것이다. 내가 먼저 은혜가 충만하고 충만함으로 다른 민족과 열방을 긍휼히 여기는 마음이 없다면 나가서 복음을 전할 수 없다. 그러나 내가 은혜가 충만하면 낯선 곳에 가서 문화충격을 받더라도 자기를 훈련시켜 그들과 같은 문화를 익힐 수 있다. 그들의 언어를 배우고, 그들의 음식을 먹으며, 그들의 몸에 익숙한 문화에 적응하려고 최선을 다하면서 기쁨과 사명으로 충만하게 되는 것이다.

그다음에는 세계선교에 대한 동기를 분명하게 가르쳐 주신다. 선교의 동기가 무엇인가? 3-5절을 보면, 모든 민족들이 하나님을 찬송케 하기 위해서이다. 온 백성이 기쁘고 즐겁게 하나님을 찬송하고 노래하도록 하기 위함이다. 하나님께서 우리를 이 세상에 보내신 근본 목적이 무엇인가? 사43:21절에서 "이 백성은 내가 나를 위하여 지었나니 나를 찬송하게 하려 함이니라."고 말씀한다. 우리는 하나님을 찬송하기 위하여 태어난 사람들이다. 그러므로 외국 사람들에게 하나님의 복음을 전하는 목적이 무엇인가? 하나님을 찬송하는 자로 만들기 위함이다. 이는 한마디로, 하나님 중심의 신본주의를 뜻한다.

선교의 동기는 나 자신이나, 나의 나라를 위함이 아니다. 즉 그들의 영혼이 지옥에 간다는 것만이 선교의 동기가 되어서는 안 된다는 것이다. 그것도 인본주의가 될 수 있기 때문이다. 그 중심을 하나님께 두어야 한다. 즉 그들이 예수를 믿지 않으면, 하나님께서 그들을 통하여 찬송을 받지 못하실 것이 아닌가? 그것을 안타까워해야 한다는 말씀이다. 이는 전도에서도 마찬가지로 적용된다. 그들의 영혼이 지옥에 가는 것은 불쌍하다. 그러나 더 중요한 것은 그들이 하나님을 찬송하지 않기 때문에 답답해해야 한다. 이러한 사상이 분명해야 나 자신이 먼저 하나님께 찬송을 드리는 자로 훈련을 해 나갈 수 있다.

이러한 세계선교의 바람직한 결과는 무엇인가? 6-7절을 보라. "땅이 그의 소산을 내어주었으니 하나님 곧 우리 하나님이 우리에게 복을 주시리로다. 하나님이 우리에게 복을 주시리니 땅의 모든 끝이 하나님을 경외하리로다." 땅이 그의 소산을 내어주었다는 말은 선교사 자신에게 임할 영적 축복을 말한다. 그러므로 선교하면 내가 복을 받는다. 선교하면 내가 기쁘고 즐겁다. 선교하면 내가 행복해지는 것이다. 이것이 선교의 원리이다. 선교는 영적 추수감사이다. 그것 때문에 수많은 선교사들이 고통과 어려움을 참고 인내하는 것이다. 외적인 복은 감해질지 모른다. 그러나 내적인 복, 영적인 복과 그 마음의 풍성함은 선교사들만이 갖는 특권이 될 것이다.

미국이 부강해진 데에는 여러 원인이 있을 것이다. 그중에서 가장 큰 원인은 바로 '선교'에 있다는 것을 잊어서는 안 된다. 행20:35절에 "주 예수께서 친히 말씀하신 바 주는 것이 받는 것보다 복이 있다 하심을 기억하여야 할지니라."고 하셨다. 나누어 주는 자, 선교하는 자의 복을 누리는 가정과 교회가 될 수 있기를 우리 주님의 이름으로 축원드린다.

승리하는 그리스도인의 삶

시편 68편 1-18절은 이스라엘 백성들이 예루살렘 성전에서 예배 행렬을 시작하면서 드리던 기도이다. 우리의 삶 자체가 경쟁이요, 전쟁이라는 것은 누구도 부인하지 못할 것이다. 이러한 상황 가운데서 믿는 백성들은 과연 어떠한 자세를 가지고 살아가야 하는가?

우리는 하나님의 법궤를 앞세우고 살아가야 한다. 즉 하나님의 주권을 인정하라는 것이다. 본문의 1절은 이스라엘 백성들이 하나님의 법궤를 앞세우고 시내산에서 출정할 때의 모습과 동일하다. 민10:35절에 "궤가 떠날 때에는 모세가 말하되, 여호와여 일어나사 주의 대적들을 흩으시고 주를 미워하는 자가 주 앞에서 도망하게 하소서."라고 하였다. 그렇다. 우리는 내가 일어나기 전에 먼저 하나님이 일어나시게 해야 한다. 우리는 예수 그리스도의 이름으로 사탄 마귀를 물리칠 수 있다. 세상의 삶 속에서도 우리의 지식이나 경험 이전에 하나님의 도우심을 먼저 바라고 기도해야 한다.

다윗은 왕의 자리에 있으면서도 전쟁은 여호와께 속한다고 고백했다.(삼상17:47) 여러분의 삶 속에 1절의 말씀대로 하나님이 먼저 일어나실 수 있기를 축원한다. 하나님의 법궤를 앞세우시기 바란다.

하나님을 가까이하는 것이 최고의 우선순위라는 것을 인정하라. 이때 여러분의 앞길을 막은 모든 원수들과 주를 미워하는 자들이 연기처럼, 불 앞에서 초가 녹아 내리는 것처럼 모두 도망하게 될 것이다. 어렵고 골치 아픈 환경들이 사라지고 시온의 대로가 펼쳐지기를 주님의 이름으로 축원한다.

히11:1-2절에 "믿음은 바라는 것들의 실상이요 보이지 않는 것들의 증거니 선진들이 이로써 증거를 얻었느니라."고 선포한다. 믿는 자들의 특권은 믿음이다. 지금의 상황을 보는 것이 아니라 비전과 소망을 품고 믿음으로 나아가는 사람들이다. 아브라함은 이삭을 제물로 드려야 하는 극한 상황 가운데 이삭이 죽으면 하나님이 다시 살리실 것이라는 믿음으로 순종했다.

본문의 5절에서 시인은 "하나님은 고아의 아버지"라고 선포한다. "과부의 재판장"이라고 고백한다. 고독한 자들과 함께하시는 하나님, 갇힌 자들을 이끌어 내사 형통케 하시는 하나님을 외친다.

그러므로 믿는 자들의 특권은 무엇인가? 어떠한 환경에도 좌절하지 않는 것이다. 하나님은 살아계신다. 앞으로의 사업 걱정은 하지 말라. 건강 걱정도 하지 말라. 오직 믿음으로 나아가라. 그러면 하나님을 거역하는 어둠의 권세들이 떠나가고 물댄 동산이 도래할 것이요, 푸른 초장과 쉴 만한 물가가 펼쳐지며 시냇가에 심은 나무가 될 것이다. 이것을 믿음으로 고백하며 담대하게 나아가는 사람들이 하나님의 백성들이다.

고전1:27-29절을 보면 "하나님께서 세상의 미련한 것들을 택하사 지혜 있는 자들을 부끄럽게 하려 하시고, 세상의 약한 것들을 택하사 강한 것들을 부끄럽게 하려 하시며, 하나님께서 세상의 천한 것들과 멸시받는 것들과 없는 것들을 택하사 있는 것들을 폐하려 하시나니, 이는 아무 육체도 하나님 앞에서 자랑하지 못하게 하려 하심이라."고 말씀한다. 이 말씀을 믿고 담대하게 나아가는 여러분이 되시기를 주님의 이름으로 축원한다.

본문의 7-8절은 시내산에서 출정하는 모습이다. 시내산은 호렙산으로 영산이다. 이곳에서 모세가 십계명을 받았다. 여기서 어디로 가는 것인가? 예루살렘이 있는 시온산으로 간다. 12절 이하에 보면 여자들이 탈취물을 나누고, 세상의 왕들을 살몬에 눈이 날림같이 흩으시겠다고 하신다. 살몬은 바산의 산맥이다. 이스라엘 백성들은 가나안 땅을 점령하기 전에 바산의 왕 옥을 먼저 물리쳤다. 바산은 참으로 높은 산이요, 이는 해발 533-770m를 전후하는 고산지대를 말한다. 그러나 법궤가 있는 시온산의 하나님 앞에서는 아무것도 아니다. "하나님의 병거는 천천이요 만만이라."(17절) 그래서 바산을 향하여 외친다. "너희 높은 산들아, 어찌하여 하나님이 계시려 하는 산을 시기하여 보느냐. 진실로 여호와께서 이 산에 영원히 계시리로다."(16절) "주께서 높은 곳으로 오르시며 사로잡은 자들을 취하시고 선물들을 받으신다."(18절)고 선포한다.

우리는 어느 산에 있는 자들인가? 하나님이 계시는 시온산, 법궤가 있는 예루살렘, 하나님의 임재가 있는 시내산에 있는 자들이다. 사도 바울은 이러한 모습을 배경으로 시68:18절 말씀을 인용하여 엡4:8절에 "그가 위로 올라가실 때에 사로잡혔던 자들을 사로잡으시고 사람들에게 선물을 주셨다 하였도다."라고 말씀하고 있다. 예루살렘에 그분의 왕국을 세우시는 말씀이 예수님의 승천과 하나님 보좌 우편에 앉으심으로 완성되고 있는 것을 이야기하는 것이다.

결론적으로, 우리는 3가지를 묵상했다. 하나님이 먼저 일어나시도록 법궤를 앞세우라. 하나님은 결국 내 편이라는 믿음으로 살라. 그리고 세상의 산, 바산의 높은 산이 아니라 하나님이 계시는 시온산에 있으라는 것이다. 이러한 믿음으로 반드시 승리하시기를 주님의 이름으로 축원드린다.

나의 주, 나의 하나님

　믿는 자들이 하나님을 향하여 "나의 주, 나의 하나님"이라고 고백하는 의미는 무엇일까? 시편 68편 19-35절을 중심으로 살펴보자.

　시인 다윗은 19절에서 "날마다 우리 짐을 지시는 주, 곧 우리의 구원이신 하나님을 찬송할지로다(셀라)!"라고 고백한다. 나의 하나님은 나의 인생의 짐을 져주시는 구원의 하나님이신 줄 믿는다. 그래서 우리 주님은 마11:28절에서 "수고하고 무거운 짐 진 자들아 다 내게로 오라. 내가 너희를 쉬게 하리라."고 초청해 주셨다.

　예수님은 누구신가? 창조주 하나님이시다. 이 땅에 성육신하신 하나님이시다. 2000년 전에 십자가에 달려 돌아가신 후 사흘 만에 부활하시고 40일 만에 승천하셔서 지금도 하나님 우편에 계시면서 우리를 위해 중보기도해 주시는 여호와 하나님이시다. 지금도 영으로 우리와 함께하시고 동행하시는데 그분이 바로 보혜사 성령님이시다. 그래서 그분을 "예수의 영, 주의 영"이라고 부른다.

　시인은 이러한 주님을 "구원의 하나님"이라고 외치며 20절에 그분은 "사망에서 벗어나게 해 주신 분", 21절에서는 "원수 마귀의 머리, 정수리를 쳐서 깨뜨리시는 분", 22절에는 "저 높은 바산에 있어도 돌아오게 하시고 바다 깊은 곳에서도 도로 나오게 하시는 분", 23절에 "그들을 네가 때려눕히고 그들의 피에 네 발을 잠기게 하시고 네 집의 개의 혀로 원수들의 분깃을 얻게 하시는 분"이라고 표현한다. 그러므로 고전1:25절에 "하나님의 어리석음이 사람보다 지혜롭고 하나님의 약하심이 사람보다 강하니라."라고 말씀한다. 이러한 말씀을 확실하게 믿으시기 바란다.

평강의 왕으로 오신 예수님께 모든 근심, 걱정, 염려의 보따리를 맡겨 드리고 주님의 은혜와 평강을 누리며 사시기를 주님의 이름으로 축복한다.

"나의 주, 나의 하나님"이라고 고백하는 자들은 거룩한 성소에서 참된 예배를 드리는 자들이 되어야 한다. 하나님의 처소는 하나님의 보좌요, 지금도 온 천지만물을 임의로 다스리시지만, 우리와 만나시는 거룩한 장소는 성소라는 것을 깨달아야 한다. 그러므로 다윗은 항상 하나님의 법궤를 앞세우고 살았다. 하나님의 법궤가 있는 곳이 어디인가? 거룩한 지성소이다. 그러므로 24절에서 하나님을 향하여 무어라 고백하는가? "하나님이여, 그들이 주께서 행차하심을 보았으니 곧 나의 하나님, 나의 왕이 성소로 행차하시는 것이라." 그곳이 어디인가? 바로 예루살렘 성전이 있는 시온산이다.

지금도 성전 중심으로 사는 성도가 복을 누린다. 마음의 성전을 거룩하게 유지하고 사는 자가 복을 누리는 것이다. 성전이 거룩한 자가 누리는 특권이 무엇인가? 시인은 25절에서 성소로 행차하시는 하나님을 맞이하는 소고 치는 처녀들과 악기 연주자들의 모습을 소개한다. 26-27절에서는 여러 지파, 즉 베냐민, 유다, 스불론, 납달리 지파에서 나온 고관들을 포함하여 "모든 백성들아, 하나님을 송축하라."고 권고한다. 성소에서 하나님을 찬양하는 기쁨으로 가득 찬 것이 느껴지지 않는가? 이러한 모습이 바로 예배드리는 자들의 특권이다. 이러한 예배의 감격에 빠지기를 소망한다. 여러분의 삶이 이러한 예배의 삶이 되시기 바란다.

하나님의 백성들은 교회를 늘 걱정하며 바라보고 살아야 한다. 예루살렘을 통하여 복이 전달되기 때문이다. 시122:6-7절에 "예루살렘을 위하여 평안을 구하라. 예루살렘을 사랑하는 자는 형통하리로다. 네 성 안에는 평안이 있고 네 궁중에는 형통함이 있을지어다."라고 말씀한다. 하나님은 예루살렘을 사랑하는 자에게 형통함을 주신다.

나의 주, 나의 하나님을 고백하는 자들은 주가 주신 힘으로 찬송하며 경배하는 자들이다. 이스라엘은 28-31절에서 하나님의 나라를 위협하는 세력들에 대한 하나님의 정복이 계속되기를 기도한다.

우리에게 힘을 주시는 하나님을 찬양하시기 바란다. 힘의 근원이신 하나님이 더욱더 강력한 힘으로 견고한 하나님이 되셔서 우리를 도와주실 때 우리는 주의 성전에 올라가 왕께 예물을 드릴 수 있는 것이다.

지금도 이 원리는 똑같다. 하나님이 우리에게 사업의 지경을 넓혀 주시고 형통의 복을 주셔야 우리가 더욱 힘을 얻어 돈도 많이 벌고 헌금도 많이 하고 많은 사람들을 돕는 축복의 통로가 되지 않겠는가? 이를 위해 우리는 쉬지 말고 기도해야 한다. 이러한 하나님의 강력한 힘으로 힘자랑하는 애굽, 구스인들을 손들고 항복하게 해 달라는 것이다. 하나님이 강한 팔로 역사하시면 그들은 아무것도 아니다. 하나님이 주시는 힘으로 세상을 평정하고, 32절에 "땅의 왕국들아, 하나님께 노래하고 주께 찬송할지어다(셀라)." 33절에 "온 하늘을 다스리는 하나님께 찬송하라. 주께서 하늘에서 웅장한 소리를 내신다."는 것이다.

인간이 존재하는 목적은 사43:21절과 같이 "이 백성은 내가 나를 위하여 지었나니 나를 찬송하게 하려 함이니라."라고 말씀한다. 이처럼 위대하신 하나님을 생각하면서 34-35절을 함께 읽어보자. "너희는 하나님께 능력을 돌릴지어다 그의 위엄이 이스라엘 위에 있고 그의 능력이 구름 속에 있도다. 하나님이여, 위엄을 성소에서 나타내시나이다. 이스라엘의 하나님은 그의 백성에게 힘과 능력을 주시나니 하나님을 찬송할지어다."

고난을 당할 때의 우선순위

여러분은 극심한 고난을 당할 때 어떻게 대처하는가? 시편 69편은 이에 대한 해답을 가르쳐 준다. 그러므로 본문은 시편 22편과 함께 메시아의 고난에 대한 시로 유명하다.

고난을 당할 때 우리는 가장 먼저 무엇을 해야 하는가? 한마디로 하나님께 부르짖어야 한다. 1절을 시작하면서 시인은 제일 먼저 "하나님이여, 나를 구원하소서."라고 외쳤다. 하나님을 믿는 자들이 어려움을 당할 때 자기 힘을 의지하고, 자기의 지혜를 믿는 것은 참으로 어리석은 일이다. 먼저 하나님께 아뢰어야 한다. 렘33:3절에 "너는 내게 부르짖으라. 내가 네게 응답하겠고 네가 알지 못하는 크고 은밀한 일을 네게 보이리라."고 약속하셨다. 더 어려우면 금식하며 나아가시기를 바란다. 사58:6절에 "내가 기뻐하는 금식은 흉악의 결박을 풀어주며 멍에의 줄을 끌러주며 압제당하는 자를 자유하게 하며 모든 멍에를 꺾는 것이 아니겠느냐."고 하신다. 약5:13절에서도 "너희 중에 고난당하는 자가 있느냐. 그는 기도할 것이요."라고 말씀한다. 고난을 당할 때 반드시 기도로 해결하시기를 주님의 이름으로 축원한다.

시인은 고난에 대하여 여러 가지 모양으로 표현한다. 2절에 "설 곳이 없는 깊은 수렁에 빠졌다. 큰물이 내게 넘쳤다." 3절에 "내가 목이 마르고 눈이 쇠하였다." 4절에 "나를 미워하는 자가 머리털보다 많다." 6-7절에 "수치와 비방을 받았다." 21절에 "쓸개를 나의 음식물로 주며 목마를 때에는 초를 마시게 하였다." 등등이다.

그러나 여기서 우리는 주의해야 할 것이 있다. 고난도 고난 나름이다. 내가 잘못해서 고난을 받는 것은 회개할 일이다. 다윗은 7절에서 "내가 주를 위하여 비방을 받았다."고 고백한다. 9절에서는 "주의 집을 위하는 열성이 나를 삼켰다."고 고백한다. 하나님 앞에 죄를 지은 고난이 아니라 의를 위한 고난이라는 고백이다. 그럼에도 불구하고 다윗은 5절에서 "하나님이여, 주는 나의 우매함을 아시오니 나의 죄가 주 앞에서 숨김이 없나이다."라고 회개함으로 나아간다. 주님을 위한 일 때문에 고난을 당하시기를 바란다. 항상 회개와 함께 기도하면서 나아가시기를 축원한다.

그다음에는 어떻게 해야 하는가? 원수 갚는 것을 하나님께 맡겨야 한다. 우리는 조급해서 분노를 참지 못한다. 우리나라 사람들이 잘 걸리는 병이 무엇인가? '화병'이다. 외국에 가보면, 우리나라 사람들의 성급한 성격을 금방 알 수 있다. 해외 현장에서 외국 노동자들이 한국 사람들에게 제일 먼저 배우는 말이 욕이요, '빨리빨리'라는 말이다. 너무 느린 것도 문제지만 성급하면 일을 망친다.

본문 16절에서 시인은 주의 인자와 긍휼에 맡기는 모습을 볼 수 있다. 19절에서는 "주님이 나의 비방과 수치와 능욕을 아시나이다. 나의 대적자들이 다 주님 앞에 있나이다."라고 고백한다. "주님, 내가 이렇게 당하는 것 보고 계시지요?"라는 말이다. 여러분이 이처럼 모든 것을 하나님의 손에 맡길 수 있기를 주님의 이름으로 축원한다.

신앙의 성숙은 '기다림'과 '인내'라는 덕목을 체험할 때부터 열매 맺게 된다. 약1:4절을 보면 "인내를 온전히 이루라. 이는 너희로 온전하고 구비하여 조금도 부족함이 없게 하려 함이라."고 권면한다. 롬12:19절에는 "너희가 친히 원수를 갚지 말고 하나님의 진노하심에 맡기라. 원수 갚는 것이 내게 있으니 내가 갚으리라."고 말씀한다. 예수님은 고난당하실 때 언제까지 인내하셨는가? 십자가에 죽기까지 하셨다. 억울하고 화가 날 때 인내할 수 있는 여러분이 되시기를 축원한다.

고난을 당할 때 우리는 어떻게 해야 하는가? 기도의 응답을 믿고 감사와 찬양으로 나아가야 한다. 이것은 결코 쉽지 않다. 그러나 성경이 말하는 '항상 감사하라'는 의미가 바로 이것이다. 고난을 당할 때, 어려움을 당할 때 감사하는 자가 성숙된 신앙인이다. 30절에 "내가 노래로 하나님의 이름을 찬송하며 감사함으로 하나님을 위대하시다 하리니."라고 하였다. 참 대단한 신앙이다. 어려움과 고난 가운데서도 노래함으로, 찬송함으로, 감사함으로 하나님을 위대하시다고 선포하겠다는 신앙이다. 여러분도 이러한 신앙인이 되실 수 있기를 축원한다. 더 나아가 36절의 말씀대로 그의 종들의 후손이 이를 상속하고 그의 이름을 사랑하는 자가 그 중에 살기를 기도하기 바란다.

빌4:4-7절에 사도 바울도 같은 말씀을 전한다. "주 안에서 항상 기뻐하라. 내가 다시 말하오니 기뻐하라. 너희 관용을 모든 사람에게 알게 하라. 주께서 가까우시니라. 아무것도 염려하지 말고 다만 모든 일에 기도와 간구로, 너희 구할 것을 감사함으로 하나님께 아뢰라. 그리하면 모든 지각에 뛰어난 하나님의 평강이 그리스도 예수 안에서 너희 마음과 생각을 지키시리라."

고난을 당할 때 하나님께 부르짖기 바란다. 인내하면서 하나님께 원수 갚는 것을 맡기시기 바란다. 나아가 기도의 응답을 믿고 주 안에서 기뻐하며 감사와 찬양으로 나아가는 성숙한 신앙인들이 되시기를 주님의 이름으로 축원드린다.

대적들로부터 위기를 당했을 때

　시편 70편은 대적들에게 위협을 당하는 상황에서 간절하게 하나님의 도우심을 구하는 기도시로, 시편 40:13-17절과 비슷하다. 이 시는 특별히 기념식에서 인도자를 따라 부르는 노래로 시편 38편과 이곳에만 있는 표제이다. 무엇을 기념하는가? 내가 다급한 위험에 처했을 때 이렇게 기도하는 것을 기념하라는 것이다.

　본문 1절에서 우리가 다급할 때 먼저 어떻게 기도하라 하시는가? "하나님이여, 나를 건지소서. 여호와여, 속히 나를 도우소서." 한마디로, 다급하면 다급하게 하나님을 찾으라는 것이다. 5절에서는 "여호와여, 지체하지 마소서."라고 다급하게 요청하는 모습을 볼 수 있다.

　우리가 하나님께 다급하게 요청할 수 있는 근거는 무엇인가? 하나님과의 약속이요, 관계이다. 롬8:15절에 "너희는 다시 무서워하는 종의 영을 받지 아니하고 양자의 영을 받았으므로 우리가 아빠 아버지라고 부르짖느니라."고 말씀한다. 아빠와 아들의 관계가 바로 하나님과 우리의 관계이다. 자식이 급한 위기를 만났을 때 아빠에게 어떻게 요청하겠는가? "아빠, 빨리빨리!" 이렇듯 지체하지 말고 서둘러 달라고 요청하지 않겠는가?

　단9:19절에도 "주여, 들으소서. 주여, 용서하소서. 주여, 귀를 기울이시고 행하소서. 지체하지 마옵소서. 나의 하나님이여, 주 자신을 위하여 하시옵소서. 이는 주의 성과 주의 백성이 주의 이름으로 일컫는 바 됨이니이다."라고 외친다. 특히 "나의 하나님이여, 주 자신을 위하여 하시옵소서."라고 외친다. 자식이 고통을 당하면 누가 고통을 받는가? 아빠다.

그러므로 자신을 위하여 나를 도와달라는 것이다. 여러분도 이러한 하나님과의 관계를 유지하고 살아가시기를 주님의 이름으로 축원한다.

2-3절에서는 다급할 때 어떻게 기도하라고 하는가? 역전이 되게 기도하라는 것이다. 자기를 공격하는 자들이 오히려 수치와 무안을 당하게 해 달라는 것이다. 그들이 오히려 하나님의 심판을 받게 해 달라는 것이다. 대적들이 어떤 사람들인가? 2절을 보면, 나의 영혼을 찾는 자들과 나의 상함을 기뻐하는 자들이다. 나의 영혼을 찾는 자들이 누구인가? 나의 생명을 노리는 자들이다. 내가 죽기를 바라는 사람들이다. 나의 상함을 기뻐하는 자들은 나를 질투하는 자들이다. 내가 곤경에 빠지기를 좋아하는 사람들이다. 나의 시련을 보면서 행복해하는 사람들이다. 3절에서 아하, 아하 하는 자들이다. 이들이 누구인가? 내가 죽거나 고통을 당하는 것을 보고 무릎을 치며 좋아하는 자들이다. 시인은 이러한 자들이 역전되어 하나님의 심판을 받기를 기도한다.

인간의 마음은 다 마찬가지다. 나를 공격하는 자들이 심판을 받기 원한다. 그러므로 그러한 기도가 잘못된 것이 아니다. 진정으로 정직한 기도다. 우리가 실패할 때 실패함을 그대로 인정하고 겸손한 자세로 하나님께 아뢰고 하나님의 도우심을 간구해야 한다. 바울은 고후12:10절에서 "그러므로 내가 그리스도를 위하여 약한 것들과 능욕과 궁핍과 박해와 곤고를 기뻐하노니 이는 내가 약한 그때에 강함이라."라고 고백했다. 내가 약할 때 하나님의 강함이 나의 강함이 될 수 있다. 내가 가난할 때 하나님의 부요함이 나의 부요함이 될 수 있다. 내가 능욕을 받고 박해를 받고 조롱을 받을 때 하나님의 권세가 나의 권세가 되며, 내가 실패할 때 하나님의 승리가 나의 승리가 될 수 있다는 것이다. 이것을 믿고 나아가는 자들이 진정한 하나님의 백성들이 아니겠는가? 그러므로 우리에게 고통을 주는 대적들이 하나님의 심판을 받고 모든 상황이 역전될 수 있기를 축원한다. 그렇게 기도하시기 바란다. 그런 경험을 얻으시기 바란다. 하나님은 그렇게 정직하게 기도하는 자를 기뻐하신다.

나아가 시인은 4절에서 "주를 찾는 모든 자들이 주로 말미암아 기뻐하고 즐거워하게 하시며 주의 구원을 사랑하는 자들이 항상 말하기를 하나님은 위대하시다 하게 하소서."라고 하였다. 즉 대적들이 하나님의 심판을 당하고 쓰러지는 모습을 보고 하나님의 백성들이 기뻐하고 즐거워하며 하나님은 위대하시다고 승리의 찬양을 올려 드리게 해 달라고 기도한다. 주를 찾는 모든 자들, 주의 구원을 사랑하는 자들, 이들은 어떠한 상황 가운데서도 하나님이 베푸실 구원을 사모하고 기대하는 자들을 의미한다. 이들은 원수들의 공격 가운데서도 하나님을 의지함으로 하나님에 의하여 구원을 받고 기뻐하고 즐거워하는 자들을 말한다. 하나님께 대하여 이들이 얻는 것은 결국 감사와 찬양이다. 하나님은 위대하시다는 선포다. 특히 5절에서 시인은 "나는 가난하고 궁핍하지만, 주는 나의 도움이시요, 나를 건지시는 이시라."고 고백하며 철저하게 나와 주님을 대조시킨다. 즉 나는 참으로 가난하고 비천한 자로서 하나님 외에는 아무도 의지할 대상이 없다는 고백이다.

하나님과 내가 아빠와 아들의 관계라는 것을 진정으로 믿는가? 하나님께 다급하게 요청하라. 상황이 역전되게 기도하라. 그리고 겸손히 승리의 찬양을 하나님께 드리고 하나님은 위대하시다고 고백하는 기도를 드리라.

소망을 품은 노인의 기도

시편 71편의 시는 노년기를 맞이한 시인이 기록한 것이다. 나이가 들어서 힘이 약해진 왕을 대적자들이 위협하고 있는 상황이다. 우리나라도 그렇지만 이스라엘의 풍습은 노인들을 존경한다. 잠1:8-9절에는 "내 아들아, 네 아비의 훈계를 들으며 네 어미의 법을 떠나지 말라. 이는 네 머리의 아름다운 관이요 네 목의 금 사슬이니라."고 말씀한다. 노인은 지혜와 명예의 상징이다. 그러므로 모세도 장인 이드로의 조언을 받았다.

시인은 노인이 되어 인생을 뒤돌아보면서 5-6절에서 이렇게 고백한다. "주 여호와여, 주는 나의 소망이시요 내가 어릴 때부터 신뢰한 이시라. 내가 모태에서부터 주를 의지하였으며 나의 어머니의 배에서부터 주께서 나를 택하셨사오니 나는 항상 주를 찬송하리이다."

여러분은 정말 어머니 뱃속에서부터 주께서 나를 택하셨다는 것을 믿는가? 엡4:4절에서는 "곧 창세전에 그리스도 안에서 우리를 택하셨다."고 하신다. 우리는 이처럼 하나님의 택함을 받은 존귀한 존재라는 자존감을 평생 잃지 말아야 한다.

이제 시인도 늙었다. 그러므로 9절에서 이렇게 고백한다. "늙을 때에 나를 버리지 마시며 내 힘이 쇠약할 때에 나를 떠나지 마소서." 노인의 증상은 무엇일까? 성경에 노인들의 현상을 아주 구체적으로 표현한 구절이 있다.

전12:3-6절을 읽어보면 아주 의미있고 재미있다. 3절:집을 지키는 자들이 떨 것이며—손떨림이다. 힘 있는 자들이 구부러진다—허리가 굽는다.

맷돌질하는 자들이 적고 그친다-이가 다 빠진다. 창들로 내다보는 자가 어두워진다-시력이 떨어진다. 4절:길거리 문들이 닫혀진다-듣기 좋은 소리도 싫어진다. 맷돌소리가 적어진다-이가 빠져 오물오물한다. 새소리로 일어난다-새벽잠이 없다. 음악하는 자들이 다 쇠하여진다-귀가 잘 안 들린다. 5절:높은 곳을 두려워한다-높은 곳이 어지럽다. 길에서 놀란다-골다공증으로 다리에 힘이 없다. 살구나무가 꽃이 핀다-백발이 된다. 메뚜기도 짐이 된다-기력이 없어진다. 조문객들이 거리로 왕래하게 된다-죽을 날이 가까웠다는 것이다.

그렇다면 늙은 다윗의 소망은 무엇이었을까? 바로 다음 세대에 자신이 경험한 하나님을 잘 전수하는 것이었다. 17-18절에 "하나님이여, 나를 어려서부터 교훈하셨으므로 내가 지금까지 주의 기이한 일들을 전하였나이다. 하나님이여, 내가 늙어 백발이 될 때에도 나를 버리지 마시며 내가 주의 힘을 후대에 전하고 주의 능력을 장래의 모든 사람에게 전하기까지 나를 버리지 마소서." 하고 간절히 기도한다. 다음 세대에 내가 그동안 경험했던 하나님의 힘과 능력을 전해야 할 소망이 있기 때문이라는 것이다. 그렇다. 우리는 생명이 끊어지는 날까지 주의 힘과 능력을 후대에 전하는 도구로 사용되어야 한다. 삶의 거울이 되어야 하고, 젊은이들로부터 존경과 사랑과 신뢰를 받아야 한다.

나는 은퇴 전 설교시간에 은퇴 후에 이러한 일들을 하고 싶다는 내용을 전한 적이 있다. 그것은 선교지나 개척교회에 키보드 하나와 색소폰, 하모니카를 들고 가서 키보드 치며 찬양을 인도하고 준비한 말씀도 전하며, 사례를 받지 않고 오히려 감사헌금을 하고 다니고 싶다는 소망이다. 지금도 그 소망은 변함이 없다. 키보드도 이미 배워놓았고, 하모니카 연주도 가능하고, 색소폰도 몇 년째 배우고 있다. 또 하나는 목회를 하면서 성경 창세기부터 요한계시록까지 모두 강해 설교를 하였으니 그 자료를 가지고 중고등부 학생들이나 초등학생들에게 성경 공부를 시켰으면 좋겠다는 것이다.

본문에서도 강조하고 있듯이 노인의 비전과 소망은 자녀 손자 세대에 경험과 지식을 전수해 주는 것이다. 행2:17절에 무어라 하는가? 요엘 선지자의 말씀을 사도 베드로가 다음과 같이 외친다. "하나님이 말씀하시기를, 말세에 내가 내 영을 모든 육체에 부어 주리니 너희의 자녀들은 예언할 것이요 너희의 젊은이들은 환상을 보고 너희의 늙은이들은 꿈을 꾸리라." 사실 젊었을 때는 환상을 많이 본다. 그런데 환상은 대개 개꿈이 아닌가? 하지만 노인들의 꿈은 그렇지 않다. 인생을 경험하며 축적해 놓은 에너지를 근거로 하기 때문에 거의 실현 가능한 꿈들이다. 모세는 80세에 부름 받은 40년 광야생활을 인도하는 위대한 지도자였으며, 갈렙은 85세에 헤브론 산지를 내게 달라고 친구 여호수아에게 부르짖어 차지했다. 사도 요한은 90대의 나이에 밧모섬에서 요한계시록을 쓰지 않았는가?

시인은 이러한 꿈들을 위해 20-21절에서 "우리에게 여러 가지 심한 고난을 보이신 주께서 우리를 다시 살리시며 땅 깊은 곳에서 다시 이끌어 올리시리이다. 나를 더욱 창대하게 하시고 돌이키사 나를 위로하소서." 라고 간절히 기도한다.

아브라함 메슬로우가 말한 인간발달 심리의 마지막 단계가 무엇인가? '자아실현'이다. 우리 모두 남은 생애 23-24절의 말씀처럼 우리의 인생을 통하여 비전과 꿈을 이루는 자아실현을 성취하며, 기뻐 찬양함으로 영혼이 춤을 추며, 나를 모해하려 하던 자들이 모두 수치와 무안을 당하는 복된 인생이 되시기를 주님의 이름으로 축원드린다.

공의롭고 평화로운 이상적인 나라

시편 72편의 시는 '솔로몬의 시'로서 왕의 즉위식 때 부른 왕을 위한 기도시이다. 시인은 1절에서 새로 즉위하는 왕에게 하나님이 주의 정의와 공의를 실행할 은사와 마음을 주시길 기원한다. 백성들을 향한 왕의 가장 큰 덕목은 정의와 공의이기 때문이다. 그 결과가 무엇인가? 3절에 '백성이 누리는 평강'이라고 하였다. 그러므로 왕이 정의와 공의로 다스리면 나라가 태평성대를 누린다. 성경에서는 두 가지 의미로 볼 수 있다.

하나는 우리의 육적인 면으로 사회에서 이웃과 올바른 관계를 유지하도록 돕는 사람들의 도덕적 자세를 의미한다. 인간사회에서 정의롭고 공의로운 사회가 얼마나 중요한가? 예레미야 선지자는 렘22:3절에서 이스라엘 백성에게 정의로운 삶에 대하여 이렇게 선포한다. "여호와께서 이와 같이 말씀하시되 너희가 정의와 공의를 행하여 탈취당한 자를 압박하는 자의 손에서 건지고, 이방인과 고아와 과부를 압제하거나 학대하지 말며, 이곳에서 무죄한 피를 흘리지 말라." 이러한 정의와 공의가 하나님 나라를 세우는 기본이었다.

그러나 또 하나, 영적으로는 평강의 왕으로 오신 예수 그리스도의 정체성을 말한다. 예수님은 죄악 된 세상을 향하여 평화를 주러 오셨기 때문이다. 주님은 정의와 공의의 왕이요, 평강의 왕으로 이 땅에 오셨다. 그러므로 이사야 선지자는 메시아의 탄생을 예언하며 사9:7절에서 "그 정사와 평강의 더함이 무궁하며, 또 다윗의 왕좌와 그의 나라에 군림하여 그 나라를 굳게 세우고 지금 이후로 영원히 정의와 공의로 그것을 보존하실 것이라. 만군의 여호와의 열심이 이를 이루시리라."고 하였다. 또한 아모스 선지자는 암5:24절에서 "오직 정의를 물같이, 공의를 마르지 않는 강같이 흐르게 할지어다."라고 외쳤다.

여러분의 가정과 우리나라가 이 같은 정의와 공의가 살아 있는 사회가 될 뿐만 아니라 예수 그리스도의 평강이 넘치는 성경적인 공동체가 되기를 주님의 이름으로 축원한다. 지금 이 나라의 혼란과 고통은 바로 이 문제에 걸려 있다고 볼 수 있지 않은가!

본문에서는 이러한 나라를 다스리는 왕의 정의를 무엇으로 표현하고 있는가? 왕의 권위다. 왕의 권위는 하늘을 찌른다. 9-11절을 보라. "광야에 사는 자는 그 앞에 굽히며 그의 원수들은 티끌을 핥을 것이며, 다시스와 섬의 왕들이 조공을 바치며 스바와 시바 왕들이 예물을 드리리로다. 모든 왕이 그의 앞에 부복하며 모든 민족이 다 그를 섬기리로다." 그러므로 나라가 강성하다는 것은 군사력에 의한 것이 아니라 지도자가 공평과 정의를 가지고 통치하는 나라를 말한다. 평화를 유지하려면 왕의 권위가 있어야 한다. 이는 세상의 지도자가 권위 있어야 하고, 영적인 왕 예수 그리스도의 권위가 있어야 한다는 의미이다.

12-14절에서 말하는 왕의 정의는 세상의 궁핍한 자가 부르짖을 때에 건지며 도움이 없는 가난한 자를 건지는 것이다. 권력자는 가난한 자를 돕고 궁핍한 자의 마음을 헤아려야 하며 그들의 생명을 보호해 주어야 한다. 그러므로 대통령의 가장 기본적인 임무는 국민의 생명과 재산을 보호하는 것이다. 14절에 "그들의 생명을 압박과 강포에서 구원하리니."라고 하였다. 이러한 역할을 하는 이상적인 왕이 누구인가? 예수 그리스도이시다. 그는 죄악으로 인하여 사탄의 올무에 빠져 가난하고 궁핍하며 영원히 죽었던 우리를 죄와 사망과 사탄의 올무에서 구원하셨기 때문이다.

지금 우리 사회는 기독교인들이 전체 국민의 1/4을 차지한다 해도 병들어 있고 죄악이 난무한 곳이라 할 수 있다. 매일 군중들이 모여 외치고 난리들이다. 왜 그런 것인가? 한마디로 정의와 공의가 훼손당했기 때문이다. 시위하고 데모하는 사람들의 입장에서 보면 공평하지 않다는 것이다. 서로 자기만 옳고, 상대가 잘못했고 죄가 있다고 정죄하고 있다. 이렇게 불완전한 곳이 바로 이 세상이다.

본문에 의하면 정치 지도자들은 우선적으로 가난하고 궁핍한 국민들의 마음을 헤아려 주어야 한다고 가르친다. 그러므로 완전한 왕은 예수 그리스도밖에 없다. 따라서 진정한 평화와 풍성함은 예수 그리스도 안에 있는 것이다. 이러한 자들의 부요함을 15-17절에 기록하고 있다. "왕은 백성들에게 찬송을 받으며 곡식이 풍성하고 열매가 주렁주렁 열리며, 가정과 국가가 왕성하고 모든 사람들이 영원한 복을 받는 나라." 17절에는 "그의 이름이 영구함이여, 그의 이름이 해와 같이 장구하리로다. 사람들이 그로 말미암아 복을 받으리니 모든 민족이 다 그를 복되다 하리로다." 라고 하였다. 이러한 이상적인 나라가 어디인가? 하나님의 나라이다. 그러므로 우리는 오직 예수 그리스도 안에서 이런 풍성함과 부요함을 누리게 되는 것이다.

결론적으로 18-19절을 보라. "홀로 기이한 일들을 행하시는 여호와 하나님, 곧 이스라엘의 하나님을 찬송하며 그 영화로운 이름을 영원히 찬송할지어다. 온 땅에 그의 영광이 충만할지어다." 위기의 현실 가운데서도 이러한 이상적인 나라를 사모하며 주 안에서 평강을 누리는 복된 하루가 되시기를 주님의 이름으로 축원드린다.

하나님께 가까이함이 내게 복이라

시편 73편은 '아삽의 시'로서, 아삽과 그의 후손들이 지은 것이다. 아삽은 다윗이 임명한 세 명의 찬양 인도자(헤만, 여두둔, 아삽) 가운데 한 사람으로 레위의 아들 게르손 가문을 대표한다.

시인은 1절에서 자신이 가지고 있는 믿음의 정체성을 고백하며 시를 시작한다. "하나님이 참으로 이스라엘 중 마음이 정결한 자에게 선을 행하신다." 이것을 믿고 고난 가운데서도 의롭게 살려고, 정결하게 살려고 최선을 다했다. 그런데 이게 웬일인가? 가만히 보니, 세상의 악인들이 너무나도 형통한 삶을 살고 있는 것이다.

시인이 보기에 악인들은 건강해서 일반인들이 당하는 질병이나 재앙조차 당하지 않는다.(4-5절) 교만과 폭력이 그들의 삶의 방식인데도 불구하고 소득은 풍부하고 몸은 살찐다.(6-7절) 그들의 입은 얼마나 걸한지 남을 비난하고 무시하는 말로 온 세상을 가득 채울 정도다.(8-9절) 이렇게 악인들이 잘되는 것을 보고, 백성도 그들을 추종하고 하나님의 의로운 통치를 부정하기에 이른다.(10-11절) 시인이 보기에 교만하고 악을 행하는데도 항상 평안하고 그들의 재물은 불어난다.(12절) 우리가 쉽게 고개를 끄덕거릴 수 있을 정도로 세상에 이런 불신자들이 너무나 많은 것이 사실이다.

이러한 사람들과는 반대로 예수를 잘 믿고 사는데도 불구하고, 하나님 앞에서 마음을 깨끗하게 하고 악을 행하지 않기 위해 애쓰고 있는 시인(13절)은 종일 재앙과 고통을 당한다.(14절) 상황이 이렇게 되니 시인은 지금까지 믿음으로 유지해 온 의로운 삶, 깨끗하고 정직한 삶이 헛된 것이 아닌가? 하는 심한 회의감과 함께 거의 실족하기에 이르렀다. 악인들은 형통하고 의인들은 고난을 당하는데도 하나님은 무엇을 하고 계신단 말인가? 정말 하나님은 계신 것인가?

여기서 실족하면 큰일 난다. 하나님이 섭섭해하신다. 하나님이 정녕 그것으로 끝내시겠는가?

우리는 이때 우리 마음이 과연 무엇 때문에 불편한가를 깊이 살펴보아야 한다. 악인들이 벌을 받지 않는 것에 대한 '공의'의 질투인가? 아니면 악인이 누리고 있는 '형통함'을 질투하고 있는가? 한마디로 '공의'에 대한 질투는 정당하다. 그러나 악인의 형통함을 부러워하는 것은 죄이다. 왜냐하면, 이는 삶의 상황이 믿음을 흔들고 있다는 증거이기 때문이다. 믿음은 현세와 내세를 포함한 영원이란 기간을 함께 놓고 달려가는 우리의 결단이다. 그러므로 마음이 정결한 자에게 선을 행하신다는 하나님의 말씀은 이 세상과 영원한 새 하늘과 새 땅을 포함한 기간이다. 우리는 영원하신 하나님의 크고 높은 뜻을 이해하지 못할 때 영적 침체에 빠지게 된다. 세상의 눈으로 하나님을 찾으려고 하면 이러한 현상이 나타난다. 하나님의 눈으로 세상을 보라. 이때 우리는 세상 속에서 나와 함께하시는 하나님을 볼 수 있을 것이다.

15절 이하는 이처럼 흔들리던 시인이 하나님의 성전에서 믿음을 점검하며 회복되는 모습을 그린다. 시인은 성전에 들어가 악인이 하나님 앞에서 멸망하는 모습을 본다. 19절에 "그들이 어찌하여 그리 갑자기 황폐되었는가 놀랄 정도로 그들은 전멸하였나이다." 20절에 "주여, 사람이 깬 후에는 꿈을 무시함같이 주께서 깨신 후에는 그들의 형상을 멸시하시리이다." 하는 내용이 무엇을 뜻하는가? 성전에서 온 세상을 다스리시는 하나님을 예배하고 그분의 임재를 경험할 때 우리는 악인의 형통함이 한 낱 꿈에 불과하다는 것을 깨닫게 된다. 악인의 형통함은 하나님 앞에서 는 꿈속에서 본 것에 지나지 않는다. 아니, 우리의 모든 생애가 하나님의 영원에 비교하면 한낱 꿈에 불과하다. 그러므로 하나님 앞에서 깨어 있 으시기를 주님의 이름으로 축원한다.

시인은 21-23절에서 처절하게 회개한다. "하나님, 내 마음이 산란합니 다. 내 양심이 나를 찌릅니다. 내가 짐승처럼 이렇게 우매합니다. 이러한 나를 지금까지 붙들어 주신 하나님께 그저 감사할 뿐입니다."라고 고백 한다.

이어 24절에서 다시 마음을 가다듬고 영원이라는 시간을 포함한 신앙 을 비로소 고백한다. "하나님, 나의 나그네 같은 인생, 주님의 교훈으로 인도하여 주옵소서. 내가 이 거류민의 인생에서 악인들의 형통함이나 부 러워하는 그런 저급한 삶을 살지 않겠습니다. 내가 고난을 당해도, 어려 움을 당해도 오직 하나님의 교훈으로 알고 인내하며 감사하며 살겠습니 다. 이러한 삶 끝에 분명히 영광스러운 하나님의 존전에서 하나님으로부 터 영접을 받을 줄 믿습니다."라는 고백이다.

이제 25-28절을 조용히 읽어보라. 때로는 세상의 부한 자들을 보며 갈 등이 있을 수도 있겠지만, 하나님의 성전에 올라가 깊이 기도하며 해답 을 얻고 다시 반석이신 하나님께 피하며 하나님께 가까이하는 것이 진정 한 복이라는 것을 정직하게 고백할 수 있는 복된 성도들이 되시기를 우 리 주님의 이름으로 축원드린다.

영적 어둠에서 광명으로

시편 74편의 시도 아삽의 시로서 '마스길', 즉 교훈을 담고 있다. 반면 노래와 찬양의 성격도 보인다.

이 시의 배경은 BC587년 왕하 24-25장의 사건들, 즉 남유다의 멸망 직전 예루살렘 성전이 훼파되며 불타고 황무하게 변한 모습을 그리고 있다. 이를 본문의 8절에서 "이 땅에 있는 하나님의 모든 회당을 불살랐나이다."라고 표현하고 있다. 어찌 보면 지금의 대한민국의 현실이 오버랩되어 가슴을 답답하게 한다. 이때 시인은 어떻게 대처했는가?

1절을 보면 '어찌하여'라는 안타까운 말을 쓴다. "하나님이여, 주께서 어찌하여 우리를 영원히 버리시나이까, 어찌하여 주께서 기르시는 양을 향하여 진노의 연기를 뿜으시나이까."라고 탄원한다.

2절에서는 자기들의 정체성을 고백한다. "우리가 누구입니까? 옛적부터 종 되었던 애굽에서 속량해 주시고 젖과 꿀이 흐르는 가나안 땅에 오게 하시고 12지파로 만들어 주신 주님의 회중, 주님의 백성이 아닙니까? 하나님의 성, 시온성과 예루살렘 성전을 어찌하여 버리신단 말입니까?"

우리나라도 1948년 5월 31일 제헌국회 때 이윤영 목사의 기도로 시작된 나라이다. 그러나 지금 하나님이 버리시고 싶어서 버리시는가? 그들이 죄를 지었기 때문이 아닌가!

이것이 바로 우리 삶의 아이러니컬한 상황이다. 죄는 우리가 지어놓고 하나님의 징계를 받으면 "어찌하여 나를 버리시나이까!"라고 하나님께 탄원한다. 그러나 긍휼이 풍성하신 하나님은 그러한 기도도 들으신다. 롬11:1절에 "그러므로 내가 말하노니 하나님이 자기 백성을 버리셨느냐.

그럴 수 없느니라."고 잘라 말한다. 하나님은 이 나라와 국민을 버리시지 않는다. 하지만 이스라엘 백성들이 70년간의 바벨론 포로생활을 거친 것처럼 죄의 대가는 치러야 한다는 것을 기억하시기 바란다. 하나님은 우리의 죄 앞에서는 냉랭하시다. 9절을 보라. "우리의 표적은 보이지 아니하며 선지자도 더 이상 없으며 이런 일이 얼마나 오래일는지 우리 중에 아는 자도 없나이다."라고 고백한다. 그야말로 캄캄한 암흑을 연상하게 한다. 우리가 잘못하면 이러한 상황이 올 수도 있다는 것을 기억하시기 바란다. 그러므로 하나님과 가까이하는 것이 복이라는 것을 깊이 깨닫고 하나님 앞에 엎드리시기 바란다.

시인은 12절에서 자기들의 정체성을 간단하게 선포한다. 모든 것이 혼란할 때는 간단하게 '자신이 누구인가?'를 되새겨 볼 수 있어야 한다. 시인은 12절에서 "하나님은 예로부터 나의 왕이시라. 사람에게 구원을 베푸셨나이다."라고 선언한다. 하나님이 자기의 왕이라는 것을 선포한다. 위기를 만났을 때 하나님은 예로부터 나의 왕이시라, 나에게 구원을 베푸신 하나님이심을 선포하고 나아가기를 축원한다. 이것이 정말로 중요하다. 그래야 다시 자리를 추스르고 일어날 수 있기 때문이다.

13-14절에서 용, 리워야단은 하나님을 대적하는 사탄 같은 무리들을 일컫는다. 이러한 자들을 물리치신 하나님, 홍해를 가르신 하나님, 광야에서 만나와 메추라기를 주시고 반석에서 샘물을 주신 하나님, 밤과 낮을 만드시고 4계절을 만드신 창조주 하나님을 찾는다.

19절에서는 자기들을 멧비둘기에 비하고 악한 무리를 들짐승에 비교한다. "하나님! 이렇게 가련하고 불쌍하고 가난한 자의 목숨을 영원히 잊지 말아 주옵소서."라고 기도하는 것이다. 이는 18절의 말씀대로 '나를 기억하소서'라는 기도이다. 그리고 20절에서는 언약의 하나님을 찾는다. "하나님이여, 그 언약을 눈여겨 보소서." 이는 한마디로 '나를 돌아보소서'라는 말이다. 22절에서는 "하나님이여, 일어나 주의 원통함을 푸시고 우매한 자가 종일 주를 비방하는 것을 기억하소서."라고 고백한다. 이는 '하나님이여 일어나소서'라는 고백이다. 이처럼 우리는 위기에 처했을 때 비록 우리의 죄의 대가라고 할지라도 나를 기억해 달라고, 나를 돌봐 달라고, 하나님이여 일어나시라고 기도해야 한다. 그것이 우리가 회복되는 핵심단어이기 때문이다.

특히 22절의 '주의 원통함'이라는 표현을 주의 깊게 보아야 한다. 하나님이 원통하셔야 한다는 것이다. 하나님의 백성과 하나님은 공동운명체라는 것이다. 어찌 보면 너무 염치가 없다. 죄는 자기가 다 지어놓고, 자기 아버지한테 아버지의 명예가 실추되니 아버지의 원통함을 풀면서 나도 회복시켜 달라는 것이다. 그러나 이러한 관계가 바로 아버지와 아들의 관계가 아니겠는가? 자식이 잘못했다고 어찌 자식만 나무랄 수 있겠는가? 아버지가 원통히 여기셔야 한다.

요즘 우리나라와 교회는 영적으로 예루살렘 성전이 훼파되었다. 이러한 현실을 탄식하며 어찌하여 이렇게 되었나이까? 우리의 죄를 회개하며 우리나라를 기억해 달라고, 우리 국민을 돌봐 달라고, 하나님이여 일어나 달라고 기도하시기 바란다. "하나님, 우리가 잘못했습니다. 하지만 하나님은 약속의 하나님이 아니십니까? 이제는 우리의 원통함이 주님의 원통함이 되기 원합니다. 이 땅을 고쳐 주시옵소서. 이 나라를 회복시켜 주시옵소서." 하고 기도하며 나아가시기 바란다. 이때 하나님은 두 손을 벌리시고 우리를 다시 안아 주실 것이다. 이러한 은혜가 이 나라와 국민들에게 충만하게 임하시기를 간절히 기도한다.

재판장이신 하나님

시편 75편의 시는 인도자를 따라 알다스헷에 맞춘 노래이다. '알다스헷'이란 말은 '파괴하지 말라, 멸하지 마소서'라는 의미다. 그만큼 시를 중요하게 생각하라는 뜻이다. 한마디로 '재판장이신 하나님'에 대한 말씀이다.

본문은 왕하18:13-19:37절에 있는 히스기야왕 시대의 앗수르 왕 산헤립이 유다를 침략했을 때를 배경으로 하고 있다.

1절은 하나님 앞에 교만한 자를 낮추시고 의인들을 높이시는 기이한 일, 즉 하나님의 구원을 가까이 느끼면서 하나님께 감사와 찬양의 제사를 드리는 것으로 시작한다.

그렇다면 재판장의 특징은 무엇인가? 2절에 "주의 말씀이, 내가 정한 기약이 이르면 내가 바르게 심판하리니."라고 말씀한다. 그렇다. 기약이 이르면 우리는 재판을 받아야 한다.

하나님은 우리에게 회개할 기회를 주신다. 롬2:4-5절에 "혹 네가 하나님의 인자하심이 너를 인도하여 회개하게 하심을 알지 못하여 그의 인자하심과 용납하심과 길이 참으심이 풍성함을 멸시하느냐. 다만 네 고집과 회개하지 아니한 마음을 따라 진노의 날 곧 하나님의 의로우신 심판이 나타나는 그날에 임할 진노를 네게 쌓는도다."라고 말씀한다.

하나님의 때는 '카이로스'이다. 이는 하나님의 정한 때요, 의미 있는 시간을 말한다. 하나님은 그 시간을 기다리신다. 우리의 회개를 위함이다. 하지만 우리는 하루 24시간 속에서 생활한다. 이는 '크로노스'이다.

그러므로 우리는 어떻게 살아야 하는가? '크로노스' 시간 안에서 약속된 시간, 의미 있는 시간, 재판의 시간, 즉 '카이로스'를 생각하며 살아야 한다.

하나님은 어떠한 권위로 재판을 하시는가? 창조주의 권위다. 3절 말씀을 보라. "땅의 기둥은 내가 세웠거니와 땅과 그 모든 주민이 소멸되리라 하시도다." 하늘과 땅과 바다와 모든 피조물들은 하나님의 손에 의하여 지어진 것이다. 6-7절에서 "무릇 높이는 일이 동쪽에서나 서쪽에서 말미암지 아니하며 남쪽에서도 말미암지 아니하고 오직 재판장이신 하나님이 이를 낮추시고 저를 높이시느니라."고 말씀한다. 그렇다. 삼상2:6-7절에서는 "여호와는 죽이기도 하시고 살리기도 하시며 스올에 내리게도 하시고 거기에서 올리기도 하시는도다. 여호와는 가난하게도 하시고 부하게도 하시며 낮추기도 하시고 높이기도 하시는도다."라고 말씀한다. 롬11:36절에서 "이는 만물이 주에게서 나오고 주로 말미암고 주에게로 돌아감이라. 그에게 영광이 세세에 있을지어다, 아멘."이라고 선포한다. 하나님의 주권을 인정하며 하나님 앞에 겸손하게 사는 여러분이 되시기를 주님의 이름으로 축원한다.

공평하신 하나님은 하나님 앞에 교만한 자들, 오만한 자들을 심판하신다. 오만한 자가 누구인가? 하나님과 사람들을 무시하고 자신을 높이며, 자신의 힘을 자랑하며, 교만하고 사악한 사람들을 말한다. 본문에서는 이렇게 오만하고 교만한 자들을 '뿔'로 표현하고 있다. 이는 뿔소가 그의 뿔을 치켜들며 공격하는 모습을 연상하게 한다. 하나님을 향하여 대드는 모습이다. 그야말로 방자한 모습이다.

8절에서는 끝까지 하나님의 경고를 듣지 않는 교만한 악인들에 대하여 썩은 술잔을 쏟아내시고 그 찌꺼기까지도 마시게 하시는 혹독한 심판을 묘사하고 있다. 렘17:5절에 "여호와께서 이와 같이 말씀하시니라. 무릇 사람을 믿으며 육신으로 그의 힘을 삼고 마음이 여호와에게서 떠난 사람은 저주를 받을 것이라."고 하셨다. 불신자들, 교만한 정치 지도자들이 바로 이러한 자들이다. 여호와의 손에는 잔이 있다. 이 잔이 무슨 잔인가? 바로 '진노의 잔'이다. 악인은 하나님의 진노의 잔을 피할 수가 없을 것이다. 하나님 앞에서 잘했다 칭찬받는 여러분이 되시기를 축원한다.

이러한 재판장을 의식하면서 사는 사람의 특징이 무엇인가? 감사와 찬양을 드린다는 것이다. 시인은 1절에서 그것을 깨닫고 산혜립을 물리치실 하나님을 기대하면서 먼저 감사의 찬양을 드렸다. 그리고 마지막 부분에서 또 찬양으로 끝을 맺는다. 9-10절에서 "나는 야곱의 하나님을 영원히 선포하며 찬양하며 또 악인들의 뿔을 다 베고 의인의 뿔은 높이 들리로다."고 선포한다. 악인의 심판은 의인의 영광이다. 악인의 멸망은 의인에게는 감사와 찬양이다. 우리 모두 의인이 될 수 있기를 주님의 이름으로 축원한다.

하나님은 오늘도 오만하고 교만한 자의 뿔을 꺾으신다. 뿔을 꺾으시는 것으로 끝나지 않는다. 그들에게 진노의 잔, 심판의 잔을 마시게 하신다. 어거스틴은 제자들에게 그리스도인의 최고 덕목은 첫째도 겸손이요, 둘째도 겸손이요, 셋째도 겸손이라고 했다. 교만을 뿌리치고 오직 예수님의 온유함과 겸손함을 본받아 하나님으로부터 잘했다 칭찬받는 복된 하루가 되시기를 주님의 이름으로 축원드린다.

날마다 승리를 주시는 하나님

시편 76편의 시는 아삽의 시로서 인도자를 따라 현악에 맞춘 노래다. 이는 이 시를 부를 때 비파나 수금과 같은 악기를 연주하면서 부르라는 것이다. 한마디로 승리를 주시는 하나님에 대한 노래다.

여러분은 하나님의 은혜로 여기까지 승리하며 오셨다고 생각하시는 가? 시73:28절의 말씀처럼 하나님을 가까이하는 것이 복이다. 그러므로 하나님을 가까이한 사람은 지금쯤 아름다운 열매를 맺고 하나님께 감사 의 제사를 드리고 있을 것이다.

본문 1-3절에서 하나님은 그의 이름이 유다와 이스라엘에 알려지셨다. 여러분 같은 하나님의 백성들에게 잘 알려져 있다는 것이다. 그리고 살 렘에 계시다고 선포하고 있다. 이는 예루살렘을 말하는 것이요, 그의 처 소는 시온에 있다고 하신다. 예루살렘 옆에 있는 다윗성을 말하는 것이 다. 하나님은 지금도 성전에 계신다. 그러므로 우리는 성전의 개념을 잘 알고 있어야 한다.

최초의 성전이 어디인가? 에덴동산, 그 후에 인간의 타락으로 에덴에 서 쫓겨났다. 그다음에는 백성들의 중심에 성막, 법궤를 모시고 있었다. 그러다가 솔로몬 때 성전을 짓고 훼파되었고, 바벨론 포로 후에 스룹바 벨을 중심으로 다시 성전을 세웠으며 신약에 와서 헤롯 성전을 짓다가 예수님이 오심으로 성전은 예수님이 되고 예수님이 부활 승천한 후에는 고전3:16절에, 너희가 하나님의 성전인 것과 하나님의 성령이 너희 안에

거한다고 하심으로 지금 우리의 성전은 바로 우리의 마음이다. 그러므로 먼저 우리의 마음 성전이 '살렘'이 되어야 함을 가르쳐 주고 있다. 따라서 우리는 항상 영이 맑고 거룩해야 평화를 누리게 된다. 이는 육체의 욕심을 제어해야 가능한 것이다. "내가 이르노니 너희는 성령을 따라 행하라. 그리하면 육체의 욕심을 이루지 아니하리라. 육체의 소욕은 성령을 거스르고 성령은 육체를 거스르나니 이 둘이 서로 대적함으로 너희가 원하는 것을 하지 못하게 하려 함이니라."(갈5:16-17)

이렇게 하나님을 가까이하며 몸부림을 치면 하나님이 우리의 대적을 물리치시고 진노하시고 심지어 그들에게서 필요한 것들을 빼앗아 우리에게 주신다. 이것이 바로 놀라운 영적 원리이다. 4절에서 "주는 약탈한 산에서 영화로우시며 존귀하시도다."라고 선포했다. 하나님이 친히 우리가 거할 산을 약탈해 주신다. 5-6절을 보면, 상대가 아무리 잘났다고 해도 하나님 앞에서는 모든 것을 빼앗긴다고 하였다. 빼앗는 방법도 간단하다. 그들을 잠에 빠지게 하시면 끝이다. 심지어 장사들도, 병거와 말도 하나님이 잠들게 하시면 아무 소용이 없다. 그래서 6절에 무어라 하시는가? "야곱의 하나님이여, 주께서 꾸짖으시매 병거와 말이 다 깊이 잠들었나이다." 그러므로 세상의 어떠한 존재도 하나님을 이기지 못한다는 것을 믿으시기 바란다. 그래서 7절에 주께서는 경외를 받으실 분이라고 하였다. 하나님을 경외하고 그분만을 잘 섬기고 예배하는 것이 우리의 인생에서 제일 남는 장사이다. 주께서 우리 앞에서 우리의 대적을 향해 한번 노하시면 누가 주의 목전에 서겠냐는 것이다.

그렇다면 문제는 무엇인가? 우리가 세상의 유혹에 빠져 자신도 모르는 사이에 하나님과 멀어지고, 하나님의 자리를 세상의 물질과 명예와 권력과 돈으로 대체하고 심지어 나 자신을 하나님의 자리에 올려놓는다는 것이다. 그러므로 마6:33절에 "그런즉 너희는 먼저 그의 나라와 그의 의를 구하라."고 하신 것이다. 요즘처럼 세상이 혼란할 때 신앙의 기초가 하나님 중심, 성전 중심으로 확고하게 정립될 수 있기를 간절히 축복한다.

이렇게 자신의 영적 싸움에서 평화를 누리고, 하나님을 의지함으로 사탄과의 싸움에서 승리하게 되면, 우리에게는 복이요, 하나님께는 영광이 되는 것이 무엇일까? 바로 하나님께 찬양드리는 것이다. 이것이 그리스도인들의 특권이다. 8절에 주께서 하늘에서 판결을 선포하시니 온 땅이 두려워 잠잠하게 되었다고 하였다. 그러니 9절과 같이 하나님 편에 섰던 여러분은 살판이 난 것이다. 그때가 악한 무리들에게는 심판이지만 우리에게는 구원이 되기 때문이다. 이때 10절처럼 세상 사람이나 우리나 인간의 모든 노여움은 왕 되신 하나님께 찬송하지 않겠는가? 어찌 감히 하나님을 원망하고 불평하며 하나님을 향해 노를 발하겠는가? 심판주 되신 하나님 앞에 그저 무릎 꿇고 경배할 뿐이다. 그리고 11절과 같이 그 하나님께 "이제 내가 이렇게 살겠습니다. 이 예물을 받으시옵소서." 하고 하나님께 헌신하며 찬송과 영광을 드리게 되는 것이다. 11b절을 보라. "사방에 있는 모든 사람도 마땅히 경외할 이에게 예물을 드릴지로다."

그 하나님이 우리 대통령실과 국회의사당에 오셨으면 좋겠다. 12절에 말씀한다. "그가 고관들의 기를 꺾으시리니 그는 세상의 왕들에게 두려움이시로다." 그 왕 앞에 모든 국무위원들, 정당 대표들이 무릎을 꿇고 하나님을 향해 찬양했으면 좋겠다. 이상적인 모습, 하나님의 나라, 평화의 나라가 되려면 이처럼 하나님과의 관계가 본질로 돌아가야 한다. 이때 우리 국민은 마음껏 평화를 누리고, 부요함과 풍성함을 누리며 살게 될 것이다. 이러한 은혜가 이 나라와 민족에게, 우리 국민 모두에게 충만하게 임하시기를 주님의 이름으로 축원드린다.

영적 침체에서 벗어나려면

시편 77편의 시는 아삽의 시로서 인도자를 따라, 여두둔의 법칙에 따라 부르는 노래다. '여두둔'은 아삽, 헤만과 함께 다윗이 임명한 세 명의 찬양 인도자들 중 한 사람이다.(대상16:41-42) 그의 법칙에 따라 부른다는 것은 지휘자 여두둔의 곡조 형식을 따른다는 의미이다. 본문은 한마디로 '깊은 영적 침체에서 벗어나고자 하는 자'의 모습을 보여주고 있다.

여러분은 영적으로 침체되어 있을 때 어떻게 헤쳐 나오시는가?

이때 우리는 우선적으로 기도의 지정석을 찾아 하나님께 부르짖어야 한다. 1절에서 "내 음성으로 하나님께 부르짖으리니!"라고 하였고, 2절에서는 "환난날에 주를 찾았고, 내 손을 들고 거두지 아니하였나니."라고 말씀한다. 즉 기도를 쉬지 않았다는 것이다. 그러나 하나님의 응답이 없음으로 실망한 나머지 사람들의 어떠한 위로도 받기를 거절한 모습이다.

이처럼 기도를 했음에도 영적으로 어려운 상황일 때는 어떻게 해야 할까? 본문은 과거 하나님이 자비를 베푸셨던 기억을 회상한다. 그래도 금방 회복되는 것이 아니라 심령이 상하고 답답한 모습이 계속되고 있다. 그 상황을 7-9절에 아주 극적으로 표현한다. '주께서 영원히 버리실까, 다시는 은혜를 베풀지 아니하실까?' 마음속에 영적인 근심이 가득하다. 그 묵상의 결과가 무엇인가? 10절을 보라. "아하, 이는 나의 잘못이라." 하고 깨닫는다. 이것이 바로 죄의 고백이요, 회개다. 이어 11-13절에 다시 옛날에 하나님이 행하신 기이한 일들을 기억한다. 그리고 하나님은 위대하신 신이라는 것을 고백한다.

영적 침체는 세상 사람들이 겪는 문제가 아니다. 하나님의 백성들이 겪는 고통이다. 또한 하나님의 임재를 경험해 본 자가 겪는 고통이다. 기도의 응답을 체험해 본 사람이 더 갈망하는 것이다. 그러므로 영적 침체는 하나님으로부터 버림을 받은 것이 아니다. 하나님의 사랑을 다시 확인하는 기회이다. 심지어 바알과 아세라 선지자 850명을 상대로 갈멜산에서 승리했던 엘리야도 깊은 영적 침체를 겪고, "하나님, 차라리 지금 제 목숨을 거두어 가시옵소서."라고 고백할 정도였다. 그러므로 우리는 영적 침체가 있을 때, 때로는 하나님이 의심되고, 하나님이 아주 멀리 있는 것처럼 느껴져도 그동안 함께하셨던 하나님을 기억해 내야 한다.

그래도 금방 회복이 안 되면 어떻게 해야 하는가? 지금 시인은 그 고통을 당하고 있는 것이다. 이때 시인은 하나님의 백성이라는 정체성을 찾기 위해 출애굽의 기적을 회상한다. 15절을 보라. "주의 팔로 주의 백성 곧 야곱과 요셉의 자손을 속량하셨나이다." 즉 야곱의 자손이요, 요셉의 자손인 이스라엘 백성을 출애굽시켜 속량하시고, 가나안 복지로 인도하셨다는 고백이다. 이 고백은 이스라엘 백성만이 할 수 있는 고백이다. 바로 십자가의 은혜를 회상하라는 것이다. 죄의 노예로 살았던 우리, 사망과 사탄이라는 애굽 땅에서 살았던 우리를 십자가라는 유월절 사건을 겪게 하시고 그로 인하여 구속해 주신 은혜를 기억하라는 것이다.

영적으로 침체를 당했을 때 우리는 십자가의 은혜를 기억해야 한다. 기도를 중단하지 말고 오히려 과거 내가 예수 믿고 새 생명을 얻었던 처음 사랑을 기억해 내야 한다. 11b절에서 "기억하리이다." 12a절에서 "읊조리고 되뇌이리이다"라고 고백하는 것처럼 옛날을 기억하며, 그것을 입으로 읊조리고 시인하며 나아가라는 것이다. 이는 현재의 고난을 반드시 극복하겠다는 결심을 강하게 표현하는 것이다.

영적으로 어려운 분이 있는가? 십자가의 은혜를 기억하고 확신 가운데 회복을 고백하며 소망 가운데 나아가시기를 주님의 이름으로 축원한다.

출애굽 사건 중에 정말로 위대한 기적이 무엇인가? 바로 홍해 바다가 갈라지는 역사다. 그러므로 본문 16-19절에서는 이렇게 말씀하고 있다. "하나님이여, 물들이 주를 보고 두려워하며 깊음도 진동하였고,"(16절) "주의 길이 바다에 있었나이다."(19절) 하고 하나님의 현현을 천둥과 번개와 폭우와 지진 현상으로 묘사하면서 그 가운데 나타난 하나님의 위엄을 노래하고 있다.

이러한 과정을 거친 결과 어떠한 결론을 얻었는가? 20절을 보라. "주의 백성을 양 떼같이 모세와 아론의 손으로 인도하셨나이다." 양 떼를 몰고 가시는 목자 되신 하나님을 끝까지 믿고 나아가겠다는 고백이다.

그러므로 영적 침체에 빠졌을 때 우리를 출애굽시켜 주신 주님, 십자가의 보혈로 구속해 주신 주님, 홍해 바다를 건너게 하신 주님, 죄와 사망과 사탄의 바다를 건너게 하신 주님을 깊이 묵상해야 한다. 내가 예수 믿고 거듭나 새 생명을 얻었던 처음 사랑을 기억해 내야 한다. 그리고 다시 주님은 나의 목자요 우리는 그가 기르시는 양이라는 것을 고백할 때 우리는 성령 충만을 회복하게 될 것이다.

여러분도 영적 침체에서 완전히 회복하고 "여호와는 나의 목자시니 내게 부족함이 없으리로다."(시23:1), "우리는 그의 것이니 그의 백성이요 그의 기르시는 양이로다."(시100:3)라고 고백하며 주님과 짧은 줄로 매고 동행하시기를 우리 주님의 이름으로 축원드린다.

다음 세대에게 가르치고 전할 것(1)

시편 78편 1-11절의 시는 아삽의 마스길로서 교훈을 위한 시이다.

교육학에서는 인간을 변화시키는 요인을 '교육과 환경'이라고 한다. 사람은 태어난 환경의 지배를 받게 되어 있고, 또 하나는 그 사람이 얼마나 교육을 받았는가에 따라 그의 인간됨이 형성된다는 것이다.

1-2절에서 시인은 마치 지혜 있는 교사가 학생들에게 권면하듯 백성에게 자신이 전하는 율법(교훈), 말, 비유, 예로부터 감추어졌던 것들을 들으라고 한다. 3절에서는 "이는 우리가 들어서 아는 바요, 우리의 조상들이 우리에게 전한 바라."고 하였는데 한마디로 말하면 예로부터 전해져 내려오는 교훈이 있다는 것이다.

우리나라에서 이처럼 예로부터 전해져 내려오는 교훈은 무엇인가? 아니, 여러분의 가정에서 예로부터 전해진 교훈은 무엇인가?

나는 두 딸이 어렸을 때, 송구영신예배를 다녀오면 아이들에게 먹을 갈게 하고, 그 먹으로 우리 가정의 새해 목표를 직접 붓으로 써서 큰 액자에 넣어 한 해 동안 벽에 걸어 놓고 그것을 기억하게 하였다.

잠29:18절에는 "묵시가 없으면 백성이 방자히 행하거니와 율법을 지키는 자는 복이 있느니라."고 말씀하고 있다. 한 개인의 성공과 실패, 그리고 한 가정의 성공과 실패는 영혼이 얼마나 깨어 있느냐에 달려 있다. 경성하고 깨어 스스로도 겸손히 배우고 다른 이들에게도 교훈을 전하는 여러분이 되시기를 주님의 이름으로 축원한다.

시인은 3-4절에서 자신은 조상들에게 교훈을 전해 받았고, 또 자신은 철저하게 자손들에게 전하고 가르치겠다고 선언한다. 무엇을 가르쳐야 하는가? 7절에, 소망을 하나님께 두라는 것을 가르치라고 말씀한다. 다시 말해, 자신은 하나님의 피조물로서 하나님의 통치를 받는 자요, 하나님의 영광을 위해 사는 자요, 하나님을 찬송하기 위하여 창조된 인간이라는 자신의 존재론적 가치관을 가르치라는 것이다.

또한 7절 중반절과 같이 하나님께서 행하신 일을 잊지 말라고 가르친다. 중세 때부터 이스라엘 사람들은 유월절을 맞이하면 철저하게 자식에게 가르치는 것이 있다. '페사흐 하가다'라는 예식인데, 신6:21-25(출6:6-7)절을 근거로 하여 출애굽 사건에 대한 것을 가르치는 예식이다. 이때 부모는 자식과 함께 포도주 4잔을 마신다고 한다.

포도주 첫째 잔을 앞에 놓고 부모가 자식에게 정중하게 묻는다. "우리가 어디로부터 구원을 받았는가?" "애굽 사람의 무거운 짐 밑에서 구원 받았습니다." "또?" "애굽 왕 바로의 강제 노역에서 구원받았습니다." "또?" "10가지 재앙으로부터 구원받았습니다." "어디를 건너서 구원받았는가?" "홍해 바다를 건너고, 요단강을 건너고, 약속하신 가나안 땅으로 인도하셨습니다." 이때 부모는 "참 잘했다, 아들아." 하고 함께 첫째 잔을 마신다.

두 번째 잔을 앞에 놓고 부모가 자식에게 묻는다. "유월절 밤이 다른 날 밤과 다른 것이 무엇인가?" "네, 애굽에서 종 되었던 때를 생각하고 오늘 밤은 누룩 없는 빵과 쓴 나물만 먹어야 합니다." "그래, 너는 그것을 결코 잊으면 안 된다." 하고 둘째 잔을 함께 마신다.

세 번째는 "하나님은 어떻게 이스라엘 백성을 바로의 손에서 건지셨는가?"라고 묻는다. 그러면 자식은 "그날 밤 바로의 장자로부터 애굽 사람들의 모든 장자와 모든 가축의 처음 난 것은 다 죽었지만, 오직 양의 피를 문설주와 인방에 바른 이스라엘 백성의 집은 죽음에서 구원해 주셨습니다." 하면서 유월절 사건에 대하여 설명을 한다. 부모는 그것을 확인하고 "너는 네 평생에 그것을 결코 잊지 말고 네 자식에게도 반드시 가르쳐야 하느니라." 하면서 3번째 잔을 함께 마신다.

마지막으로 4번째 잔을 들고 가족 모두가 합창을 한다. "우주의 왕이시며 이스라엘의 구원자이신 하나님께 감사하자." 하고 함께 마지막 잔을 마신다고 한다.

이처럼 7절 하반절에서 성경은 자녀들에게 그의 계명을 지키도록 훈련시키라고 말씀한다. 이스라엘 백성들이 매년 유월절이 되면 이처럼 정중하게 자식을 가르치고 훈련한 결과, 그들은 수천 년이 지나도 아직 그 내용을 잊어버리지 않고 있는 것이다.

9-11절은 이러한 교훈을 제대로 전수하지 못해 하나님을 향해 반역한 에브라임 자손(북이스라엘)에 대하여 진술한다. 그들은 전쟁에서 법궤를 빼앗겼고, BC722년에 멸망했다. 그 이유는 간단하다. 율법과 교훈, 하나님의 기이한 일을 잃었기 때문이다.

여러분은 하나님께서 여러분과 여러분의 가정에 행하신 일을 무슨 예식으로 가르치고 있는가? 대대로 이어지는 자손들에게 무엇을 교육하라고 가르치는가? 여러분이 정말로 하나님의 은혜에 감사하는 내용은 무엇인가? 그것을 자녀와 자손들이 잊지 말도록 가르쳐야 한다. 가훈을 분명하게 정하고 그들이 평생 간직할 정신을 심어주시기 바란다. 영적으로, 정신적으로 새롭게 무장하시기를 주님의 이름으로 축원드린다.

다음 세대에게 가르치고 전할 것(2)

시편 78편 12절은 "옛적에~"라고 시작한다. 이는 그동안 역사적으로 이스라엘을 향하신 하나님의 기이한 일들과 이스라엘 백성들의 죄를 함께 생각하며 뒤돌아보자는 것이다.

무엇을 뒤돌아보아야 하는가? 시편 78편 12-72절은 크게 5가지의 죄를 지적하고 있다.

12-22절에서는 떡 문제로 하나님을 시험하며 대적한 이스라엘의 죄를 말씀하고 있다. 그것은 홍해를 갈라지게 하심(13절), 구름기둥과 불기둥으로 인도하심(14절), 반석에서 물이 나오게 하심(15절)의 권능과 기적을 체험했으나, 하나님을 시험하여 과연 하나님이 광야에서 식탁을 베푸실 수 있으랴, 반석에서 나오는 물을 먹으면서도 그가 능히 떡도 주시며 고기도 예비해 주시겠는가?(19-20절) 하고 의심하는 죄를 범한 것이다. 하나님을 시험하고 지존자를 배반하는 죄를 범했다. 이에 하나님은 불같이 노하셨다. 그러므로 하나님이 기뻐하시는 사람은 능력이 많은 사람이 아니다. 오직 여호와 하나님을 의지하는 사람이요, 그 능력을 믿고 순종하는 사람이다. 의심의 죄에서 벗어나라.

23-31절은 이스라엘이 탐욕의 죄를 범하는 내용이다. 하나님은 자신을 시험하고 대적하는 죄를 지은 이스라엘 백성을 향하여 그래도 내 자식이라서 만나를 내려주셨고, 고기(메추라기)를 보내주셨다. 그러나 그들은 감사하지 않고 도리어 탐욕을 부리는 죄를 지었다. 30절에, 이스라엘 백성들이 하나님을 향하여 욕심을 버리지 않았다고 말씀한다. 이때

하나님은 그들을 치시고 이스라엘의 청년을 쳐 엎드러뜨리셨다.

32-33절에서는 하나님을 믿지 않는 불신앙의 죄를 말씀한다. 그들은 만나와 메추라기를 주어도 계속된 탐욕을 버리지 않았고 거기에다 12사람의 정탐꾼을 보내니, 하나님의 기이한 일을 믿지 않고 여호수아와 갈렙 외에는 다 부정적인 보고를 한 것이다. 이때 하나님은 그들을 다시 광야로 보내시고 38년간의 광야생활을 하게 하신다. 그러므로 여호수아와 갈렙 외에는 1세대의 모든 사람들이 광야에서 죽었다. 이것을 33절에 "하나님이 그들의 날들을 헛되이 보내게 하시며 그들의 햇수를 두려움으로 보내게 하셨도다."라고 말씀하고 있다. 불신앙의 죄가 이렇게 무서운 것이다. 우리는 현실에 감사하는 훈련이 필요하다. 하나님과 우리의 관계는 그분이 주신 것 때문이 아니라 그분의 사랑으로 존재하는 것이다. 오늘도 하나님을 믿고 신뢰함으로 나아가시기 바란다.

34-41절을 보라. 이들은 다시 그들의 입으로 아첨하여 자기 혀로 하나님께 거짓을 말하는 죄를 범하였다. 이는 하나님께 행하는 저희 마음이 정함이 없으며 그의 언약에 성실하지 아니한 결과이다. 회개가 하나님을 향한 아첨이 될 수 있다는 것을 기억하라. 이는 하나님 중심이 아니라 자기들의 이익을 위하여 거짓으로 회개했기 때문이다. 외부적으로 하나님을 기쁘시게 해 보려는 것뿐이고, 중심의 진실함으로 죄악을 원통히 여기는 것이 아니라는 것이다. 스펄전 목사는 세상의 사악한 자들도 병석에 누우면 목회자를 찾는다고 하였다. 이들은 징계를 받으면 하나님을 간절히 찾지만, 징계가 지나가면 또다시 죄를 범한다. 피상적으로 회개하기 때문이다. 이처럼 이스라엘 백성들은 하나님을 거듭거듭 시험하며 이스라엘의 거룩하신 이를 노엽게 하였다.(41절) 이는 벧후2:22절의 개가 그 토하였던 것에 돌아가고 돼지가 씻었다가 더러운 구덩이에 도로

눕는 것과 같은 것이다. 위선과 아첨과 거짓으로 뉘우치는 모습을 회개하고 진실함과 거룩함으로 나아가시기를 주님의 이름으로 축원한다.

42-67절을 보면, 뿐만 아니라 이스라엘은 하나님 앞에서 우상을 섬기는 죄를 범했다. 하나님은 애굽에서 그들을 어떻게 출애굽시키셨는가? 10가지 재앙을 보내시고, 끝내 여호수아를 통하여 가나안 복지로 인도하셨다.(55절) 하지만, 그들은 자기 산당들로 그의 노여움을 일으키며 그들이 조각한 우상들로 하나님을 진노하게 하였다.(58절) 이로 인하여 에브라임 지파, 즉 북이스라엘을 택하지 아니하시고 그들을 치셨다. 이것이 하나님의 사랑이요 공의다. 우리는 이러한 십자가 사상을 잊어서는 안 된다.

68-72절을 보라. 하나님은 오직 유다 지파와 그가 사랑하시는 시온산을 택하시고 그의 성소를 거기에 두셨다. 거기서 하나님의 뜻대로 사는 모델 한 사람을 제시한다. 70절에서 그의 종 다윗을 택하셨다고 말씀한다. 다윗은 원래 베들레헴의 목자였다. 그 후손 예수님도 베들레헴에서 나셨다. 다윗은 정직하고 성실한 마음으로 백성을 돌보았고 이스라엘 역사상 가장 위대한 이상적인 왕이 되었다. 이는 바로 예수 그리스도의 그림자였다.

그 옛날 떡을 가지고 하나님을 시험한 백성들, 탐욕과 불신앙과 거짓으로 회개하는 백성들, 우상을 섬기는 백성들을 지우고 신실한 모델 다윗과 함께 2000년 전 나를 구원하시기 위해 베들레헴 말구유에 누우신 예수님을 깊이 묵상하며 기쁨과 감사의 영으로 충만하시기를 축원드린다.
"말씀이 육신이 되어 우리 가운데 거하시매 우리가 그의 영광을 보니 아버지의 독생자의 영광이요 은혜와 진리가 충만하더라."(요1:14)

시편
79편

폐허의 현장에서 드리는 기도

시편 79편의 배경은 주전 587년 바벨론의 침략에 의하여 예루살렘이 함락된 사건이다. 무엇보다도 제사장만 들어갈 수 있는 성전에 이방인들이 신을 신고 들어가 모든 기물을 파괴하고 불사른 것은 참으로 비극적이요, 참담한 사건이었다. 그 일을 1절에서 말하고 있다.

또한 2-3절을 보면 주의 종들이 이방인들에게 죽임을 당했다. 그러나 아무도 장사해 주는 사람이 없어 그들의 시체는 내버려지고 공중의 새나 땅의 짐승의 밥이 된 사실은 영생을 믿는 유대인들에게 저주, 그 자체였다. 그들의 정서로 매장을 못하는 것은 가장 큰 수치이기 때문이다. (신28:26, 삼상17:44-46, 전6:3) 그러므로 시인은 4절에서 "우리는 우리 이웃에게 비방거리가 되며 우리를 에워싼 자에게 조소와 조롱거리가 되었나이다."라고 고백한다.

하나님의 백성이라는 정체성이 무엇인가? 거룩이다. 거룩하지 않고 범죄하게 되면 이처럼 하나님의 징계를 받는다. 이방 사람들에게 조소와 조롱거리가 된다. 하나님의 영광을 가린다. 오늘도 죄에 민감한 여러분 되시기를 바란다. 양심의 경고음에 귀를 기울이시기 바란다.

그러나 이러한 우리의 처지를 하나님이 기뻐하시겠는가? 아니다. 죄를 지었지만, 그래도 우리는 하나님의 자녀들이다. 그러므로 회개하고 나아가면 우리의 원수를 하나님이 갚아주신다. 시인은 그러한 마음으로 이방 나라들에게 하나님의 진노가 임하시기를 간구한다. 하나님이 직접 복수해 주시기를 바란다. 5절과 같이 "여호와여, 어느 때까지니이까. 영원히 노하시리이까. 주의 질투가 불붙듯 하시리이까." 하고 탄식하며 나아간다. 6-7절은 렘10:25절과 같다. 예레미야 선지자의 마음으로 하나님께 예루살렘 성전을 짓밟은 무리들을 고발하는 것이다.

우리도 지금 시인의 마음으로, 예레미야 선지자의 마음으로 하나님을 향해 고발하고 아뢸 내용이 무엇인가? 예루살렘을 짓밟는 원수를 갚아 달라는 것이다. 지금 시대의 예루살렘 성전을 황폐하게 하는 우리의 원수들이 누구인가? 하나님보다 돈을 더 사랑하는 자본주의, 하나님의 은혜보다 인간의 야망을 더 중히 여기는 성장주의, 하나님보다 인간의 이성을 더 높이는 이성주의가 될 수 있다. 이러한 것들이 이 시대의 하나님의 성전을 파괴하는 바벨론들이기 때문이다. 그러므로 우리 가정, 우리 교회가 이러한 죄를 범하지 않도록 정신을 차리시기 바란다. 이러한 교만을 고발하시기 바란다. 하나님 앞에 겸손히 내 안에 계시는 성령님을 잘 모실 수 있도록 주님과 동행하는 하루가 되시기를 축원한다.

그렇게 하려면 어떻게 해야 하는가? 그동안 우리가 지은 죄를 시인하고 하나님께 자비와 긍휼을 구해야 한다. 시인은 8-9절에서 조상들과 자신들의 죄를 시인하고 하나님의 자비와 긍휼을 구한다. "주의 긍휼로 우리를 속히 영접하소서. 우리가 매우 가련하게 되었나이다." 특히 9절에서 "주의 이름을 증거하기 위하여 우리를 건지시며 우리 죄를 사해 주소서."라고 기도한다. 그렇다. 하나님은 자신의 이름을 더럽히지 않기 위하여 재앙을 내리신다.(겔 20장)

우리는 주님의 이름을 증거하고 주님의 이름을 높이며 주님의 영광을 드러내는 것이 최고의 목표이다. 이 목표를 다시 한 번 확인하시기 바란다. 삶 속에서 이 목표가 흔들리고 있는지, 정체성을 잃고 세속에 물들고 있지는 않은지, 확인하고 나아가시기 바란다. 먹든지 마시든지 무엇을 하든지 다 하나님의 영광을 위해 한다는 삶의 의미를 재확인하고 겸손한 마음으로, 경건한 마음으로 하나님의 이름을 높이는 여러분이 되시기를 축원한다. 하나님은 오늘도 "내가 거룩하니 너희도 거룩하라."고 말씀하신다.

시인은 이렇게 겸손하게 나아가는 자신에 대하여 11절에서 "갇힌 자의 탄식을 주 앞에 이르게 하시며 죽이기로 정해진 자도 주의 크신 능력을 따라 보존하소서." 즉, 자신을 '갇힌 자'로 표현하고, '죽이기로 정해진 자'로 표현한다. 그렇다. 바벨론에서 포로 생활을 하는 것 자체가 갇힌 삶이요, 자유를 빼앗긴 삶이요, 죽음의 위협에 직면한 삶이다. 그들은 여기서 주의 크신 능력으로 보호해 달라고 간절히 기도한다. 12절에서는 "주여, 우리 이웃이 주를 비방한 그 비방을 그들의 품에 7배나 갚으소서."라고 기도한다. "그렇게 해주시면, 우리가 하나님의 백성이요, 하나님의 목장에서 기르시는 양이요, 이때 우리는 영원히 주께 감사하며 주의 영예를 대대에 전하겠나이다."라고 맹세한다.(13절) 이처럼 이 시의 최종 목적지는 구원의 하나님에 대한 찬양이다.

여러분 마음의 성전은 어떠한가? 돈 때문에, 야망 때문에, 인본주의 때문에 훼손되지는 않았는가? 시인의 마음으로 철저하게 회개하고, 주의 이름을 높이고, 하나님의 영광을 위하는 거룩한 백성으로 회복되시기 바란다. 목자와 양의 관계를 회복하시고 여러분의 입술로, 여러분의 삶으로 하나님께 찬송과 영광을 올려드리시기를 주님의 이름으로 축원드린다.

세 가지 기도 제목

시편 80편의 시는 아삽의 시이며, 인도자를 따라 '소산님 에듯'에 맞춘 노래이다. 이는 '언약의 백합들'이란 의미로 아름답고 순결한 하나님의 사람들을 표현한다.

이 시는 주전 722년 북이스라엘이 앗수르에 멸망당한 것을 배경으로 하고 있다.(왕하17:6) 그러므로 요셉의 자손 에브라임과 므낫세, 베냐민은 남유다 소속이었지만, 벧엘, 길갈, 여리고 등은 북이스라엘 영토로 취급되었다. 이때 그들은 하나님께 구원을 호소하며 하나님과 저들의 관계에 대하여 고백한다.

그렇다면 하나님과 우리는 어떠한 관계인가?

본문 1절에서는 "요셉을 양 떼같이 인도하시는 이스라엘의 목자여!"라고 하나님을 부른다. 주님은 우리의 목자요, 우리는 그가 기르시는 양이다. 양에게 가장 귀중한 것이 무엇인가? 목자의 소리를 듣는 것이요, 목자의 낯을 보는 것이다. 목자와 가까이 있는 것이다. 1절에서도 빛을 비추어 달라고 호소한다. 3절에서도 주의 얼굴빛을 비추어 달라고 간구한다. 7절에서도 주의 얼굴의 광채를 비추어 달라고 탄식한다.

여러분은 주님의 얼굴을 가까이서 보고 있는가? 주의 얼굴의 광채가 여러분을 비추고 있는가? 주님의 음성을 듣고 사는가? 이것에 실패하면 앗수르에 북이스라엘이 멸망당하는 것처럼 우리의 삶에 험한 상황을 맞을 수 있다는 것을 기억하라.

시인은 마지막 19절에서 "만군의 여호와여, 우리를 돌이켜 주시고 주의 얼굴의 광채를 우리에게 비추소서. 우리가 구원을 얻으리이다."라고 고백하고 있다. 지금 이 시간, 주님의 빛나는 얼굴을 확인하시기 바란다. 주님의 영광스러운 광채가 여러분에게 비추시기를 축원한다. 이때 여러분의 삶에는 생기가 돌아나게 될 것이요, 주님 안에서 진정한 만족과 행복을 누리게 될 것이다.

본문은 포도나무 비유에 대하여 설명하고 있다. 요한복음 15장에는 유명한 포도나무 비유가 나온다. 하나님은 농부시고, 예수님은 포도나무요, 우리는 가지다. 본문 8절을 보라. 주께서 한 포도나무를 애굽에서 가져다가 민족들을 쫓아내시고 그것을 심으셨고 가꾸셨는데, 그 가지가 하나님의 백향목 같으며 바다까지 뻗고 넝쿨이 강까지 미쳤다가, 주께서 그 포도나무 농장의 담을 헐어버리시므로 숲속의 멧돼지 같은 들짐승들이 들어와 포도나무 농장과 포도나무를 훼손하고, 가지는 베임을 당하고 불타는 것으로 북이스라엘의 멸망을 표현하고 있다. 이 상황을 눈물의 양식, 이웃에게 다툼거리와 비웃음거리로 고백하며, 14절에서는 "만군의 하나님이여, 구하옵나니 돌아보소서. 하늘에서 굽어보시고 이 포도나무를 돌보소서."라고 간절히 구원을 요청하고 있다.

하나님은 우리를 죄와 사망과 사탄이라는 애굽에서 참포도나무이신 예수 그리스도의 농장, 예수 그리스도라는 나무에 접붙여 주셨다. 이것이 하나님의 은혜다. 그렇다면 예수 그리스도 안에서 생명을 얻고 또 풍성한 삶을 살아야 하는 것 아닌가? 열매를 맺어야 하는 것 아닌가? 하나님께서는 요15:2절에서 열매를 맺지 않는 가지는 제거해 버리시고 열매를 맺는 가지는 더 열매 맺게 하려고 가지치기를 하신다고 하신다.

그렇다면 우리는 어떻게 해야 하는가? 요15:4절에서 "내 안에 거하라. 나도 너희 안에 거하리라. 가지가 포도나무에 붙어 있지 아니하면 스스로 열매를 맺을 수 없음같이 너희도 내 안에 있지 아니하면 그러하리라."

라고 말씀한다. 그러므로 우리는 주님 안에 거해야 한다. 포도나무에 붙어 있어야 한다. 우리 스스로는 열매를 맺을 수 없다. 주님의 가지에 붙어 있을 때 우리의 삶에서 열매를 맺게 된다. 이 원리를 깊이 묵상하면서 우리의 영혼이 앗수르에게 멸망당하는 북이스라엘이 되지 않도록 예수 그리스도 안에, 주님의 말씀 안에, 성령의 통치하에서 경건한 삶을 사는 여러분이 되시기를 축원한다.

하나님은 구원자이시다. 그러나 우리의 죄로 인하여 주님의 얼굴빛을 놓쳐 버렸다. 우리의 죄로 인하여 주님의 음성을 듣지 못하게 되었다. 주님이라는 포도나무 가지에서 잘려나갔다. 그렇다면 우리는 멸망의 자식이 되는 것인가? 아니다. 하나님은 회개하고 돌아오면 다시 그의 얼굴을 비추시고, 그의 가지에 다시 접붙여 주심을 약속하고 있다. 그러므로 하나님은 구원자가 되시는 것이다. "우리를 구원하러 오소서."(2절) "우리가 구원을 얻게 하소서."(3절) "우리가 구원을 얻게 하소서."(7절) "우리가 구원을 얻으리이다."(19절)라고 고백하고 있다.

나를 택하여 주시고 구원해 주신 하나님을 기억하라. 엡2:8-9절에 "너희는 그 은혜에 의하여 믿음으로 말미암아 구원을 받았으니 이것은 너희에게서 난 것이 아니요 하나님의 선물이라. 행위에서 난 것이 아니니 이는 누구든지 자랑하지 못하게 함이라."라고 말씀한다. 여기서의 구원은 천국과 지옥을 말하는 것이 아니다. 가나안은 이미 천국을 상징한다. 그러므로 여기서의 구원은 회복이다. 우리의 삶은 주님을 떠난 것이 불행이요, 사막의 삶이다. 주님 없는 기쁨은 허상이다. 기도 없는 평안도 거짓이다. 특별히 이 나라와 민족이 세 가지 기도 제목을 중심으로 회개의 영이 충만케 되기를 간절히 기도드린다.

내 백성이여, 들으라

시편 81편의 시는 깃딧에 맞춘 노래다. 깃딧은 '포도주 틀'을 뜻한다. 또한 당시 블레셋의 성읍인 갓에서 유래한 '하프'라는 뜻으로 '갓의 곡조'라는 의미도 있다. 이 시는 유월절이나 새해 첫날, 혹은 장막절 등의 절기에 부르기 위해 지어진 노래로서 시편 79, 80편 같은 탄식시들의 해결책이 되는 중요한 교훈을 담고 있다.

하나님을 믿는 백성들의 정체성이 무엇인가? 감사와 찬양과 영광을 하나님께 돌리며 사는 자들이다.

여러분은 요즘 얼마나 하나님께 감사하고 찬양과 영광을 돌리며 살고 있는가? 사43:21절에 "이 백성은 내가 나를 위하여 지었나니 나를 찬송하게 하려 함이니라."고 하였다. 고전10:31절에는 "그런즉 너희가 먹든지 마시든지 무엇을 하든지 다 하나님의 영광을 위하여 하라."고 말씀한다. 우리가 치유되고 회복되는 것은 간단하다. 우리의 입술로 하나님께 감사하고 찬양하고, 하나님께 영광을 돌려드리면 하나님께서 우리의 모든 삶을 치유하시고 회복시켜 주실 줄 믿는다. 그러므로 1-4절에 우리를 구원하신 능력의 하나님께 기쁘게 노래하며 즐겁게 찬양하라고 권면한다. 소고 치며 아름다운 수금과 비파로 하나님을 찬양하라고 하신다. 무엇보다 초하루와 보름과 명절에 나팔을 불고 찬양하라고 하신다.

이 모든 감사찬양의 이유는 무엇인가? 애굽의 종 되었던 우리를 하나님께서 구원해 주셨기 때문이다. 그러므로 이스라엘에는 중요한 세 절기가 있다. 첫째는 유월절이다. 이는 애굽의 종 되었던 곳에서 구원하신 것을 기념하는 절기이다. 둘째는 초막절 혹은 장막절이다. 이는 광야 40년 동안 하나님께서 먹이시고 입히시고 반석에서 물을 내시고 만나와 메추라기를 주시고 인도하심을 기념하는 것이다. 셋째는 맥추절 혹은 칠칠절이다. 이는 가나안 복지에 들어가 그 땅의 소산물을 얻어 처음 익은 열매에 대한 감사의 제사이다. 이처럼 우리도 죄와 사망과 사탄의 애굽에서 구원하시고 나그네 같은 인생길을 인도하시고, 저 천국 우리의 본향으로 인도해 주실 것을 믿고 날마다 감사의 제사를 드릴 의무가 있다. 이러한 삶을 4절에서 "이는 이스라엘의 율례요 야곱의 하나님의 규례로다!"라고 선포하신다.

5-6절에서는 구체적인 하나님의 구원의 역사를 말씀하신다. 이는 우리가 너무나 잘 아는 내용이다. 하나님의 백성들을 택하셔서 그의 어깨에서 짐을 벗기고 그의 손에서 광주리를 놓게 하셨다. 한마디로 벽돌을 찍는 노예의 짐을 벗겨 주셨다. 진흙과 건축재료를 날랐던 광주리를 놓게 하셨다.(출1:13-14) 예수를 믿는 사람들은 이러한 죄의 보따리, 무거운 짐을 주님께 내려놓은 자들이요, 주님 안에서 참 안식과 쉼을 누리는 백성들이다.(마11:28) 그 엄청난 고난 가운데 하나님께서는 부르짖는 소리를 들으시고 우렛소리로 응답하셨다. 그런데도 어떻게 했는가? 그 유명한 므리바 사건이 무엇인가? 출애굽기 17장, 민수기 20장의 백성들이 목마르다고 모세와 다투고 하나님을 원망하고 불평하며 하나님을 시험한 사건이다. 그래도 하나님은 우리의 광야길을 인도하시고 가나안 복지로 인도하신 은혜와 사랑의 하나님이시다. 그러므로 우리의 정체성은 하나님께 감사와 찬양이다.

시인은 이스라엘 백성에게 "내 백성이여, 들으라. 내가 네게 증언하리라. 이스라엘이여 내게 듣기를 원하노라."라고 말씀한다. 그리고 십계명의 대표격인 "너희 중에 다른 신을 두지 말라."고 선포하고, 10절에서

"나는 너를 애굽 땅에서 인도하여 낸 여호와 네 하나님이니 네 입을 크게 열라, 내가 채우리라."고 하셨다. 네 입을 크게 열라는 것은 믿음의 눈으로 하나님이 주신 가나안 땅을 보라는 말이다. 그러나 11절을 보라. 불순종한다. 가나안 정탐꾼 12명 중 10명은 이런 믿음이 없었다. 믿음으로 순종하지 않았다. 그러므로 하나님의 심판을 받고 40년 광야생활을 하게 된 것이다. "네 입을 크게 열라. 내가 채우리라."는 말씀은 우리에게도 유효하다. 이는 하나님을 열심히 사모하라는 것이요, 사랑하라는 것이요, 믿고 구하면 얻는다는 하나님의 약속의 말씀이다.

8절을 보라. "내 백성이여, 들으라. 내가 네게 증언하리라. 이스라엘이여, 내게 듣기를 원하노라."고 하였다. 13절에 "내 백성아, 내 말을 들으라. 이스라엘아, 내 도를 따르라."고 말씀한다. "내 백성이여, 들으라."는 것이다. 듣지 않는 자에게는 고난이 닥친다. 하나님은 불순종하는 이스라엘 백성들에게 광야 40년 동안 만나와 메추라기를 주시고, 불기둥과 구름기둥으로 인도하시고, 결국 젖과 꿀이 흐르는 가나안 복지로 인도하셨지만 그 과정에서 원수와 대적들을 통해 고통을 주셨다. 그러므로 하나님은 어제나 오늘이나 영원토록 사랑과 공의의 하나님이신 것이다.

또한 하나님은 질투의 하나님이시라는 것을 기억하라. 하나님을 찬양하고 믿음으로 순종하면 16절과 같이 기름진 밀을 먹이고, 반석에서 나오는 꿀로 너를 만족하게 하신다고 하셨다. 반대로 하나님의 말씀대로 살지 않으면 반드시 그만큼 고통의 삶을 살게 된다. 그것이 하나님의 속성인 사랑과 공의이다. 목자의 소리를 듣는 양처럼 순종하는 자의 풍성함과 복을 누리시기 바란다. 감사와 찬양을 회복하는 자의 행복을 누리시기 바란다. 다른 신을 섬기지 아니하고 오직 여호와만 섬기며, 주 안에서 진정한 자유와 해방을 누리시기를 주님의 이름으로 축원드린다.

최종 심판자이신 하나님

시편 82편의 시는 불의한 통치자들을 심판하시는 내용이다.

1절에서 하나님은 신들의 모임 가운데에 서시며 그들 가운데서 심판하심을 선포한다. 여기서 신들이 누구인가. 바로 푸틴이나 김정은 같은 세상의 통치자들을 말한다. 자신을 신격화한 독재자들을 가리킨다. 그들을 재판하시기 위하여 하나님이 서셨다고 하는 것은 재판의 엄중함을 나타낸다. 재판의 갑작스러움을 알려주는 것이다. 김정일이 그렇게 갑자기 죽을 줄 그 누가 알았겠는가? 하나님이 재판석에 서시면 그렇게 되는 것이다.

하나님이 그렇게 하신 이유가 무엇인가? 2절을 보라. "너희가 불공평한 판단을 하며 악인의 낯 보기를 언제까지 하려느냐?" 이 말씀은 독재자가 힘있는 악인의 편만 들었다는 불공평함을 고발하시는 내용이다. 그동안 북한에서는 힘있는 몇 사람들만 배를 불리고 힘없는 뭇 백성들은 굶어죽지 않았는가? 이러한 자들에게는 하나님의 준엄한 심판이 기다리고 있는 것이다. 이 말씀이 독재자 김정은에게만 해당되는 말인가? 바로 지금의 우리 대한민국의 지도자들에게, 각 가정의 부모들에게, 각 교회의 목사와 장로들에게 경고하시는 말씀이다. 이 말씀이 여러분에게도 메시지가 되기 바란다. 하나님은 잠16:18절에 "교만은 패망의 선봉이요 거만한 마음은 넘어짐의 앞잡이니라."고 말씀하신다. 만약 우리에게 힘이나 권력이 있다면 오직 하나님의 영광을 위하여, 그리고 연약한 자들을 섬기며 돌보기 위하여 사용되기를 축원한다.

3절을 보라. "가난한 자와 고아, 곤란한 자와 빈궁한 자에게 공의를 베풀라."고 하신다. 약1:27절에 "하나님 아버지 앞에서 정결하고 더러움이 없는 경건은 곧 고아와 과부를 그 환난 중에 돌보고 또 자기를 지켜 세속에 물들지 아니하는 그것이니라."고 말씀하신다. 경건함은 삶 속에서 나타나는 것이다. 경건은 추상적이 아니다. 그러므로 믿음은 현실이다. 하나님을 사랑하는 것과 이웃을 사랑하는 것은 함께 가야 한다.

4절에서는 "가난한 자와 궁핍한 자를 구원하여 악인들의 손에서 건질지니라 하시는도다."라고 하셨다. 우리가 하지 않으면 하나님이 직접 하실 것이다. 히13:16절에 "오직 선을 행함과 서로 나누어 주기를 잊지 말라. 하나님은 이 같은 제사를 기뻐하시느니라."라고 하였다. 선행과 나눔이 하나님께 제사, 즉 예배를 드리는 것이라는 말씀이다. 통치자와 권력자들을 향하여 약자들을 보호하지 않는 책임을 물으시는 주님의 음성에 귀를 기울이고, 이웃을 챙기는 여러분이 되시기를 주님의 이름으로 축원한다.

5절에서는 "그러나 악인들은 이를 알지도 못하고 깨닫지도 못하여 흑암 중에 왕래하니 땅의 모든 터가 흔들린다."고 말씀한다. 이는 불의한 통치자들로 인하여 하나님께서 이 세상의 도덕 질서가 무너졌다고 탄식하신다는 말씀이다. 바로 지금의 대한민국 지도자들의 상황을 경고하시는 내용이 아니겠는가! 그들은 하나님의 공평과 정의에 무관심했고 무지해 마음대로 통치했다. 이러한 면에서 북한의 김정은은 말할 것도 없이 그 땅을 흔들고 있다. 우리도 정도만 다를 뿐 이들과 같은 마음이 될 수 있다. 하나님은 이사야 선지자를 통하여 사44:18절에 "그들이 알지도 못하고 깨닫지도 못함은 그들의 눈이 가려서 보지 못하며 그들의 마음이 어두워져서 깨닫지 못함이니라."고 하셨다. 주변에 흑암 중에 살며 땅의 모든 터가 흔들리는 고통이 있어도 모르고 살 수 있다는 경고의 음성으로 들으시기 바란다. 그러므로 겸손하게 형제와 친척들, 가난한 이웃들을 챙기고 섬기는 여러분이 되시기 바란다.

6-7절에서는 '신들' 혹은 '지존자의 아들들'이라는 높은 권위를 부여받은 통치자들에 대한 하나님의 심판이 선언된다. 하나님이 세우신 목적을 수행하지 못했기 때문에 그들은 특권과 위엄을 박탈당하고 일반인들처럼 비참히 죽게 되었다. 이들을 향하여 하나님께서 직접 나서시겠다는 말씀이다. "너희가 신인 줄 알았느냐, 지존자의 아들인 줄 알았느냐. 내가 너희를 평민처럼 죽게 할 것이다. 고관의 하나같이 넘어뜨릴 것이다." 이것이 하나님의 경고다. 그것이 인간의 한계다. 우리나라 정치 지도자들이 이러한 말씀을 두려워하며 하나님 앞에 겸손하기를 기도한다.

8절에서 시인은 하나님의 공의로운 심판이 속히 이루어지기를 요청한다. "하나님이여 일어나사 세상을 심판하소서. 모든 나라가 주의 소유이기 때문이니이다." 이 세상 모든 나라는 하나님의 소유이고 이 세상 모든 통치자는 하나님의 주권 아래 있다. 아니, 온 우주가 하나님의 손에 있다. 그러므로 롬11:36절에 다음과 같이 말씀한다. "이는 만물이 주에게서 나오고 주로 말미암고 주에게로 돌아감이라. 그에게 영광이 세세에 있을지어다, 아멘."

우리도 지도자의 위치에 있는 자들이다. 참된 제사와 경건은 고아와 과부를 돌보는 것이다. 지도자인 부모로서, 선배로서, 직분자로서, 주권자 되신 하나님의 경고를 기억하며 두렵고 떨리는 마음과 경건함으로 겸손하시기를 주님의 이름으로 축원드린다.

영적 위기에서 승리하려면

　시편 83편의 시는 주변 민족들이 동맹하여 이스라엘을 공격하려는 위기 상황에서 하나님께 대적들의 멸망을 절박하게 간구하는 내용이다.

　1절에서는 침묵하시는 하나님으로 시작한다. 우리는 위기를 당했을 때 답답하고 마음이 급하다. 이때 "하나님은 도대체 어디 계시며 지금 무엇을 하고 계신가?"라는 의구심이 생긴다. 침묵하시는 하나님이 얼마나 야속한지 모른다. 이스라엘 백성들이 출애굽 당시 애굽 군대가 뒤에서 쫓아올 때 그랬다. 앞에는 홍해 바다가 놓여 있고, 뒤에서는 애굽 군대가 쫓아온다. 이때 하나님은 침묵하셨다. 이에 백성들은 모세를 향하여 "우리가 애굽 사람을 섬기는 것이 광야에서 이렇게 죽는 것보다 낫다."고 항의하고 대들었다.

　그러나 출14:13-14절을 보라. "모세가 백성에게 이르되, 너희는 두려워하지 말고 가만히 서서 여호와께서 오늘 너희를 위하여 행하시는 구원을 보라. 너희가 오늘 본 애굽 사람을 영원히 다시 보지 아니하리라. 여호와께서 너희를 위하여 싸우시리니 너희는 가만히 있을지니라."라고 하였다. 하나님은 지금도 일하고 계신다. 우리를 위해 싸우신다. 문제는 우리가 기다리지 못한다는 것이다. 모든 일에 두려워하지 말고 믿음으로 가만히 서서 여호와께서 행하시는 구원을 경험하는 여러분이 되시기를 축원한다.

　본문에는 에돔, 이스마엘인, 모압, 하갈인, 그발, 암몬, 아말렉, 블레셋,

두로, 앗수르 등 모두 10개 민족이 거명되었다. 10은 완전수로 하나님 나라를 대적하는 모든 세력을 대표한다. 그들은 하나님이 다스리는 이스라엘 나라를 없애고 세상 역사를 자신들의 힘으로 만들어 가려는 세력들이다. 그들이 한마음으로 음모를 꾸미고 하나님을 대적하고 있다. 그래서 이 시의 배경을 대하 20장의 여호사밧왕 때 모압과 암몬이 주도한 연합군이 유다를 치러 들어왔을 때로 여긴다.

오늘도 사탄 마귀는 우리에게 쳐들어온다. 우리가 이 땅 위에 사는 동안은 이 대적과의 싸움을 피할 수 없다. 엡6:11-12절에 "마귀의 간계를 능히 대적하기 위하여 하나님의 전신갑주를 입으라. 우리의 씨름은 혈과 육을 상대하는 것이 아니요 통치자들과 권세들과 이 어둠의 세상 주관자들과 하늘에 있는 악의 영들을 상대함이라."고 말씀하신다. 마귀와의 싸움에서 승리하시기 바란다. 물질과의 싸움에서, 나태함과의 싸움에서, 게으름과의 싸움에서, 육신의 정욕과의 싸움에서, 명예와의 싸움에서, 하나님과 멀어지라고 하는 마귀의 유혹에서 승리하시고 하나님과 깊이 교제하며 성령충만한 하루가 되시기 바란다.

시인은 대적들과의 싸움을 열거하고 있다. 9-10절은 사사 드보라와 바락이 가나안 왕 야빈과 군대장관 시스라를 기손강에서 물리친 사건을 회고하고 있다.(삿 4-5장) 이들의 철병거는 하나님께서 하늘에서 내려주신 엄청난 비로 인해 진흙탕에서 완전히 무용지물이 되어 버렸고, 그들의 적장 시스라는 철병거에서 내려 도망가다가 헤벨이라는 사람 집에 들어가 잠자며 쉬고 있을 때 헤벨의 아내 야엘이 관자놀이에 말뚝을 박아서 죽여버린다. 또한 11절에서는 사사시대 기드온이 미디안 군대와 그들의 지도자 오렙, 스엘, 세바와 살문나를 물리친 사건을 들고 있다.(삿 7-8장) 이것이 하나님의 방법이다. 인간의 힘으로 되지 않는 것을 하시는 분이 하나님이시다. 그러므로 이성의 한계를 넘으시기 바란다. 입을 넓게 여시기 바란다. 부정적인 생각들을 버리시기 바란다. "우리가 사방으로 욱여쌈을 당하여도 싸이지 아니하며, 답답한 일을 당하여도 낙심하지 아니하며, 박해를 받아도 버린 바 되지 아니하며, 거꾸러뜨림을 당하여도 망하지 아니하고, 우리가 항상 예수의 죽음을 몸에 짊어짐은 예수의 생명이 또한 우리 몸에 나타나게 하려 함이라."(고후4:8-10) 예수 그리스도의 생명이 우리의 삶을 통하여 나타나시기를 축원한다.

시인은 이 같은 승리의 삶을 12절에서 하나님의 목장에 비유한다. "여호와는 나의 목자시니 내게 부족함이 없으리로다." 하나님이 우리의 목자장이 되시는 한, 어떠한 짐승도 막아내 주실 것이다. 푸른 초장과 쉴만한 물가로 인도해 주실 것이다. 하나님이 나서시면 그들은 굴러가는 검불같이 될 것이요, 바람에 날리는 지푸라기가 될 것이다. 침묵하시던 하나님은 그들에게 삼림을 사르는 불길로 임하시고 폭풍으로 그들을 덮으실 것이다.

하나님의 침묵으로 시작한 1절이 18절에서 여호와라 이름하신 주만 온 세계의 지존자로 알게 해 달라고 기도하며 끝을 맺는다. 그러므로 위기 가운데서도 믿음을 잃지 마시고 끝까지 하나님의 자비의 손길을 구하며, 가만히 서서 우리를 구원하시는 하나님의 능력을 체험하시기 바란다. 하나님은 시50:15절에서 "환난날에 나를 부르라. 내가 너를 건지리니 네가 나를 영화롭게 하리로다."라고 권면해 주신다. 여러분을 대적하는 모든 상황들이 바람에 날리는 지푸라기가 되는 승리의 하루가 되며, 오직 여호와라 이름하신 주가 여러분의 지존자가 될 수 있기를 주님의 이름으로 축원드린다.

성전을 사모하는 자

시편 84편의 시는 고라 자손의 시이다. 고라 자손은 레위의 증손자이다. 이들은 다윗 때부터 성전 문을 지키는 임무를 부여받았다.(대상9:17-19, 느11:19) 깃딧은 '포도주 틀'을 의미한다. 특히 본문은 성전에 나아갈 수 없는 형편에 처한 한 레위인이 성전과 하나님을 애타게 사모하면서 드린 기도시이다. 성전과 하나님을 향한 마음이 얼마나 크면 이로 인하여 몸과 마음이 쇠약해질 지경에 이르렀겠는가? 그래서 참새와 제비가 자유롭게 성전에 집을 짓고 새끼를 위한 보금자리를 마련하는 삶을 몹시 부러워하고 있다. 주의 집에 살면서 항상 주를 찬송할 수 있는 삶이 이렇게 복되다는 것이다. 여러분도 이처럼 하나님의 성전을 사모하는 자들이 되시기 바란다. 진정한 그리스도인은 그 맛을 아는 자들이요, 예루살렘을 통하여 복을 받는다는 것을 믿는 자들이다.

지금의 성전은 반드시 교회만이 아니다. 하나님이 계신 곳이 성전이다. 성령님이 계신 우리의 마음이 성전이다.(고전3:16) 그러므로 평상시의 삶 가운데 성령충만을 사모하는 마음을 갈망하며 살아야 한다. 롬12:1-2절에 "우리의 몸을 하나님이 기뻐하시는 거룩한 산 제물로 드리라. 이는 너희가 드릴 영적 예배니라. 너희는 이 세대를 본받지 말고 오직 마음을 새롭게 함으로 변화를 받아 하나님의 선하시고 기뻐하시고 온전하신 뜻이 무엇인지 분별하도록 하라."고 권면하셨다. 그다음 롬12:3절의 내용이 무엇인가? 마땅히 생각할 그 이상의 생각을 품지 말고 믿음의 분량대로 지혜롭게 생각하라는 것이다. 성전을 사모하는 자들은 하나님의 뜻을 분별하여 마땅히 생각할 그 이상의 생각을 품지 않는 절제력이 있다. 그를 보면 평안이 있다. 그를 보면 안정감이 있다. 그를 보면 행복하다. 여러분 또한 이러한 자들이 되시기를 바란다.

시인은 5절에서 "주께 힘을 얻고 그 마음에 시온의 대로가 있는 자는 복이 있다."고 고백한다. 이는 절기를 지키기 위해 자유롭게 시온의 예루살렘을 향해 갈 수 있는 순례자들의 복을 노래하는 것이다. 이처럼 하나님을 예배하고자 하는 열망이 '눈물 골짜기(바카, 시온을 향하여 가는 자들의 목마름과 고통을 말한다)'조차도 오아시스로 만들고, 이 사람들의 여정은 메마른 땅에 단비가 내리듯 은혜롭다는 것이다. 거기서 그들은 힘을 얻고 하나님 앞에 나아간다. 이처럼 하나님께 나아가는 자들은 그 과정에 고난이 닥칠 수 있다. 그러나 그 고난이 성전에서 주시는 하나님의 은혜를 능가하지 못한다. 하나님이 주시는 힘과 은혜로 그동안의 모든 고통은 사라진다. 여러분의 삶이 이러한 은혜의 동산이 될 수 있기를 바란다. 삶 속에서 고통을 받던 자들이 성전에서 힘을 얻고 소성하는 오아시스가 되기 바란다. 폭포수 같은 성령님의 은혜로 치유와 회복의 역사가 나타나기 바란다. 이 같은 오아시스의 은혜가 충만하기를 간절히 축복한다. 이러한 복은 하나님을 향하여 나아가는 시온의 대로가 펼쳐졌을 때 누리는 하나님의 복이다.

시인은 이러한 소망이 이루어지도록 하나님께 기도하며 나아간다. 모든 여건과 환경은 왕이신 하나님의 승낙만 있으면 된다. 이를 9절에서 방패이신 하나님께서 기름부으심을 받은 자의 얼굴을 살펴보아 달라고 기도한다. 기름부으심을 받은 자가 누구인가? 주님(메시아)이 기름부으심을 받은 자요, 다윗왕도 기름부으심을 받은 자요, 성령을 받은 우리도 기름부으심을 받은 자이다. 시인은 어찌하든지 자신이 성전에서 예배를 드릴 수 있기를 간절히 소원한다.

여러분은 이처럼 성전에서 봉사하는 것을 기쁨으로 생각하는가? 혹시 짐으로 생각하지는 않는가? 본문은 성전을 사모하며 성전에서 봉사하는 자의 본질에 대해 말씀하고 있다. 10절에서 "주의 궁정에서의 한 날이 다른 곳에서 천 날보다 나은즉 악인의 장막에 사는 것보다 내 하나님의 성전 문지기로 있는 것이 좋다."고 고백한다. 왜냐하면 예배자들의 진정한 보호자요, 은혜를 아끼지 않으시는 하나님이 거기 계시기 때문이다.

우리의 행복의 기준은 무엇인가? 본문을 근거로 하자면 하나님이 계신 곳에 내가 함께 있는 것이 가장 행복한 것이다. 그 하나님의 말씀을 따라 순종의 삶을 사는 것이 바로 형통한 삶이다. 그러므로 성령충만한 자가 가장 행복하다. 하나님을 향하여 찬송을 할 수 있는 자, 하나님을 향하여 감사와 영광의 제사를 드릴 수 있는 자가 행복한 것이다.

시인은 본문 11절에서 하나님만이 나의 생명의 근원이 되는 참된 해요, 나를 보호해 주시는 참 방패가 되신다고 고백한다. 여러분에게 하나님은 어떠한 분이신가? 그분이 계신 성전은 어떠한 상태인가? 거룩한 성전을 유지하시기 바란다. 제사장 된 우리는 낭실(현관)과 제단(강단) 사이, 즉 예배당 안에서 울며 기도하는 자들이다.(요엘2:17)

12절에 "만군의 여호와여, 주께 의지하는 자는 복이 있나이다."라고 하였다. 해같이 따뜻한 은혜와 방패 되신 하나님과 동행하시기 바란다. 성령의 기름부으심으로 마음의 성전이 맑고 깨끗한 강물같이 풍성하시기 바란다.

4절을 보라. "주의 집에 사는 자들은 복이 있나니 그들이 항상 주를 찬송하리이다." 할렐루야!

화평을 다시 회복하려면

시편 85편의 말씀은 이스라엘 백성이 바벨론 포로에서 돌아왔지만 다시 큰 어려움에 직면하게 되어 과거에 보여주셨던 하나님의 용서와 은혜를 의지하며 회복을 간구하는 기도시이다.

우리가 어려움에 처하게 되었을 때 화평을 다시 회복할 수 있는 비결은 무엇인가? 하나님과의 관계 속에서 나의 죄가 무엇이며 하나님의 은혜가 무엇이었는가를 회상하는 것이다.

이스라엘 백성들이 포로가 된 이유는 무엇인가? 가나안 땅에서 우상을 섬기고 음행하고 하나님을 버린 것이요, 그 대가로 바벨론 포로 70년 생활을 하였다. 그러나 하나님은 다윗의 자손을 통하여 왕위를 이으시고 예수 그리스도를 보내주시겠다는 언약의 하나님이시기 때문에 다시 그들의 죄를 용서하시고 해방시켜 주신 것이다. 이것이 바로 하나님의 은혜이다.

1-7절에서 시인은 "이스라엘 백성들이 포로가 되었지만 은혜를 베푸사 돌아오게 하지 않으셨습니까? 죄를 용서하여 주지 않으셨습니까? 분노를 거두시고 진노를 돌이키지 않으셨습니까? 주여, 우리를 다시 살리사 주의 백성이 주를 다시 기뻐하도록 우리를 구원해 주소서."라고 호소하고 있다. 하나님께서 노하심을 거두시고 인자를 베푸사 다시 살려 달라고 애원하고 있다. 하나님의 은혜로 죄 용서함을 받지 않으면 우리가 회복될 수 없다는 것을 기억하시기 바란다.

그렇다면 우리가 어려움에서 회복되려면 어떻게 해야 할까? 그동안의 죄를 하나님께 철저하게 고백하고 주님의 십자가 보혈로 죄 용서함을 받고, 다시 어리석은 데로 돌아가지 말아야 한다. 8절에서 시인은 "내가 하나님 여호와께서 하실 말씀을 들으리니 무릇 그의 백성, 그의 성도들에게 화평을 말씀하실 것이라. 그들은 다시 어리석은 데로 돌아가지 말지로다."라고 하였다. 마음으로 강한 결단을 한 것이다.

우리는 어떠한 죄를 지어도 예수님의 십자가 보혈로 죄 용서함을 받으면 회복할 수 있다. 주님의 십자가 보혈이 무엇인가. 하나님과 우리 사이에 '화평'이 일어나는 것이다. 주님은 우리를 위해 화목제물이 되셨다. 그러므로 마5:9절에 "화평하게 하는 자는 복이 있나니 그들이 하나님의 아들이라 일컬음을 받을 것임이요."라고 축복하고 있다. 하나님과의 관계뿐만 아니라 인간과의 관계에서도 화평이 복이다. 화평케 하는 자가 하나님의 아들이요, 복이 있는 자이다.

화평은 그냥 얻는 것이 아니다. 8절 하반절에 그들이 다시 어리석은 데로 돌아가지 않을 때 허락하신다. 9절에서 "진실로 그의 구원이 그를 경외하는 자에게 가까우니 영광이 우리 땅에 머무르리이다."라고 하였다. 백성들이 어리석은 길로 돌아가지 않고, 하나님을 경외하는 길로 돌아섰을 때 구원을 얻게 되고 하나님과의 관계가 회복되고 영광스러운 삶을 회복할 수 있다. 또한 주변의 모든 이웃들과 화평을 누릴 때 행복하다. 그러므로 화평은 죄와 거리가 먼 것이요, 화평은 하나님과 가까운 생활이 주는 선물이다. 이때 하나님의 영광이 우리 땅에 머무르게 될 것이다.

이러한 확신에 대하여 아름다운 청사진을 그리며, 소망 가운데 결단하며 나아가야 한다. 10-11절은 그에 대한 모습을 참으로 의인화하여 아름답게 묘사하고 있다. "인애와 진리가 같이 만나고 의와 화평이 서로 입맞추었으며, 진리는 땅에서 솟아나고 의는 하늘에서 굽어보도다." 시인은 축복을 의인화하여 땅에서 식물이 솟아나는 것처럼 진리가 땅에서 솟아나고, 하늘에서 태양이 비치듯이 의가 하늘에서 굽어본다고 표현하고 있다. 이는 온 세상이 하나님의 신실하신 돌보심으로 인하여 언약적 축복으로 가득할 것에 대한 확신이요, 청사진이다. 한마디로 하나님과의 화평이 회복되는 꿈과 소망이다. 인애와 진리가 같이 만나고 의와 화평이 서로 입맞추었다는 것은 바로 성부 하나님의 무한하신 사랑이 저 갈보리 언덕의 십자가에서 나를 위하여 몸 찢고 피 흘리신 진리 되신 예수 그리스도의 희생과 입맞춤으로 이루어졌다는 것이다.

이처럼 하나님의 형상을 닮은 우리는 하늘에서 내려주시는 자비와 긍휼의 은혜를 먹고 이 땅에서 서로 사랑하며 화목하게 하나님의 영광을 드러내는 삶을 살아야 한다. 그러므로 구원받은 백성은 반드시 그의 삶이 화평의 도구가 되어야 한다. 롬5:1절에 "우리가 믿음으로 의롭다 하심을 받았으니 우리 주 예수 그리스도로 말미암아 하나님과 화평을 누리자."고 선포한다. 본문의 12절에서는 더 진보한 모습이다. "여호와께서 좋은 것을 주시리니 우리 땅이 그 산물을 내리로다." 풍성한 곡식에 대한 큰 기대를 표현하고 있다. 이에 대하여 13절에 "의가 주의 앞에 앞서가며 주의 길을 닦으리로다."라고 하였다. 하나님의 의가 사자처럼 하나님의 길을 예비할 것이다. 이 말씀은 자신의 삶 속에서 반드시 화평의 산물을 내겠다는 결단이다. 이는 평화의 왕 되신 예수 그리스도를 이 땅에 보내심으로 진정한 화평을 이루실 아름다운 소망을 노래하고 있는 것이다.

화평의 삶을 살려면 내 안에 있는 분노와 폭력을 제거하고 주님의 십자가로 돌아와야 한다. 다시 어리석은 데로 돌아가지 말아야 한다. 십자가에서 하나님의 인애와 예수 그리스도의 진리가 만나 의와 화평을 이루고 내 안에 하나님의 나라를 회복해야 한다. 이러한 은혜가 여러분의 삶 가운데 충만하게 임하시기를 주님의 이름으로 축원드린다.

은총의 표적을 내게 보이소서

시편 86편의 시는 다윗이 내외적으로 대적들에게 공격을 받아 고통당하던 상황에서 하나님의 은혜와 구원을 구하는 기도시이다.

이 말씀에는 특이한 사항이 있다. 다윗이 자신의 간청이든 찬양이든 모두 그 이유를 제시한다는 것이다. 요15:7절에 "너희가 내 안에 거하고 내 말이 너희 안에 거하면 무엇이든지 원하는 대로 구하라. 그리하면 이루리라."고 하셨다. 하나님의 약속의 말씀을 근거로 하나님께 구할 때 하나님께서 약속하신 대로 이루어 주신다는 말씀이다.

간구뿐만 아니다. 우리는 하나님을 향하여 찬양할 이유도 분명히 해야 한다. 사43:21절에 "이 백성은 내가 나를 위하여 지었나니 나를 찬송하게 하려 함이니라."고 하였다. 우리의 존재 이유가 하나님을 찬송하는 것이다. 시편은 하나님을 찬송하는 찬송시로 가득하다.

그렇다면 다윗이 하나님을 향해 간구하고 찬양하는 내용과 그 이유는 구체적으로 무엇인가?

1절에 "여호와여, 나는 가난하고 궁핍하오니 주의 귀를 기울여 내게 응답하소서."라고 하였다. 여기서 다윗이 가난하고 궁핍하다는 것은 먹을 것이 없다는 말이 아니다. 내적으로나 외적으로 전혀 의지할 곳 없이 아주 절박한 고통 가운데 있다는 뜻이다. 하나님은 "오늘도 환난날에 나를 부르라. 내가 너를 건지리니 네가 나를 영화롭게 하리라."(시50:15)고 말씀한다.

2절에서는 "나는 경건하오니 내 영혼을 보존하소서."라고 기도한다.

시4:3절에 "여호와께서 자기를 위하여 경건한 자를 택하신 줄 너희가 알지어다. 내가 그를 부를 때에 여호와께서 들으시리로다."라고 말씀한다. 하나님께서는 왜 경건한 자의 기도를 들으시는가? 하나님은 거룩하신 분이기 때문이다.

또한 2절에서는 "내 주 하나님이여, 내가 주를 의지하오니 종을 구원해 주소서."라고 기도한다. 시46:1절에는 "하나님은 우리의 피난처시요 힘이시니 환난 중에 만날 큰 도움이시라."고 말씀한다. 시18:2절에서는 "여호와는 나의 반석이시요 나의 요새시요 나를 건지시는 이시요, 나의 하나님이시요 내가 그 안에 피할 나의 바위시요 나의 방패시요 나의 구원의 뿔이시요 나의 산성이시로다."라고 고백한다. 문제는 무엇인가? 우리가 하나님을 의지하지 않는 것이다.

3절에는 "주여, 내게 은혜를 베푸소서. 내가 종일 주께 부르짖나이다."라고 기도한다. 자신이 주께 종일 부르짖으니 은혜를 베풀어 달라는 것이다. 하나님은 "오늘도 너는 내게 부르짖으라. 내가 네게 응답하겠노라."고 약속하신다. 아무것도 염려하지 말고 오직 기도와 간구로 너희 구할 것을 하나님께 아뢰라고 하신다. 하나님은 오늘도 우리가 떡을 달라고 할 때 돌을 주시지 않으며, 우리가 생선을 달라고 할 때 뱀을 주시지 않는다. 구하라, 주실 것이라고 약속하신다. 이 약속을 믿고 주님의 은혜를 체험하시기를 주님의 이름으로 축원한다.

4절에서는 "주여, 내 영혼이 주를 우러러보오니 내 영혼을 기쁘게 하소서."라고 기도한다. 우리의 가장 큰 기쁨은 무엇인가? 주님의 낯을 보는 것이다. 주님의 음성을 듣는 것이다. 전쟁 속에서도 엄마 품에 안긴 아기는 잠을 잘 수 있다. 그러므로 주님의 품 안에서 주님의 얼굴을 확인한다면 우리의 영혼은 춤을 추게 될 것이다. 우리의 참 만족과 기쁨은 영혼의 만족이라는 것을 기억하라. 영혼의 만족은 주님의 얼굴을 뵙는 것이다. 다윗은 지금 그 핵심을 놓치지 않고 간구하고 있다.

5-6절을 보라. 주님은 선하시므로 사죄하기를 즐거워하시기 때문에 인자를 베풀어 주시고 나의 기도에 귀를 기울여 달라는 것이다. 하나님의 속성이 무엇인가? 선하심이다. 15절에, 하나님은 긍휼이 풍성하신 분이라고 하였다. 하나님은 은혜를 베푸시며 노하기를 더디하신다. 인자와 진실이 풍성하신 분이다. 그러므로 하나님은 독생자 예수 그리스도를 이 땅에 보내시고 영원한 죄악에서 우리를 구원해 주셨다. 주님의 십자가 보혈을 의지하고 용서받고 응답받는 여러분이 되시기 바란다.

이제 다윗은 하나님을 찬양할 이유를 고백하고 있다. "하나님은 위대하사 기이한 일들을 행하시오니 오직 주만이 하나님이시니이다."(10절) 그러므로 "주께서 지으신 모든 민족이 와서 주의 앞에 경배하며 주의 이름에 영광을 돌리리이다."(9절)라는 고백이다.

우리는 찬송을 받으실 대상을 분명히 해야 한다. 다윗은 이스라엘 백성을 출애굽시키시고, 광야 40년 동안 수도 없이 기이한 일을 행하셨기 때문에 그분만이 나의 하나님이요, 찬송을 받으실 분이라고 고백한다. 다윗은 자신을 깊은 스올에서 건져주셨기 때문에(13절), 내가 전심으로 주를 찬송하고 영원토록 주의 이름에 영광을 돌리겠다고 서원한다.(12절)

여러분은 왜 기도하시는가? 왜 하나님을 경배하시는가? 왜 예배를 드리시는가? 세상의 많은 신들이 있지만 주만이 나의 하나님이시기 때문에 경배한다는 분명한 이유를 확인하시기 바란다. 하나님의 약속을 의지하고 그 약속에 의한 기도에 응답을 받으며, 하나님을 찬송하며 전심으로 하나님께 나아가는 복된 여러분 되시기를 주님의 이름으로 축원드린다.

세계 열방의 찬송을 받으실 하나님

이스라엘의 민족주의 운동을 '시오니즘'이라고 한다. 이는 하나님이 우리와 함께 계신다는 유대 민족주의이다. 이 시온은 예루살렘과 이스라엘을 가리키는 단어이다. 본문은 이 '시온'에 대하여 말씀하고 있다.

1절에서 그의 터전이 성산에 있다고 하는 말씀이 바로 하나님의 터전이 시온에 있다는 뜻이다. 이처럼 이스라엘 민족은 '시온' 혹은 다윗성이라고 하는 예루살렘을 성산으로 믿는다. 여기에 하나님의 법궤가 있었기 때문이요(삼하6:12-19), 아브라함이 이삭을 제물로 바치려고 했던 모리아산이 여기요(대하3:1), 여기에 예루살렘 성전이 세워졌기 때문이다.

계시록에서는 그곳이 천국임을 나타내는 단어로 새 예루살렘이라는 단어를 사용한다. 갈4:26절에서는 천상의 예루살렘을 우리의 어머니라고 표현하고 있다. 그러므로 우리들의 정체성은 무엇인가? 시온이 있다는 것이다. 본향인 시온, 예루살렘, 다윗성이 있다는 것이다. 우리의 영적 본향인 새 예루살렘, 시온성을 깊이 사모하는 여러분이 되시기를 바란다.

2-3절에서 "여호와께서는 야곱의 모든 거처보다 시온의 문들을 사랑하시는도다. 하나님의 성이여, 너를 가리켜 영광스럽다 말하는도다."라고 말씀한다. 여기서 '야곱'이란 유기체적 민족 집단, 즉 열두 지파로 구성된 민족 이스라엘을 말한다. 그러므로 이는 하나님의 부르심을 받은 사람들의 공동체, 즉 교회를 말한다.

교회의 속성은 4가지로 볼 수 있다.

첫째, 통일성이다. "이와 같이 우리 많은 사람이 그리스도 안에서 한

몸이 되어 서로 지체가 되었느니라."(롬12:5) 둘째, 거룩성이다. "그러나 너희는 택하신 족속이요 왕 같은 제사장들이요 거룩한 나라."라고 말씀한다.(벧전2:9) 셋째, 보편성이다. 즉 차별이 없다. "유대인이나 헬라인이나 차별이 없음이라. 한 분이신 주께서 모든 사람의 주가 되사 그를 부르는 모든 사람에게 부요하시도다."(롬10:12-13) 넷째, 사도성이다. 사도적 말씀과 교리를 계승한다는 것이다.

엡1:22절에 예수님은 교회의 머리가 되신다고 말씀하고, 엡5:25절에는 예수께서 교회를 사랑하신다고 말씀한다. 이처럼 참된 교회란 하나님의 주권적인 사랑으로 말미암아 형성되며 하나님의 영광을 드러내는 장소이다.

여러분은 이 같은 교회, 즉 부르심을 받은 자들의 무리, 야곱의 12지파에 대한 분명한 정체성을 갖고 사는가? 우리가 누구인가? 우리는 야곱 같은 택하신 족속이라는 것, 하나님은 우리를 시온에서 사랑하신다는 것, 하나님은 시온에서 이들로부터 영광을 받으신다는 것을 깊이 묵상하고, 하나님께 감사하며 영광을 돌려드리기 바란다.

우리는 이러한 정체성을 가지고 살아가는 과정에서 고난과 역경을 만나기도 한다. 그러나 롬8:17절에 "자녀이면 또한 상속자 곧 하나님의 상속자요 그리스도와 함께한 상속자니 우리가 그와 함께 영광을 받기 위하여 고난도 함께 받아야 할 것이니라."라고 하였다. 그러므로 우리는 먹든지 마시든지 고난을 당하든지, 잘살든지 못살든지, 살든지 죽든지 다 하나님의 영광을 위해 살아가야 한다.(고전10:31)

이러한 삶에 대하여 4-5절에 당시 이스라엘의 대적이 되었던 라합(애굽), 바벨론, 두로와 구스도 시온에서 났고, 이 사람, 저 사람도 시온에서

났다고 선포한다. 즉, 시온은 하나님의 베이스 캠프Base camp이다. 하나님이 거하시는 도성이요, 하나님의 현존을 상징하는 곳이다. 여기서 하나님의 통치가 이루어진다. 이를 신약의 로마서에서는 "이는 만물이 주에게서 나오고 주로 말미암고 주에게로 돌아감이라. 그에게 영광이 세세에 있을지어다, 아멘."이라고 하였다.(롬11:36)

여러분은 이러한 하나님의 주권에 대하여 얼마나 인정하고 사는가? 정말로 여러분의 생명과 재산과 자녀와 모든 소유가 하나님의 것이라고 인정하는가? 5절 하반절에서 "지존자가 친히 시온을 세우리라 하는도다."라고 하였다. 즉 여러분의 의지와 관계없이, 여러분의 상황과 관계없이 지존자 하나님은 지금도 친히 시온을 세우신다. 친히 우리를 통치하신다. 친히 우리를 사랑하신다. 그리고 영광을 받으시기를 원하신다. 그러므로 우리 때문에 창조주가 바뀌는 것도 아니요, 훼손을 받는 것도 아니다. 그저 우리가 하나님의 주권을 인정하고 그분의 사랑과 은혜 가운데서 하나님의 영광을 위해 살면 복이 되는 것이요, 그분과 거리가 멀 때 우리는 징계를 받게 되는 것이다.

하나님은 6절에서, 여호와께서 민족들을 등록하실 때에는 그 수를 세신다고 했다. 이는 이방인들을 품으시는 하나님의 자비와 긍휼을 말씀하시는 것이다. 우리도 이 자비와 긍휼로 하나님의 백성이 되었다.

7절을 보라. 시온이 모든 축복과 즐거움의 원천이 됨을 찬양하며, 감사하고 있다. 하나님의 택하심과 부르심을 받은 백성으로서 예수 그리스도의 피로 의롭게 하시고 이 땅을 살면서도 영화롭게 하신 하나님(롬8:30)께 전심으로 감사하며, 주님이 세우신 이 교회의 의미를 깨닫고, 하나님의 성 시온을 사모하며 하나님께 감사와 찬양을 올려드리시기를 주님의 이름으로 축원드린다.

고통 중에 드리는 믿음의 기도

시편 88편의 시는 고라 자손의 찬송시요, 에스라인 헤만의 마스길은 고라 자손의 교훈시이다. '마할랏르안놋'에 맞춘 노래는 고통스러운 질병 가운데 노래한 것을 나타낸다. 시편 88편의 시는 시편 38, 41편과 함께 병자의 간절한 기도이며, 시편 150편 중에 가장 절망적이고 슬픈 시이다. 어떤 위로도 없고, 아무런 희망도 없고, 응답도 없는 시이다. 거의 죽음을 앞에 둔 사람의 기도라는 것을 알 수 있다. 그래서 마틴 루터는 이 시편을 '영혼의 겨울 풍경'이라고 말했다.

1절에서 시인은 "여호와 내 구원의 하나님이여!"라고 시작한다. 즉 그 대상이 여호와 하나님이라는 것은 분명하다. 내가 주야로 주 앞에서 부르짖었다고 고백한다. 히브리 원어를 직역하면 "낮에 나는 부르짖으며, 밤에는 당신 앞에 있나이다."라는 고백이다. 이는 바로 어미를 잃은 새끼 짐승의 마음이다. "나의 생명은 스올에 가까웠습니다." 즉, 죽음이 임박했다는 말이다. 마치 삼손이 블레셋에게 잡혀 눈이 모두 빠지고 놋 쇠사슬에 묶여 있는 처지를 연상하게 된다. 생명이 스올에 있는 자, 힘없는 용사, 무덤에 누운 자, 깊은 웅덩이와 어둡고 음침한 곳에 놓여 있는 자, 갇힌 자, 주의 노가 나를 심히 누르고 있다. 이 모든 것은 병으로 인하여 극도로 고통당하며 죽음을 앞에 둔 고난의 상태를 잘 나타내고 있다. 죽음 앞에 놓인 병자로서 무엇보다도 고독이 무섭다. 친구가 옆에 없고, 심지어 아내나 남편이 보이지 않을 수 있다. 이에 대하여 시인은 8절에서 "주께서 내가 아는 자를 내게서 멀리 떠나게 하시고 나를 그들에게 가증한 것이 되게 하셨사오니 나는 갇혀서 나갈 수 없게 되었나이다."라고 고백한다. 18절에서도 "주는 내게서 사랑하는 자와 친구를 멀리 떠나게 하시며 내가 아는 자를 흑암에 두셨나이다."라고 고백한다. 그러므로 죽을 때 사랑하는 가족이 옆에 있는 것은 참으로 행복한 일이다. 9절에서 시인은 주를 향하여 "나의 두 손을 들었나이다."라고 완전히 항복하는 자세를 보여주고 있다.

여러분은 이러한 처지가 되었을 때 어떠한 믿음을 표현하는가? 극심한 고통 가운데 있는 자들이 있는가? 시인의 마음을 생각하며 나만 이런 일을 당하는 것이 아니고 다른 사람들도 이러한 고통을 당하는구나 생각하며 주님으로부터 위로를 받으시기를 축원한다. 시인처럼 하나님만 의지하시기 바란다. 우리는 고통이 지속되면 다른 길을 찾을 때가 있다. 점을 치러 간다는 것은 좀 너무하지만, 성도 중에 답답하여 예언의 은사를 받았다는 사람을 찾아가는 경우도 있다.

오늘도 살아계신 하나님께서는 여러분의 기도를 들어주신다. 롬8:26절에 "성령도 우리의 연약함을 도우시나니 우리는 마땅히 기도할 바를 알지 못하나 오직 성령이 말할 수 없는 탄식으로 우리를 위하여 친히 간구하시느니라."고 하신다. 약5:13절에서는 "고난 당하는 자가 있느냐, 그는 기도할 것이라."고 말씀한다. 끝까지 확신 가운데 나아감으로 성령님의 위로와 평강이 함께하시기를 축원한다.

10절을 보라. 완전한 포기 상태에서 하나님 앞에 고백한다. "주께서 죽은 자에게 기이한 일을 보이시겠나이까? 유령들이 일어나 주를 찬송하리이까?" 이는 주님께서 죽은 자에게 기적을 베푸셔서 그들이 살아나 주님을 찬양할 수 있겠습니까?라는 말이다. 내가 죽으면 어떻게 무덤에서 주의 인자하심을 말할 수 있겠습니까? 흑암 중에서 주의 공의를 어떻게 알 수 있겠습니까?라는 고백이다. 사실 하나님은 사후에도 하나님이시다.

그러나 시인은 지금 고통이 너무 심해 그것에 대하여 솔직히 확신할 수 없다는 정직한 모습을 보여주고 있다.

본문에서는 시인이 치유와 회복을 경험하고 하나님께 감사하며 찬양하는 모습이 전혀 나오지 않는다. 처음부터 끝까지 인간의 고뇌를 아뢸 뿐이다. 이처럼 기도는 정직해야 한다. 시인은 하나님의 응답을 간절히 원하면서도 끝까지 자신의 고통을 진술한다. 이처럼 기도는 거짓 없는 하나님과의 대화이다. 시인의 마지막은 깊은 어둠으로 끝난다. 그러나 한 가지 분명한 것은 끝까지 절망하지 않고 하나님께 나아가고 있다는 것이다.

우리는 위기를 당했을 때 먼저 하나님을 끝까지 의뢰해야 한다. 그리고 정직해야 한다. 나의 요구보다는 하나님의 뜻을 구해야 한다. 시인이 자기가 죽기 전에 구원해 주시기를 간구하는 이유가 무엇인가? 죽은 다음에는 자신이 아는 주님을 증거할 수 없기 때문이다.

여러분은 하나님께서 내가 왜 너의 기도를 들어주어야 하느냐?고 물으시면 대답할 말이 있는가? 그 대답이 있다면 포기하지 마시기 바란다.

눅18:1-8절에서 주님은 과부가 재판장을 밤낮으로 찾아가 부르짖음으로 재판장이 나중에 번거로워 어쩔 수 없이 청을 들어주는 비유를 드신다. 그리고 항상 기도하고 낙심하지 말고 응답될 때까지 인내하라고 하신다.

끝까지 하나님께 기도를 포기하지 않고 정직한 마음으로 하나님의 선하시고 기뻐하시고 온전하신 뜻을 구하는 기도로 나아가시기를 축원드린다.

인자와 성실의 하나님

시편 89편 1-18절의 시는 에스라인(사람) 에단(왕상4:31)의 마스길(교훈)이다. 본문은 먼저 하나님의 성품에 대하여 선포하고 있다.

여러분은 하나님이 어떠한 성품을 갖고 계시다고 생각하는가?

본문에 나타난 하나님의 성품은 크게 두 가지다. 바로 '인자'와 '성실'이다. 1-2절에서, 내가 여호와의 인자하심을 영원히 노래하겠다, 주의 성실하심을 내 입으로 대대에 알게 하겠다고 서원한다. 왜냐하면 하나님이 그렇게 약속하셨기 때문이다. 그 약속이 무엇인가? 바로 다윗 언약이다. 3-4절에 "나는 내가 택한 자와 언약을 맺으며 내 종 다윗에게 맹세하기를 내가 네 자손을 영원히 견고히 하며 네 왕위를 대대에 세우리라 하셨나이다."라고 말씀한다.

이는 삼하7:8-18절에 구체적으로 나온다. 내가 너를 이스라엘의 주권자로 삼을 것이다. 네 이름을 위대하게 만들어 줄 것이다. 너를 모든 원수에게서 벗어나 편히 쉬게 할 것이다. 네 몸에서 날 네 씨를 네 뒤에 세워 그의 나라를 견고하게 할 것이다. 네 집과 네 나라가 내 앞에서 영원히 보전되고 네 왕위가 영원히 견고할 것이라는 약속이다. 이 다윗의 언약이 무엇을 말하는가? 바로 그의 자손 예수 그리스도, 메시아로 말미암아 이루어질 메시아 왕국을 선언하고 있는 것이다.

하나님의 성품과 메시아를 주신다는 다윗의 언약을 확인하며 깊이 묵상하시기 바란다. 하나님은 인자와 성실의 하나님이시다. 그분은 자비와 긍휼이 풍성하신 분이다. 약속을 변개치 않으시는 성실하신 분이다.

무디 선생은 이러한 하나님에 대하여 다음과 같은 4가지를 말하였다.

첫째, 하나님의 공의는 속이지 못하신다.

둘째, 그의 인자하신 성품은 그 약속을 잊어버리지 못하신다.

셋째, 그의 성실하심은 그 약속을 변동하지 못하신다.

넷째, 그의 능력은 그 약속을 반드시 실현시키신다.

그 하나님의 인자와 성실의 약속이 성취된 것이 바로 예수 그리스도의 십자가요, 예수 그리스도의 부활이요, 장차 재림주로 오실 심판에 대한 약속이다. 시인처럼, 무디 선생처럼 이 약속의 하나님을 조금도 의심하지 아니하며, 끝까지 믿고 의지하며 나아가시기를 주님의 이름으로 축원한다.

그렇다면 이같이 다윗 언약을 변개치 않으시는 인자와 성실의 하나님을 진정으로 믿고 나아가려면 어떠한 삶을 살아야 할까? 바로 하나님을 찬양하는 삶을 살아야 한다. 5절에서 "여호와여, 주의 기이한 일을 하늘이 찬양할 것이요, 주의 성실도 거룩한 자들의 모임 가운데에서 찬양하리이다."라고 말씀한다. 하나님 앞에 감사와 찬양으로 충만하게 되시기를 바란다. 모든 복은 감사와 찬양으로부터 임하는 것이다. 이는 하나님의 주권을 인정하는 고백이요, 우리 삶의 의미가 하나님께 영광을 돌리며 찬양하는 삶이라는 것을 고백하는 것이기 때문이다.

십계명의 1-3계명이 무엇인가? 내 앞에 다른 신을 두지 말라는 것이다. 하나님 앞에서 우상을 섬기지 말라는 것이다. 여호와의 이름을 망령되이 일컫지 말라는 것이다. 본문에 그 내용이 그대로 나와 있다. 시인은 6절에서 "무릇 구름 위에서 능히 여호와와 비교할 자 누구며 신들 중에서 여호와와 같은 자 누구리이까?"라고 하였다. 다른 신과는 비교할 수 없다고 선언한다. 7절을 보라. 하나님은 거룩한 자의 모임, 즉 성도들 가운데서 무서워하고 두려워할 분이라는 것이다. 그러니 다른 우상을 섬기지 않겠다는 것이다. 여호와의 이름을 망령되이 일컫지 않겠다는 것이다. 그 믿음으로 충만한 마음이 폭발하여, 8절 이하에서 창조주 하나님을 찬양한다. "바다의 파도를 다스리시는 하나님, 라합(애굽)을 멸하시는 만군의 여호와 하나님, 하늘도 주의 것이요, 땅도 주의 것입니다. 온 세계와 그중에 충만한 것이 모두 주님께서 건설하신 것입니다."라고 창조주 하나님을 마음껏 찬양하고 있는 것이다.

하나님은 우리에게 단순한 삶을 원하신다. 하나님이 누구이며, 내가 누구냐고 물으신다. 하나님은 인자와 성실의 하나님이시다. 그분은 다윗의 언약, 즉 메시아를 보내주시고, 우리를 구원할 분이시다.

그렇다면 우리는 누구인가? 하나님을 찬양하며 오직 그분만을 즐거워하는 하나님의 자녀들이다.

여러분은 요즘 무엇에 가장 관심이 많은가? 어디에 온 힘을 쏟고 있는가? 본문 15절에서 즐겁게 소리칠 줄 아는 백성은 복이 있다고 했다. 주의 얼굴빛 안에서 다니는 자가 복이 있다고 했다. 16-18절에 주의 이름 때문에 기뻐하며 주의 공의로 높아지는 자가 복이 있다고 했다. 우리의 뿔, 즉 우리의 높아짐과 승리는 오직 주의 은총으로 되어진다고 했다. 그러므로 인자와 성실의 하나님을 의지하고 다윗의 언약을 기억하며 감사와 찬양으로 하나님께 영광을 돌리는 여러분이 되시기를 주님의 이름으로 축원드린다.

언약의 하나님을 신뢰하고 성실하게 살라

시편 89편 중 1절에서 18절까지는, 하나님은 '인자와 성실'의 하나님 이시라고 말씀하고 있다. 그 하나님은 다윗 언약을 세우시고, 지금도 그 언약을 이루어가시는 분이라는 것, 그러므로 우리는 하나님 한 분만을 섬기고 그분께 감사하는 삶을 살아야 한다는 것을 묵상했다.

이어서 19-37절 말씀은 한마디로 하나님께서는 우리에게 절대로 그 약속을 변개치 않으신다는 것, 그러나 만약 너희가 나의 율례와 법도를 떠나 내 계명을 지키지 아니하면 가차없이 너희를 회초리와 채찍으로 다스리신다는 말씀이다. 하나님은 오늘도 약속을 지키신다.

29절까지는 하나님께서 한 집안의 막내아들이요 목동에 지나지 않았 던 다윗을 지명하셔서 전쟁의 용사로, 통치자로 세우시고, 모든 왕 중에 뛰어난 왕으로 삼으시고, 그 후손이 끊이지 않고 결국 예수 그리스도를 그 계보에서 태어나게 하셨다는 말씀이다. 이것이 하나님의 인자와 성 실하심이다. 다윗의 아들 솔로몬 시대는 그야말로 솔로몬, 샬롬의 시대 를 주셨다. 그의 왕국은 세계에 이름을 떨쳤고, 주변 국가들에게 부러움 과 선망의 대상이 되었다. 그가 지은 솔로몬 성전에서 하나님은 영광과 존귀로 임하셨다. 그러나 그의 아들 르호보암 때부터 하나님께 순종하지 아니함으로 여로보암이라는 새로운 자가 북이스라엘의 왕권을 쥐게 되 고, 르호보암은 남유다의 조그만 나라의 왕이 되었다. 이때부터 소위 분 열왕국이 시작된 것이다. 왜 그런 것인가? 30-32절을 보라. "만일 그의 자손이 내 법을 버리며 내 규례대로 행하지 아니하며 내 율례를 깨뜨리 며 내 계명을 지키지 아니하면 내가 회초리로 그들의 죄를 다스리며 채찍으로 그들의 죄악을 벌하리로다." 그 말씀대로 징계하셨기 때문이다.

이러한 하나님의 인자와 성실은 변함이 없으시다. 또한 공의와 심판도 변함이 없으시다. 하나님께서는 모든 인간에게 자유의지를 주셨다. 선을 행할 능력도 주셨고, 악에 대응할 힘도 주셨다. 그러므로 모든 인간은 의무가 있고, 책임이 있다. 그 대신 권한도 있다.

여기서 의무는 무엇이고 책임은 또 무엇인가? 우리는 하나님의 백성답게 살아야 하고, 하나님의 말씀에 순종하며 살아야 하고, 하나님께 감사하며 찬양하고 영광을 돌리는 삶을 살아야 한다. 그것이 우리의 의무요, 책임이다. 그리하면 하나님께서 권한을 주신다. 힘을 주신다. 복을 주신다. 권세를 주신다. 24절을 보라. "나의 성실함과 인자함이 그와 함께하리니 내 이름으로 말미암아 그의 뿔이 높아지리로다." 이러한 자에게 하나님이 함께하셔서 하나님의 이름으로 그의 뿔이 높아지게 하신다는 말씀이다. 그러므로 하나님을 잘 믿으면 세상에서 높아지고 명예와 권세도 누릴 수 있는 것이 성경적이다.

하지만 죄악을 범하며, 세상의 쾌락에 빠지고, 세상의 다른 우상들을 섬기며 여호와의 이름을 망령되게 한다면, 분명히 회초리를 맞으며 채찍을 맞게 된다는 말씀이다. 그러나 우리가 간혹 죄를 범해도 33-34절에 하나님의 인자와 성실의 언약은 깨뜨리지 않으시겠다고 약속하신다.

왜 많은 사람들이 이 간단한 복의 원리를 망각하는 것인가? 이 땅의 젊은 청년들이 이 원리를 깨달아서 젊었을 때부터 다윗처럼, 요셉처럼 하나님의 손에 붙잡혀 인내하며 나아가기를 간절히 소망한다. 그러므로 성공과 승리의 요인은 머리가 좋고 나쁘고의 문제가 아니다. 지속의 문제요, 인내의 문제요, 성실의 문제다. 가끔 잘못하면 또 회개하고 정신차리고 고쳐나가면 된다.

예화 하나를 살펴보자. 거북이 한 마리가 부산에서 서울로 출발했다. 한참을 가다 보니 열심히 기어가고 있는 지렁이 한 마리가 보였다. "지렁이야, 너 어디 가니?" "난 서울 가는데." "그래? 나도 서울 가는 길인데, 그럼 내가 태워 줄게. 내 등에 타." 하며 지렁이를 등에 태웠다. 지렁이를 태우고 한참을 가다가 굼벵이를 만났다. "굼벵이야, 너 어디 가니?" "나? 서울 가는데." "나도 서울 가는데, 내 등에 타." 거북이는 굼벵이도 자신의 등에 태우고 묵묵히 서울로 향했다. 이때 거북이 등에 타고 있던 지렁이가 굼벵이에게 말했다. "야, 꽉 잡아. 얘 되게 빠르다. 번개 같아. 잘못하면 떨어질 수도 있어." 지렁이 눈에는 거북이가 정말 빠르게 느껴졌기 때문이다. 그러나 토끼의 눈으로 이 광경을 보면 어떨까? 지렁이와 굼벵이는 말할 것도 없고 거북이조차 느림보 중의 느림보일 것이다. 그러나 이것을 알아야 한다. 하나님 보시기에는 인간이 생각하는 굼벵이나 지렁이나 거북이나 토끼나 다 그게 그거라는 말씀이다.

사람들은 자기의 눈으로 세상을 보기 때문에 쉽게 좌절한다. 내가 굼벵이면 어떤가? 토끼와 거북이가 먼저 가면 어떤가? 하나님의 눈으로 나를 보아야 한다. 하나님께서는 토끼처럼 교만하여 도중에 중단하는 것보다 굼벵이로 인내하면서 가는 것을 더 기뻐하신다. 그러한 삶을 살면서 현실에 만족하고 하나님께 감사하고 살면 하나님이 복을 주신다는데, 왜 우리는 이렇게도 복잡하고 분주하게 세상을 사는 것인가? 하나님은 35-37절에 내가 나의 거룩함으로 한 번 맹세한 것은 거짓말하지 않겠다, 너의 후손들을 장구하게 해줄 것이요, 견고하게 해 주겠다고 약속하신다. 서두르지 아니하며, 삶의 과정 가운데서 하나님을 경험하며 감사와 찬양의 삶, 평강의 삶을 누리시기를 주님의 이름으로 축원드린다.

크고 위대한 믿음이란?

시편 89편 38-52절을 보면, 인간은 현실을 절대로 무시할 수 없다. 평상시에 믿음이 좋다고 큰소리치던 사람도 중병에 걸려 시한부 인생을 통보받으면 흔들리지 않는다는 보장이 없다. 그 무서운 질병 앞에서는 다른 것을 생각할 수 없게 되기 때문이다. 병만 나을 수 있다면 무엇이든지 해 볼 마음이 생긴다. 염치나 도의도 사라진다. 그러므로 그러한 죽음을 앞에 두고 믿음을 보이는 자들이 진정으로 위대한 사람인 것이다. 순교자들이나 강영우 박사 같은 분의 믿음이 위대한 것이다.

지금 시인은 왕으로서 국가적 중병에 걸렸다. 기름부음받은 자도 소용없었다. 하나님으로부터 파괴를 당한다. 38절에 주께서 주의 기름부음받은 자에게 노하사 물리쳐 버렸다고 고백한다. 39절에서는 종과의 언약을 파기하고 왕관을 땅에 던져 버려 욕되게 하셨다고 표현한다. 40절에는 하나님의 울타리를 파괴하셨고, 하나님의 요새를 무너뜨렸다고 고백한다. 그렇게 되자 지나가는 자들에게 탈취를 당하고 욕을 당한다. 원수들의 오른손은 올라가고 승리는 그들의 것이 된다. 칼날은 둔하게 된다. 전장에서 더 이상 버티지 못하게 된다. 이제 다윗 왕조의 영광은 몰락한다. 하나님께서 그의 왕위를 땅에 엎으시고 완전한 수치를 당하게 하신다.

이때 하나님께 어떻게 하느냐가 중요하다. 하나님을 원망하고 끝날 것인가? "뭐 이런 하나님이 다 있어? 내가 평생토록 헌신하고 하나님의 종으로 살았는데, 내가 목사와 장로와 권사로 그 고생을 하면서 살았는데 하나님이 어떻게 나에게 그러실 수가 있어? 하나님이 살아계신 거 맞아?

아냐, 하나님은 돌아가신 거야." 하며 깊은 수렁으로 빠지고 타락의 길로 갈 수도 있다. 그러나 여기서 우리가 놓치지 말아야 할 것은 그 어려움이 우리의 죄의 결과라는 것이다. 그러므로 이때 회개의 기회를 갖고 주님을 포기하지 말아야 한다.

본문에서 시인은 어떻게 했는가를 보라. 하나님을 끝까지 붙들고 절규한다. 하나님을 놓지 않는다. 46절에서 "언제까지니이까?"라고 절규한다. "불같은 노가 언제 끝나시는 겁니까? 저의 생은 무척 짧습니다. 주께서 모든 사람을 어찌 그리 허무하게 창조하셨는지요? 누가 살아서 죽음을 보지 아니하고 자기의 영혼을 스올의 권세에서 건지리이까? 주여, 주의 성실하심으로 다윗에게 맹세하신 그 전의 인자하심은 어디로 갔습니까?"라며 눈물로 호소한다. 그러나 이는 하나님을 향해 기도하는 것이지, 하나님을 떠나는 것이 아니다. "저는 풀 끝에 맺힌 이슬같은 인생입니다. 나는 아침 안개와 같은 인생입니다." 50-51절에 시인은 "오 하나님이여, 종들이 저 이방 민족들의 비방을 받고 있는 것을 기억하여 주옵소서. 이 비방은 하나님의 원수들이 하나님의 기름부음받은 자를 비방하는 것입니다."라고 말한다. 자신을 뒤돌아보면서 하나님의 약속을 붙잡고, 하나님의 자비하심을 끝까지 끈질기게 간구하고 있는 것이다.

본문에서는 인간의 한계나 고통을 절대로 무시하지 않는다. 그러므로 성경은 추상적인 내용을 주장하지 않는다. 그러나 위기와 고난을 당했을 때 어떻게 해야 한다는 길을 분명히 알려준다. 절망 가운데서 하나님을 놓지 않아야 함을 가르쳐 주신다. "여호와여, 언제까지니이까?"(46절) 하고 절규한다. 그러나 "다윗에게 맹세하신 언약이 어디 있나이까?"(49절)라고 언약의 하나님을 찾는다. "인생은 허무합니다. 나는 지금 죽게 되었습니다. 그러나 내가 이렇게 비방을 받고 위기를 당하는 것은 하나님의 원수들한테 당하는 것입니다."(50-51절)라고 말한다. 끝까지 나는 하나님의 백성, 하나님의 종이라는 정체성을 포기하지 않는다.

우리는 89편 1-2절에서 하나님의 성품에 대하여 생각해 보았다. 무엇이었는가? '인자'와 '성실'이다. 여러분도 본문의 시인처럼 이러한 하나님의 인자와 성실을 끝까지 믿고 나아갈 수 있기를 바란다. 하나님은 어제나 오늘이나 영원토록 변함이 없으시다. 변하는 것은 우리다. 우리가 죄를 범하고 하나님의 언약을 지키지 않고, 곁길로 간다. 이때 고난이 닥치면 얼른 하나님의 사인인 줄 알고 고치면 된다. 죽을 처지가 되는 심각한 고난 가운데서도 우리는 하나님을 버리면 안 된다. 하나님의 인자와 성실하심은 변함이 없기 때문이다.

시인은 이와 같이 모든 것이 망한 것처럼 된 상태에서 52절에 무엇으로 끝을 맺는가? "여호와를 영원히 찬송할지어다, 아멘. 아멘."

우리가 세상을 살면서 잘살 때에도 하나님을 찬송하는 것이 복된 삶이다. 그러나 심각한 위기가 닥쳤을 때 하나님을 찬송할 수 있는 것은 더욱 큰 복이다. 가장 큰 복은 우리가 세상을 떠날 때 여호와를 찬송하며 떠나는 것이다. 인자와 성실의 하나님으로 인하여 끝까지 찬송의 삶을 사는 크고 위대한 믿음의 소유자들이 되시기를 주님의 이름으로 축원드린다.

영원하신 하나님과 연약한 인간

　시편 90편은 하나님의 사람 모세의 기도 내용이다. 민수기 13-14장, 이스라엘 백성들의 불신앙으로 여호수아와 갈렙 외에는 1세대 중 아무도 가나안 땅에 들어가지 못한 것을 배경으로 하고 있다. 여기서 모세는 하나님의 긍휼과 인자하심이 없으면 우리 인생은 아무 소망을 가질 수 없다는 것을 깊이 깨닫고 그 내용을 시로 옮긴다.

　1-2절에서는 하나님이 어떠하신 분인가를 말한다. 즉 하나님은 영원하신 분이다. 2절을 보라. 하나님은 영원부터 영원까지 계신 분이다. 산이 생기기 전, 땅과 세계가 조성되기 전부터 계신 분이었다. 이것을 "영원부터 영원까지 우리의 거처가 되시는 분이 여호와 하나님이시다."라고 선포한다. 여러분은 영원하신 하나님 하면 무슨 생각이 드는가? 나는 살아계신 하나님이라는 생각이 먼저 든다. 하나님은 영원부터 영원까지 살아계신다. 여기에 우리의 문제 해결 방법이 있다. 그분이 살아계신다는 의미는 우리의 생사화복이 그분의 손 안에 있다는 말이기 때문이다.

　3-6절에서는 하나님에 비하여 인간이 어떠한 존재인가에 대하여 말한다. 즉 인간은 티끌로 표현될 정도로 연약한 존재이다. 유한한 존재이다. 실제로 우리는 먼지(흙)로 지음을 받았다. 그러므로 우리의 육체는 흙으로 돌아간다. 우리는 홍수처럼 쓸려가는 무상한 존재이다. 야고보서에서는 아침 안개와 같다고 말한다.(약4:14) 이는 영원하신 하나님 안에서만 영생을 누릴 수 있음을 의미한다. 그러므로 4절과 같이, 주의 목전에서는 천년이 하루 같은 것이다.

7-12절에서는 인간의 끊임없는 죄성과 수명에 대하여 말하고 있다. 중국의 어떤 시인은 "인생이란 무거운 짐을 가득 실은 한 척의 작은 배와 같다."고 말했다. 이처럼 인생은 그들의 죄악으로 말미암아 아침에 꽃이 피어 자라다가 저녁에 시드는 식물과 같다. 8절에서 "주께서 우리의 죄악을 주의 앞에 놓으시며 우리의 은밀한 죄를 주의 얼굴빛 가운데에 두셨다."고 하였다. 그러므로 우리의 죄악으로 인하여 주의 분노 중에 우리의 평생이 순식간에 지나간다.

그렇다면 이는 세상을 비관하는 것인가? 아니다. 이토록 짧은 인생이니 지혜롭게 살라고 가르쳐 주는 것이다. 그러므로 10-12절에 "우리의 연수가 칠십이요 강건하면 팔십이라도 그 연수의 자랑은 수고와 슬픔뿐이요 신속히 가니 우리가 날아가나이다. 누가 주의 노여움의 능력을 알며 누가 주의 진노의 두려움을 알리이까."라고 하였다. 지혜의 왕 솔로몬도 전2:23절에서 "일평생에 근심하며 수고하는 것이 슬픔뿐이라."고 말하며, "우리에게 우리 날 계수함을 가르치사 지혜로운 마음을 얻게 하소서."라고 기도한다. 그러므로 지혜로운 사람은 누구인가? 인생의 짧음을 아는 사람이다. 그것을 알고 남은 생애의 숫자를 세어보아 어떻게 하나님을 기쁘시게 하고 그분께 찬송과 영광을 돌릴까를 궁리하는 사람이다.

13-17절에서는 인생을 아는 사람의 특징을 말한다. 그들은 좌절하고 포기하는 것이 아니라, 14절과 같이 "아침에 주의 인자하심이 우리를 만족하게 하사 우리를 일생동안 즐겁고 기쁘게 하소서."라고 고백한다. 즉 영원하신 하나님께 소망을 두며 하루하루 주의 긍휼(13절)과 인자(14절) 가운데서 행복을 누린다. 심지어 16절에서는 "이러한 삶이 우리 대에 끝나는 것이 아니라, 주께서 행하신 일을 주의 종들에게 나타내시며 주의 영광을 그들의 자손에게 나타내소서."라고 하였다. 즉 자손 대대로 이러한 삶이 이어짐을 노래하고 있다. 이처럼 하나님을 기쁘시게 한 사람은

주의 은혜로 하나님께서 주신 기쁨과 행복을 누리며 산다. 이것이 바로 하나님의 임재를 경험하며 하나님의 영광을 보는 삶이다. 시인은 17절에서 하나님의 은총을 사모하며 우리의 손이 행한 일을 우리에게 견고하게 해 달라고 기도한다. 이는 사실 "가나안에 무사히 들어가게 하소서."라는 의미다. 그러므로 우리에게는 "우리가 천국으로 무사히 들어가게 하소서."라는 말로 해석할 수 있다. 시인은 그것을 2번 반복한다. "우리의 손이 행한 일을 견고하게 하소서!"

엡1:17-19절에서 사도 바울은 "우리 주 예수 그리스도의 하나님, 영광의 아버지께서 지혜와 계시의 영을 너희에게 주사 하나님을 알게 하시고 너희 마음의 눈을 밝히사 그의 부르심의 소망이 무엇이며 성도 안에서 그 기업의 영광의 풍성함이 무엇이며 그의 힘의 위력으로 역사하심을 따라 믿는 우리에게 베푸신 능력의 지극히 크심이 어떠한 것을 너희로 알게 하시기를 구하노라."고 말씀한다.

세상을 사는 지혜가 무엇인가? 바로 하나님이 누구이며, 내가 누구인지를 아는 것이다. 그렇다면 '오늘 나는 어떻게 살아야 하는가?'라는 지혜가 거기서 나온다. 거기서 인생의 소망이 나온다. 거기서 인생의 풍성함의 비밀이 무엇인지 나온다. 영원하신 하나님을 알고, 인생의 연약함과 무상함을 깨닫고, 육체의 남은 인생을 계수하면서 하나님께만 소망을 두며 순간순간 기쁨과 행복을 누리면서 사는 복된 여러분이 되시기를 축원드린다.

하나님의 그늘 아래에 사는 복

본문은 제2차 세계대전 때 병사들이 참호 속에서 불안과 공포와 두려움 가운데 이 말씀을 묵상하며 큰 위로와 용기를 얻었다고 하여 '참호의 시편'으로 사용되었을 정도로 우리에게 힘과 용기를 주시는 귀한 말씀이다. 그렇다면 하나님의 그늘 아래에서 사는 복을 누리려면 어떻게 해야할까?

하나님은 나의 지존자요 전능자이시라는 분명한 믿음의 고백이 있어야 한다. 1-6절에서 우리는 그의 그늘에 사는 존재들이요, 여호와는 우리의 피난처요, 요새요, 내가 의뢰하는 대상이라고 말씀한다. 사냥꾼의 올무에서 우리를 해방시켜 주시고, 심한 전염병에서 건져주신다. 그리고 주님의 깃으로 덮어주신다. 그의 날개로 덮어주신다. 하나님의 진실함은 방패와 손방패가 되신다. 하나님의 방패는 인간에게 찾아오는 밤의 공포를 막아주신다. 낮에 날아드는 화살을 막아주신다. 어두울 때 퍼지는 전염병과 밝을 때 닥치는 재앙을 막아주신다. 이러한 고백이 여러분의 고백이 될 수 있기를 간절히 축복한다.

하나님은 우리를 평화의 날개로, 사랑의 날개로, 위로의 날개로 품어주신다. 질병도 하나님이 막아주신다. 재앙도 하나님이 막아주신다. 밤에 찾아오는 공포도 하나님이 막아주신다. 두려움과 잡념과 스트레스도 하나님이 막아주신다는 것을 믿음으로 고백하라. 내가 무탈한 삶을 사는 것이 이러한 것들을 막아주신 하나님의 은혜임을 믿으라. 시50:15절에 "환난날에 나를 부르라. 내가 너를 건지리니 네가 나를 영화롭게 하리로다."라고 약속하신다. 7절에 "천 명이 왼쪽에서, 만 명이 네 오른쪽에서 엎드러지나 이러한 재앙이 네게는 가까이하지 못하리로다."라는 말씀을 믿으라. 환난을 당한 분들이 있는가? 병마로 고생하시는 분들이 있는가? 밤에 찾아오는 공포로 무섭고 외로운 자들이 있는가? 우리의 생사화복을 주관하시는 9절의 지존자요 전능자이신 하나님을 믿고 신뢰하라. 그리고 그 하나님을 경외하라.

그 하나님은 우리를 어떻게 보호해 주시는가? 11절을 보라. 천사들을 보내어 보호해 주신다. 좋은 소식을 전하는 천사가 가브리엘 천사라면, 우리를 지켜주시는 천사는 미카엘 천사다. 하나님은 당신의 천사들에게 명령하사 모든 길에서 지켜주시고, 12-13절의 말씀처럼 천사들이 붙들어 주심으로 발이 돌에 부딪히지 않게 할 것이다. 이로 인하여 하나님의 능력으로 우리가 사자와 독사를 밟으며 젊은 사자와 뱀을 발로 누를 것이다. 나는 지금 그러한 삶을 실제로 경험하고 있다. 그래서 더욱 하나님께 감사하면서도 하나님이 두렵다. 하나님은 여러분을 향하여 사41:10절에 "두려워하지 말라, 내가 너와 함께함이라. 놀라지 말라, 나는 네 하나님이 됨이라. 내가 너를 굳세게 하리라. 참으로 너를 도와주리라. 참으로 나의 의로운 오른손으로 너를 붙들리라."고 말씀하신다. 이러한 하나님을 구체적으로 경험하시기 바란다.

시인은 특별히 하나님께서 우리를 보호하시는 세 가지 조건을 선포한다. 14-15절을 보라. "그가 나를 사랑한즉 내가 그를 건지리라. 그가 내 이름을 안즉 내가 그를 높이리라. 그가 내게 간구하리니 내가 그에게 응답하리라. 그들이 환난 당할 때에 내가 그와 함께하여 그를 건지고 영화롭게 하리라."

첫째, "그가 나를 사랑한즉, 내가 그를 건지리라."고 하신다. 신앙은 하나님과의 사랑 관계다. 하나님은 우리를 위하여 독생자까지 보내주셨다.

예수님은 마22:37절에서 "네 마음을 다하고 목숨을 다하고 뜻을 다하여 주 너의 하나님을 사랑하라."(신6:5)고 하셨다. 하나님을 사랑한다고 진실되게 고백하는 여러분이 되시기 바란다.

둘째, "그가 내 이름을 안즉 내가 그를 높이리라."고 하신다. 하나님을 안다고 하는 것은 목자와 양의 관계를 말한다. 목자는 양을 알고 양은 목자를 안다. 목자와 양은 서로의 목소리를 안다. 호6:3절에 "우리가 여호와를 알자. 힘써 여호와를 알자."고 말씀한다.

셋째, "저가 내게 간구하리니 내가 그에게 응답하고 영화롭게 하리라."고 하신다. 성도는 하나님과 기도로 교제하며 교통한다. 기도 응답을 받는 사람들은 기도가 생활화된 사람들이다. 마7:7절에 "구하라 그리하면 주실 것이요, 찾으라 그리하면 찾을 것이요, 문을 두드리라 그리하면 열릴 것이라."고 약속해 주셨다. 여러분의 간절한 기도와 간구가 하나님으로부터 응답받고 환난의 과정을 지나 영화롭게 될 수 있기를 간절히 축복한다.

나아가 하나님은 우리에게 장수의 복을 약속해 주신다. 16절에 "내가 그를 장수하게 함으로 그를 만족하게 하며 나의 구원을 그에게 보이리라 하시도다."라고 말씀한다. 세상의 질병과 공포와 재앙이 독화살처럼 우리를 공격해 온다 할지라도 지존자요 전능자 되시는 하나님의 보호 아래서 승리하시기를 바란다. 이러한 환난의 과정을 믿음으로 통과하여 하나님으로부터 건짐을 받고 영화롭게 될 뿐만 아니라 장수하는 복까지 누릴 수 있기를 바란다. 사명이 있는 자는 결코 죽지 않는다는 것을 믿고 승리하시기를 주님의 이름으로 축원드린다.

의인의 번영과 악인의 멸망

시편 92편은 안식일에 하나님을 찬송하는 시이다. 그런데 안식일이란 단어가 하나도 없다. 하지만 안식일의 의미가 잔뜩 들어 있다. 안식일은 하나님의 창조를 기념하는 날로서, 하나님을 영화롭게 하는 날이며, 기쁨의 원천이기 때문이다. 본문을 묵상하면서 시인과 같이 안식일에 하나님을 찬송하는 마음으로 묵상하시기 바란다.

1-3절에 "지존자여, 십현금과 비파와 수금으로 여호와께 감사하며 주의 이름을 찬양하고 아침마다 주의 인자하심을 알리며 밤마다 주의 성실하심을 베풂이 좋으니이다."라고 말씀한다. 기독교인의 자화상이란 무엇인가? 하나님을 영화롭게 하며 그분을 찬양하고 즐거워하는 사람이다. 하나님을 사랑하고 기뻐하는 사람이다. 지금 시인은 하나님을 찬송하며 기뻐하고 있다. 여러분은 어떠한가? 하나님을 찬양하는 것이 나의 마음 중심으로부터 좋고 기쁘게 느껴지는가?

4절에 "여호와여, 주께서 행하신 일로 나를 기쁘게 하셨으니 주의 손이 행하신 일로 말미암아 내가 높이 외치리이다."라고 하였다. 주께서 행하신 것이 무엇인가? 이 세상을 창조하신 것이요, 나를 구원해 주신 것이다. 이로 인하여 나와 하나님의 관계는 은혜와 사랑의 관계요, 기쁨과 즐거움과 감사의 관계이다.

시인은 계속해서 주께서 행하신 일로 기쁘다고 고백한다. 5-6절에 "주께서 행하신 일이 어찌 그리 크신지요. 주의 생각이 매우 깊으시나이다."

라며 하나님의 은혜와 사랑에 감격하고 있다. 어리석은 자, 무지한 자는 이를 깨닫지 못하나 나에게 깨닫는 은혜를 주셨사오니 감사하다고 고백한다. 이러한 마음이 그리스도인들의 비밀이 아니겠는가?

7-9절에는 악인들을 풀의 이미지로 그리고 있다. 풀같이 잠시 흥왕하는 것 같지만 그들은 결국 영원히 멸망한다. 하나님은 영원토록 지존하신 주님이시지만, 주의 원수들은 패망할 것이다. 죄악을 행하는 자들은 다 흩어질 것이다. 이 내용을 현대어로 표현하면, "보십시오, 지존자 하나님이시여. 주의 원수들입니다. 참으로 보십시오, 주의 원수들은 기필코 멸망할 것입니다. 저 악을 행하는 모든 자들은 흩어지고 말 것입니다." 이러한 고백과 함께 악인의 형통을 부러워하지 마시기 바란다. 왜냐하면 악인의 형통은 하나님 앞에 죄악의 터를 쌓았기 때문이요, 그 죄악의 터는 반드시 하나님의 공의로운 심판을 받을 수밖에 없기 때문이다.

10절에서는 반대로 자신의 승리와 구원을 '들소의 뿔'과 '신선한 기름'이라는 두 가지 이미지로 보여주고 있다. "주께서 내 뿔을 들소의 뿔같이 높이셨으며 내게 신선한 기름을 부으셨나이다."라고 하였다. 고대 이스라엘에서는 왕의 대관식 때 뿔병에 기름을 채워 부어주었다. 그러므로 이 둘은 밀접한 연관이 있다. 한마디로 승리를 표현하며, 힘과 활력을 상징하는 내용이다. 원수들이 대항하지만 우리 주님께서 우리의 뿔을 높이시고 기름을 부어주신다는 고백이다.

그리고 11절에 "내 원수들이 보응 받는 것을 내 눈으로 보며 일어나 나를 치는 행악자들이 보응받는 것을 내 귀로 들었도다."라고 고백한다. 이처럼 그리스도인들은 현재의 경험과 이성적 판단이 하나님의 의로운 통치 질서와 엇갈리는 것처럼 보여도 조금도 믿음이 흔들리지 않는 사람들이다.

시인은 12절에 믿음으로 사는 자의 복이 어떠한 것인지를 묘사하고 있다. "의인은 종려나무같이 번성하며 레바논의 백향목같이 성장할 것입니다. 악인들은 풀과 같이 일시적으로는 왕성한 것 같지만 금방 쓰러지고 말라버릴 것입니다." 하지만 종려나무와 백향목은 그렇지 않다. 종려나무는 긴 세월 동안 크게 자라며, 달콤한 종려 열매를 많이 맺는다. 레바논의 백향목은 천년의 세월 동안 하늘을 찌를 듯이 높고 우람하게 자라며 위엄찬 모습을 보여준다. 악인이 풀과 같은 존재라면 의인의 모습은 이처럼 종려나무와 백향목이 될 것이라는 선언이다. 왜 의인들이 이처럼 뿔과 기름으로 풍성한 복을 받는가? 13절을 보라. 여호와의 집에 심겼기 때문이요, 우리 하나님의 뜰 안에서 번성하기 때문이다.

모세는 어떠한 삶을 살았는가? 신34:7절을 보면 "모세가 죽을 때 나이 120세였으나 그의 눈이 흐리지 아니하였고 기력이 쇠하지 아니하였더라."고 복된 삶을 노래하고 있다. 다윗은 어떤 삶을 살았는가? 대상29:28절에 "그가 나이 많아 늙도록 부하고 존귀를 누리다가 죽으매 그의 아들 솔로몬이 대신하여 왕이 되니라."고 하였다. 여러분도 이 같은 복을 누리시기를 주님의 이름으로 축원한다.

여러분도 들소의 뿔과 신선한 기름이 되시기 바란다. 여러분도 종려나무와 백향목이 되시기를 바란다. 14-15절에 "그는 늙어도 여전히 결실하며 진액이 풍족하고 빛이 청청하니 여호와의 정직하심과 나의 바위 되심과 그에게는 불의가 없음이 선포되리로다."고 말씀한다. 이러한 복이 여러분의 가정과 자녀손들과 사업장 가운데 충만하게 임하시기를 주님의 이름으로 간절히 축원드린다.

하나님의 통치를 받는 자가 되라

시편 93편은 여호와 하나님의 통치를 선포하는 시로서 이후에 나오는 95-100편의 찬양시들의 시작을 알리는 서주곡이라고 할 수 있다.

본문은 1절에서 여호와께서 다스리신다고 선언하며 시작한다. 하나님은 스스로 권위를 입으신 분이시다. 하나님 스스로 능력의 옷을 입으셨다. 스스로 띠를 띠시고 온 세계를 견고하게, 흔들리지 않게 하신다. "주님의 보좌는 예로부터 견고히 섰으며, 주는 영원부터 계셨나이다." 그러므로 본문은 한마디로 하나님의 신정통치를 찬양하는 내용이다. 세계는 여러 가지 통치 형태를 갖고 있다. 우리나라는 왕정 통치를 이어오다가 지금은 자유민주주의로서 국민에 의하여 선출된 대통령이 나라의 수반이 되는 제도를 택하고 있다. 그러나 하나님의 나라는 완전한 신정통치이다.

본문에서 말하는 하나님의 통치는 구체적으로 어떠한 것인가?

하나님께서는 온 피조물과 우주공간을 통치하신다. 이를 1절에서 세계도 견고히 서서 흔들리지 않는다고 표현하였다. 시2:2-4절은 이러한 하나님의 통치가 어떠한가를 잘 나타내고 있다. "세상의 군왕들이 나서며 관원들이 서로 꾀하여 여호와와 그의 기름부음받은 자를 대적하며 우리가 그들의 맨 것을 끊고 그의 결박을 벗어버리자 하는도다. 하늘에 계신 이가 웃으심이여, 주께서 그들을 비웃으시리로다." 세상의 역사를 통하여 얼마나 많은 군왕들이 나섰는가? 그러나 세계가 오늘까지 존속할 수 있었던 것은 온 우주를 다스리시고 섭리하시는 하나님의 통치가 있었기 때문이다. 그러므로 "하늘에 계신 이가 웃으심이여, 주께서 그들을 비웃으시리로다."라는 하나님의 통치를 기억하고 나라와 민족을 위해 하나님께 간구하고 기도하는 여러분이 되시기를 축원한다.

하나님의 통치는 영원까지 미친다. 2절에 "주의 보좌는 예로부터 견고히 섰으며 주는 영원부터 계셨나이다."라고 말씀한다. 하나님의 특징이 무엇인가? 영원하신 분이다. 하나님의 통치는 영원 전부터 영원까지다. 그러므로 우리는 주기도문에서 "대개 나라와 권세와 영광이 아버지께 영원히 있사옵나이다, 아멘."(마6:13)이라고 매일 고백하는 것이다. 여러분이 그 영원한 나라, 영원히 통치하시는 하나님의 백성이 된 것으로 인하여 깊이 묵상하고 기뻐하시는 시간이 되시기 바란다.

하나님의 통치는 세상의 모든 자연까지 제압한다. 3-4절에 "여호와여, 큰 (강)물이 소리를 높였고 큰 (강)물이 그 소리를 높였으니 큰 (바다)물이 그 물결을 높이나이다."라고 하였다. 그러나 4절에 "높이 계신 여호와의 능력은 많은 물소리와 바다의 큰 파도보다 크니이다."라고 선포한다. 여기서 큰 물은 대자연을 말하기도 하지만 세상에서 하나님을 대적하는 큰 세력을 의미한다. 이스라엘을 침공했던 애굽, 앗수르, 바벨론 등을 큰 물이나 하수로 표현했기 때문이다. 사8:7절에 "내가 흉용하고 창일한 큰 하수 곧 앗수르 왕"이라고 표현하고, 렘46:8절에 "애굽은 나일강이 불어남 같고 강물이 출렁임 같다."고 표현하기 때문이다. 그러나 하나님께서는 이러한 세력들을 어떻게 하시는가? 시2:9절에 "철장을 가지고 질그릇을 때려부수는 것처럼" 제압하고 심판하신다고 말씀하신다.

이처럼 하나님의 통치는 온 피조물 안에, 온 우주 안에, 온 역사의 시간 안에서 완벽하게 이루어지는 것이다. 그러므로 모든 나라의 흥망성쇠, 개인의 생사화복이 하나님의 손에 있다는 것을 기억하시기 바란다.

여러분은 이러한 하나님의 능력을 얼마나 실감하면서 살고 있는가? 본문 5절에서는 주의 증거들이 매우 확실하다고 고백하고 있다. 그리고 하나님의 거룩함이 주의 집에 합당하다고 선포하고 있다. 이러한 하나님의 통치는 여러분의 삶 가운데서도 매우 확실한 증거들로 나타나고, 이러한 하나님의 거룩하심과 공평하심이 우리의 삶에 구체적으로 드러나게 될 것이다. 그러므로 하나님께 진실한 마음으로 감사하고 찬양하고 영광을 돌려드리는 복된 하루가 되시기를 바란다.

결론적으로 그리스도인이란 하나님의 통치를 받고 사는 자들이다. 예수 그리스도를 나의 왕, 나의 하나님으로 모시고 사는 자들이다. 왕 중의 왕 여호와 하나님은 실수가 없으시다. 그분의 권위와 능력은 영원히 견고하고 흔들리지 않는다. 그러므로 왕 되신 하나님이 기뻐하시고, 내가 기뻐할 이유는 단 하나다. 온 우주만물을 통치하시는 하나님과 깊이 교제하며 그분의 통치 안에서 살아갈 때이다. 그러므로 습3:17절에 "너의 하나님 여호와가 너의 가운데에 계시니 그는 구원을 베푸실 전능자이시라. 그가 너로 말미암아 기쁨을 이기지 못하시며 너를 잠잠히 사랑하시며 너로 말미암아 즐거이 부르며 기뻐하시리라 하리라."고 말씀한다.
오늘도 성령 안에서 하나님의 통치를 경험하고 주님과 함께 마음껏 기뻐하시기를 우리 주님의 이름으로 축원드린다.

심판주 되신 하나님께 아뢰라

우리는 좀 의롭게 살고 정직하게 살려고 해도 주변에 있는 사람들이 막무가내로 악한 행동을 보일 때 마음이 무너지는 경우가 종종 있다. 특별히 친척이나 형제들 사이에 이런 관계가 되면 혈연을 끊을 수도 없고 참 답답하다.

이 시의 배경은 정확하지 않다. 하지만 분명한 것은 악한 사람으로 인하여 답답한 가슴을 재판장이신 하나님께 갚아 달라고, 복수해 달라고 탄원하는 탄원시요, 비탄시이다.

억울한 마음이 있는가? 답답한 마음이 있는가? 본문의 시인과 함께 재판장 되신 하나님께 고소하시기 바란다. 하나님께 갚아 달라고 조르심으로 시원함을 얻으시기를 축원드린다.

하나님은 복수하시는 하나님이시다. 1절을 보면 "여호와여, 복수하시는 하나님이여, 복수하시는 하나님이여, 빛을 비추어 주소서."라고 호소한다. 무엇을 복수해 달라는 것인가? 교만해서 하나님 앞에서 잘난 척 개가를 부르는 저들에게 복수해 달라는 것이다. 오만하게 떠들며 지껄이는 자들에게 복수해 달라는 것이다. 하나님의 백성을 짓밟고, 특히 6절에 과부와 나그네를 죽이며 고아들을 살해하는 자들에게 복수해 달라고 호소한다. 이런 사람은 하나님한테 혼나봐야 한다. 연약한 자를 짓밟는 자, 정말 못된 사람들이 아니겠는가? 과부와 나그네, 고아와 가출 청소년들을 보살피고 돕는 착하고 선한 하나님의 백성들이 될 수 있기를 간절히 바란다.

출22:21-24절에 "너는 이방 나그네를 압제하지 말며 그들을 학대하지 말라. 너희도 애굽 땅에서 나그네였음이라. 너는 과부나 고아를 해롭게 하지 말라. 네가 만일 그들을 해롭게 하므로 그들이 내게 부르짖으면 내가 반드시 그 부르짖음을 들으리라. 나의 노가 맹렬하므로 내가 칼로 너희를 죽이리니 너희의 아내는 과부가 되고 너희 자녀는 고아가 되리라." 고 말씀하셨다. 우리가 하나님 앞에서 나그네요, 고아였다는 것이다. 죄라고 하는 애굽에서 종살이를 했던 자들이 우리다. 사망과 사탄의 올무에서 꼼짝없이 죽을 자들이었다. 이들을 하나님 자신이 십자가에 피 흘려 죽는 대가를 치르고 살려주었더니, 교만해서 남들을 무시하고, 학대하고, 죽이고 있으니 하나님이 복수하지 않으시겠는가? 우리의 마음이 예수 그리스도의 마음을 깊이 생각하는 하루가 되시기 바란다. 선하고 착한 마음이 되시기 바란다. 연약한 자들, 고아와 과부, 나그네를 돕는 마음이 되시기 바란다.

세상은 왜 이처럼 부도덕한 사회가 계속 이어지는 것인가? 예수님의 마음을 잃어버렸기 때문이다. 대대로 가난하게 되면 분노가 일어나는 것은 당연하다. 그러므로 교회에서부터 가난한 자들을 돌봐주어야 하고, 하나님의 공평과 정의, 하나님의 사랑이 그리스도인들로부터 실현되어야 한다. 우리는 그러한 책임과 사명이 있는 자들이다.

8-11절은 악인들을 어리석은 자, 무지한 자로 부르고 있다. 이러한 내용에 대하여 하나님이 모르시는가? 하나님은 창조주로서 다 듣고 계심을 알 수 있다. 9절을 보라. 귀를 지으신 이가 듣지 아니하시랴, 눈을 만드신 이가 보지 아니하시랴. 이러한 하나님 앞에서 '코람데오'의 신앙을 지키시기를 바란다. 하나님은 우리와 함께하시는 임마누엘의 하나님이시지만, 한편으론 우리의 교만을 꺾으시는 공평의 하나님이시다. 이 두 가지

를 알고 사는 신앙이 바로 코람데오의 신앙이다.

14절에 "여호와께서는 자기 백성을 버리지 아니하시며 자기의 소유를 외면하지 아니하시리로다."라고 하였다. 이는 악인의 공격이 아무리 거세고 집요하다고 할지라도 하나님의 자녀들과 기업의 존립에는 아무런 영향도 미칠 수 없다는 믿음에서 비롯된 것이다. 이러한 하나님은 우리에게 참 위로가 되신다. 19절에 "내 속에 근심이 많을 때에 주의 위안이 내 영혼을 즐겁게 하시나이다."라고 말씀한다. 억울하신가? 분하신가? 하나님의 위로와 평강이 여러분에게 임하시기를 간절히 축복한다.

시인은 이러한 하나님을 믿고 찬양한다. 22절에서 "여호와는 나의 요새이시요, 나의 하나님은 내가 피할 반석이시라.", 23절에 "그들의 죄악을 그들에게로 되돌리시며 그들의 악으로 말미암아 그들을 끊으시리니 여호와 우리 하나님이 그들을 끊으시리로다."라고 고백한다. 이러한 시인의 믿음이 여러분의 믿음이 되시기를 바란다.

악인은 반드시 심판을 받는다. 전12:14절에 "하나님은 모든 행위와 모든 은밀한 일을 선악 간에 심판하시리라."고 하였다. 악인의 위용과 권세는 바람 앞의 겨와 같을 날이 있을 것이다. 그러므로 때로는 너무 억울하고 분하지만 하나님과의 사랑은 절대 변하지 않는다는 것을 믿으시기 바란다. 바울은 이러한 하나님과의 관계를 롬8:38-39절에서 "내가 확신하노니 사망이나 생명이나 천사들이나 권세자들이나 현재 일이나 장래 일이나 능력이나 높음이나 깊음이나 다른 어떤 피조물이라도 우리를 우리 주 그리스도 예수 안에 있는 하나님의 사랑에서 끊을 수 없으리라."고 선포했다. 주님 안에서 이러한 사랑의 관계로 억울하고 분한 것은 모두 하나님께 맡기고 믿음으로 승리하시기를 주님의 이름으로 축원드린다.

시편 95편

전심으로 하나님께 예배할 이유

여호와 하나님이 누구신가? 구원자이시다. 여호와가 누구신가? 크신 하나님이요, 모든 신들보다 크신 왕이시다. 하늘과 땅, 그리고 산과 바다가 다 그분의 손안에 있다. 그분이 창조하셨기 때문이다.

우리는 하나님을 향하여 두 가지를 분명히 해야 한다. 하나는 구원자라는 것이요, 하나는 창조주로서 내 삶의 왕이라는 것이다. 본문의 시인 다윗은 그것을 분명히 했다. 아브라함은 창18:27절에서 자기는 하나님 앞에 티끌이나 재와 같은 존재라고 고백했다. 우리는 하나님 앞에 그저 먼지요, 흙이요, 티끌 같은 존재다. 본래 최초의 인간 아담의 어원은 '아다마'로서 흙이라는 의미다.

하나님 앞에 내가 하나님의 은혜로 구원받았다는 사실, 그리고 그 하나님이 내 삶의 주인이요, 왕이요, 나는 그분 앞에 티끌 같은 존재요, 흙이요, 먼지 같은 존재라는 것을 다시 한 번 고백할 수 있기를 바란다.

이처럼 하나님이 나의 구원자요, 내 삶의 왕이라는 것을 분명히 하는 자는 삶에서 분명하게 나타나는 열매가 있다. 바로 그분께 겸손한 마음으로 무릎을 꿇고 경배하며 찬양하게 된다. 그분께 감사하게 된다. 여러분은 진정으로 하나님이 구원자 되시는 것을 고백하는가? 그분이 여러분의 삶의 왕이 되시는 것을 인정하는가? 그렇다면 우리는 전심으로 그분을 노래하며 찬양하며, 경배하며 감사할 의무가 있다. 아니, 그것을 분명히 하는 사람은 그러한 삶을 살게 된다. 나의 구원자요 왕 되신 하나님 앞에 깊이 감사하며 경배하며 찬양하는 복된 하루가 되시기를 축원한다.

7절에서는 우리가 하나님 앞에 또 감사하고 경배해야 할 이유를 설명하고 있다. 바로 그분은 우리의 하나님이시요, 우리는 그가 기르시는 백성이요, 그의 손이 돌보시는 양이라는 것이다.

다윗은 시편 23편에서 "여호와는 나의 목자시니 내게 부족함이 없으리로다. 그가 나를 푸른 초장과 쉴만한 물가로 인도하신다."라고 고백했다. 시100:3절에서는 "여호와가 우리 하나님이신 줄 너희는 알지어다. 그는 우리를 지으신 이요, 우리는 그의 것이니 그의 백성이요, 그의 기르시는 양이로다."라고 고백했다.

유명한 양의 비유를 말씀하신 요10:14-15절에서 우리 주님은 "나는 선한 목자라. 나는 내 양을 알고 양도 나를 아는 것이 아버지께서 나를 아시고 내가 아버지를 아는 것 같으니 나는 양을 위하여 목숨을 버리노라."고 말씀하셨다. 양은 목자의 음성을 안다. 다른 사람의 목소리가 들리면 도망을 간다. 그것이 목자와 양의 관계다. 그러므로 이러한 관계를 확실히 하면 하나님께 순종할 뿐이지 하나님을 시험하지 않는다. 양이 목자를 시험하는 것을 보았는가?

그런데 이스라엘 백성들은 그것을 망각하고 출애굽 당시 하나님을 시험하였다. 그것이 므리바 사건이요, 맛사 사건이다.

므리바와 맛사는 출17:1-7절에 있는 같은 곳이다. 출애굽한 이스라엘 백성들이 목이 말라 우리가 죽게 되었다고 하나님을 원망하고 시험한 곳이다. 이때 하나님은 모세를 통하여 반석에서 샘물이 나게 하셨다. 하나님은 이러한 자들로 인하여 근심되어 1세대는 모두 광야에서 죽게 하였다. 본문 11절에서는 "그러므로 내가 노하여 맹세하기를 그들은 내 안식에 들어오지 못하리라 하였도다."라고 말씀한다. 하나님께서 노하셔서 그들이 가나안에 들어가 안식을 누리지 못하게 하셨다는 것이다. 왜냐하면 그때 이스라엘 백성들이 하나님을 시험했기 때문이다.

본문 8절을 보라. "너희는 이스라엘 사람들처럼 마음을 완악하게 하지 말지어다."라고 명령하신다. 마음이 완악하다는 것이 무슨 말인가? 하나님과의 관계가 멀어지는 것이다. 목자와 양과의 관계를 파괴시키는 것이다. 하나님의 말씀에 순종하지 않는 것이다. 이러한 자들에게는 안식을 누리지 못하게 하신다. 이는 평안을 훼손시키신다는 것이요, 마음의 기쁨과 즐거움이 없이 사막과 같은 메마른 광야의 삶이 된다는 것이다.

푸른 초장과 쉴만한 물가로 인도함 받기를 원하는가? 하나님을 시험하지 마시기 바란다. 하나님의 말씀을 거역하는 완악한 마음을 멀리하시기 바란다. 구원받은 하나님의 백성은 하나님과 목자와 양의 관계이다. 그러므로 하나님의 음성을 듣고 하나님의 도를 깨달으며, 하나님께 순종하는 삶을 살아야 한다.

우리는, 하나님은 누구이며 나는 누구인가에 대하여 묵상했다. 즉, 하나님은 나의 구원자요, 내 삶의 왕 되신다는 것, 하나님은 목자이시고, 나는 그분을 따르는 양이라는 것이다. 주님은 요10:10절과 같이 "양으로 생명을 얻게 하고 더 풍성히 얻게 해 주시려고" 이 땅에 오셨다. 그분은 "수고하고 무거운 짐 진 자들아 다 내게로 오라. 내가 너희를 쉬게 하리라."(마11:28)고 하신다.

나의 구원자, 나의 왕, 나의 목자 되신 주님 안에서 생명을 얻고 진정한 쉼과 안식과 풍성함을 누리시기를 주님의 이름으로 축원드린다.

새 노래로 여호와께 찬양하라

우리는 성탄절만 되면 감격의 메시지를 듣는다. 눅2:14절의 "지극히 높은 곳에서는 하나님께 영광이요 땅에서는 하나님이 기뻐하신 사람들 중에 평화로다."라는 말씀이다.

주님이 오시기 1000년 전 다윗의 시대에 이미 이러한 메시아의 오심을 찬양하는 내용이 바로 시편 96편이다. 대상16:23-33절에 본문과 동일한 내용이 나온다. 이때는 메시아의 초림과 재림이 명확하지 않았다.

우리는 무엇을 찬양해야 하는가? 1절에서 "새 노래로 여호와께 노래하라. 온 땅이여, 여호와께 노래할지어다."라고 하였다. 2절에서는 "그의 이름을 송축하고 그의 구원을 날마다 전파하라."고 하였으며, 3절에서는 "그의 영광을 백성들 가운데에, 그의 기이한 행적을 만민 가운데에 선포하라."고 말씀한다. 이처럼 시인은 열국을 향한 주님의 뜻을 묵상하며, 주님의 우주적 왕권을 노래한다. 그러므로 이 시는 장차 임할 여호와의 통치를 내다보면서 찬송하는 메시아에 대한 예언시이다. 이는 그리스도의 복음을 예언하는 것이요, 이 메시아 사건은 너무 귀한 것이기 때문에, 우리는 두렵고 떨리는 마음으로 이 복음의 말씀을 받아야 한다. 우리는 내가 십자가와 부활의 복음으로 구원받은 것을 찬양해야 한다.

히2:3절에 "우리가 이같이 큰 구원을 등한히 여기면 어찌 그 보응을 피하리요. 이 구원은 처음에 주로 말씀하신 바요, 들은 자들이 우리에게 확증한 바니."라고 하였다. 이 복음이 여러분의 삶에 어느 정도의 영향을 주고 있는가? 롬1:16절에서는 "내가 복음을 부끄러워하지 아니하노니

이 복음은 모든 믿는 자에게 구원을 주시는 하나님의 능력이 됨이라.”고 선포한다. 예수 그리스도의 십자가와 부활로 얻게 된 '구원'에 대한 감격이 어느 정도인가? 롬3:23-24절에 “모든 사람이 죄를 범하였으매 하나님의 영광에 이르지 못하더니 그리스도 예수 안에 있는 속량으로 말미암아 하나님의 은혜로 값없이 의롭다 하심을 얻은 자 되었느니라.”고 하였다.

성경에서 죄는 사망을 말한다. 그렇다면 피는 무엇을 말하는가? 생명이다. 내가 죄라고 하는 사망의 음침한 골짜기에서 목자 되신 예수 그리스도의 피로 건짐을 받고 푸른 초장과 쉴만한 물가로 나아오게 되었다는 것과 물댄 동산이요 시냇가에 심은 나무가 된 사실에 대하여 다시 새롭게 인식하시기 바란다. 시인이 노래한 새 노래로 구원의 하나님을 노래하고, 그의 이름을 송축하고, 그의 기이한 행적을 선포할 수 있기를 주님의 이름으로 축복드린다.

우리는 이러한 하나님을 찬양하되, 어디서 해야 하는가? 성소에서 해야 한다. 4-6절에 다른 신들보다 뛰어난 위대하신 하나님, 하늘을 지으신 여호와 그의 존귀와 위엄이 그의 앞에 있으며 능력과 아름다움이 그의 성소에 있다고 선포한다. 한마디로 그의 존귀와 위엄이 그의 성소에 있다는 것이다. 지금의 성소는 어디인가? 여러분의 마음이 성전이요.(고전3:16) 그 성전들이 모인 곳이 교회이다. 우리가 섬기는 교회가 이러한 하나님을 마음껏 찬양하는 복된 장소가 되기 바란다. 여러분의 삶이 예배가 되고 예배가 삶이 되기 바란다.(롬12:1) 그러므로 먼저 내 마음의 성전이 깨끗해야 한다. 정결해야 한다. 거룩해야 한다. 하나님의 임재와 영광이 여기로부터 나타나기 때문이다.

이 찬양은 어디로 확장되는가? “만방의 족속들은 주님께 경배하라. 만국의 족속들아, 온 땅이여 그 앞에서 떨지어다. 모든 나라를 다스리시는 여호와, 만민을 공평하게 심판하시는 여호와를 찬양하라."(7-10절) 나아가서 이 찬양은, 인간뿐 아니라 하나님이 지으신 모든 피조물로 하여금 찬양하게 한다. 여기에는 하늘, 땅, 바다, 들, 숲속의 나무들이 다 등장한다. 그리고 그분은 땅을 심판하러 임하실 것이라는 내용이다. 이는 종말론적인 하나님의 왕권을 바라보는 것이다.

여러분은 이러한 새 하늘과 새 땅에 대하여 간절한 소망이 있는가? 이처럼 그리스도의 오심은 인간이 구원을 받을 뿐만 아니라 만물도 새로워지는 사건이다. 롬8:19-22절에 "피조물이 고대하는 바는 하나님의 아들들이 나타나는 것이니, 피조물이 허무한 데 굴복하는 것은 자기 뜻이 아니요 오직 굴복하게 하시는 이로 말미암음이라. 그 바라는 것은 피조물도 썩어짐의 종노릇한 데서 해방되어 하나님의 자녀들의 영광의 자유에 이르는 것이니라. 피조물이 다 이제까지 함께 탄식하며 함께 고통을 겪고 있는 것을 우리가 아느니라."고 하였다. 계21:5절에서는 "보좌에 앉으신 이가 이르시되, 보라 내가 만물을 새롭게 하노라 하시고 또 이르시되, 이 말은 신실하고 참되니 기록하라 하시고."라고 말씀한다.

예수 그리스도의 십자가 복음으로 인하여 다시 새롭게 되는 은혜를 경험하시기를 간절히 축복한다. 내 안에 임하신 주의 성령으로 인하여 소망 가운데 기뻐하고 즐거워하시기 바란다. 성소인 여러분의 마음과 섬기는 가정, 교회, 일터에서 이러한 주님을 마음껏 찬양하시기 바란다. 더 나아가 나라와 온 열방이 주님을 찬양하고, 모든 피조 세계가 진정한 평화와 안녕을 소유하는 비전을 바라보고, 모든 피조물까지 다 함께 여호와를 찬양하는 진정한 천국을 경험하시기를 주님의 이름으로 축원드린다.

빛과 어둠에 속한 자

세상에는 빛과 어둠이 공존한다. 우리의 영적 세계도 마찬가지이다.

본문에는 어둠이 아닌 빛 가운데 기쁨과 즐거움, 감사와 영광으로 충만한 내용이 나온다. 여러분은 빛과 어둠 중 어느 쪽에 속해 있는가? 엡5:8절에 "너희가 전에는 어둠이더니 이제는 주 안에서 빛이라. 빛의 자녀들처럼 행하라."고 선포한다. 그렇다면 빛 가운데 거하는 자와 어둠에 속한 자의 삶은 어떻게 다른 것인가?

나를 통치하는 존재, 내가 믿고 의지하는 대상이 다르다. 빛의 자녀는 창조주 하나님의 통치를 받지만 어둠에 속한 자는 사탄 마귀, 귀신, 공중 권세를 잡은 어둠의 영, 어둠의 권세에게 통치를 받고 지배를 당하고 산다. 1절에 우리 믿는 자들에게는 "여호와께서 다스리시나니 땅은 즐거워하며 허다한 섬은 기뻐할지어다."라고 선포한다. 출애굽기 10장에 모세가 이스라엘 백성을 출애굽시킬 때 9번째 다가온 재앙이 바로 흑암이다. 하지만 출10:23절에 "애굽 지역이 흑암으로 덮여 있어도 온 이스라엘 자손들이 거주하는 곳에는 빛이 있었더라."고 말씀하신다. 지금도 영적인 눈으로 보면 어느 가정은 어둠이 가득하고 어느 가정은 밝은 빛이 반짝이는 것을 알 수 있다.

본문 2절을 보라. 구름과 흑암이 하나님을 둘렀고, 의와 공평이 그의 보좌의 기초라고 한 것은 주변이 모두 흑암으로 가득하지만 오직 하나님의 보좌는 빛 가운데 의와 공평의 통치가 이루어지는 빛으로 가득했다는 것을 말한다. 이때 여호와 하나님의 위엄과 임재 앞에 모든 사탄과 불의의 세력들이 두려워 떨며 감히 근접할 수 없게 되어, 3-5절과 같이 하나님의 보좌에서 불이 나와 사방의 대적들을 불사르고 번개가 세계를 비추니 땅과 산들이 여호와 앞에서 밀랍같이 녹아버렸고, 6절의 말씀과 같이 하늘이 하나님의 의를 선포하니 모든 백성이 하나님의 영광을 보았다.

그렇다면 빛 가운데 거하는 자는 어떻게 살아야 하는가? 오직 만왕의 왕, 만주의 주 되신 예수 그리스도를 믿고 구원받은 백성으로 하나님께 감사와 찬송과 영광을 올려드려야 한다. 요8:12절에 예수님께서는 "나는 세상의 빛이니 나를 따르는 자는 어둠에 다니지 아니하고 생명의 빛을 얻으리라."고 하셨다. 즉 예수님을 따르는 자만이 생명의 빛 가운데 살아갈 수 있는 것이다.

그러나 이 빛을 모르는 어둠의 세력은 어떠한가? 7절과 같이 조각한 신상을 섬기며 허무한 것을 자랑한다. 하지만 이들은 다 수치를 당할 것이니 너희 신들아, 여호와께 경배하라고 말씀한다. 그렇다. 빛의 자녀들, 하나님을 경배하는 자들은 기쁨과 즐거움과 평화를 누리며 살아가지만, 어둠에 속한 자들은 허무한 세상의 정욕과 헛된 영광에 빠져 살아간다.

8절에 "여호와여, 주의 심판을 시온이 듣고 기뻐하며 유다의 딸들이 즐거워하였나이다."라고 하였다. 여기서 시온은 교회를 말하고 유다의 딸들은 하나님의 백성을 말한다. 우리는 주님의 심판 소식을 들으면서 주 안에서 기뻐하며 감사와 찬송과 영광을 주께 돌리고 살지만 우상숭배자들, 어둠에 속한 자들은 다 수치를 당하게 되는 것이다. 그것이 영적으로 깨달아지는 자가 참으로 복된 자인 줄 믿으시기 바란다.

이 진리를 깨달은 자는 9절에 "여호와여, 주는 온 땅 위에 지존하시고 모든 신들보다 위에 계시니이다."라고 고백하며, 오직 왕이신 하나님을 경배하고 예배하며 기쁨과 행복을 누리며 살게 되는 것이다. 이러한 은혜가 삶 가운데 충만하게 임하시기를 주님의 이름으로 간절히 축복한다.

이처럼 본문은 예수님의 초림과 재림이 분명치는 않지만 이 땅에 오실 심판주를 말씀하고 있다. 그러므로 항상 성경에 예언된 말씀을 주시하며 그 말씀이 성취되는 것을 보면서 깨어 있어야 한다.(살전4:16-18)

구원의 은혜에 깊이 감사하며 빛 가운데 거하는 자는 어떻게 살아야 하겠는가? 10절에 여호와 하나님과 심판주 되시는 우리 예수님을 사랑하는 자는 악을 미워하라고 하였다. 불의와 타협하지 말고 욥처럼 끈기 있게 꾸준히 의로운 삶으로 끝까지 하나님께 찬송과 영광을 돌리는 삶을 살아야 한다. 이러한 삶이 바로 내 영혼을 보존하는 것이요, 악인의 손에서 건짐을 받는 것이기 때문이다. 그러므로 그리스도인들은 거룩하고 성결해야 한다. 날마다 죄악과 피 터지게 싸워야 한다.

11a절에 의인을 위하여 빛을 뿌리고 살아야 한다고 말씀한다. 즉 죄악과 싸워 공의로운 세상을 만들라는 것이다. 또 11b절에 마음이 정직한 자가 되어 세상에 기쁨을 퍼뜨리는 자가 되라고 하신다. 딤전1:5절의 말씀대로 "청결한 마음과 선한 양심과 거짓이 없는 믿음에서 나오는 사랑"이 충만한 복된 자들이 되시기를 주님의 이름으로 축복한다. 우리의 심은 대로 거두기 때문이다.

12절에서는 하나님께서 우리를 의인으로 부르신다. "의인이여, 너희는 여호와로 말미암아 기뻐하며 그의 거룩한 이름에 감사할지어다." 구원받은 하나님의 백성으로 빛 가운데서 즐겁고 기쁘게, 자유와 평화를 누리며, 범사에 감사하며 행복한 삶을 누리시기 바란다. 이는 빛의 씨앗과 기쁨의 씨앗을 뿌리는 자들에게 주시는 하나님의 선물이기 때문이다. 이러한 은혜가 여러분의 삶 가운데 충만하게 임하시기를 우리 주님의 이름으로 축원드린다.

하나님을 찬양해야 할 이유

여러분은 장차 예수님께서 심판주로 오시는 부분에 대하여 얼마나 사모하는 마음이 있는가? 얼마나 신뢰하며 기대하는가?

시편 98편은 하나님의 백성, 이스라엘을 구원하시고 그들에게 찬송을 받으시며 장차 세계를 심판하시는 모습을 그리고 있다.

1절에서 "새 노래로 여호와를 찬송하라. 그의 기이한 일을 찬송하라. 그의 오른손과 거룩한 팔로 자기를 위하여 구원을 베푸셨다."고 선포한다. 여기서 "자기를 위하여"란 하나님께서 인간의 의를 보시지 않고 오직 자기의 기쁘신 뜻대로 자기의 영광을 나타내시기 위하여 우리를 구원해 주셨다는 의미이다. 롬1:17절에 "복음에는 하나님의 의가 나타나서 믿음으로 믿음에 이르게 하나니 기록된 바 오직 의인은 믿음으로 말미암아 살리라."고 하셨다. 이처럼 하나님의 의, 우리의 구원은 하나님으로부터 출발한 것이다. 이것을 본문의 3절에서 "그의 인자하심과 성실하심으로 인하여 땅끝까지 이르는 모든 피조물이 우리 하나님의 구원을 보게 되었다."고 말씀하고 있다.

엡2:8-9절에 "너희는 그 은혜에 의하여 믿음으로 말미암아 구원을 받았으니 이것은 너희에게서 난 것이 아니요 하나님의 선물이라. 행위에서 난 것이 아니니 이는 누구든지 자랑하지 못하게 함이라."고 하였다. 이처럼 구약에서도 구원은 하나님의 선물이라는 사실을 계속해서 증거하고 있다. 하나님 자신을 위하여, 자신의 영광을 위하여. 그러므로 구원받은 백성의 존재 의미는 하나님의 영광을 위하여 쓰임을 받는 것이다.

이런 은혜를 아는 자가 하나님을 향하여 거역하고 불평하며 인간 자신의 의를 내세운다면 어떻게 되겠는가? 멸망의 자식이 될 것이다. 그러므로 그리스도인은 사43:21절의 "이 백성은 내가 나를 위하여 지었나니 나를 찬송하게 하려 함이니라."는 말씀을 진정한 삶의 메시지로 여겨야 한다. 무엇보다도 이러한 구원을 엡1:4절과 같이 '창세 전에' 그리스도 안에서 우리를 택하사 우리를 불러 믿게 하시고 구원해 주심을 깊이 묵상해야 한다. 뿐만 아니라 애굽 군대 앞에서 홍해 바다를 건너게 하심같이, 가나안 7족 앞에서 요단강을 건너게 하심같이, 본문 2b절의 '뭇 나라의 목전에서!' 즉 세상의 많은 사람들과 사탄의 권세 앞에서 나를 구원해 주심을 결코 잊지 말아야 한다.

역사상 다윗같이 위대한 왕이 또 누구인가? 다윗같이 부하고 존귀한 삶을 산 사람이 또 누구인가? 그러나 그는 하나님의 택함과 구원을 받은 자로서 하나님을 찬송하는 자, 하나님의 영광을 위한 삶에는 타의 추종을 불허한 순종의 삶을 산 사람이다. 우리도 다윗처럼 구원의 은혜에 감사하여, 나는 하나님의 영광을 위한 존재라는 것, 그분을 찬송하는 삶이 최고의 행복이라는 것을 결코 잊어서는 안 된다. 여기서 마6:33절의 사상이 나온다. "너희는 먼저 그의 나라와 그의 의를 구하라. 그리하면 이 모든 것을 너희에게 더하시리라."는 말씀과 다 같은 맥락이다. 고전10:31절에 "그런즉 너희가 먹든지 마시든지 무엇을 하든지 다 하나님의 영광을 위하여 하라."는 것도 같은 의미의 말씀이다. 이 같은 신앙의 근본적인 지식을 확립하는 것이 여호와를 아는 지식이다. 그 지식은 십자가의 복음이요, 부활의 소망이요, 재림 신앙이기 때문이다. 본문도 그것을 말씀하고 있다.

이러한 자들이 행할 것은 무엇인가? 하나님의 영광을 선포하고 그의 이름을 찬송하는 것이다. 그런데 놀라운 것은 이러한 하나님의 명령대로 하나님의 영광을 구하고 하나님을 찬송하는 것을 목적으로 하면 하나님의 놀라우신 돌보심을 경험하며 하늘의 신령한 복을 누린다는 것이다. 그래서 하나님의 말씀이 진리인 것이다.

4절부터의 하나님을 향한 찬송이 여러분의 찬송이 되기를 바란다. "온 땅이여, 여호와께 즐거이 소리칠지어다. 소리 내어 즐겁게 노래하며 찬송할지어다. 수금으로 여호와를 노래하라. 수금과 음성으로 노래하라. 나팔과 호각소리로 왕이신 여호와 앞에 즐겁게 소리칠지어다. 바다와 거기 충만한 것과 세계와 그중에 거주하는 자는 다 외칠지어다. 여호와 앞에서 큰물은 박수할지어다. 산악이 함께 즐겁게 노래할지어다."

본문 말씀의 주제는 두 가지로 볼 수 있다. 내가 하나님의 은혜로 구원받았다는 것이요, 구원받은 백성은 하나님을 찬송해야 한다는 것이다. 여러분이 이 정체성을 잃지 않으시기를 축원한다. 이것을 잃지 않으면 하나님 앞에 교만하지 않는다. 하나님 앞에 내가 할 일이 무엇인지 알게 된다. 눅12:48절에 "많이 받은 자에게는 많이 찾을 것이요, 많이 맡은 자에게는 많이 달라 할 것이라."는 하나님의 심판대가 있다. 본문 9절에서도 그것을 말씀한다. "그가 땅을 심판하러 임하실 것임이로다. 그가 의로 세계를 판단하시며 공평으로 그의 백성을 심판하시리로다."

내가 구원받은 하나님의 백성이라는 것을 깨닫고 찬송하는 삶, 감사의 삶, 하나님께 영광을 올려드리는 삶을 사시기 바란다. 더 나아가 하나님의 선하시고 기뻐하시고 온전하신 뜻이 무엇인지 분별하고, 하나님 앞에서 내놓을 정산서를 생각하면서 하나님의 착하고 충성된 종으로 사시기를 우리 주님의 이름으로 축원드린다.

거룩하신 하나님을 찬양하라

시편 99편은 여호와의 통치를 나타내는 시이다. 즉 '하나님은 누구신 가? 그리고 그분께 우리는 무엇을 해야 하는가?'에 대한 내용이다.

하나님의 속성에는 여러 가지가 있다. 무소불능=능하지 못하신 것이 없다. 무소부재=안 계신 곳이 없다. 무소부지=모르시는 것이 없다.

하지만 본문은 하나님의 거룩하심을 특히 강조하고 있다.

3절에서 "주의 크고 두려운 이름을 찬송할지니 그는 거룩하심이로다." 5절에서 "너희는 여호와 우리 하나님을 높여 그의 발등상 앞에서 경배할 지어다."라고 말씀한다. 그는 거룩하시기 때문이다. 9절에서도 "너희는 여호와 우리 하나님을 높이고 그 성산에서 예배할지어다."라고 하였다. 여호와 우리 하나님은 거룩하시기 때문이다. 그렇다. 하나님의 수식어는 거룩이다. 레11:45절에 "내가 거룩하니 너희도 거룩할지어다."라고 말씀 하셨다. 레19:2절에서도 "너희는 거룩하라. 이는 나 여호와 너희 하나님 이 거룩함이니라."고 선포하셨다.

이러한 하나님의 거룩하심이 우리와 무슨 상관이 있는 것인가? 거룩은 죄가 없는 상태를 말한다. 하나님께는 그것이 '의'다. 하나님이 거룩하시 기 때문에 우리가 의롭게 되어야만 하나님을 만날 수 있다. 죄를 가지고 서는 하나님을 만날 수 없다. 그러므로 구약의 의로운 장소가 어디인가? 하나님이 계신 법궤, 즉 지성소이다. 이러한 하나님을 1절에서는 그룹 사 이에 좌정하시는 하나님이라고 표현했고, 2절에서는 시온에 계시는 하나 님이라고 표현했다. 두 곳이 다 하나님의 성전이요, 지성소이다. 그룹은 하나님의 임재를 상징하는 생물로서 창3:24절에 처음 나온다. 그후 지성소에서는 법궤를 호위하고 있고, 에스겔과 계시록에서는 사자, 송아지, 사람, 독수리의 모습으로 나타난다. 계4:6-9절을 보면 이 네 생물은 각각 6개의 날개를 가지고 하나님 보좌 옆에서 밤낮 쉬지 않고 "거룩하다, 거룩하다, 거룩하다. 주 하나님 곧 전능하신 이여, 전에도 계셨고 이제도 계시고 장차 오실 이시라."고 찬양을 드리고 있다. 그러므로 그룹은 거룩하신 하나님을 찬양하는 천사들이다.

이러한 하나님의 거룩에서 완벽한 정의와 공의가 나온다. 하나님께는 죄로 인한 타협이나, 어떠한 불의도 들어갈 수 없기 때문이다. 여기서 예수 그리스도의 십자가의 의미를 깨닫게 된다. 예수님은 완벽하게 거룩하신 분이요, 죄가 없는 의로우신 분이시다. 그분이 십자가에 달리신 의미가 무엇인가? 예를 들면, 수영장에 어린아이가 빠져 죽게 되었을 때 이를 본 할머니가 뛰어들어가 아이를 구하려 했지만 결국 둘 다 죽었다. 둘 다 수영을 못했기 때문이다. 이처럼 죄인은 죄인을 구할 수가 없기 때문에 의인 된 예수님이 십자가에 죽으심으로 우리를 살리신 것이다. 이를 '이신칭의'라고 한다. 우리는 죄인이지만 예수 그리스도로 말미암아 의롭다 칭함을 받았다는 의미다. 하나님께 나아가는 자는 의롭다 칭함을 받아야 한다. 그러므로 우리는 오직 예수 그리스도의 이름으로 기도해야 응답을 받을 수 있는 것이다.

이러한 구약시대의 기도와 응답의 통로, 즉 계시의 통로로서 세 사람이 등장한다. 모세와 아론과 사무엘이다. 모세는 시내산에서 언약을 받은 중보자이다. 아론은 대제사장으로서 제사장직을 대표한다. 사무엘은 선지자를 대표한다. 그러나 여기서는 모두 제사장 역할을 강조하고 있다. 이들은 모두 인간으로서 거룩한 사람들을 대표한다. 이들과 하나님과의 관계는 어떠하였는가? 그들은 주의 이름을 불렀고, 여호와께서는 그들이 간구하매 응답하셨다. 그것으로 끝이 났는가? 아니다. 7절을 보면 "여호와께서 구름 기둥 가운데서 그들에게 말씀하시니 그들은 그가 그들에게 주신 증거와 율례를 지켰도다."라고 하였다. 하나님의 말씀에 순종하는 삶을 살았다는 것이다. 8절에서는 더 구체적으로 나온다. 여호와 우리 하나님께서 그들에게 응답하셨고, 그들이 행한 대로 갚으셨고, 뿐만 아니라 그들을 용서하셨다는 것이다.

이러한 내용이 우리에게 주는 메시지는 무엇인가? 우리는 누구를 닮았는가? 하나님의 형상을 닮았다. 하나님의 형상은 무엇인가? 거룩이다. 그러므로 하나님을 닮은 삶의 최고 목표는 무엇인가? 거룩이다. 살전4:3절에 "하나님의 뜻은 이것이니 너희의 거룩함이라."고 하였다. 우리는 거룩함에 최고 목표를 걸어야 한다. 엡4:22-24절에 "너희는 유혹의 욕심을 따라 썩어져가는 구습을 따르는 옛사람을 벗어버리고 오직 너희의 심령이 새롭게 되어 하나님을 따라 의와 진리의 거룩함으로 지으심을 받은 새 사람을 입으라."고 말씀한다. 거룩한 삶을 살라는 것이다.

그렇다면 거룩한 백성들의 존재 목적은 무엇인가? 9절에 하나님을 높이고 그 성산에서 예배하는 존재들이라고 하였다. 이러한 삶의 정체성을 잊지 마시고 거룩함에 힘쓰는 여러분이 되시기를 바란다. 거룩함으로 하나님과 깊이 교제하여 응답받으시고, 하나님의 말씀대로 살아가시기 바란다. 거룩한 백성으로서 하나님의 이름을 높이며 그분께 예배하는 삶을 사시기 바란다. 이러한 은혜가 여러분의 삶 가운데 충만하게 임하시기를 우리 주님의 이름으로 축원드린다.

기뻐 감사하고 찬양해야 할 이유

시편 100편은 여호와의 통치를 찬양하는 95-100편 중 마지막으로 마감하는 장이다.

나는 이 시편을 즐겨 암송한다. 이 말씀만 암송하면 내 깊은 영혼으로부터 힘이 솟고, 기쁨이 회복됨을 경험한다. 참으로 놀라운 말씀이다.

1-2절에 "온 땅이여, 여호와께 즐거운 찬송을 부를지어다. 기쁨으로 여호와를 섬기며 노래하면서 그의 앞에 나아갈지어다."라고 말씀한다. 한마디로 여호와 하나님을 찬송하라는 것이다. 이는 하기 싫은 찬양을 억지로 하는 것이 아니라, 기쁨으로 여호와를 섬기며 노래하면서 나아가라는 것이다. 그렇다면 하나님만 기쁨으로 찬양할 이유는 무엇인가?

3절을 보라. 그는 우리를 지으신 창조주이시기 때문이다. 우리는 한 번만 창조를 받은 것이 아니다. 두 번의 창조를 받았다. 창세기 1-2장에서와 같이 인간은 하나님의 형상대로 흙으로 지음 받았고, 코에 하나님의 생기를 불어주심으로 영혼을 소유한 생령이 되었다. 그 후에 예수 그리스도 안에서 또 한 번의 지으심을 받는다. 이것을 고후5:17절에서 "그런즉 누구든지 그리스도 안에 있으면 새로운 피조물이라. 이전 것은 지나갔으니 보라 새 것이 되었도다."라고 선포한다.

우리가 이렇듯 하나님으로부터 두 번의 지으심을 받은 존재라는 것을 분명하게 아는가? 내가 하나님의 생기를 받은 영혼을 소유한 존재라는 것, 내가 그리스도 안에서 그의 십자가 보혈과 부활로 새로운 피조물이 되었다는 사실로 인해 하나님의 것이라는 것, 그의 소유된 백성이라는 것을 깊이 깨닫고 진정으로 감사하며 하나님께 찬양하는 여러분이 되시기 바란다.

우리는 그의 것일 뿐만 아니라 그의 백성이요, 그의 기르시는 양이기 때문에 하나님을 찬양해야 한다. 우리는 하나님이 주신 자유의지는 있지만, 스스로 있는 자는 아니다. 또한 자율적으로 사는 사람들이 아니다. 우리는 하나님의 소유요, 그의 백성이다. 롬14:8-9절에 "우리가 살아도 주를 위하여 살고 죽어도 주를 위하여 죽나니 그러므로 사나 죽으나 우리가 주의 것이로다."라고 선포하고 있다. 만약 우리가 하나님의 소유가 아니라면 티끌과 같은 존재로서 의지할 데도 없고, 가치도 없고, 아무 소망도 없을 것이다.

또한 하나님의 백성이라는 것은 하나님의 다스림을 받는 존재라는 뜻이다. 하나님은 나의 왕이시다. 백성은 선한 왕을 바로 만나야 행복을 누리며 망하지 않는다. 하나님은 그의 말씀, 성경으로 우리를 통치하신다. 또 하나는 우리가 주님의 양이라는 것이다. 양은 목자의 음성을 듣고 그를 따른다. 그것이 그의 유일한 살 길이다. 그러므로 우리는 하나님의 양으로서 하나님의 말씀을 바로 듣고 따라야 바른 길로 갈 수 있고, 사는 길로 갈 수 있는 것이다. 시23:1절에 "여호와는 나의 목자시니 내게 부족함이 없으리로다."라고 고백하고 있으며, 요10:11절에서는 주님께서 우리를 향하여 "나는 선한 목자라. 선한 목자는 양들을 위하여 목숨을 버린다."고 하셨다.

이렇듯 하나님이 창조하시고 거듭나게 하셔서 하나님의 자녀가 된 우리는 어떠한 삶을 살아야 하는가? 4절의 말씀과 같이 감사함으로 그의 문에 들어가며 찬송함으로 그의 궁정에 들어가서 그에게 감사하며 그의 이름을 송축해야 한다. "범사에 감사하라."는 의미가 바로 이것이다.

우리는 존재 자체가 하나님께 감사해야 할 존재다. 태생 자체가 하나님의 은혜를 받았기 때문이다. 감사하며, 무엇을 해야 하는가? 그의 이름을 찬송하고 송축해야 한다. 이처럼 하나님을 향하여 예배를 드리는 것이 우리의 존재 의미다. 사43:21절에 "이 백성은 내가 나를 위하여 지었나니 나를 찬송하게 하려 함이니라."라고 말씀하셨다.

그러므로 본문 1-2절에서 그것을 선포하고 있는 것이다. 여호와를 향하여 즐거운 찬송을 부르고, 기쁨으로 그분을 섬기며 노래하면서 나아가야 하는 것이다. 여러분이 처한 환경이나 여건과는 관계없이 하나님께 감사하며, 그분을 섬기며 노래하면서 찬송하고 예배하는 삶을 살 수 있기를 주님의 이름으로 축원한다. 성경에서는 그것이 바로 행복의 근원이라는 것을 가르쳐 주고 있다.

시인은 이러한 하나님의 성품을 다시 한 번 노래한다. 여호와는 선하신 분이라는 것, 그는 인자하시고 성실하신 분이라는 것, 그리고 이 같은 그의 선하심과 인자하심과 성실하심은 영원히 변치 않는다는 것이다. 그분의 이러한 속성은 대대에 미칠 것이다. 우리가 살아서도 이러한 은혜가 임하고 죽어서도 그분의 이러한 속성은 변하지 않을 것이다. 인자와 성실의 의미는 자기의 백성과 맺은 언약이 영원토록 변치 않으시고, 유지하시고, 성취하시는 하나님의 속성을 말한다.

하나님은 누구이며 나는 누구라는 것, 그렇다면 나는 어떻게 살아야 하는가에 대한 대답을 얻고, 이러한 하나님과의 관계를 깊이 인식하고, 나를 두 번이나 창조하신 하나님, 나의 왕 되신 하나님, 나의 목자 되신 하나님께 진정으로 감사하고 찬양하시기를 주님의 이름으로 축원드린다.

완전한 길로 걷는 자

시편 101편은 다윗의 시이다.

1절에서 "내가 인자와 정의를 노래하겠나이다. 여호와여, 내가 주께 찬양하리이다."라고 하였다.

예수 그리스도의 십자가에서 우리는 무엇을 보는가? 하나님의 사랑, 즉 인자와 하나님의 공의, 즉 정의를 본다. 하나님의 인자는 죄에 빠진 나를 사랑하는 것이요, 하나님의 정의는 나의 죄에 대한 심판을 하는 것이다. 이러한 하나님의 마음은 다윗 같은 왕에게도 반드시 필요한 것이다.

2절에서 다윗은 그 길을 '완전한 길'이라고 표현한다. 그리고 이 같은 완전한 마음으로 내 집 안에서 행하겠다고 간구한다. 그러나 그렇게 되려면 하나님의 임재가 있어야 한다. 그래야 하나님의 마음을 소유할 수 있다. 하나님의 마음을 소유해야 내가 완전한 마음이 되고, 그래야 내 집을 다스릴 수 있는 것이다. 이때를 3절에서 "나는 비천한 것을 내 눈 앞에 두지 아니할 것이요, 배교자들의 행위를 미워하겠다."고 고백한다. 그리고 그 어느 것도 붙들지 않겠다고 한다.

여기서 우리는 귀한 원리를 배울 수 있다. 하나님의 인자와 정의 같은 마음을 내가 원하면 언제나 가질 수 있는 게 아니라는 사실이다. 우리는 먼저 하나님의 임재를 경험해야 한다. 성령님의 놀라운 감동 가운데 나의 마음이 거룩하게 되어야 한다. 이때부터 하나님을 닮은 사랑이 풍성해지고, 거짓과 죄악을 미워하는 공의로운 마음이 일어나기 때문이다.

그것을 4절에서는 이렇게 고백한다. "사악한 마음이 내게서 떠날 것이니 악한 일을 내가 알지 아니하리로다." 그러므로 우리는 이러한 '다스림'의 원리를 깨달아야 한다. 하나님의 다스림을 온전히 받을 때 성령님의 놀라운 감동으로 내 자신을 통치하게 된다. 내 자신을 스스로 통치할 수 있어야 진정으로 남을 다스리고 통치하게 된다는 것이다. 지도자가 이러한 준비가 되지 않으면 그 공동체는 흔들리고 삭막하게 된다. '수신제가치국평천하'라는 말의 뜻이 바로 그것이다. 내가 수양이 되어야 가정을 다스리고, 가정을 다스릴 수 있어야 나라를 태평성대로 만들 수 있다는 것이다. 성경은 그것에 하나를 더해, 내가 수양이 되려면 하나님의 임재를 경험해야 한다는 것을 가르쳐 주고 있다.

다윗은 철저하게 하나님의 임재를 요청하여 완전한 마음으로 거룩함을 회복하고, 자신의 가정을 잘 다스리게 된 후, 5절부터 인자와 정의로 나라를 다스리는 모습을 그리고 있다. 5절에서 "자기의 이웃을 은근히 헐뜯는 자를 내가 멸할 것이요, 눈이 높고 마음이 교만한 자를 내가 용납하지 아니하리라."고 선포한다. 내가 거룩해야 거룩하지 않은 백성을 볼 수 있다. 내가 겸손해야 교만한 자가 보인다. 다윗은 그러한 준비가 된 사람이었다.

6절에서는 "내 눈이 이 땅의 충성된 자를 살펴 나와 함께 살게 하리니 완전한 길에 행하는 자가 나를 따르리로다."라고 하였다. 이는 무엇을 뜻하는가? 거룩함으로 준비된 자는 악한 자를 걸러내고 교만한 자를 찾아 징계할 수 있게 된다는 말씀이다. 그리고 이와 함께 그의 눈에 충성된 자가 보이는 것이다. 의로운 자, 준비된 자, 거룩하고 성결한 자가 보인다. 이것이 지도자들의 특권이다. 우리 지도자들도 이러한 덕목을 갖추기를 주님의 이름으로 축원한다. 내가 준비되어 있지 않으면 분별하는 능력이 떨어진다. 인정에 끌려갈 수 있다. 지도자들에게는 막중한 책임이 있다. 잘 분별하지 못하면 준비되지 않은 자, 악한 자를 자기 옆에 두고, 충신을 찾아내지 못하며, 심지어 충신을 정죄하는 오류를 범할 수 있다.

다윗은 7절에서 "담대하게 거짓을 행하는 자는 내 집 안에 거주하지 못하게 하며, 거짓말하는 자는 내 목전에 서지 못하리라."고 선포한다. 내가 먼저 하나님의 임재를 경험하고 거룩한 성령으로 충만하여 하나님의 성품을 닮아 정직하고, 깨끗할 때 이러한 선포를 할 수 있는 것이다.

여러분도 1절에서 말씀하는 인자와 정의를 갖춘 다윗 같은 지도자가 되시기를 바란다. 다윗처럼 하나님을 두려워하고, 하나님의 임재를 사모함으로 먼저 준비하시기 바란다. 내가 준비되어야 내가 가장으로 있는 가정이 제대로 서게 되고, 내가 지도자로 있는 교회가 바로 서게 되며, 왕으로서는 이때부터 나라를 태평성대로 인도할 수 있는 것이다.

시인은 8절에서 "아침마다 내가 이 땅의 모든 악인을 멸하리니 악을 행하는 자는 여호와의 성에서 다 끊어지리로다."라고 선포한다. 이는 완전한 길로 걷는 자의 담대한 선포이다.

딤전1:5절의 "청결한 마음과 선한 양심과 거짓이 없는 믿음에서 나오는 사랑"으로 충만하시기 바란다. 거룩한 성령의 전을 회복하시기 바란다.(고전3:16) 이로 인하여 주변의 악을 분별할 수 있는 지혜가 충만하시기를 축복한다. 그 거룩함으로 가정과 섬기는 교회와 사업장을 옳은 데로 인도하시는 신실한 하나님의 종들이 다 되시기를 우리 주님의 이름으로 축원드린다.

광야에서 외치는 믿음의 기도

시편 102편의 저자가 누구인지는 알 수 없다. 하지만 누군가 바벨론 포로 중에 예루살렘의 회복을 갈망하며 지은 것만은 확실하다. 그는 육신적인 고통보다는 정신적으로, 영적으로 깊은 고민과 시름 가운데 있다는 것을 알 수 있다.

이러한 고난을 당하는 자는 어떻게 하나님께 자신의 마음을 아뢸까?
주의 얼굴을 구한다. 주의 귀를 구한다.(2절) 자기 마음의 안타까움을 내 날이 연기같이 소멸하며 내 뼈가 숯같이 탔다고 고백한다.(3절) 마음이 너무 아픈 것을 숯덩이가 되었다고 표현한다. 식사도 안 하고, 마음은 풀같이 시들고, 탄식으로 말미암아 피골이 상접해 있다고 고백한다. 그 외로움을 광야의 올빼미 같고 황폐한 곳의 부엉이 같으며, 지붕 위의 외로운 참새에 비교한다.

그 상태를 9절에서 재를 양식같이 먹으며 눈물 섞인 물을 마셨다고 고백한다. 구약에는 회개할 때 재를 뒤집어썼다. 이로 인하여 먹는 양식에도 재가 떨어지고 눈물을 흘림으로 눈물이 입으로 들어가는 상황을 표현하고 있다. 이처럼 하나님 앞에 겸손하게 하나님의 낯을 구하며 괴로워하는 것을 고후7:10절에 "하나님의 뜻대로 하는 근심은 후회할 것이 없는 구원에 이르게 하는 회개를 이루는 것이요, 세상 근심은 사망을 이루는 것이니라."고 하였다. 즉 '하나님의 뜻대로 하는 근심' 혹은 '신령한 근심'이라고 말한다. 세상 근심으로 사망을 이루지 아니하고 하나님의 뜻대로 하는 근심, 신령한 근심으로 하나님과 가까워지시기를 간절히 축복한다.

357

하나님과의 관계에서 무엇이 문제인가? 우리의 처지가 연약할 때 하나님께 나아오지 않는다는 것이다. 그의 얼굴을 구하지 않고, 그의 귀에 우리의 안타까운 현실을 고백하지 않는다는 것이다. 하나님을 향하여 정직한 마음으로, 구체적으로 고백함으로 하나님과의 교제가 회복될 수 있기를 바란다.

욥5:17절을 보면 "볼지어다. 하나님께 징계받는 자에게는 복이 있나니 그런즉 너는 전능자의 징계를 업신여기지 말지니라."고 말씀한다. 죄인 된 우리는 누구나 징계를 받는다. 그러나 많은 사람들이 이 징계를 우습게 여기고 더 타락한다. 하나님을 향해서는 원망과 불평을 늘어놓는다. 이것이 바로 망하는 징조다. 그러므로 우리는 하나님의 징계 시 회개해야 한다. 자신을 고쳐야 한다. 눈물로 기도해야 한다. 하나님의 낯을 구해야 한다.

시인은 17절에서 "여호와께서 빈궁한 자의 기도를 돌아보시며 그들의 기도를 멸시하지 아니하셨도다."라고 말씀하고 있다. 징계를 받을지라도 광야와 사막 가운데서 믿음의 기도를 올려드릴 때 회복의 길로 들어설 줄 믿으시기 바란다.

시인은 예레미야의 예언대로 바벨론 포로 기간은 70년이라는 기한이 있음을 고백한다. 그리고 그날을 기대한다. 13절에 "주께서 일어나사 시온을 긍휼히 여기시리니 지금은 그에게 은혜를 베푸실 때라. 정한 기한이 다가옴이니이다."와 같이 정한 기한이 있다는 것을 고백한다.

그렇다. 하나님의 우리를 향한 징계에는 기한이 있다. 우리는 그 기한까지 참고 좋은 날을 소망하면서 믿음으로 하나님께 나아가야 한다. 지금도 우리가 민족복음화와 세계복음화를 위해 기도하는 까닭은 정한 기한이 있기 때문이다.

22절에 "그때에 민족들과 나라들이 함께 모여 여호와를 섬기리로다." 라고 선포한다. 롬11:1-2절에서는 하나님이 자기 백성을 버리시지 않았다고 선포한다. 그러므로 온 민족이 하나님께 돌아올 '그때'가 있다는 것이다. 여러분에게도 '그때'가 있을 줄 믿는다. 때를 기다리면서 소망을 잃지 마시기 바란다. 하나님의 정한 때, 즉 '카이로스'를 인내로 기다리시기 바란다. 그때가 되면 신실하신 하나님께서 여러분을 높이 세우시고, 우리를 통하여 영광을 받으시리라 믿는다. 그때를 인내함으로 기다리시기 바란다. 하나님의 자녀에게는 포기와 좌절은 절대 금물이다.

이러한 소망을 이루려면 무엇보다도 시인처럼 중년에 죽지 않게 해 달라는 기도를 정직하게 해야 한다. 시인은 24절에서 "나의 말이 나의 하나님이여 나의 중년에 나를 데려가지 마옵소서. 주의 연대는 대대에 무궁하니이다."라고 고백한다. 얼마나 솔직한 고백인가? 우리도 육체의 남은 때를 통하여 하나님께 찬송과 영광을 올려드리기 위하여 "중년에 갑자기 데려가지 마옵소서!"라는 정직한 기대와 소망을 하나님께 고백할 수 있기 바란다.

고난당한 자가 있는가? 외로운 자가 있는가? 근심과 걱정의 먹구름에 마음이 아픈 자가 있는가? 이 모든 것이 하나님의 뜻대로 하는 근심이 되고, 눈물로 하나님의 낯을 구하는 광야에서 외치는 믿음의 기도가 되기 바란다. 더 나아가 하나님의 정한 기한을 믿음으로 이겨내고, 중년에 세상을 떠나지 아니하며, 남은 생애를 통하여 반드시 하나님께 찬송과 영광을 올려드리겠다는 강한 기대와 소망으로 승리하는 믿음의 용사들이 되시기를 주님의 이름으로 축원드린다.

인자와 자비의 하나님

시편 103편은 다윗의 찬양시이다. 이 시는 '믿음나무에 핀 가장 순수한 꽃송이'라고 알려져 있는 아름다운 시이다. 왜냐하면 자신의 애통을 찬양으로 승화시키고 있기 때문이다.

이 시는 우리에게 크게 4가지 질문에 대한 답을 해 주고 있다.

첫째, 우리가 하나님을 찬양하고 송축할 이유가 무엇인가? 죄인으로서 하나님으로부터 은혜를 받았기 때문이다. 그러므로 우리는 찬양을 하기 전에 나의 죄와 하나님의 은혜를 동시에 생각해 보아야 한다. 여러분은 어떠한 죄인이었고, 하나님으로부터 어떠한 은혜를 받았는가? 나 같은 죄인을 살려 주신 은혜를 받았다.

우리 주님은 우리의 모든 허물과 죄악을 담당하시고 십자가에 달려 돌아가셨다. 예수님은 이 땅에 오셔서 병든 자를 고치시고, 가난한 자에게 부요함을 주셨다. 우리의 생명을 파멸에서 속량하시고 인자와 긍휼로 우리에게 관을 씌우셨다. 관을 씌운다는 것은 왕의 대관식, 신랑 신부의 결혼식 때 쓰는 명예와 축복의 관을 상징한다. 이는 모든 사람들이 알아볼 정도로 받은 풍성한 은혜를 의미하는 것이다. 즉 시인은 주님의 은혜로 죽음의 구덩이에서 벗어나 아름답게 단장하고 있는 모습을 보여준다.

이러한 주님의 은혜를 깊이 묵상하시기를 바란다. 은혜를 깨달아야 감사할 수 있고, 은혜를 깨달아야 하나님을 찬양할 수 있다. 하나님의 은혜를 깨닫는 아침이 되시기 바란다.

둘째, 은혜를 받으면 왜 하나님을 찬양하게 되는가? 은혜를 깨닫게 되면 주의 성령께서 우리의 탈진한 마음에 소원을 주시기 때문이다. 독수리가 창공을 차고 힘차게 날갯짓하며 올라가는 것처럼 새 힘과 소망을 회복시켜 주시기 때문이다. 이것이 주님 안에서 새롭게 된 자들의 신령한 복이다. 7절을 보라. 당시에는 이것을 모세를 통하여 이스라엘 자손에게 알려 주셨다. 지금은 누구를 통하여 알려 주시는가? 성령님을 통하여 알려 주신다. 이 비밀을 깨닫게 되시기를 바란다. 은혜를 받으면 소망이 생긴다. 빌2:13절에 "너희 안에서 행하시는 이는 하나님이시니 자기의 기쁘신 뜻을 위하여 너희에게 소원을 두고 행하게 하시나니."라고 말씀한다. 그래서 은혜를 받은 자가 헌신을 하게 되는 것이다.

셋째, 왜 그러한 현상이 일어나는가? 하나님께서 우리의 죄를 동이 서에서 먼 것같이 멀리 옮겨 주시기 때문이다. 레위기 16장을 보면, 인간의 죄를 뒤집어쓰고 광야로 내보내는 염소 '아사셀'이 나온다. 레16:22절에 "염소가 그들의 모든 불의를 지고 접근하기 어려운 땅에 이르거든 그는 그 염소를 광야에 놓을지니라."라고 하였다. 이처럼 하나님은 우리의 죄를 동이 서에서 먼 것같이 멀리 없애주신다. 하나님은 본문의 6절에서와 같이 공의를 행하시는 하나님, 심판하시는 하나님이시다. 하지만 우리의 죄를 멀리 옮겨 주시고, 사해 주시고, 자비를 베푸시는 하나님이시다. 주님께서 늘 화만 내신다면 세상에 아무도 살아남을 자가 없다.

만약 하나님의 분노하심이 없다면 그의 선하심과 공평도 가치가 없을 것이다. 주님은 이러한 자비와 분노가 함께 있지만 항상 주의 자비와 은혜가 진노 위에 있다. 그러므로 시30:5절에 "그의 노여움은 잠깐이요 그의 은총은 평생이로다. 저녁에는 울음이 깃들일지라도 아침에는 기쁨이 오리로다."라고 말씀한다. 이처럼 나의 죄에 대한 심판보다는 나의 죄를 용서하시고 나를 긍휼히 여기시는 하나님의 은혜와 사랑에 깊이 감사하는 여러분이 되시기를 축원한다.

넷째, 하나님께서는 어떠한 자에게 이러한 인자와 자비를 베푸시는가? 18절을 보라. "곧 그의 언약을 지키고 그의 법도를 기억하여 행하는 자에게로다." 즉, 주님을 경외하는 자, 믿는 자에게만 베푸시는 하나님의 은혜인 것이다. 인생은 그 날이 풀과 같고, 그 영화가 들의 꽃과 같다. 이는 바람이 지나감 같은 것으로 지나가면 그 자리도 알지 못하게 된다. 하지만 여호와의 인자하심은 자기를 경외하는 자에게 영원부터 영원까지 이르며 그의 의는 자손의 자손에게 이를 것이다. 이것이 하나님의 사랑이요, 하나님의 자비이다.

시인은 마지막으로 천군천사들도 여호와를 찬송하고 송축하라고 명령한다. 하나님의 은혜가 너무 크기 때문이다. 자기를 택하신 하나님의 은혜를 깨달았기 때문이다. 거룩한 백성으로 거듭났기 때문이다. 죄사함의 깊이를 체험했기 때문이다. 시인은 22절에서 다시 "여호와의 지으심을 받고 그가 다스리시는 모든 곳에 있는 너희여, 여호와를 송축하라. 내 영혼아, 여호와를 송축하라."고 권면한다.

이 아침에 세상에 있는 온갖 걱정과 근심을 다 내려놓고 하나님의 은혜를 회복하라. 그 안에서 독수리가 날개치는 듯한 소망을 회복하라. 예수 그리스도의 십자가 보혈로 얻은 죄사함의 기쁨을 누리라. 인자와 긍휼의 하나님, 사랑과 자비의 하나님을 깊이 경험하라. 그리고 마음껏 여호와를 찬양하시기를 축원드린다.

대자연의 성만찬을 누리라

시편 104편은 대자연을 창조하신 하나님을 찬양하는 시이다.

하늘에는 구름이 둥둥 떠다니고 바람은 솔솔 분다. 땅은 태초로부터 든
든히 서 있고, 바다는 그 경계를 넘지 않는다. 강들은 산골짜기를 감싸고
돌며 목동들의 피리 소리가 은은히 들려온다. 새들은 숲속 나뭇가지에서
지저귀고 사슴은 계곡에서 목을 축인다. 산양은 높은 산을 거닐고 너구
리는 바위 아래에서 논다. 밤은 짐승들의 시간이며 낮은 사람들의 시간
이다. 하나님은 완전한 지혜로 모든 생물들을 지으시고, 그들은 하나님
이 베풀어 주시는 성만찬에 날마다 즐거움으로 참여한다.

우리나라에서도 자연을 회복시키고, 꽃향기와 나비를 사랑하는 모습을
여기저기서 보게 된다. 나는 농촌에서 어린 시절을 보내서 그런지 점점
농촌이 그리워지는 것도 사실이다. 너무나 바쁘고 분주한 삶이지만, 가
끔 밤하늘의 쏟아져 내릴 것 같은 별도 좀 보고 달무리를 보면서 시 한 편
읊고, 한 송이의 꽃을 보며 감격하는 행복을 누리시기를 주님의 이름으
로 축복한다.

예수님께서는 자연계를 보시며 무엇이라고 하셨는가? 마6:26-28절에
"공중의 새를 보라. 심지도 않고 거두지도 않고 창고에 모아들이지도 아
니하되 너희 하늘 아버지께서 기르시나니 너희는 이것들보다 귀하지 아
니하냐. 들의 백합화가 어떻게 자라는가 생각하여 보라. 수고도 아니하
고 길쌈도 아니하느니라. 그러나 내가 너희에게 말하노니 솔로몬의 모든

영광으로 입은 것이 이 꽃 하나만 같지 못하였다."고 하셨다. 아름다운 자연을 보며 하나님의 위대하심을 찬양하는 여러분이 되기를 바란다.

시인은 이러한 하나님에 대하여 참으로 아름답게 묘사한다. 주는 심히 위대하시며, 존귀와 권위로 옷을 입으신 분이다. "주께서 옷을 입음같이 빛을 입으시며, 하늘을 휘장같이 치시며, 물에 자기 누각의 들보를 얹으시며, 구름으로 자기 수레를 삼으시고, 바람 날개로 다니시며, 바람을 자기 사신으로 삼으시고, 불꽃으로 자기 사역자를 삼으시며, 땅에 기초를 놓으사 영원히 흔들리지 아니하게 하셨나이다." 참으로 멋진 은유적 표현이다. 그러므로 자연에서 일어나는 구름, 바람, 번개 현상을 보면서 그냥 자연법칙이요 우연이라고 치부하는 사람처럼 미련한 사람이 없을 것이다.

특히 6절을 보면 "옷으로 덮음같이 주께서 땅을 깊은 바다로 덮으시매 물이 산들 위로 솟아올랐다."고 표현한 것에서 태초에 지면은 완전히 물 속에 잠겨 있었다는 사실, 산도 바다로 덮였다는 사실을 알 수 있다. 실제로 현대의 지질학자들은 산에서 조개 같은 많은 해산물의 화석을 발견하였다. 이처럼 성경의 진리는 참으로 놀랍다.

창1:28절 이하에서 하나님은 사람들에게 생육하고 번성하여 땅에 충만하라고 하셨다. 땅을 정복하고 바다의 물고기, 하늘의 새와 땅에 움직이는 모든 생물과 온 지면의 채소를 먹고 다스리라고 하셨다.

본문의 13절 이하에서는 그 내용을 찬양한다. 15절에는 사람의 마음을 기쁘게 해 주시기 위하여 포도주, 기름, 양식을 주셨다고 하였다.

24절에서는 "여호와여, 주께서 하신 일이 어찌 그리 많은지요. 주께서 지혜로 그들을 다 지으셨으니 주께서 지으신 것들이 땅에 가득하니이다."라고 찬양한다.

시인은 성령님의 감화 감동으로 대자연에서 하나님의 능력을 보고 놀라운 감동을 얻어 하나님께 서원한다. 33절 이하에서 "내가 평생토록 여호와께 노래하며 내가 살아 있는 동안 내 하나님을 찬양하리로다. 나의 기도를 기쁘게 여기시기를 바라나니 나는 여호와로 말미암아 즐거워하리로다. 죄인들을 땅에서 소멸하시며 악인들을 다시 있지 못하게 하시리로다. 내 영혼아, 여호와를 송축하라. 할렐루야."

지금 시인의 마음에 어떠한 물질적 욕망이 보이는가? 지금 시인의 마음이 어떠한 명예와 권력을 추구하는가? 오직 여호와로 인하여 감사와 찬양을 올릴 뿐이다. 이처럼 인간의 특권은 하나님을 찬양하는 것이다. 그것이 인간의 본분이요, 사명이다.

마지막 절인 35절을 보라. "죄인들을 땅에서 소멸하시며 악인들을 다시 있지 못하게 하시리로다." 이 말씀은 도대체 무슨 뜻인가? 시인은 대자연을 만드신 하나님을 찬양하다가 왜 갑자기 죄인과 악인들을 땅에서 소멸시키기를 원하는가? 자기가 너무 아끼는 물건은 남이 건드리지도 못하게 하는 것이 인간의 심리다. 시인은 아름다운 세상에 하나님을 알지 못하는 악인들, 죄인들이 함부로 남용하고 오용하는 모습을 안타깝게 생각하는 것이다. 그저 아름다운 자연의 모습을 보존하고 싶은 강한 충동과 간절한 마음인 것이다.

세상의 모든 잡다한 스트레스를 다 버리시고, 저 하늘과 바다, 산과 강과 푸른 초원을 생각하시면서 마음껏 하나님을 찬양하는 기쁨을 누리시기를 주님의 이름으로 축원드린다.

아브라함의 언약을 지키신 하나님

시편 105편은 아브라함의 언약을 지키시는 여호와께 감사하고 찬양하는 시이다.

하나님께서는 믿음의 조상 아브라함과 언약을 맺으시고, 그 언약대로 이삭과 야곱과 요셉으로 이어지는 자손들을 종 되었던 애굽에서 모세를 통하여 구원하시고, 끝내 여호수아를 통해 젖과 꿀이 흐르는 가나안 복지로 인도하셨다.

이처럼 하나님은 언약의 하나님이시다. 민23:19절에 "하나님은 사람이 아니시니 거짓말을 하지 않으시고, 인생이 아니시니 후회가 없으시도다. 어찌 그 말씀하신 바를 행하지 않으시며 하신 말씀을 실행하지 않으시랴."고 하신다. 우리는 이러한 언약의 하나님, 약속의 하나님을 믿는 것이다.

그렇다면 문제는 무엇인가? 우리가 그 하나님을 믿지 않고, 역사적으로 이루신 하나님의 일들을 망각하는 것이다. 그러므로 5-6절에서 시인은 "그의 종 아브라함의 후손 곧 택하신 야곱의 자손 너희는 그가 행하신 기적과 그의 이적과 그의 입의 판단을 기억할지어다."라고 선포한다.

우리는 역사를 기억해야 한다. 유대인들은 예루살렘의 유대인 학살 기념관인 야드바쉠에 이러한 글을 새겨 놓았다. "망각은 망국의 길이며, 기억은 구원의 길이다." 그렇다. 역사를 잊는 것이 바로 망국의 길이다. 반대로 역사를 기억하면서 그 안에 행하셨던 하나님의 언약을 기억하는 것이 구원의 길이다. 왜냐하면, 역사의 주인은 여호와 하나님이시기 때문이다.

하나님께서 이스라엘 백성에게 행하신 일들, 하나님께서 우리 교회에 행하신 일들, 하나님께서 여러분의 가정과 개인의 삶에 행하신 일들을 기억하시고, 진정으로 하나님께 감사와 찬양을 올려드리시길 축복한다. 하나님은 그러한 자를 기쁘게 받아 주신다.

하나님은 창12:1-2절에서 아브라함을 부르신다. "여호와께서 아브람에게 이르시되 너는 너의 고향과 친척과 아버지의 집을 떠나 내가 네게 보여 줄 땅으로 가라. 내가 너로 큰 민족을 이루고 네게 복을 주어 네 이름을 창대하게 하리니 너는 복이 될지라." 아브라함의 순종으로 하나님은 그를 어디로 인도하셨는가? 창12:5절에 마침내 가나안 땅에 들어갔더라고 말씀한다. 그곳이 지금의 이스라엘 나라, 가나안이다.

그러나 그의 자손 이삭, 야곱, 요셉을 거치면서 결국 곡식을 얻기 위해 애굽 나라에 들어가게 되고, 거기서 무려 430년 동안 소수민족으로 애굽 왕 바로의 종살이를 하게 된다. 그러나 언약의 하나님은 민족의 지도자 모세와 아론을 세우시고, 약속대로 200만에 달하는 민족을 이끌고 아브라함에게 주셨던 가나안 복지를 40년에 걸쳐 들어가게 하신다. 이것이 역사적 사실이요, 언약의 하나님을 증명하는 사건이다.

본문은 그 과정에서 애굽 땅에 내리셨던 10가지 재앙을 언급하고 있다. 생각을 해보라. 소수민족이요, 보잘 것 없는 200만 명의 백성이 어떻게 하루아침에 그 나라를 떠날 수 있는가? 무슨 힘이 있는가? 그러므로 모세오경에서는 하나님에 대하여 늘 강한 손과 편 팔로 인도하셨다고 말씀한다. 하나님의 강한 손과 편 팔이 무엇인가? 10가지 재앙을 통하여 애굽 왕 바로를 손들게 하신 것이다. 피, 개구리, 이, 파리, 돌림병으로 가축이 죽음, 악성 종기, 우박, 메뚜기, 흑암, 장자의 죽음이 바로 10가지 재앙이다.

38절에서 "그들이 떠날 때에 애굽이 기뻐하였으니 그들이 그들을 두려워함이로다."고 하였다. 차라리 히브리 민족을 보내게 된 것이 기쁠 정도로, 그들을 두려워할 정도로 하나님의 강력한 힘이 작용했다는 것이다.

하나님이 그들을 광야 40년 동안 어떻게 인도하셨는가? 낮에는 구름 기둥으로, 밤에는 불기둥으로 인도하셨다. 메추라기와 만나를 먹이시고, 반석에서 샘물이 나게 하셨다. 이 모든 내용을 42절에서 이렇게 말씀한다. "이는 그의 거룩한 말씀과 그의 종 아브라함을 기억하셨음이로다." 이처럼 수백 년 동안 하나님은 역사 속에서 그분이 말씀하신 언약의 말씀을 성실하게 이루셨다는 고백이다.

영적인 이스라엘인 여러분을 하나님께서 어떻게 여기까지 인도하셨는가를 깊이 묵상하는 시간이 되시기를 바란다. 이러한 약속의 하나님을 진정으로 기억하는 자의 책임이 무엇인가? 첫째는 1-2절에 있는 말씀대로 여호와께 감사하고 그의 이름을 찬양하는 것이다. 둘째는 맨 끝 절에 있다. "이는 그들이 그의 율례를 지키고 그의 율법을 따르게 하려 하심이로다. 할렐루야." 하나님을 향한 감사와 찬양은 항상 책임을 동반한다. 하나님을 향한 소망을 동반한다. 헌신을 동반한다. 이것이 바로 그리스도인들의 삶이다.

지나온 과거를 생각하면서 언약의 하나님을 확인하고, 그 하나님께 감사하시기 바란다. 그 하나님께서 주신 소망을 확인하시기 바란다. 그리고 그 소망 가운데 주신 하나님을 향한 헌신, 제자의 삶을 확인하시고 하나님께 찬양과 영광을 올려드리는 여러분이 되시기를 주님의 이름으로 축원드린다.

이스라엘 백성들의 범죄의 역사

시편 106편은 같은 이스라엘의 역사를 다루면서도 시편 105편과 강한 대조를 이루는 시이다. 105편은 하나님의 언약을 신실하게 이루시는 하나님을 찬양하고 있다면, 106편은 이러한 하나님의 은총을 거역하는 이스라엘 백성들의 범죄 역사를 다루고 있다. 예를 들면 시105:40절의 메추라기는 하나님이 하늘에서 주시는 하늘의 양식이었지만, 시106:14-15절에서는 하늘의 양식이 탐욕과 영적인 기근의 상징이었다고 고백한다. 그러므로 감사는 두 가지로 볼 수 있다. 나에게 복을 주시고 풍성케 하셔서 감사한 것도 있지만, 나에게 고난을 주시고 나의 죄를 회개하도록 하신 것도 감사다.

그렇다면 이스라엘 백성들이 하나님께 범죄한 내용은 무엇인가?

이스라엘 백성들은 하나님의 은혜를 깨닫지 못하고 원망하고 불평하는 죄를 지었다. 본문 7절을 보라. 이미 홍해에서 하나님께 원망하는 죄를 지었다. 출애굽을 한 후 얼마 안 가서 홍해 바다가 앞을 가로막았다. 이때 백성들은 모세를 향하여 "애굽에 매장지가 없어서 우리를 여기서 죽게 하느냐."고 원망한다.(출14:11) 본문 13-15절에서, 그들은 하나님의 행하신 일을 잊어버리고 광야에서 욕심을 크게 내며 사막에서 하나님을 시험하였다. 하나님은 광야에서 그들에게 만나와 메추라기를 먹이시고 반석에서 물을 내어 먹이셨다.

그러나 출애굽기 15-16장에 보면 그들은 하나님을 원망하고 또 원망한다. 심지어 하나님이 그 원망을 들으시고 하늘에서 양식을 부어주시면 욕심을 부려 많이 거두어 감으로 하나님께서는 만나에서 벌레가 생기고 냄새가 나게 해서 못 먹게 하셨다. 이 모습이 바로 우리의 모습이 아니겠는가? 그러므로 어떠한 경우라도 하나님을 향하여 원망하지 아니하며 감사와 찬양으로 하나님께 나아가는 여러분이 되시기를 간절히 축복한다.

이스라엘 백성들은 지도자를 거역했다. 16-18절을 보라. 그들은 모세와 아론을 질투했다. 민16:1-3절을 보면, 고라 자손과 다단과 아비람의 자손들 250명이 당을 지어서 모세와 아론에게 대들고 지도자를 무시한다. 진실한 영적 지도자는 하나님이 세우시는 것이다. 그러므로 진실한 영적 지도자를 함부로 무시하는 것은 하나님의 뜻을 거역하는 것이다. 히13:17절에 "너희를 인도하는 자들에게 순종하고 복종하라. 그들은 너희 영혼을 위하여 경성하기를 자신들이 청산할 자인 것같이 하느니라. 그들로 하여금 즐거움으로 이것을 하게 하고 근심으로 하게 하지 말라. 그렇지 않으면 너희에게 유익이 없느니라."고 하셨다.

모세와 아론에게 대든 자들은 어떻게 되었는가? 그들의 처자까지 모두 땅이 갈라져 삼켜 버렸다. 그리고 250명 앞에 있던 향로에서 불이 나와 250명을 불살라 버렸다. 그래도 회개치 않음으로 급속하게 염병이 퍼져 14,000명이 죽었다. 그나마 모세와 아론이 그들의 죄를 속죄하는 제단을 급속하게 쌓은 결과였다.

이스라엘 백성들은 또한 우상숭배를 하였다. 19-20절을 보라. 모세가 호렙산, 즉 시내산에 올라가 십계명을 받을 때 밑에서는 아론을 중심으로 금송아지를 만들고 우상을 섬겼다. 23절을 보면, 이때 여호와께서는 그들을 멸하시려고 하셨다. 그러나 모세의 간절한 기도로 돌이키시고 멸하지 않으셨다.

24-25절에서 그들은 그 기쁨의 가나안 땅을 멸시하고 믿지 않았다. 그리고 장막에서 하나님을 원망하며 여호와의 음성을 듣지 않았다.

28-29절에서는 브올의 바알과 연합하는 죄를 지었다. 이것은 민수기 25장에 나오는 내용으로, 이스라엘 백성이 발람의 꾀에 속아 모압 여인들과 음행하며 그 자리에서 바알 브올의 우상을 숭배하는 죄를 말한다.

32-33절에는 소위 므리바 사건이 나온다. 민수기 20장에서, 백성들이 물이 없다고 모세를 원망할 때 하나님은 모세에게 명령하여 반석에서 물을 내라고 하셨다. 그런데 모세가 명령을 어기고 지팡이로 반석을 두 번이나 쳐서 물을 내었다. 여기에는 자신의 분노가 들어가 있었고 교만과 불신앙이 들어가 있었다. 이로 인해 모세는 가나안 복지에 들어가지 못하고 느보산에서 생을 마감한다. 지도자의 죄가 이렇게 무서운 것이다.

또 하나의 죄가 있다. 34-36절을 보라. 그들은 가나안 7족을 멸하라 하신 명령을 지키지 않았다. 이것이 그들에게 올무가 되었다. 종교적으로 다른 민족과 함께하는 것은 무척 위험한 일이다.

결론은 105편과 같다. 여호와께 감사하고 찬양하라.(시106:1-2) 주의 거룩하신 이름을 감사하고 찬양하라.(시106:47-48)

여러분은 지금까지 어떠한 삶을 사셨는가? 지나온 삶을 생각하며 죄악으로 얼룩진 나를 여기까지 인도하시고 긍휼과 자비를 베푸신 여호와 하나님께 감사와 찬양을 드리시기 바란다. 5절의 말씀대로 형통함과 기쁨을 나누고 주의 유산을 자랑하는 복된 하나님의 자녀들이 되시기를 주님의 이름으로 축원드린다.

고난 중에 임하신 하나님의 자비

시편 107편은 바벨론 포로에서 돌아온 구원받은 자들의 감사시이다. 고생을 해봐야 하나님의 은혜를 깊이 체험할 수 있다. 죄로 인하여 고통을 당해 보아야 하나님은 상선벌악을 하시는 공의의 하나님이라는 것을 깨닫는다. 그러므로 본문에서는 근심과 고통을 당하는 이유와 그 가운데서 어떻게 하나님의 인도하심을 받았으며, 또 구원 받고 인도함을 받은 자가 무엇을 해야 하는가에 대하여 가르쳐 주고 있다.

여러분은 인생의 고통을 무엇에 비유하는가? 본문에서는 크게 두 가지로 본다. 하나는 넓은 광야나 바다 가운데서 위험에 노출되어 있는 외로운 존재요, 또 하나는 감옥이나 질병에 걸려 있는 사람처럼 어디엔가 갇혀 있는 존재로 표현하고 있다.

4-5절에서 시인은 "그들이 광야 사막길에서 방황하며 거주할 성읍을 찾지 못하고, 주리고 목이 말라 그들의 영혼이 그들 안에서 피곤했다."고 고백하고 있다. 25-26절에서는 "여호와께서 명령하신즉 광풍이 일어나 바다 물결을 일으키는도다. 그들이 하늘로 솟구쳤다가 깊은 곳으로 내려가나니 그 위험 때문에 그들의 영혼이 녹는도다."라고 고백한다.

이제 갇혀 있는 상태를 보자. 10절에서 "사람이 흑암과 사망의 그늘에 앉으며 곤고와 쇠사슬에 매여 있다."고 고백한다. 18절에서는 "그들은 그들의 모든 음식물을 싫어하게 되어 사망의 문에 이르렀다."고 고백한다. 여러분은 광야나 바다의 광풍을 만나고 있는가, 아니면 마음의 감옥이나 질병의 그늘에 갇혀 있는가? 이스라엘 민족의 바벨론 70년 포로 생활이 바로 그러한 상황이었다.

왜 그들은 바벨론이라는 흑암과 사망의 그늘에 앉게 되었는가? 본문에서 그 이유를 정확하게 가르쳐 주고 있다. 11절에서는 하나님의 말씀을 거역하며 지존자의 뜻을 멸시했기 때문이라고 하였다. 왜 질병에 걸려 음식물을 먹지 못하며 죽게 되었는가? 17절에서 미련하여 그들이 죄악의 길을 따르고 악을 범했기 때문에 고난을 받은 것이라 하였다. 왜 그들이 사는 옥토가 염전으로 변했는가? 34절에 그 주민의 악으로 말미암아 옥토가 염전으로 변하게 되었다고 하였다. 이처럼 고통을 당하는 분명한 이유가 있다는 것을 기억하시기 바란다.

그렇다면 광야 같은 세상, 저 바다 위에서 광풍을 만난 것 같은 세상, 저 감옥에 갇힌 것 같은 세상, 저 질병에 항상 노출되어 있는 것 같은 세상에서 어떻게 살라는 것인가? 6절을 보라. 근심 중에 여호와께 부르짖었더니 건져 주셨다. 13절을 보라. 환난 중에 여호와께 부르짖었더니 구원해 주셨다. 19절을 보라. 고통 때문에 여호와께 부르짖었더니 구원해 주셨다. 28절을 보라. 그들이 고통 때문에 부르짖었더니 인도해 주셨다. 한마디로 여호와께 부르짖으라는 것이다. 렘33:3절에 "너는 내게 부르짖으라, 내가 네게 응답하겠고, 네가 알지 못하는 크고 은밀한 일을 네게 보이리라."고 하셨다. 우리는 기도하면서 거기서 하나님을 사모해야 한다. 그러므로 본문 9절은 "그가 사모하는 영혼에게 만족을 주시며 주린 영혼에게 좋은 것으로 채워주심이로다."라고 말씀한다. 고통 가운데 하나님께 기도하며 부르짖는 여러분이 되시기를 주님의 이름으로 축원한다. 문제는 우리가 회개하지 않는 것이요, 기도하지 않는 것이요, 하나님을 사모하지 않는 것이다. 회개하고 기도하면 반드시 구원받고 인도함을 받는다.

이것이 성경에서 하나님의 이름을 걸고 행하시는 하나님의 약속이다.

그런데 본문에서 이스라엘 백성들은 구원받고 인도함 받은 것으로 만족하지 않는다. 바벨론 포로에서 해방되었는데, 그저 "감사합니다. 우리를 구원해 주셨군요."라고 말하겠는가? 아니다. 1절을 보라. 속량을 받은 자들은 여호와께 감사하고 찬양해야 하는 것이다. 얼마나 기적 같은 일인가를 생각하며 감격해야 한다. 그러므로 "인생에게 행하신 기적으로 말미암아 그를 찬송하라."(8절) "인생에게 행하신 기적으로 말미암아 찬송하라."(15절) "인생에게 행하신 기적으로 말미암아 찬송하라."(21절) 인생에게 행하신 기적으로 말미암아 찬송하라."(31절) 그렇다. 감사하며 찬송해야 한다. 이처럼 하나님은 옥토를 염전으로 바꾸기도 하시지만, 광야가 변하여 못과 샘물이 되게 하시고, 풍성한 복을 받게 하신다.(35절)

여러분은 인생의 어느 지점에 있는가? 광야에 있는가? 광풍을 만났는가? 감옥에 있는가? 질병에 걸렸는가? 하나님께 부르짖으시기 바란다. 하나님을 사모하시기 바란다. 부르짖고 구원함을 받았는가? 감사하고 찬양하시기 바란다. 이것이 믿는 자들의 도리라는 것을 깨닫기 바란다.

43절에서 결론을 내린다. "지혜 있는 자들은 이러한 일들을 지켜보고 여호와의 인자하심을 깨달으리로다." 지혜 있는 자들은 이러한 말씀을 보고 깨닫는 자들이다. 하나님의 말씀을 깨닫고 지혜로운 삶을 사시기를 주님의 이름으로 축원드린다.

지금 새롭게 듣는 옛 말씀

　시편 108편 중에 1-5절은 시57:7-11절과 같으며, 6-13절은 시60:5-12절과 같은 내용이다. 포로기 이후의 이스라엘 신앙 공동체는 이 시편을 새롭게 부르며 서로 격려할 필요가 있었기 때문이다.

　이 시편은 이스라엘 백성이 하나의 역사적인 시점에서 드린 믿음의 기도이다. 여기에는 이 세상에 오직 하나님만이 당신의 나라를 세울 수 있다는 고백이 들어있다.

　시편 57편에서는 사울과 다윗의 관계가 나온다. 다윗은 이때 "사자들의 틈바구니에 있는 어린양"과 같은 신세였다. 그러나 본문은 거기서 믿음으로 나아가는 장면만 뽑아냈다. 그래서 "내가 새벽을 깨우리로다." 하고 온 세상을 깨우는 자리로 나아가고 있다.

　시편 60편에서도 다윗은 군사적으로 처절한 패배를 당한 자리에 있었다. 그러나 본문은 거기서 일어나 승리하는 장면만 뽑아냈다.

　그렇다. 진정한 영성이란 하루 동안 나의 마음이 얼마나 갈라지지 않고 결단하고 하나님께 집중할 수 있는지에 달려 있다. 그리고 그것을 매일 지속하는 것이 참다운 신앙생활이다.

　시인은 1절에서 "하나님이여, 내 마음을 정하였사오니 내가 노래하며 나의 마음을 다하여 찬양하리로다." 하고 고백한다. 잠4:23절에 "모든 지킬 만한 것 중에 더욱 네 마음을 지키라. 생명의 근원이 이에서 남이니라."고 말씀한다. 여러분도 시인처럼 하나님께 온 마음을 집중할 수 있기를 주님의 이름으로 축복한다.

히11:1절에 "믿음은 바라는 것들의 실상이요 보이지 않는 것들의 증거."라고 말씀했다. 그리스도인들은 믿음의 백성들이다. 믿음이란 현실 속에서 이상을 바라볼 수 있는 능력이요, 좌절 가운데서도 승리를 확신할 수 있는 꿈이다. 시인은 지금의 형편과 관계없이 마음을 정하고 하나님을 찬양하며 나아간다. "비파야, 수금아, 깰지어다. 내가 새벽을 깨우리로다." 자신도 깨우고 악기도 깨운다. 이는 승리의 개선가를 부르며 하나님을 찬양하고 싶은 강력한 열정이 되살아난 것이다.

이처럼 믿음의 용사들은 새벽을 깨우는 자들이다. 거기서 하나님으로부터 내려오는 신령한 만나를 먹으며 하루를 하나님께 고정하는 자들이요, 승리를 확신하며 담대하게 믿음으로 나아가는 자들이요, 그것을 지속하는 영적 군사들이다. 시인은 5절에서 "하나님이여, 주는 하늘 위에 높이 들리시며 주의 영광이 온 땅에서 높임 받으시기를 원하나이다."라고 고백한다. 마음이 불편한 자가 있는가? 보이지 않는 원수가 웅덩이를 파 놓았는가? 대적들의 그물에 걸렸는가? 다시 새벽을 깨우는 영성으로 믿음을 가지고 담대하게 일어나시기를 축복한다. 그리고 마음껏 주님의 영광을 선포하고 주님의 이름을 찬양하시기 바란다.

이제 대적들이 전혀 두렵지 않게 되었다. 내 앞에 있는 문제가 너무나 작게 보였다. 시인은 7절 이하에서 옛날 가나안 땅을 정복한 때를 기억하며 세겜, 숙곳, 길르앗과, 세 지파로서 므낫세, 에브라임, 유다 지파를 등장시키고 있다. 이들은 내 머리의 투구요, 유다는 나의 규이다. 이는 온 이스라엘이 하나님의 강력한 군사력과 더불어 하나님이 세우신 왕을 통하여 통치되는 신정국가를 천명하는 것이다. 여기에 대적들의 국가인 모압, 에돔, 블레셋을 아주 하찮은 목욕통이요, 신발을 벗어 던질 나라라고 비하한다. 신발을 벗어 던지는 것은 그 소유가 내 것이라는 당시의 문화를 반영한다.(룻4:7) 이 모든 것을 누가 행하신다는 것인가? 11절 이하에서 "하나님이여, 주께서 우리를 버리지 아니하셨나이까. 주께서 우리의 군대들과 함께 나아가지 아니하십니까? 우리를 도와 대적을 치게 하소서, 사람의 구원은 헛됨입니다. 우리가 하나님을 의지하고 용감히 행하리니 그는 우리의 대적들을 밟으실 자이심이로다."라고 하였다.

여러분도 이러한 담대한 믿음이 회복되시기를 바란다. 새벽이라는 말이 의미하는 것은 그 전날 밤과 대비되는 새롭고 다른 미래를 말한다. 오늘이 어제와 다른 새 날이 되시기 바란다. 오늘이 과거와 다른 새로운 소망의 날이 되시기 바란다. 이 모든 것은 우리의 마음을 정하기에 달려 있다. 시인은 본문 6절에서 자신을 비롯한 하나님의 백성들을 "주께서 사랑하시는 자들"이라고 언급한다. 우리는 주님의 사랑을 받은 자들이다. 벧전2:9절에 "너희는 택하신 족속이요 왕 같은 제사장들이요 거룩한 나라요 그의 소유가 된 백성이라."고 선포한다. 요일4:10절에 "사랑은 여기 있으니 우리가 하나님을 사랑한 것이 아니요 하나님이 우리를 사랑하셨다."고 선포한다.

그러므로 하나님의 사랑을 받은 하나님의 백성들은 믿음의 배짱이 있어야 한다. 이스라엘 백성들은 바벨론 포로에서 귀환한 후, 그 절망적인 상황 가운데서 이러한 시를 읊으며 파이팅하고 있다. 여러분도 본문의 말씀으로 새벽을 다시 깨우며 세상에서 겁없이 다시 일어나는 담대한 믿음으로 승리하시기를 축원드린다.

저주가 축복이 되게 하소서

　시편 109편은 일생동안 수없이 악인들의 거짓 비방과 저주와 육체적 고통을 받았던 다윗이 하나님의 인자와 공의를 신뢰하며 저들의 저주가 주의 축복이 되게 해 달라고 하나님께 상한 심령을 토로하는 시이다.

　그러나 그는 직접 그들에게 저주를 쏟아내지 않고, 하나님을 향해 갚아 달라고 기도한다. 4절에 보면, 다윗의 위대한 사상을 알 수 있다. "나는 사랑하나 그들은 도리어 나를 대적하니 나는 기도할 뿐이라."

　지금 시인의 처지는 형편없는 지경이 되었다. 22-25절을 보라. "나는 가난하고 궁핍하여 나의 중심이 상함이니이다. 나는 석양 그림자같이 지나가고 또 메뚜기같이 불려 가오며, 금식하므로 내 무릎이 흔들리고 내 육체는 수척하오며, 나는 또 그들의 비방거리라 그들이 나를 보면 머리를 흔드나이다."라고 고백하고 있다.

　여러분도 혹시 이러한 아픔이 있는가? 상대를 죽도록 저주하고 싶은 마음이 있는가? 하나님께 기도하시기 바란다. 예수님의 십자가 고난을 생각하면서 이겨내시기 바란다. 오직 기도함으로 나아갈 때 하나님께서 여러분의 원수를 갚아 주실 것이다. 저주와 축복은 하나님의 손에 달려 있기 때문이다.

　본문의 내용을 보면 우리를 당황케 하는 것이 사실이다. 하나님께 기도하는 내용이 상대를 심하게 저주하는 것이기 때문이다. 6절부터 시작하는 내용을 가만히 살펴보면 소름이 돋으면서도 속이 다 시원하다. 연수를 짧게 해 달라는 것은 상대가 빨리 죽게 해 달라는 것이다. 그의 직분을 타인에게 빼앗기게 해 달라고 한다. 자녀가 고아가 되고 아내가 과부가 되는 것이 무엇인가? 상대를 죽여 달라는 것이다. 살아도 고리대금업자에게 다 빼앗기게 해 달라고 한다.

그렇게 폭포수처럼 대적들을 저주하고는 21절에 보면 "그러나 주 여호와여, 주의 이름으로 말미암아 나를 선대하소서. 주의 인자하심이 선하시오니 나를 건지소서."라고 기도한다. 어떻게 보면 참 잔인하고 이기적이다. 그러나 이것이 바로 인간의 본성이다.

성경에서는 하나님의 공의에 의한 보복은 정당하다. 지금 시인은 하나님의 공의에 의존하고 있는 것이요, 개인의 원수가 아니고 하나님의 원수로 저주하고 있는 것이다. 그러므로 잘못된 것은 아니다.

그러나 신약에서 예수님은 더 나아가 원수까지도 사랑하라고 가르치신다. 예수님도 무고히 고난을 당하셨지만 하나님께 기도했다. 공의는 하나님의 것이다. 다윗의 대적들은 선을 악으로 갚았다. 사랑을 미움으로 갚았다. 하지만 우리는 악에게 지지 말아야 한다. 롬12:21절에 "악에게 지지 말고 선으로 악을 이기라."고 선포한다. 요셉은 형제들의 악에 대하여 지지 않았다. 오히려 선으로 갚았다. 창50:20절에 "당신들은 나를 해하려 하였으나 하나님은 그것을 선으로 바꾸사 오늘과 같이 많은 백성의 생명을 구원하게 하시려 하셨다."고 위로하였다.

우리는 남들의 그릇된 행동으로 인하여 속이 상하고 분노가 생기고 고통을 받는다. 그러나 본문의 말씀을 기억하고 오직 기도하기를 힘쓰며, 악을 선으로 갚는 여러분이 되시기를 주님의 이름으로 축원한다.

마5:43-44절에 "또 네 이웃을 사랑하고 네 원수를 미워하라 하였다는 것을 너희가 들었으나 나는 너희에게 이르노니 너희 원수를 사랑하며 너희를 박해하는 자를 위하여 기도하라."고 말씀하셨다.

어렵고 고통스럽지만 원수까지도 사랑하는 여러분이 되시기를 간절히 축복한다.

시인은 26절 이하에서 "하나님이여, 나를 도우소서, 주의 인자하심을 따라 나를 구원하소서. 이것이 주의 손이 하신 일이라는 것을 알게 해 주소서."라고 하나님께 구한다. 그들은 내게 저주하여도 주는 내게 복을 달라고 기도한다. 그들이 수치를 당하고 주의 종은 즐겁게 해 달라고 간청한다. 참으로 어린아이와 같은 심정이다. 이러한 자가 평강을 얻고 이제 하나님께 감사하며 찬양함으로 나아간다. 30-31절을 보라. "내가 입으로 여호와께 크게 감사하며 많은 사람 중에서 찬송하리니 그가 궁핍한 자의 오른쪽에 서사 그의 영혼을 심판하려 하는 자들에게서 구원하실 것임이로다."

본문은 가난하고, 억울하고, 고통스러운 자의 마음을 대변해 주고 있다. 원수를 죽이고 싶은 분노의 사람을 대변해 주고 있다. 그러나 그 과정을 잘 깨달아야 한다. 시인은 기도할 뿐이라고 고백한다. 기도로 해결하시기 바란다. 거기서 평강을 얻으시기 바란다. 빌4:6-7절에 "아무것도 염려하지 말고 다만 모든 일에 기도와 간구로, 너희 구할 것을 감사함으로 하나님께 아뢰라. 그리하면 모든 지각에 뛰어난 하나님의 평강이 그리스도 예수 안에서 너희 마음과 생각을 지키시리라."고 하셨다. 원수 갚는 것을 주님께 맡기시기 바란다. 그리고 평강을 회복하고, 감사를 회복하고, 찬양을 회복하는 여러분이 되시기를 주님의 이름으로 축원드린다.

하늘 보좌 우편에 앉으신 메시아

시편 110편은 다윗에 이어 왕으로 즉위하는 솔로몬을 연상시키는 내용이다. 또한 하나님의 통치가 다윗의 자손 예수 그리스도를 통하여 성취될 것을 예언하고 약속하는 메시아 예언시이다.

본문은 짧은 내용이지만 신약성경 여러 군데에서 인용하는 아주 중요한 시 중의 하나로, 크게 세 가지를 예언하고 있다.

첫째, 원수들을 정복할 통치자가 다윗의 뿌리에서 나온다는 것이다.

본문의 1절 말씀은, "여호와께서는 왕에게 모든 원수가 굴복할 때까지 그분의 우편 보좌에서 온 세상을 다스리라."고 하신다는 내용이다. 그 예언이 예수 그리스도께서 이 땅에 오심으로 성취되었다. 예수님 자신이 마22:44절에서 이 말씀을 인용하셨고, 히브리 기자는 히1:13절에서 인용하고 있다. 그 당사자가 예수 그리스도 자신이라는 것이다. 사도 바울도 고전15:25-26절에서 "예수 그리스도께서 모든 원수를 그 발 아래에 둘 때까지 반드시 왕 노릇 하시리니 맨 나중에 멸망받을 원수는 사망이니라."고 말씀한다.

이처럼 예수님은 육적으로는 다윗의 자손이지만 창세 전부터 계신 창조주 하나님이시다. 그분은 우리를 구원하실 뿐 아니라, 세상을 통치하시기 위해 오셨다. 지금도 주님은 하나님 우편에 앉아 계시고 우리를 중보하시고 세상을 통치하신다. 그분은 2절에서 여호와 하나님이 주시는 권능(능력의 홀, 규)으로 원수들을 다스리신다고 선포한다. 그분은 우리의 왕이시다.

3절의 말씀은 왕이 전쟁하러 나가는 날에 새벽이슬처럼 수많은 젊은이, 힘있는 젊은이들이 거룩한 헌신을 하는 모습이다. 예수 그리스도를 왕으로 섬기고 그분의 통치를 받는 사람들은 이처럼 새벽이슬 같은 청년으로 사는 것이다. 우리 주님의 통치가 여러분의 삶 가운데 충만하심으로 새벽이슬 같은 주의 청년이 되시기를 축복한다.

둘째, 예수님은 하나님과 인간을 이어주는 대제사장이 되신다는 것이다.

본문의 4절은, 여호와께서는 맹세로 약속하신 언약대로 멜기세덱의 서열을 따라 영원한 제사장으로 오신다는 말씀이다. 그 언약이 바로 유명한 다윗 언약이다. 삼하7:13절의 "그는 내 이름을 위하여 집을 건축할 것이요, 나는 그의 나라 왕위를 영원히 견고하게 하리라."는 언약이다. 즉 멜기세덱의 반차를 따라 영원한 제사장이 되게 하시겠다는 것이다. 멜기세덱은 예루살렘을 다스렸던 왕이요, 제사장이었다.(창14:18) 그러나 그의 특징이 무엇인가? 시작과 끝이 없다는 것이다.(히7:3) 부모도 모르고 족보도 없다. 그저 하나님의 아들과 닮았다는 것이다. 이 사람이 누구인가? 예수님이시다.

그러므로 예수님은 왕의 역할뿐만 아니라 온 백성을 하나님께로 인도하는 완전한 중매자, 대제사장의 역할을 담당하신 것이다. 주님의 왕과 선지자 역할은 슥6:13절에 "그가 여호와의 전을 건축하고 영광도 얻고 그 자리에 앉아서 다스릴 것이요, 또 제사장이 자기 자리에 있으리니 이 둘 사이에 평화의 의논이 있으리라 하셨다."라고 예언하고 있다. 이 예언은 주님이 이 땅에 오시고 십자가에 달려 돌아가심으로 완전히 성취되었다. 벧전2:9절에서는 "너희는 택하신 족속이요, 왕 같은 제사장들이라."고 선포한다. 우리도 주님을 닮아 세상 사람들을 주님께로 인도하는 제사장들이라는 말씀이다. 주님을 본받아 제사장의 삶을 사는 여러분이 되시기를 축복한다.

셋째, 주님은 심판주로 오신다는 것이다.

본문의 5절은 바로 주님께서 이 땅에 심판하시는 날을 예언한 것이다. 이날은 여호와의 날이다. 사13:9-10절에 "보라. 여호와의 날 곧 잔혹히 분냄과 맹렬히 노하는 날이 이르러 땅을 황폐하게 하며 그 중에서 죄인들을 멸하리니 하늘의 별들과 별무리가 그 빛을 내지 아니하며 해가 돋아도 어두우며 달이 그 빛을 비추지 아니할 것이로다."라고 말씀한다.

하나님이 정하신 여호와의 날, 심판의 날에 갑자기 이 땅이 풀어지며 하늘의 해, 달, 별이 그 빛을 잃을 날이 있을 것이다. 이때 어떻게 되는가? 6-7절을 보라. 뭇 나라들이 심판을 당한다. 주께서 여러 나라의 왕의 머리를 쳐서 깨뜨리실 것이다. 이는 원수들이 철저하고 완벽하게 패망하게 된다는 말씀이다. 그러나 심판주는 전쟁터에서조차 힘이 쇠하지 아니하며, 길가의 시냇물을 마실 정도로 때를 따라 하나님의 도우심을 입게 될 것이라고 예언한다.

그렇다면 우리는 오늘을 어떻게 살아야 하는가? 새벽이슬 같은 주의 청년으로 살아야 한다. 세상을 향한 제사장의 사명을 감당하며 살아야 한다. 그리고 날마다 심판의 날, 주님께 정산할 날을 생각하며 세월을 아끼며 살아야 한다. 이처럼 신실한 하나님의 백성들이 되시기를 주님의 이름으로 축원드린다.

언약을 진실과 정의로 행하시는 하나님

시편 111편은 바벨론 포로 귀환 후 유월절과 장막절에 즐겨 부른 시로, 이스라엘을 위하여 크고 놀라운 일들을 행하신 하나님을 찬양하는 내용이다.

3절에서 "여호와의 행하시는 일은 존귀하고 엄위하며 그의 의가 영원히 서 있다."고 선포한다. 언약하신 대로 행하신 출애굽의 사건은 기적과 함께 그분의 놀라운 영광과 위엄과 의로움을 드러낸 사건이었다.

그렇다면 하나님은 이스라엘 백성에게 무엇을 행하셨는가? 또한 거기서 우리는 무엇을 깨닫게 되는가?

4절을 보라. 하나님은 그들에게 기적을 베푸셨다. 광야 생활을 하는 동안 그들에게 만나와 메추라기를 먹이시고 반석에서 물이 나게 하시고 낮에는 구름기둥으로 밤에는 불기둥으로 인도하셨다. 하나님은 이러한 내용을 성막과 성전의 절기와 예배, 기록 등을 통하여 기억하게 하셨다. 그러므로 지금도 우리가 예배를 드리는 것은 그 하나님의 기적을 현재화하는 것을 의미한다. 이러한 예배와 절기를 통하여 우리가 깨닫는 것이 무엇인가? 4절 하반절과 같이, 그가 은혜로우시며 자비하신 분이라는 것을 깨닫게 된다. 그러므로 영과 진리로 예배한다는 것은 무엇인가? 어제나 오늘이나 영원토록 동일하신 성령 하나님과 진리이신 예수 그리스도로 인하여 성부 하나님께 가장 귀한 것을 드리는 것이다. 예배는 성삼위일체 하나님의 은혜와 자비를 다시 깨닫고 기름부으심을 받는 것이다. 그리고 우리의 온맘과 정성을 다해 그분께 감사하며 찬양하는 것을 말한다. 예배가 회복될 수 있기를 주님의 이름으로 축복한다. 예배는 이처럼 하나님의 기적을 상기하는 것이다. 언약대로 행하시는 하나님의 기적을 체험하시고 힘과 용기를 얻으시기 바란다.

5절에 하나님께서는 하나님을 경외하는 자기 백성들에게 양식을 주셨다. 이로 인하여 우리는 하나님께서는 약속하신 언약을 영원히 기억하시는 분이라는 것을 깨닫는다. 하나님은 오늘도 영육간에 필요한 일용할 양식을 주신다. 우리가 욕심만 부리지 않으면 된다. 일용할 양식을 구하라. 영의 양식도 하루에 많은 것을 먹으려고 하면 그것은 머리로만 공부하는 것이지 마음과 삶을 배부르게 하는 양식이 아니다. 그러므로 그저 오늘 아침에 주신 말씀이 하루의 일용할 양식이라고 생각하라. 그러나 인내와 지속으로 매일매일 먹어야 한다. 이것을 지속할 때, 하나님께서 주시는 하늘의 영양가가 우리의 영혼 속에 깊이 자리잡게 되는 것이다.

육신의 양식도 오죽하면 사자에게서 배우라고 한다. 왜냐하면 사자는 자기의 양식에 과하게 욕심을 부리지 않기 때문에 양식이 남으면 땅속에 묻어두고 다음에 찾는다. 다른 짐승들도 마찬가지다. 그러나 우리는 배가 불러도, 돈이 많아도 끊임없이 욕심을 부린다. 출애굽 당시 한 번에 2-3일치의 만나를 욕심부리면 하나님께서 벌레가 생기게 하셨던 것을 기억하고 일용할 양식을 주심에 감사하며 영육간에 강건하시기를 축복한다. 내가 욕심으로 소유하는 것이 다시 나를 소유물로 삼게 된다는 것을 잊지 말아야 한다. 이것이 성경에서 가르쳐주는 '소유의 역설'이다.

6절을 보라. 하나님께서는 과거 이스라엘에게 열방(뭇 나라)을 기업으로 주셨다. 이로 인하여 우리는 7-8절에서와 같이 하나님께서는 진실과 정의로 그 약속을 지키시며, 영원토록 진실과 정의로 원수를 멸하시며, 그 백성은 구원하시는 줄 깨닫는다. 그러므로 9절을 보면, 하나님께서 그의 백성을 속량해 주시고 구원해 주신 사실로 인하여 그의 구원 계획은 신실하시다는 것을 깨닫는다. 하나님께서 이스라엘 백성에게 약속하신 가나안 땅을 주시지 않았는가? 그러니 너희에게도 약속하신 새 예루살렘, 천국을 소유하게 하실 터이니 그 하나님의 언약을, 진실과 정의로 행하시는 하나님의 신실하심을 믿으라는 것이다. 그 언약은 영원하며, 하나님은 변치 않으신다. 문제는 무엇인가? 우리의 믿음이 없는 것이다.

이 아침, 하나님과 얼마나 가까이 계시는가? 전능하신 여호와, 기적을 베푸시는 여호와, 나에게 일용할 양식을 공급해 주시는 여호와, 영원한 가나안 땅을 주실 여호와를 신뢰함으로 나아가시기 바란다. 그분의 진실과 정의로 그 약속을 변개치 않으실 것이다. 이것을 확실히 믿고 신뢰하며 나아가는 자들은 어떠한 행동을 보이는가? 1-2절을 보라. 자기가 소속된 공동체 가운데서 할렐루야를 외치며 전심으로 여호와께 감사하며 찬양한다. 시인은 9-10절에서도 이 같은 여호와 하나님의 신실하심을 보아, 앞으로도 그의 언약은 영원하며 우리는 그의 언약을 믿고 그의 계명을 지키며 영원토록 여호와를 찬양해야 한다는 것을 선포하고 있다.

우리의 지혜가 무엇인가? 바로 여호와를 경외하는 것이 모든 지혜의 근본이다. 시인의 마음이 곧 여러분의 마음이 되시기 바란다. 여호와를 경외함으로 지혜 있는 자들이 되시기 바란다. 나에게 베풀어 주신 하나님의 은혜와 자비를 깊이 생각하며 깊은 감사와 찬양을 회복하는 복된 하루가 되시기를 우리 주님의 이름으로 축원드린다.

주 안에서 참된 영성의 삶

시편 112편은 111편의 짝으로서, 지혜로운 자, 여호와 하나님을 경외하는 자, 여호와의 계명을 즐거워하는 자의 복을 말씀해 주고 있다.

성경은 우리 삶의 우선순위가 하나님이 되어야 한다고 선포한다. 우리는 하나님께 찬송과 영광을 드리기 위해 태어났기 때문이다.(사43:21)

그러므로 마6:33절에 "너희는 먼저 그의 나라와 그의 의를 구하라."고 하신다. 고전10:31절에서는 "먹든지 마시든지 무엇을 하든지 다 하나님의 영광을 위해서 하라."고 하신다.

그렇다면 여호와 하나님을 경외하는 자의 참된 영성의 삶은 어떠한 것인가?

하나님의 말씀에 순종하는 삶을 산다. 1절에 "여호와를 경외하며 그의 계명을 크게 즐거워한다."고 말씀한다. 왜 하나님의 계명이 즐거운가? 순종하는 기쁨을 알기 때문이다. 또한 그로 인한 복된 삶이 무엇인지를 알기 때문이다. 롬1:5절에 "그로 말미암아 우리가 은혜와 사도의 직분을 받아 그의 이름을 위하여 모든 이방인 중에서 믿어 순종하게 한다."고 말씀한다. 은혜를 받은 자, 직분을 받은 자는 주님의 이름을 위하여 믿음과 순종이 함께 가는 사람이다.

오늘날 성도들의 심각한 문제가 무엇인가? 머리로만 아는 것이다. 성경 지식만 많다. 그러나 교회는 몸으로 봉사하는 곳이다. 그리스도인은 몸으로 세상에 빛을 드러내는 사람이다. 믿음과 순종이 동전의 양면처럼 함께 가는 참된 영성으로 여호와를 경외하며 그의 계명을 크게 즐거워하는 여러분이 될 수 있기를 축복한다.

이러한 자들, 즉 여호와 하나님을 경외하는 자는 남다른 복을 누린다. 이것이 성경의 약속이다. 그들의 후손들이 강성해진다. 자녀들이 복을 누린다. 부와 재물이 그의 집에 있고, 공의로운 삶을 살기 때문에 어떠한 위협과 공갈에도 겁을 내지 않는다. 하나님의 주권을 인정하며 살기 때문이다.

4절에서 그들은 정직한 삶을 살고 빛된 삶을 산다. 이로 인하여 이웃에게 은혜를 베풀고 긍휼과 자비로운 마음을 가지고 이웃과 함께하는 삶을 누린다.

5절에 이러한 자는 일을 정의로 행한다고 하는데, 이는 재판에서 이긴다는 말이다. 한마디로 믿음과 착한 양심을 소유한 자들이다. 딤전1:19절에 "믿음과 착한 양심을 가지라. 어떤 이들은 이 양심을 버렸고 그 믿음에 관하여는 파선하였다."고 말씀하고 있다. 그러므로 자기 마음에 당당해야 한다. 양심이 바르게 서 있어야 한다. 정직하지 못하고 위선되고 가증된 것을 하나님은 가장 미워하신다.

6-8절을 보라. 이러한 자들은 흔들리지 않는다. 흉한 소문을 두려워하지 않는다. 오직 여호와 하나님만 의지하고 나아간다. 그러므로 그의 마음은 반석처럼 견고하다. 남들이 흔들어도 좀처럼 흔들리지 않는다. 오히려 그를 대적하는 자들이 보응을 받고 심판을 받는 것을 목도하게 된다. 이것이 하나님을 믿는 백성들의 권세요, 특권이다.

정직한 백성, 믿음에 부요한 백성, 이웃에게 넉넉한 백성으로 모든 자손들과 함께 하나님이 주시는 하늘의 신령한 복과 땅의 기름진 복을 마음껏 누리는 여러분이 되시기를 축복한다.

9절에서 이러한 자들은 남에게 많이 나누어 주며 살았으니, 그의 의가 영구히 있고 그의 뿔이 영광 중에 들린다고 하였다. 이는 그가 행한 일로 거기에 합당한 명예와 영광을 얻게 된다는 말씀이다. 세상에는 수많은 정치가들이 있다. 그들 중 훌륭한 사람들도 많이 있지만, 소위 정치꾼들로 말미암아 우리의 마음이 식상할 때가 많다. 그들에게 거짓되고 위선되고, 명예와 돈을 탐하는 모습이 보이기 때문이다. 명예와 영광은 하나님의 백성답게 살 때 하나님이 주시는 선물이다. 결과로 얻어지는 열매이다. 이것이 하나님의 법이다.

이제 그렇지 않은 자, 즉 하나님을 경외하지 않는 자의 삶은 어떠한가? 10절을 보라. 악인은 이를 보고 한탄하여 이를 간다. 시기와 질투를 일삼는다. 하지만 그들은 자신의 맘대로 되지 않고 서서히 소멸된다. 그들의 욕망은 사라진다. 이것이 하나님의 말씀이 선포하는 진리이다. 하나님은 우리의 행위대로 심판하신다. 이것이 하나님의 공의이다. 그러나 하나님을 경외하지 않는 악인들은 매일 질투하며 시기하며 원망하는 삶을 산다. 그러므로 시편을 여는 시1:4-5절에 "악인들은 오직 바람에 나는 겨와 같고, 그들은 심판을 견디지 못하고 죄인들은 의인들의 모임에 들지 못한다."고 선포한다.

하나님을 경외하는 참된 영성의 소유자가 되시기 바란다. 하나님은 이삭을 바치는 아브라함의 중심을 보시고, 내가 이제야 네가 나를 경외하는 줄 알았다고 칭찬해 주셨다. 여러분의 삶도 이렇게 하나님으로부터 인정을 받으시기 바란다. 순종의 삶을 사시기 바란다. 정직한 삶, 양심적인 삶, 흔들리지 않는 삶, 날마다 남에게 나누어 주는 삶을 사시기 바란다. 이러한 삶으로 여러분의 목전에서 여러분을 질투하며 시기하는 모든 사람들이 하나님의 심판을 받는 모습을 직접 목도하며 하나님께 영광을 돌리시기를 주님의 이름으로 축원드린다.

먼지와 거름 더미에서 지도자로

시편 113-118편은 '이집트 할렐'이라고 부르는 시이다. 대부분이 '할렐루야'로 시작하거나 주로 출애굽의 역사를 기억하는 유월절, 장막절 같은 이스라엘의 큰 절기 때 암송하는 찬송시였기 때문이다. 시편 113편도 이러한 찬양시이다.

1절에 여호와를 찬송하는 자의 신분을 여호와의 종이라고 선포한다. 여러분은 여호와의 종이다. 종의 정체성이 무엇인가? 주인의 말씀에 복종하는 것이다. 우리는 여호와의 이름을 찬송하라는 명령에 복종할 책임과 의무가 있다. 언제까지 찬송해야 하는가? 이제부터 영원까지 여호와의 이름을 찬송해야 한다. 특별히 3절에 해 돋는 데에서부터 해 지는 데에까지 찬송하라는 의미는 온 우주공간을 가리키는 시적인 표현이다. 그러므로 여호와의 이름을 찬송하는 소리가 온 우주공간을 가득히 메운 상태를 가리키고 있다. 하나님이 우리를 왜 창조하셨는가? 우리를 통하여 찬송을 받으시기 위하여 창조하셨다.(사43:21) 여호와의 종으로서 여호와께 감사하며 여호와의 이름을 찬양하는 마음이 회복되시기 바란다.

그렇다면 여호와 하나님의 이름을 찬송하되, 구체적으로 어떠한 하나님을 찬송해야 하는가? 4절에서 먼저 높으신 하나님, 모든 영광 중에 가장 뛰어나신 하나님을 찬양해야 한다고 말씀한다. 시공간을 초월해 세상의 어떤 나라나 통치자들보다 높으신 하나님, 세상 만물의 어떤 영광보다 높으신 영광의 하나님, 세상의 어떤 신들과도 결코 비교할 수 없는 위대하신 하나님, 오늘도 그 하나님은 하늘 보좌에 좌정하시고, 온 천지 만물과 천사들과 하나님의 백성들을 통하여 영광을 받으신다. 그 하나님을 찬양하시기 바란다. 그러므로 5절에서 시인은 이렇게 질문한다. "여호와 우리 하나님과 같은 이가 누구리요?" 이 고백이 오늘 새벽을 깨우는 여러분의 고백이 될 수 있기 바란다.

그런데 그 하나님이 6절에서는 스스로 낮추사 가장 천한 곳으로 오셨다고 말씀한다. 빌2:6-8절에 "그는 근본 하나님의 본체시나 하나님과 동등됨을 취할 것으로 여기지 아니하시고 오히려 자기를 비워 종의 형체를 가지사 사람들과 같이 되셨고 사람의 모양으로 나타나사 자기를 낮추시고 죽기까지 복종하셨으니 곧 십자가에 죽으심이라."고 하였다. 나를 위해 하늘 보좌를 버리시고 스스로 낮추사 종의 형체를 입으시고 십자가에 죽기까지 겸손하신 예수 그리스도의 은혜를 기억하고 그분의 이름을 찬양하시기 바란다.

또한 어떠한 하나님을 찬양해야 하는가? 7-8절을 보라. 가난한 자를 먼지 더미에서 일으키시며 궁핍한 자를 거름 더미에서 들어 세워 지도자의 반열에 세워주신 하나님을 찬양해야 한다. 하나님의 도우심이 아니면 벗어날 수 없는 극도의 고난과 궁핍에 대한 비유가 먼지 더미와 거름 더미이다. 이스라엘 백성들에게는 애굽의 종살이, 바벨론 포로 생활이 바로 그러한 삶이었다. 우리는 흔히 개천에서 용났다는 말을 쓴다. 성경에서는 노예였던 요셉이 애굽의 총리가 되고 목동 다윗이 이스라엘 왕이 된 역사를 말한다. 그러고 보면 우리는 모두 개천에서 난 용 같은 사람들이 아닌가? 가난하고 못나고 보잘 것 없는 나를 택하시고, 자녀 삼아 주시고, 집사로, 권사로, 장로로, 목사로 세워주신 하나님의 은혜가 얼마나 크고 위대한가? 아니, 내가 그리스도인이 된 자체가 기적 중의 기적일 것이다. 그것을 안다면 우리는 당연히 하나님께 감사하고 찬양해야 한다.

원망과 불평을 일삼던 나를 회개하며, 참으로 가난한 자, 연약한 자, 죄인 중의 괴수인 나를 살리신 하나님께 깊이 감사하고 찬양하는 여러분이 되시기를 주님의 이름으로 축복한다.

이러한 은혜의 가장 극적인 예가 바로 9절의 불임 여성에게 자녀를 주신 것이 아니겠는가? 탈무드에는 "아내에게 자녀가 없으면 온전한 사람이 아니다"라는 대목이 있다고 한다. 이처럼 이스라엘 사람들은 여자의 임신을 중요하게 생각한다. 창세기 30장에 자식이 없음을 원망하면서 죽겠다고 말한 야곱의 아내 라헬, 사무엘상 1장에 자식이 없어 술 취한 듯 하나님께 부르짖어 사무엘을 얻은 한나를 보더라도 여자가 임신하는 것이 얼마나 큰 기적이요, 복인가를 알 수 있다. 그러한 자가 자녀를 낳아 자녀와 함께 집에서 즐겁고 행복한 삶을 누리게 하신 것처럼 우리의 인생을 반전시켜 주신 하나님을 찬양하라는 것이다.

인간은 누구나 외롭고 고독하다. 인간은 누구나 방황한다. 인간은 하나님 앞에서 먼지 더미와 거름 더미에 지나지 않는다. 그것이 인간의 실존이다. 그러나 우리 인생에는 분명한 주인이 있다. 바로 여호와 하나님이시다. 나는 여호와 하나님의 종이라는 것, 여호와를 찬송하기 위해 이 땅에 태어난 존재라는 것, 그리고 그 하나님의 은혜로 먼지 더미에서 거름 더미에서 일으켜 세움을 받아 이러한 지도자가 되었다는 것, 이 모든 것은 불임 여인이 옥동자를 낳은 것 같은 위대한 인생의 대반전이라는 것을 깊이 생각하며, 이렇게 만드신 내 인생의 주인 여호와 하나님께 깊이 감사하고 찬양하시기를 우리 주님의 이름으로 축원드린다.

하나님 앞에서 떨지어다

구약성경을 깊이 묵상하면 할수록 출애굽 사건이 얼마나 많이 기록되었고, 중대한 사건인지를 알 수 있다. 시편 114편도 출애굽으로부터 약속의 땅 가나안에 들어가기까지 여호와의 능력과 은혜를 통하여 구원을 베푸시는 하나님을 찬송하고 있다.

1절에서 말하는 출애굽이 우리와 무슨 상관이 있는 것인가? 바로 우리에게 구원을 베푸신 사건이다. 애굽이 어디인가? 바로 죄와 사망이다. 가나안 복지가 어디인가? 천국이요 새 예루살렘이요, 새 하늘과 새 땅이다. 그러므로 이 세상의 어떠한 것보다 우리를 구원해 주신 여호와를 기억하라는 것이다. 왜냐하면 이 세상에서 그것보다 더 큰 은혜와 복은 없기 때문이다.

2절에서 유다는 여호와의 성소가 되고 이스라엘은 그의 영토가 되었다는 말씀이 무슨 뜻인가? 이스라엘을 우리는 유다라고 말한다. 본래는 남유다이지만, 북이스라엘까지를 포함하는 이스라엘을 말한다. 그러므로 이 구절은 이스라엘이 여호와 하나님의 성소가 되었다는 말이다. 신정통치의 나라, 하나님의 선택을 받은 나라, 하나님의 백성들을 말한다. 지금도 이스라엘은 존재한다. 그러나 영적으로 이 말이 무엇인가? 바로 하나님의 선민들, 에클레시아, 부름받은 자들의 모임, 교회를 말하는 것이다. 우리가 누구인가? 이처럼 죄와 사망의 종 되었던 자들인데 예수 그리스도의 십자가 보혈의 공로로 하나님의 선택을 받은 민족, 하나님의 백성들이 된 자들이 아닌가!

이 정체성을 확인하시기 바란다. 내가 누구인가? 사43:1절에 "내가 너를 구속하였고 내가 너를 지명하여 불렀나니 너는 내 것이라."고 말씀한다. 여러분은 하나님의 선택받은 백성이요, 하나님의 종이요, 자녀요, 하나님의 소유된 거룩한 백성이다.

3절에서는 이렇게 이스라엘 백성을 인도하는 과정에서 두 가지 큰 사건을 언급하고 있다. 바로 홍해 바다가 갈라지는 것과 요단강이 육지가 되는 것이다. 이를 바다가 보고 도망하며 요단은 물러갔다고 표현하고 있다. 이는 하나님의 임재와 그분의 능력을 말씀하는 것이다. 하나님의 백성들은 이처럼 하나님의 임재와 능력을 경험하며 살아야 한다.

여러분은 요즘 어떠한 하나님의 임재와 능력을 경험하고 있는가? 교만하지 마시기 바란다. 청결한 마음과 겸손으로 하나님을 경험하시기 바란다. 여러분이 지금 호흡을 하고 사는 것이 바로 하나님의 능력이라는 것을 기억하시기 바란다. 여러분이 성공을 이룬 것 같지만 하나님이 해 주신 것이라는 사실을 잊지 마시기 바란다. 날마다 하나님이 여러분의 어려움 가운데 홍해를 가르고 요단을 건너도록 도움을 주신다는 것을 기억하시기 바란다. 그래야 하나님이 기뻐하신다. 이러한 하나님을 찬양하고 그분께 영광을 올려드리시기 바란다.

4절에서는 산들은 숫양들같이 뛰놀며 작은 산들은 어린 양들같이 뛰었다고 노래한다. 이는 모세가 시내산에서 십계명을 받을 때 우레와 번개와 빽빽한 구름 가운데 온 산이 진동했던 장면을 묘사한 것이다. 이러한 하나님의 임재 앞에 산들은 두려움에 진동했지만 그것을 하나님께 영광을 돌리며 뛰어노는 장면으로 묘사한 것이다. 지금도 하나님은 온 우주 만물을 다스리신다. 저 산의 큰 바위와 저 들판의 아름다운 들꽃 하나로 영광을 받으시는 분이 여호와 하나님이시다.

시인은 이러한 과거를 회상하며 5-6절에서 그러한 피조물들이 하나님께 왜 그렇게 반응했는지를 물어본다. 홍해 바다가 왜 갈라지고 도망갔는가? 요단강이 왜 물러서며 갈라졌는가? 저 시내산이 왜 숫양들처럼 뛰놀고 저 야산들이 왜 어린양들처럼 뛰어놀게 되었는가? 그 엄청난 진동과 위험이 왜 존재했는가? 바로 그것이 하나님을 향한 피조물들의 반응이라는 것이다. 하나님의 백성들도 하나님을 향하여 그렇게 반응하며 살라는 것이다. 시인은 하나님을 향한 엄청난 감사와 찬양을, 출애굽, 시내산, 홍해 바다, 요단강을 생명 있는 존재로 의인화하면서, 당신도 그러한 하나님의 피조물로서 마땅히 하나님을 찬양하며 살아야 하지 않겠는가? 하고 역질문을 하고 있다.

7-8절에서는 결론을 내린다. "땅이여, 너는 주 앞에 곧 야곱의 하나님 앞에서 떨지어다." 이를 다른 말로 표현하면 당신도 저 피조물들처럼 하나님 앞에 떨며, 마음껏 하나님께 감사와 찬양의 삶을 살라는 것이다. 그리고 8절에 "그가 반석을 쳐서 못물(웅덩이)이 되게 하시며 차돌로 샘물이 되게 하셨도다."라고 하였다. 이는 반석에서 샘물을 주심으로 우리를 살리신 하나님을 말씀하면서 생수의 근원을 확인하며 살라는 것이다.

주님은 요7:37-38절에 "누구든지 목마르거든 내게로 와서 마시라. 나를 믿는 자는 그 배에서 생수의 강이 흘러나오리라."고 하신다. 주님은 반석이시다. 거기서 샘물이 나와 여러분의 생명을 살리신 것이다. 창조주 하나님, 나를 구원하신 하나님의 임재와 영광을 확인하며, 하나님께 감사와 찬양의 기도를 마음껏 올려드리는 복된 여러분이 되시기를 주님의 이름으로 축원드린다.

하나님만 홀로 영광을 받으소서

우리가 이 땅에 존재하는 목적을 알려면 하나님을 알아야 한다. 그분이 우리 삶의 시작이요, 근원이시기 때문이다. 계1:8절에 "주 하나님이 이르시되 나는 알파와 오메가라. 이제도 있고 전에도 있었고 장차 올 자요 전능한 자라 하시더라."고 말씀한다. 또한 성경의 맨 마지막 장 계22:13절에도 "나는 알파와 오메가요 처음과 마지막이요 시작과 마침이라."고 하셨다. 헬라어의 첫 자가 알파요, 끝 자가 오메가이다. 이는 모든 것의 시작과 끝이 하나님이라는 것을 선포하시는 것이다.

어떤 과학자는 지구가 140억 년 전에 빅뱅Big Bang에 의하여 만들어졌다고 하였다. 그러나 그들은 그 빅뱅이 왜 일어났는지에 대해서는 설명하지 못한다. 갑자기 옆방에서 큰 소리가 났다고 하자. 그것이 우연이라고 하면 믿겠는가? 아무런 이유 없이 저절로 소리가 났다는 말인가? 그럴수는 없다. 반드시 원인이 있어야 소리가 난다. 마찬가지로 사람이 존재하는 데는 분명한 원인이 있다. 바로 하나님이시다. 하나님은 우리가 이 땅에 태어나기도 전에 이미 창세 전부터 계시고 우리를 아시고, 계획하시고 선택하셨다. 그러므로 하나님을 모르고는 내가 이 세상에 존재하는 아무런 이유도 목적도 없다. 하나님을 알아야 한다. 하나님을 바로 알아야 모든 인생의 답과 목적을 알 수 있다.

하나님은 그것을 십계명으로 가르쳐 주셨다. 십계명의 1-3계명은 하나님을 향한 계명이다. 첫째는 다른 신을 섬기지 말라는 것이요, 둘째는 우상을 섬기지 말라는 것이요, 셋째는 여호와의 이름을 망령되이 일컫지 말라는 것이다. 그러므로 본문 1절에서 영광은 우리가 받는 것이 아니요, 오직 주의 이름에만 영광을 돌리게 하라고 말씀한다. 하나님의 대명사는 '인자와 진실'이다. 하나님의 인자와 진실이 아니면 우리가 여기에 있을 수 없다.

때로는 세상 사람들이 "너희의 하나님이 어디 있느냐?"고 묻는다. 그러나 그것은 우리가 하나님께 범죄함으로 채찍을 맞을 때였다. 우리가 하나님의 은혜로 출애굽과 바벨론 포로에서 해방될 때 과연 그들이 하나님이 어디 있느냐고 조롱했는가? 아니다. 오히려 그들은 하나님의 권세 앞에 모두가 두려워 떨었다.

그러므로 우리는 다른 신을 섬기거나 우상을 만들지 말아야 한다. 우상은 금과 은이요, 사람이 만든 것이다. 5절 이하에서 입이 있어도 말하지 못하며 눈코가 있어도 기능을 발휘하지 못한다고 하였다. 이 시대의 우상이 무엇인가? 돈이 될 수도 있고, 자녀가 될 수도 있고, 명예와 권세가 될 수도 있다. 창조주 하나님과 피조물인 나를 다시 한 번 생각해 보며 겸손한 마음을 회복하시기 바란다. 감사와 찬양의 마음을 회복하시기 바란다. 9절의 말씀이 메시지가 될 수 있기 바란다. "이스라엘아, 여호와를 의지하라. 그는 너희의 도움이시요 너희의 방패시로다." 오직 주만 바라보고 전심으로 여호와 하나님만 의지하는 여러분이 되시기를 간절히 축복한다.

12절부터는 여호와 하나님이 복의 근원이심을 말씀한다. 어떠한 자들에게 복을 주시는가? 13절에 "높은 사람이나 낮은 사람을 막론하고 여호와를 경외하는 자들에게 복을 주신다."고 하였다. 로버트 슐러 목사의 설교집에 이런 예화가 있다. 한 아이가 천부적인 음악적 소질이 있어 그 어머니는 뉴욕에 사는 은퇴한 피아니스트를 찾았다. 다행히 노인은 아이를 마지막 제자로 삼겠다고 승낙했다. 마침내 이 제자가 카네기홀에서 연주회를 갖게 되었을 때 수많은 사람들이 열광했고, 무대 위에는 청중들이 보낸 모자와 손수건 같은 선물과 돈이 수북이 쌓였다. 하지만 연주자는 이런 것에는 아랑곳하지 않고 줄곧 2층의 한 곳을 응시하면서 연주를 계속했다. 거기에 백발의 노인인, 자신의 스승이 있었기 때문이다.

그렇다. 우리는 환경이 부요하고 풍성하고 모든 일이 순조로울 때일수록 위를 쳐다보아야 한다. 그 위에는 부모가 있고, 또 그 위에는 하나님이 계신다. 원천 없는 샘물이 없고 부모 없는 자식이 없는 것처럼 우리가 받는 모든 복의 근원은 여호와 하나님이시다. 삼상2:6-7절에 "여호와는 죽이기도 하시고 살리기도 하시며 스올에 내리게도 하시고 거기에서 올리기도 하시는도다. 여호와는 가난하게도 하시고 부하게도 하시며 낮추기도 하시고 높이기도 하시는도다."라고 말씀한다. 이 하나님을 경외하며 바라보시기를 주님의 이름으로 축복한다.

14-15절의 말씀으로 여러분을 축복한다. "여호와께서 너희 곧 너희와 너희의 자손을 더욱 번창하게 하시기를 원하노라. 너희는 천지를 지으신 여호와께 복을 받는 자로다." 이러한 자들의 사명은 무엇인가? 17-18절에 "죽은 자들은 여호와를 찬양하지 못하나니 적막한 데로 내려가는 자들은 아무도 찬양하지 못하리로다. 우리는 이제부터 영원까지 여호와를 송축하리로다. 할렐루야."라고 하였다. 오직 하나님만 섬기고, 그분께만 영광을 돌리고, 다른 신이나 우상이 아니라 오직 여호와 하나님만 경외하며 찬양하는 복된 하나님의 백성들이 되시기를 주님의 이름으로 축원드린다.

구원의 잔을 들고 여호와께 감사하라

시편 116편에서 시인은 갑작스럽게 죽음 앞에 선다. 그런데도 시인은 아직 인생이 창창하다고 생각하였다. 죽을 때가 아니라고 생각하였다.

여러분은 갑작스럽게 암에 걸렸다든지 죽음의 위험에 놓였다면 어떻게 해야 한다고 생각하시는가? 1절에서 시인은 이 절망 가운데 여호와께서 내 음성과 내 간구를 들으시므로 내가 그를 사랑한다고 고백한다. 그러므로 위기를 당했을 때 하나님을 사랑하고 신뢰하는 것이 가장 우선이라는 것을 기억하시기 바란다. 그러나 하루아침에 그렇게 될 수 있는 것은 아니다. 신앙의 경험이 있을 때에만 가능하다. 시인은 2절에서 그 경험에 대하여 이렇게 말한다. "그의 귀를 내게 기울이셨으므로 내가 평생에 기도하리로다."라고 고백한다. 여러분도 평상시에 이러한 경험을 갖게 되시기를 주님의 이름으로 축복한다.

그러므로 신앙은 점점 진보하는 것이다. 롬1:17절에 "복음에는 하나님의 의가 나타나서 믿음으로 믿음에 이르게 하나니 기록된 바 오직 의인은 믿음으로 말미암아 살리라 함과 같으니라."라고 말씀한다. 여기서 분명히 두 가지 믿음을 말한다. 하나는 믿음으로 의에 이르는 상태를 말하고 또 하나는 그리스도 안에서 살아가며 하나님을 경험하는 믿음을 말한다. 그러므로 믿음은 진보하는 것이다. 날마다의 삶 가운데 하나님을 경험하시고, 응답받는 기도도 경험하시고, 하나님과 짧은 줄로 매고 교제하심으로 진짜 위기를 만났을 때 지금까지 자신을 외면하지 않으셨던 하나님께 "하나님, 사랑합니다. 제가 이렇게 죽을 위험에 있습니다." 하며 기도하고, 실제적인 응답을 체험할 수 있기를 간절히 축복한다.

시인은 4절에서 "내가 여호와의 이름으로 기도하기를, 여호와여, 주께 구하오니 내 영혼을 건지소서 하였도다."라고 하였다. 주님만 바라보고 "주여, 내 목숨을 건져 주시옵소서."라고 기도한 것이다. 이때 주님은 그의 사망의 줄을 끊고 음부의 고통에서 구원해 주셨다. 그래서 시인은 6절에 "여호와께서는 순진한 자를 지키시나니 내가 어려울 때에 나를 구원하셨도다."라고 고백한다. 8절에서 "주께서 내 영혼을 사망에서, 내 눈을 눈물에서, 내 발을 넘어짐에서 건지셨나이다."라고 고백한다. 여러분이 이러한 기적을 경험하게 되시기 바란다. 시인은 이때 실제적인 응답을 받고 15절에서 이렇게 고백한다 "그의 경건한 자들의 죽음은 여호와께서 보시기에 귀중한 것이로다." 그러므로 본 구절의 본래 의미는 하나님께서는 그와 언약 관계에 있는 성도들이 너무 일찍 죽는 것을 허락지 않으신다는 뜻이다.

그러나 이후 교회 역사의 많은 장례식에서 이 말씀이 인용되어, 성도들의 죽음이 세상 사람과는 다른 차원으로 귀중한 것이라는 의미로 사용되었다. 그것도 맞는 말씀이다. 신자에게는 죽음이란 더 이상 죄에 대한 심판이 아니기 때문이다. 그리스도께서 십자가에 달리심으로 우리의 죗값을 다 지불하셨기 때문이다. 그러므로 주 안에서 죽는 것은 축복이다.

여기서 우리는 무엇을 고백할 수 있는가? 롬14:8절에 "우리가 살아도 주를 위하여 살고 죽어도 주를 위하여 죽나니 그러므로 사나 죽으나 우리가 주의 것이로다."라고 말씀한다. 이러한 고백을 할 정도로 성숙한 신앙인들이 되시기를 주님의 이름으로 축원한다.

이러한 하나님의 은혜와 긍휼을 경험한 자의 반응은 어떠한가?

12-14절이다. "내게 주신 모든 은혜를 내가 여호와께 무엇으로 보답할까. 내가 구원의 잔을 들고 여호와의 이름을 부르며, 여호와의 모든 백성

앞에서 나는 나의 서원을 여호와께 갚으리로다."라고 헌신을 결단한다. 그렇다. 헌신은 은혜와 정비례하는 것이다. 은혜 받은 만큼 헌신하게 되는 것이다. 나아가 시인은 16절에서 어떠한 고백을 하는가? "여호와여, 나는 진실로 주의 종이요 주의 여종의 아들, 곧 주의 종이라. 주께서 나의 결박을 푸셨나이다." 그는 이제 사망과 질병의 결박이 풀렸다고 고백한다. 이러한 은혜의 하나님, 의로우신 하나님, 긍휼의 하나님(5절), 모든 결박을 풀어주신 하나님(16절)을 고백하고 자신을 종이라고 고백하는 하나님의 백성들이 되시기를 축복한다.

그러므로 서원을 갚겠다는 헌신은 이처럼 자신이 주님 앞에 죄인일 뿐만 아니라, 자신을 여호와의 종이라고 고백하는 믿음의 성숙으로부터 시작되는 것이다.

이러한 헌신이 어떠한 모습으로 나아가는가? 17-18절을 보라. 하나님께 감사의 제사를 드린다. 예배 가운데 "내가 주께 감사제를 드리고 여호와의 이름을 부르리이다."(17절) "내가 여호와께 서원한 것을 그의 모든 백성이 보는 앞에서 내가 지키리로다"(18절)라고 고백한다. 이것이 바로 헌신의 본질이다.

혹시 아직 이러한 헌신의 고백이 나오지 않는가? 머리와 가슴만 뜨거워지는가? 손과 발이 움직여야 한다. 백성 앞에서 지켜야 한다. 이처럼 헌신은 온몸과 물질을 삶으로 던지는 것이다. 이러한 헌신의 삶으로 살아계신 하나님을 경험하고, 하나님의 종으로서, 하나님께 구원의 잔을 높이 들고 감사와 찬양의 제사를 드리는 복된 성도들이 되시기를 주님의 이름으로 축원드린다.

여호와의 인자하심이 영원하리로다

　　시편 117편은 시편 150편 중에 가장 짧은 시이다. 그러나 작은 다이아
몬드가 그 빛으로 사람들을 유혹하는 것처럼 시인은 짧고, 선명하고, 명
료한 표현을 통하여 온 우주에 미치는 여호와의 인자하심을 찬송하고 있
다. 사도 바울은 롬15:11절에서 시편 117편 1절을 인용하며 예수 그리
스도의 복음이 온 이방인에게 미쳤다는 것을 노래하고, 자신이 이방인의
사도가 된 것에 대하여 분명한 근거를 확인한다.

　　시편 117편 1절에서 시인은 "모든 나라, 모든 열방이 여호와를 찬양하
라."고 선포한다. 그리고 "너희 모든 백성들아, 여호와를 찬송할지어다."
라고 선포한다. 모든 열방과 백성, 모든 나라와 민족들이 왜 여호와 하나
님을 찬양해야 하는 것인가? 우리의 존재 자체가 여호와를 찬송하기 위
해 태어났기 때문이다. 사43:21절에 "이 백성은 내가 나를 위하여 지었
나니 나를 찬송하게 하려 함이니라."고 말씀한다.

　　여러분이 하나님을 찬송하기 위해 태어난 존재라는 것을 다시 한 번 확
인하시기 바란다. 우리뿐만 아니라 모든 민족과 열방, 모든 피조물들은
여호와를 찬송하기 위해 존재하고 있다는 사실을 기억하시기 바란다.

　　그렇다면 왜 찬양해야 하는 것인가? 시편 117편 2절에서 "우리에게 향
하신 여호와의 인자하심이 크고 여호와의 진실하심이 영원함이로다."라
고 하였기 때문이다. 하나님께서는 일찍이 모세에게 "여호와께서 그의 앞
으로 지나시며 선포하시되 여호와라, 여호와라, 자비롭고 은혜롭고 노하
기를 더디하고 인자와 진실이 많은 하나님이라."고 자신의 선하심과 인자

하심과 진실하심을 말씀해 주셨다.(출34:6)

시편 118편 1-2절에도 "여호와께 감사하라. 그는 선하시며 그의 인자하심이 영원함이로다."라고 선포한다. 하나님의 선하심과 인자하심과 진실하심은 바로 영원하신 그분의 성품이시다.

여기에서 '우리'는 누구를 말하는가? 시편 118편 2절에서 "이스라엘은 그의 인자하심이 영원하다 할지로다.", 시편 118편 3절에서는 "아론의 집은 말하기를 그의 인자하심이 영원하다 할지로다.", 시편 118편 4절에서는 "이제 여호와를 경외하는 자는 말하기를 그의 인자하심이 영원하다 할지로다."라고 하였다. 한마디로 이스라엘 민족으로서 예배를 집례하는 제사장, 레위인들과 함께 모든 하나님의 택한 백성들, 지금의 성도들을 가리킨다. 또한 여기에는 하나님을 믿는 온 민족과 열방이 포함된다.

그러므로 롬15:8-9절에서 사도 바울은 "내가 말하노니 그리스도께서 하나님의 진실하심을 위하여 할례의 추종자가 되셨으니, 이는 조상들에게 주신 약속들을 견고하게 하시고 이방인들도 그 긍휼하심으로 말미암아 하나님께 영광을 돌리게 하려 하심이라. 기록된 바 내가 열방 중에서 주께 감사하고 주의 이름을 찬송하리로다 함과 같으니라."라고 하였다. 즉, 하나님의 인자와 진실이 이스라엘뿐만 아니라 온 민족과 열방을 포함하여 사랑하신 것이다. 그러므로 할례를 받은 유대인뿐만 아니라 온 이방인들까지도 주의 이름을 찬송해야 한다는 것이다.

그러나 이러한 하나님도 내가 경험하지 못하면 찬송할 이유가 없다. 불신자들이 하나님을 찬송하는가? 아니다. 믿는 자들, 여호와를 인격적으로 경외하며 섬기며 경험한 자들이 찬송한다. 하나님을 어떻게 경험했는가? 시편 118편 5-7절에 "내가 고통 중에 여호와께 부르짖었더니 여호와께서 응답하시고 나를 넓은 곳에 세우셨도다. 여호와는 내 편이시라.

내가 두려워하지 아니하리니 사람이 내게 어찌할까. 여호와께서 내 편이 되사 나를 돕는 자들 중에 계시니 그러므로 나를 미워하는 자들에게 보응하시는 것을 내가 보리로다."라고 하였다. 기도의 응답을 경험한 자들, 하나님이 나의 편이 되어 주시고 나의 손을 들어 주신 것을 경험한 자들이 하나님을 찬송하는 것이다. 나의 편이 되어 주실 뿐만 아니라, 나를 넓은 곳에 세워 주신 하나님을 경험한 자들이 찬송하는 것이다. 좁은 곳은 고통을 상징한다. 넓은 곳은 그 고통에서 해방되는 것을 말한다. 즉, 여기서 넓은 곳이란 시인을 괴롭히던 위협과 고통에서 벗어나게 하신 것을 뜻한다.

이방인임에도 불구하고 내가 하나님의 은혜로 구원받았다는 것을 감사하시기 바란다. 본래 우리의 신분은 이방인이었다. 뿐만 아니라, 지금도 나의 기도를 들으시며 나의 편이 되어 주시는 하나님을 찬송하시기 바란다. 나를 미워하는 자들을 보응하시는 하나님을 찬송하시기 바란다.

살전5:16-18절에서 "항상 기뻐하라, 쉬지 말고 기도하라, 범사에 감사하라. 이것이 그리스도 예수 안에서 너희를 향하신 하나님의 뜻이니라."고 말씀하신다.

마음이 불편한 자가 있는가? 질병으로 고통을 당하는 자가 있는가? 하나님을 향하여 전심으로 기도하심으로 치유와 기쁨과 평안을 회복하시기 바란다. 기도하심으로 감사와 찬양을 회복하시기 바란다. 그것이 여러분을 향하신 하나님의 뜻이기 때문이다. 여러분의 삶이 시23:5-6절의 다윗의 고백이 될 수 있기를 주님의 이름으로 축원드린다. "주께서 내 원수의 목전에서 내게 상을 차려 주시고 기름을 내 머리에 부으셨으니 내 잔이 넘치나이다. 내 평생에 선하심과 인자하심이 반드시 나를 따르리니 내가 여호와의 집에 영원히 살리로다."

버린 돌이 머릿돌이 되게 하신 하나님

시편 118:8-29절의 배경은 연합군이 쳐들어온 매우 급박한 상태이다. 이런 상황에서 본문 8-9절은 이상한 전쟁 법칙을 가르쳐 준다. 여호와께 피하라는 것이다.

전쟁에서 목숨을 걸고 적진을 향해 나아가야지, 도망을 가고 피하라니 말이 되는가? 그러나 시인은 그것이 얼마나 중요하면 8-9절에서 반복하여 권면한다. 여호와께 피하는 것이 사람을 신뢰하고, 고관들을 신뢰하는 것보다 낫다는 것이다. 이는 외국 군대의 도움이나 자신들의 장군을 의지하기보다 여호와 하나님을 의지해야 한다는 선언이다. 왜 그러한가? 10-11절을 보라. 여호와의 이름이 자기들을 에워싼 적을 끊을 것이기 때문이다. 12절에서와 같이 그들이 벌들처럼 나를 에워쌌으나 여호와의 이름으로 가시덤불의 불같이 태워 그들을 끊을 것이기 때문이다.

지금도 이스라엘 민족들은 이러한 믿음과 사상을 가지고 있다. 유명한 아랍과의 6일 전쟁에서 적들을 물리친 믿음과 사상이 바로 이 같은 '낫가리 속의 횃불'이었다. 벌들처럼, 가시덤불처럼 완전히 포위당해도 낫가리 속에 여호와의 이름이라는 횃불이 들어가면 순식간에 다 타버리는 것처럼 여호와 하나님이 개입하시면 순식간에 그들을 다 끊어버리신다는 믿음이요 사상이다. 영적 이스라엘인 여러분도 이러한 여호와의 능력을 믿고 승리하시기를 간절히 축복한다.

우리의 삶도 이러한 영적 전쟁이요, 생존경쟁이다. 이러한 믿음이 여러분의 가정과 섬기는 교회를 살릴 줄 믿으시기 바란다. 하나님은 어제나 오늘이나 영원토록 동일하시기 때문이다. 여호사밧왕은 모압과 암몬 자손들이 쳐들어왔을 때 찬양대를 이끌고 찬양하면서 나아감으로 적들을 물리쳤다.(대하 20장) 여호수아는 법궤를 앞세우고 나팔을 불며 여리고성을 무너뜨렸다. 아람 군대가 도단성을 완전히 포위했을 때 엘리사의 기도로 그 군대보다 더 많은 하늘의 불말과 불병거가 그들을 물리쳤다.(왕하 6장) 여러분도 시인이 14절에서 고백한 대로 "여호와는 나의 능력과 찬송이시요 또 나의 구원이 되셨도다."라고 고백할 수 있는 믿음의 용사들이 되시기를 바란다. 18절에서는 "여호와께서 나를 심히 경책하셨어도 죽음에는 넘기지 아니하셨도다."라고 고백한다. 어떠한 위기와 위험 가운데서도 하나님의 징계를 받을지언정 죽지 않고 다시 일어나 승리할 것을 믿고 반드시 그 하나님을 경험하시기 바란다.

19절부터는 이렇게 인도하신 하나님께 감사하며 찬양하는 모습이 시작된다. 21절을 보라. "주께서 내게 응답하시고 나의 구원이 되셨으니 내가 주께 감사하리이다." 하나님을 경험한 시인의 진정한 감사와 찬양의 모습이다. 기도에 응답하신 하나님, 나를 구원해 주신 하나님을 경험하면 이러한 감사와 찬양이 저절로 흘러나오지 않겠는가! 이 엄청난 영광을 성령 충만해서 고백할 때 메시아를 예언하는 놀라운 말씀을 선포한다. 22-23절에 "건축자가 버린 돌이 집 모퉁이의 머릿돌이 되었나니 이는 여호와께서 행하신 것이요 우리 눈에 기인한 바로다."라고 하였다. 쓸데없는 돌인 줄 알았는데 건물의 머릿돌이 되었다는 말씀이다. 베드로는 행4:11절에서 백성의 관리들과 장로들을 향하여 이 말씀을 인용하여 "이 예수는 너희 건축자들의 버린 돌로서 집 모퉁이의 머릿돌이 되었느니라."고 담대하게 선포했다.

우리는 이렇듯 버린 돌이 모퉁잇돌이 되는 기적을 꿈꾸며 사는 사람들이다. 출애굽이 그 사건이었고, 바벨론 포로에서 해방된 것이 그 사건이었으며, 내가 예수 믿은 것이 그 사건이었고, 나처럼 비천한 자가 목사가 된 것이 그 사건이었다.

여러분도 자신의 과거를 생각해 보라. 버린 돌이 모퉁잇돌이 되지 않았는가? 이 놀라운 예언의 성취는 버린 돌 같은 내가 예수 그리스도에 의해 죄와 사망의 권세로부터 구원을 받고 이제 다시 오실 심판의 날에 진정한 모퉁잇돌이요 머릿돌이 되는 날을 경험하게 될 것이다. 그 소망으로 용기와 힘을 얻으시기 바란다.

이처럼 여호와의 이름, 예수 그리스도의 이름은 위대하다. 26절에 "여호와의 이름으로 오는 자가 복이 있음이여, 우리가 여호와의 집에서 너희를 축복하였도다."라고 하였다. 이는 백성들이 왕을 축복하는 모습이다. 예수님이 예루살렘에 입성하실 때 온 백성이 호산나 찬송하며 환영하는 모습이다.

이 고백의 절정은 무엇인가? 27절에 "여호와는 하나님이시라. 그가 우리에게 빛을 비추셨으니 밧줄로 절기 제물을 제단 뿔에 맬지어다."라고 하였다. 이 의미는 빛 되신 여호와 하나님께서 우리에게 큰 승리를 안겨 주셨으므로 예배자들이 기쁜 마음으로 제물을 밧줄에 매어 끌고 와서 제단 주위를 돌면서 춤을 추며 기뻐한다는 것이다. 이처럼 여호와 하나님과 주 예수 그리스도의 빛이 있는 곳에는 생명이 있고 소망이 있고 꿈이 있고 승리가 있다.

28절의 "주는 나의 하나님이시라. 내가 주께 감사하리이다."라는 고백이 여러분의 고백이 될 수 있기를 축복한다. 29절의 "여호와께 감사하라. 그는 선하시며 그의 인자하심이 영원함이로다."라는 고백이 여러분의 입술의 찬송이 될 수 있기를 우리 주님의 이름으로 축원드린다.

나그네길의 내비게이션이 되는 토라

　시편 119편은 176절로 시편뿐만 아니라 성경 전체에서 한 장으로서 가장 길다. 이 시는 여러 가지 찬양과 애통과 감사와 신앙고백 등이 들어 있는 하나의 '혼합시'라고 볼 수 있다.

　그 내용은 크게 두 부분으로 나눌 수 있다. 1-88절은 "나그네길의 내비게이션이 되는 토라" 그리고 89-176절은 "진리의 원천인 토라"이다.

　먼저 시편 119편 1-88절까지 인생, 나그네길을 안내하는 내비게이션의 관점에서 묵상해 보자.

　여러분에게는 하나님의 말씀이 어떻게 인식되어 있는가? 그저 좋은 말씀인가? 1절에서 여호와의 율법을 따라 행하는 자들은 복이 있다고 말씀한다. 그러므로 성경은 복 받는 길을 안내하는 내비게이션이다. 인생의 성공은 순간순간의 판단의 연속이라고 할 수 있다. 7절에서 성경은 의로운 판단을 가르쳐 주는 지혜의 책이라고 말씀한다. 판단이 중요하다. 말씀에 능하면 판단을 함에 있어 실수하지 않는다.

　9-16절은 청년들의 행실에 대하여 내비게이션 역할을 한다. 청년의 때에 성경을 많이 읽고 순종하면 행실이 깨끗해지고 범죄를 하지 않게 된다는 말씀이다. 청년 때에 신앙의 기본인 신앙고백, 주기도문, 십계명 정도만 암송하여 수시로 읊조리며, 딤전1:5절의 "청결한 마음과 선한 양심과 거짓이 없는 믿음"만 있어도 감옥에 가는 일은 없을 것이다.

　17-24절은 인생의 머나먼 초행길을 가르쳐 주는 내비게이션이 성경

이라고 가르쳐 준다. 그래서 시인은 19절에서 "나는 땅에서 나그네가 되었사오니 주의 계명들을 내게 숨기지 마소서."라고 간구한다. 우리는 다 나그네요, 거류민이다. 우리의 본향은 따로 있다. 특히 나는 이제 두 딸을 결혼시키고 은퇴목사가 되고 나니 내 품안에 있던 딸들이 또 다른 주체로서 인생의 나그네가 되어 아이들을 낳고 잘사는 것이 얼마나 신통하고 감사한지 모른다.

25-32절은 인생의 밑바닥에서 살아날 길을 가르쳐 주는 것도 바로 성경이라는 것을 말씀한다. 25절에서 "내 영혼이 진토에 붙었사오니 주의 말씀대로 나를 살아나게 하소서."라고 하였으며, 28절에서는 "나의 영혼이 눌림으로 말미암아 녹사오니 주의 말씀대로 나를 세워 주소서."라고 기도한다. 31절에서는 "내가 수치를 당하지 않게 해 주소서."라고 기도한다. 그렇다. 성경은 인생의 초행길을 가르쳐 줄 뿐만 아니라, 인생의 밑바닥에서 소생하는 길을 가르쳐 준다.

33-48절은 인생의 스승 역할을 하는 것이 성경이라고 말씀한다. 36, 37절에서 이 말씀을 통하여 "내 마음을 탐욕으로 향하지 말게 해 주시고, 내 눈을 돌이켜 허탄한 것을 보지 말게 해 주소서."라고 간구한다.

49-64절에서는 "말씀이 나그네길의 노래요 말씀이 나의 소유이니이다."라고 고백한다. 54절에서 "내가 나그네 된 집에서 주의 율례들이 나의 노래가 되었나이다."라고 말씀하고, 56절에서는 "내 소유는 이것이니 곧 주의 법도들을 지킨 것이니이다."라고 고백한다. 그렇다. 말씀을 사모하면 탐욕이 사라진다. 말씀을 사모하면 허탄한 데 눈을 돌리지 않는다. 말씀이 바로 나그네 된 자들의 길벗이요, 말씀이 바로 나의 소유요 기업이다. 여러분이 이러한 말씀의 능력을 경험하게 되시기를 축복한다.

65-88절에서는, 성경은 나를 깨우치는 하나님의 음성이요, 음부의 밑 바닥에서 붙들 수 있는 유일한 생명줄임을 고백한다. 67절에서 "고난당 하기 전에는 내가 그릇 행하였더니 이제는 주의 말씀을 지키나이다."라 고 말하며, 71절에서는 "고난당한 것이 내게 유익이라. 이로 말미암아 내 가 주의 율례들을 배우게 되었나이다."라고 고백한다. 말씀은 고난 가운 데 나를 깨우치는 하나님의 음성이다.

81-82절에서는 자신의 삶이 너무 피곤하고 지쳐 있음을 고백한다. 심 지어 83절에서는 자신이 연기 속의 가죽 부대같이 되었다고 고백한다. 이는 가죽 부대가 불에 그을린 것처럼 상한 모습을 표현한 것이다. 교만 한 자들은 자기를 해하려고 웅덩이를 팠고 핍박자들은 자신을 괴롭힌다. 그러나 87-88절에 "그들이 나를 세상에서 거의 멸하였으나 나는 주의 법도들을 버리지 않았사오니 주의 인자하심을 따라 나를 살아나게 하소 서. 그리하시면 주의 입의 교훈들을 내가 지키리이다."라고 고백한다.

시인이 경험한 인생의 내비게이션이 여러분에게도 똑같은 경험이 되기 를 바란다. 성경을 통하여 위기 때마다 정확한 판단을 하시기 바란다. 말 씀을 통하여 인생의 밑바닥에서 소생할 수 있기를 바란다. 말씀을 통하 여 탐욕이 사라지고 허탄한 것을 절제하시기 바란다. 말씀을 통하여 고난 가운데서도 하나님의 음성을 들을 수 있기 바란다. 인생의 나그네와 거류 민의 길에서 피곤하고 지쳐 있을 때 말씀이 구원의 생명줄이 되기를 축복 한다. 딤후3:16-17절의 "모든 성경은 하나님의 감동으로 된 것으로 교훈 과 책망과 바르게 함과 의로 교육하기에 유익하니 이는 하나님의 사람으 로 온전하게 하며 모든 선한 일을 행할 능력을 갖추게 하려 함이라."는 말 씀이 여러분의 내비게이션이 되어 정확한 방향으로 나아가시기를 주님의 이름으로 축원드린다.

진리의 원천인 토라

시119:89-176절에서도 계속해서 하나님의 말씀, 진리의 토라가 무엇인지를 선포하고 있다.

89-104절까지는, 하나님의 말씀은 천지의 질서를 세우고, 지혜의 원천이 된다는 것을 말씀해 주고 있다.

91절은 천지가 주의 규례들대로 오늘까지 유지해 오고 있다고 선포한다. 이는 만물이 주의 종이 되었기 때문이다. 하나님은 말씀으로 천지를 창조하시고 천지는 그 말씀에 순종하는 종이 되었다. 그러므로 성경을 통하여 만물을 볼 수 있는 지혜가 열린다. 99-100절의 말씀대로 진리의 말씀을 암송하고 읊조리면 자기도 모르게 명철함이 생기고 그 명철은 모든 스승보다 낫고 노인보다 낫다. 이것을 깨닫는 자들은 성경 말씀의 맛이 무엇인지를 안다. 시인은 그 맛을 무엇이라고 말하는가? 103절에 "주의 말씀의 맛이 내게 어찌 그리 단지요. 내 입에 꿀보다 더 다니이다."라고 고백한다. 말씀을 통하여 이처럼 천지만물의 원리를 통달하고 꿀보다 더 단 맛을 경험하게 되시기를 간절히 축복한다.

105-120절까지는, 하나님의 말씀은 인생의 길을 비쳐주는 등불이 되고 진리의 원천이 된다고 가르쳐 주신다. 105절에서 "주의 말씀은 내 발의 등이요 내 길에 빛이니이다."라고 하였다. 그래서 새벽기도가 중요하고, QT라는 개인적인 묵상의 시간이 중요한 것이다. 하루의 삶을 비쳐주는 등불을 만나게 되시기를 바란다. 무엇보다도 107절의 말씀 대로 매우

심한 고난을 당하는 자가 주의 말씀대로 살아나는 기적이 일어나기를 간절히 축복한다. 115절에서는 "너희 행악자들이여, 나를 떠날지어다."라고 선포한다. 이 놀라운 능력과 확신은 하나님의 말씀이 진리이며, 악인들을 대적할 능력이 하나님의 말씀에 있다는 선포다. 진리와 반대되는 것이 무엇인가? 거짓과 속임수이다. 118절에 "주의 율례들에서 떠나는 자는 주께서 다 멸시하셨으니 그들의 속임수는 허무함이니이다."라고 하였다. 오늘도 진리는 변치 않는다. 진리는 능력이 있다. 세상이 아무리 변하여도 진리의 말씀은 변하지 않는다. 세상이 아무리 기독교를 공격해도 말씀 자체의 능력으로 세상을 리드한다는 것을 마음으로 믿고 입술로 고백할 수 있기 바란다. 그러므로 말씀에 능한 자가 되라. 말씀으로 여러분의 인생의 등불을 삼으라. 말씀을 신뢰하여 진리로 삼으라. 그 결과 결코 여러분의 소망이 부끄럽지 않게 될 것이다. 이것이 우리에게 주시는 주님의 메시지이다.

121-144절까지는 하나님의 말씀이 정의와 공의의 원천이요, 빛의 원천이요, 순수함의 원천이라고 가르쳐 주고 있다. 121절에 "내가 정의와 공의를 행하였사오니 나를 박해하는 자들에게 넘기지 마옵소서." 하고 기도한다. 정의와 공의의 기준은 오직 하나님의 말씀이다. 말씀대로 살면 결국은 우리가 승리한다는 것이다. MRI가 인간의 육체를 찍을 수 있다면 하나님의 말씀은 인간의 영혼과 삶을 찍는 MRI이다. 말씀 편에 서서 승리하시기 바란다. 129절의 말씀으로 인한 놀라운 주의 증거들이 여러분의 영혼과 삶 가운데 넘쳐나기를 바란다.

130절에서는 "주의 말씀을 열면 빛이 비추어 우둔한 사람들을 깨닫게 하시나이다."라고 고백한다. 말씀을 보고 암송하면 영혼에 빛이 비친다. 그리고 우둔한 사람들을 지혜롭게 해준다. 이것이 말씀의 능력이다. 빛이 무엇인가? 생명이다. 그러므로 말씀을 봐야 우리의 영적 생명이 건강하다. 말씀을 가까이할 때 우리의 영혼은 밝게 빛이 나는 것이다. 140절에서는 "주의 말씀이 심히 순수하므로 주의 종이 이를 사랑하나이다."라고 고백한다. 성경은 순금과 같이 순수하다. 거기에는 불순물이 들어있지 않다. 인생을 깨끗하고 순수하게 살고 싶은가? 성경을 열어야 한다.

145-176절까지는 말씀과 기도가 함께 가는 것을 가르쳐 준다. 145-146절에 "내가 전심으로 부르짖습니다. 응답해 주소서. 내가 주의 교훈과 증거들을 지키겠습니다."라는 것이다. 하나님의 말씀을 근거로 기도하고 그 말씀대로 살면서 하나님의 응답을 기다리는 시인의 모습이다. 그러므로 주께 부르짖는 기도와 하나님의 말씀은 함께 가는 것이다.

딤전4:5절에 하나님의 말씀과 기도로 거룩하여진다고 말씀한다. 말씀과 기도는 성전의 야긴과 보아스의 두 기둥과 같은 것이다. 말씀을 의지하고 부르짖으며 기도하시기 바란다. 하나님께서 응답해 주실 것이다.

천지의 질서와 지혜의 원천은 성경이다. 성경은 우리의 인생을 비쳐주는 등불이요, 공평과 정의의 기준이요, 영원히 변치 않는 순수한 보석이다. 말씀과 기도가 함께 갈 때 우리는 응답과 평안을 얻게 된다.

시인은 165절에서 확신에 찬 고백을 한다. "주의 법을 사랑하는 자에게는 큰 평안이 있으니 그들에게 장애물이 없으리이다." 끝까지 말씀을 사랑하고 붙들고 나아가는 자에게 평안이 온다는 것을 기억하라. 육신의 양식은 밥이다. 그러나 영혼의 양식은 말씀이다.

시인은 175절에서 "내 영혼을 살게 하소서."라고 고백한다. 말씀으로 여러분의 영혼이 빛과 생명으로 살아서 역사하며 평안의 복을 누리게 되시기를 주님의 이름으로 축원드린다.

전쟁과 평화

    시편 120-134편까지는 예루살렘, 즉 시온을 배경으로 성전에 올라가는 노래 혹은 '성전 순례시'로 불린다.

    이스라엘 사람들은 유월절, 칠칠절, 초막절 등 중요한 절기에는 반드시 성전에 올라가야만 했다. 이때 성전에 올라가는 순례객들은 본문의 시를 찬양하면서 믿음과 소망으로 가득 찼을 것이다.

    시편 120편은 이러한 내용을 가지고 하나님께 기도했더니 하나님이 응답해 주셨다는 것이다.(2-7절) 시인은 그 사실을 1절에서 정직하게 고백하고 있다. 그렇다면 시인의 간구는 무엇이었는가?

    시인은 2절에서 먼저 거짓된 입술과 속이는 혀에서 내 생명을 건져 달라고 기도했다. 이 세상에 가장 무서운 것이 바로 세 치에 지나지 않는 혀다. 이 혀로 사람을 죽이기도 하고 살리기도 한다. 약3:6-8절에서 "혀는 곧 불이요, 혀를 능히 길들일 사람이 없나니 쉬지 아니하는 악이요 죽이는 독이 가득하다."고 가르친다. 혀 하나로 찬송도 하고 저주도 한다. 시인은 이같이 자신을 속이고 저주하는 혀에서 건져 달라는 것이다.

    시인은 3-4절에서 원수를 혀로 형상화한다. 그래서 혀라는 원수에게 말한다. "너 속이는 혀여, 무엇을 네게 주며 무엇을 네게 더할꼬." 이에 대한 대답이 4절이다. "장사의 날카로운 화살과 로뎀나무 숯불이리로다." 로뎀나무는 유대 광야에서 자라는 우리나라의 싸리나무 같은 것인데 아주 단단하고 불이 붙으면 오랫동안 꺼지지 않는 특징이 있다. 그러므로 로뎀나무로 만들어진 화살 끝에 불을 매달아서 원수의 집을 공격하는 무기로 생각하면 된다. 그러니 세 치 혀로 나를 속이고 저주하는 원수의 집에 하나님께서 불의 화살로 갚아 주실 것이라는 믿음의 고백이다. 말장난하는 사람들은 상대하기 어려운 악한 존재들이다. 말은 그 사람의 인격을 대변한다. 정직한 언어, 축복의 언어, 칭찬과 격려의 언어, 남들을 살리는 언어를 사용하는 여러분이 되시기를 간절히 축복한다.

5절을 보라. "메섹에 머물며 게달의 장막 중에 머무는 것이 내게 화로다." 메섹은 야벳의 여러 아들 가운데 하나다.(창10:2, 대상1:5) 이들은 활을 잘 쏘고 낙타를 잘 타며 마을을 약탈하고 사람을 죽이는 도적으로 알려져 있다. 게달은 이스마엘의 둘째 아들 이름이며, 그들은 대부분 유목민들로 호전적이고 거친 사람들이다.(사21:13-17, 렘49:28-33) 이 구절은 호전적이고 거친 사람들과 함께 폭력적인 분위기 속에서 두려움 가운데 살고 있음을 한탄하고 탄식하고 있는 것이다.

6절에서도 이를 뒷받침한다. 그들은 화평을 미워하는 자들이요, 전쟁과 투쟁을 좋아하는 자들이다. 그러나 시인은 언제나 평화를 원했다. 화평을 추구했다. 하지만 7절에서 그들은 항상 싸우려 했고, 선을 악으로 갚으며 싸우려고 했다. 시인은 그들과 너무 오래 살아서 이제 더 이상 견딜 수 없는 상황에 이른 것이다. 이때 시인은 하나님께 부르짖었다. "하나님, 이젠 저들과 함께할 수 없습니다. 나를 평화가 있는 곳으로 옮겨 주시옵소서."라고 기도했더니 하나님께서 응답해 주셨다는 내용이다.

자신을 괴롭히는 자들을 두려워하지 마시기 바란다. 유도나 합기도에는 방어를 하면서 역으로 공격하는 기술이 있다. 피하면서 적을 공격하는 것이다. 롬5:3-4절에 "우리가 환난 중에도 즐거워하나니 이는 환난은 인내를, 인내는 연단을, 연단은 소망을 이루는 줄 앎이라."고 말씀한다. 어려움 가운데서도 믿음이 더욱 강해지는 여러분이 되시기를 축복한다.

원수를 직접 갚으려고 분노하거나 증오하지 마시기 바란다. 롬12:19절에 "내 사랑하는 자들아, 너희가 친히 원수를 갚지 말고 하나님의 진노하심에 맡기라."고 하신다. 신32:35절에서 하나님께서는 그들이 실족할 때 내가 보복하겠다고 하신다. 원수 갚는 것이 하나님의 손에 있다는 말씀이다. 그저 기도하면서 악에게 지지 말고 선으로 악을 이기시기 바란다. 특히 우리나라의 정치인들과 기득권층에 있는 사람들이 너그러운 마음이 되었으면 좋겠다. 반대로 빈곤층에 있는 사람들은 폭력이 아니라 대화로 접근했으면 좋겠다. 지금 우리나라에는 폭력이 난무한다. 정치인들도 거기에 가담한다. 정말로 무슨 한이 서린 사람들같이 싸운다. 한치 앞을 내다볼 수 없는 극단적인 분열의 상황이다.

이에 본문에서 가르쳐 주는 하나님의 방법은 심판을 하나님께 맡기라는 것이다. 원수를 직접 갚지 말라는 것이다. 더 나아가 잠25:21절에서 "네 원수가 배고파하거든 음식을 먹이고 목말라하거든 물을 마시게 하라."고 권면하신다. 아니면 차라리 시인처럼 나를 그들에게서 옮겨 달라고 기도하는 것이 옳다. 나 자신부터 언어폭력을 싫어하고 화평을 추구하며 살았으면 좋겠다. 주님의 평강이 여러분과 함께하시기를 간절히 축원드린다.

나의 도움이 어디서 올까?

시편 121편은 순례자들이 예루살렘을 향하여 가는 도중에 예루살렘 근처의 장엄한 산성을 바라보며 영적 감동을 노래한 찬양시이다.

순례자가 예루살렘 성전에 거의 도착하여 피곤하고 지친 몸으로 주위를 둘러싸고 있는 산들을 바라보면서 "나의 도움이 어디서 올까?"라는 철학적인 질문을 던지고 있다.

나의 도움이 어디서 올까? 시인은 2절에서 "나의 도움은 천지를 지으신 여호와에게서로다."라고 고백한다.

망원경으로 우주를 볼 수 있고 현미경으로 미생물을 볼 수 있다면 우리가 소유한 영의 눈으로는 무엇을 볼 수 있을까? 저 산 위에 계신 창조주 하나님을 볼 수 있다. 예수님은 마6:26절에서 하늘을 가리키며 "저 공중의 새를 보라. 심지도 않고 거두지도 않고 창고에 모아들이지도 아니하되 너희 하늘 아버지께서 기르시나니 너희는 이것들보다 귀하지 아니하냐."고 하셨다. 별이 빛나는 밤에 하나님을 본 멋쟁이도 있었다. 야곱이다. 그는 형 에서를 속이다가 쫓겨가는 방랑자의 신세가 되어, 밧단아람의 외갓집을 향하다가 밤을 맞았다. 들에서 돌베개를 하고 잠을 자는데, 이게 웬일인가? 어마어마한 사닥다리 하나가 땅에서부터 저 하늘 끝에 닿았고, 하나님의 사자들이 그 위에서 오르락내리락하고 있는데 여호와 하나님께서 그 위에 서서 "나는 여호와니, 너의 조부 아브라함의 하나님이요 이삭의 하나님이니라."는 음성을 들려주시는 것이었다.

여러분 앞에 고통과 절망의 산이 있는가? 신음과 좌절의 산이 있는가?

그 고난과 고통의 산 위에 계신 여호와 하나님을 볼 수 있기를 축복한다. 저 불안과 낙심의 산 위에 계신 창조주 하나님을 볼 수 있기를 바란다. 저 영롱한 별빛 위에서 우리 인생의 진정한 길벗이 되어 주시는 참 빛 되신 예수 그리스도를 볼 수 있기를 바란다. 사40:26절에서 "너희는 눈을 높이 들어 누가 이 모든 것을 창조하였나 보라."고 선언한다. 골3:1-2절에서는 "너희가 그리스도와 함께 다시 살리심을 받았으면 위의 것을 찾으라. 위의 것을 생각하고 땅의 것을 생각하지 말라."고 말씀하신다.

본문 3-5절에서는 이렇게 하나님을 찾는 자들에게 역사하시는 하나님을 찬양하고 있다. 그 하나님은 졸지도 않으시고 주무시지도 않으시면서 우리를 실족하지 않게 지켜 주신다고 약속하신다. 에스더는 졸지 않으시는 하나님을 끝까지 의지하며 죽으면 죽으리라고 나아갈 때 자기 민족을 구원할 수 있었다. 사도 바울은 차디찬 감옥에서도 졸지 않으시는 하나님을 경험했다.

하나님은 지금도 졸지 않으시고 여러분의 삶을 지켜보신다. 히11:1절에 "믿음은 바라는 것들의 실상이요 보이지 않는 것들의 증거"라고 하셨다. 지금도 나를 위해서 졸지도 않으시고 주무시지도 않으시는 하나님의 실상을 영안으로 보시고 몸소 체험으로 증거하는 믿음의 용장들이 다 되시기를 주님의 이름으로 축복한다.

본문 6-7절에서는 이러한 자들에게 보여 주시는 구체적인 하나님의 모습을 그리고 있다. 어떠한 하나님인가? 우리를 상하거나 해치지 못하게 하시고 모든 환난을 면하게 하시는 하나님이시다. 하나님은 낮의 해가 너를 상하게 하지 않을 것이라고 약속하신다. 밤의 달도 너를 해치지 못할 것이라고 약속하신다. 내가 너를 모든 환난에서 건져 주시겠다고 약속하신다. 이 약속의 말씀을 붙잡고 믿음의 눈으로 하나님을 바라보시기 바란다. 시42:5절에서 "내 영혼아, 네가 어찌하여 낙심하며 어찌하여 내 속에서 불안해하는가. 너는 하나님께 소망을 두라. 그가 나타나 도우심으로 말미암아 내가 여전히 찬송하리로다."라고 말씀한다. 여전히 찬송하리로다. 이가 시리도록 외로운 가운데서도 여전히 찬송할 수 있는 믿음의 백성이 되시기를 주님의 이름으로 축복한다. 요14:1절에 "너희는 마음에 근심하지 말라. 하나님을 믿으니 또 나를 믿으라."고 하신 것을 기억하라.

결론은 본문 8절에 있다. "여호와께서 너의 출입을 지금부터 영원까지 지키시리로다." 우리의 출입을 지키신다는 말씀이 무엇인가? 당시의 사람들은 집으로 들어오고 나가면서 문지방을 밟지 않는 독특한 관습이 있었다.(삼상5:1-5) 우리나라에도 문지방을 밟으면 귀신이 놀란다고 어른들한테 호되게 야단을 맞았던 시절이 있었다. 문지방은 집 안과 집 밖의 경계이므로 문지방을 밟으면 밖의 부정한 기운이 들어온다고 믿었기 때문이다. 그 출입문을 지키시는 분이 여호와 하나님이시다.

오늘도 졸지도 않으시고 주무시지도 않으시며 독수리 같은 눈동자로 나를 지키시는 분이 여호와 하나님이시다. 나를 상하거나 해치지 못하게 하시고, 모든 환난을 면하게 하시는 창조주 나의 하나님을 바라보는 복된 하루가 되시기를 주님의 이름으로 축원드린다.

예루살렘의 평안을 구하라

　시편 122편은 예루살렘을 노래하는 시이다. 예루살렘은 평화의 도시요, 하나님의 성전이 있는 곳이다. 이스라엘과 유다의 역사는 예루살렘에 집중되었다. 거기서 예수님이 십자가에 죽으셨고, 요한계시록의 마지막 부분은 하늘에서 내려오는 새 예루살렘에 대한 기록이다.(계21:10) 기독교인은 예루살렘을 향한 자들이다.

　본문은 1절에서 예루살렘에 있는 "여호와의 집에 올라가자."로 시작한다. 시인은 예루살렘에 올라가는 초대를 받고 기뻐하고 있다. 사30:29절에 "너희가 거룩한 절기를 지키는 밤에 하듯이 노래할 것이며, 피리를 불며 여호와의 산으로 가서 이스라엘의 반석에게로 나아가는 자같이 마음에 즐거워할 것이라."고 말씀한다. 당시 예루살렘의 순례는 사람들이 모여 함께 악기를 연주하고 노래를 부르는 축제 분위기로 출발한다는 것을 알 수 있다. 예루살렘에 올라간다는 것은 여호와 하나님을 만나는 것이다. 이는 평화와 보호와 안전을 보장받는 것이다. 그러므로 우리가 교회에 들어올 때 이러한 축제의 기쁨을 누려야 한다. 예루살렘의 본질은 이처럼 '샬롬' 즉, 평화이다.

　2-3절에서 예루살렘 성문에 도착한 무리는 예루살렘의 아름다움을 찬양하는 노래를 부른다. 예루살렘성이 모두 새롭게 재건되어 다시 이스라엘 지파들이 예배하러 가는 성이 된 것을 보고, "너는 잘 짜여진 성읍과 같이 건설되었다."고 기뻐한다. 지금도 예루살렘성은 그만한 위엄과 권위가 있다. 아주 거대하지 않으면서도 매우 아름답고 장엄하다. 다윗 때는

하나님의 법궤가 있을 때였으니 얼마나 가슴이 벅찼겠는가. 여러분도 하나님의 성전에 예배하러 올라올 때 이러한 감격으로 올라오시기를 축복한다.

지금 종교는 다르지만, 회교도들의 성지인 사우디아라비아의 메카를 상상하면 된다. 회교도들은 메카가 마음의 고향인 것처럼 기독교인들은 예루살렘이 마음의 고향이다. 이스라엘의 지파들은 여호와의 이름에 감사하고 전례를 따라 예루살렘성으로 올라간다.(4절) 거기에 무엇이 있는가? 심판의 보좌가 있다. 이 심판의 보좌는 다윗의 집의 보좌이다.(5절) 보좌는 '왕권'을 상징한다. 보좌 앞에는 왕이 발을 올려놓는 발등상이 있고 거기에서 공평과 정의의 판결이 이루어진다. 그러므로 '다윗의 집의 보좌'는 다윗 왕조의 통치권이 있다는 말이다. 하나님은 다윗 왕조에게 공평과 정의를 시행할 권위와 의무를 주셨다.

하나님께서는 다윗에게 기름을 부어 이스라엘의 왕으로 선택하시고 예루살렘에서 백성을 통치하는 보좌에 앉게 하셨으며, 다윗의 후손들이 그리스도께서 오실 때까지 대대로 열조의 왕위를 계승하게 하셨다. 이 다윗의 왕권은 누구에게 이어지는 것인가? 바로 다윗의 자손 예수 그리스도께로 이어지는 것이다. 그러므로 장차 도래할 새 예루살렘의 심판자는 다시 오실 예수 그리스도이다.

시인은 6절 이하에서 "예루살렘을 위하여 평안을 구하라. 예루살렘을 사랑하는 자는 형통하리라."고 선언한다. "그 성 안에 진정한 평안이 있고, 다윗의 궁중에 형통함이 있을지어다."라는 말씀이 무슨 뜻인가? 바로 예수 그리스도 안에 진정한 평화가 있음을 선언하는 것이다. 또한 마음으로 하나님의 성전, 교회의 번영과 평안을 바라는 사람들이 하나님으로부터 형통의 복을 받는다는 약속의 말씀이다. 왜냐하면 교회는 하나님의 백성들이 모여 있는 조그만 하나님 나라의 모형이기 때문이다. 이 평안은 우리만 누리는 것이 아니다. 예루살렘에서 흘러내리는 이 평안은 내 형제와 친구들에게도 흘러간다. 8절을 보라. "내 형제와 친구를 위하여 이제 말하리니 네 가운데에 평안이 있을지어다."

예루살렘성 안에 오신 여러분 위에 평안과 형통의 은혜가 함께하시길 간절히 기원한다. 이처럼 하나님의 교회는 평화의 나라가 되어야 한다. 형통의 근원이 되어야 한다. 이 평안과 형통의 은혜는 또한 여호와 우리 하나님의 집을 위한 일이기도 하다. 그러므로 9절에 "여호와 우리 하나님의 집을 위하여 내가 너를 위하여 복을 구하리로다."라고 말씀한다. 즉 교회를 위하여, 예루살렘을 위하여, 하나님의 집을 위하여 서로가 평안의 복을 받고 형통의 복을 누려야 한다는 말씀이다.

다윗의 왕위를 계승한 예수 그리스도는 평화의 왕으로 이 땅에 오셨다. 그분을 사랑하는 자의 최고의 복은 평안이요 형통이다. 그러므로 교회는 평화의 전당이 되어야 하고 형통의 원천이 되어야 한다. 구원받은 성도들은 서로 평안을 축복하고 형통을 빌어야 한다.

거기에 하나가 더 추가된다. 바로 사랑이다. 요일3:14절에 "우리는 형제를 사랑함으로 사망에서 옮겨 생명으로 들어간 줄을 알거니와 사랑하지 아니하는 자는 사망에 머물러 있느니라."고 말씀한다. 이처럼 그리스도인들의 정체성은 평안이요, 형통이요, 사랑이다. 그리고 그 근원은 예루살렘이다. 예루살렘의 복을 마음껏 누리시기를 우리 주님의 이름으로 축원드린다.

하나님의 구조를 기다리는 절박한 기도

시편 123편은 기도의 대상을 분명히 한다. 1절에 "하늘에 계시는 주님"이 그 대상이다. 그분이 누구인가? 2절을 보라. 여호와 우리 하나님이시다. 시인은 그분으로부터 무엇을 절박하게 간구하는가? '은혜'다. 하늘에 계신 분은 하늘의 왕, 통치자를 말한다. 시인은 눈을 들어 이 하늘의 왕을 바라본다.

그렇다면 우리는 누구인가? 2절에 상전의 손을 바라보는 종들이다. 여주인의 손을 바라보는 여종이다. 상전의 손, 여주인의 손, 이 '손'이 무엇을 의미하는가? 한마디로 권력을 뜻한다. 종은 그 권력의 손이 시키는 대로 하는 존재이기 때문이다.

시인은 3절에서도 "여호와여, 우리에게 은혜를 베푸시고, 또 은혜를 베푸소서." 하고 하나님의 은혜를 절박하고 간절하게 구한다. 2절까지 합치면 시인은 3번씩이나 우리에게 은혜를 베풀어 달라고 간절히 하나님께 청한다. 그 이유는 자신이 심한 멸시를 받기 때문이다. 그 멸시의 종류가 무엇인가? 4절에 안일한 자의 조소와 교만한 자의 멸시라고 말한다. 안일한 자의 상징이 무엇인가? 높은 계층의 사람들, 소위 편안하게 사는 사람들을 말한다. 교만한 자는 스스로 높다고 생각하고 최고라고 생각하는 권력자이다. 아니, 영적으로 생각하면 나에게 질병과 좌절을 가져다 주는 악한 사탄 마귀의 교만에 찬 조롱과 멸시이다.

이때 우리는 어떻게 해야 하는가? 본문을 통하여 3가지를 삶에 적용하고자 한다.

첫째, 우리는 바라봄의 신앙을 가져야 한다. 우리를 구원할 자는 오직 여호와 하나님이시다. 그분만이 우리 삶의 통치자이시다. 우리는 가난할 때나 부할 때나, 건강할 때나 병들 때나 하나님을 바라보아야 한다. 시121:1-2절에서도 "내가 산을 향하여 눈을 들리라. 나의 도움이 어디서 올까. 나의 도움은 천지를 지으신 여호와에게서로다."라고 하였다. 우리는 이 하나님을 바라보아야 한다. 그분은 우리의 생사화복을 다스릴 권력의 손을 가지셨다. 그분의 손이 함께하시기만 하면 우리는 사망에서 생명으로 옮겨질 수 있다. 그분의 손이 함께하시기만 하면 죽을 병에서도 고침을 받을 수 있다. 그분의 손이 함께하시기만 하면 가난에서 부함으로 옮겨질 수 있다. 다시 눈을 들어 이러한 전능자 여호와 하나님을 바라보시기를 주님의 이름으로 축원한다.

둘째, 우리는 기다림의 신앙을 가져야 한다. 우리는 대개 하나님의 때까지 기다리지 못한다. 기도를 하면 당장 응답이 되어야 한다. 그러나 하나님은 기다리라고 하신다. 다윗은 수많은 세월을 기다리면서 살았다. 사울왕에게 쫓기면서 죽기 일보 직전에서도 하나님의 은혜를 기다렸다. 기다리면서 그의 믿음은 더욱 단단해졌고, 그의 마음은 더욱 강해졌으며, 백성을 통치할 지혜를 얻었다. 그러므로 "고난당하는 것이 내게 유익이라. 이로 인하여 내가 주의 율례를 배우게 되었노라."고 고백한다. 요셉도 마찬가지다. 그는 형들에게 팔려 가면서도 기다렸다. 보디발의 종으로 살면서도 기다렸다. 감옥에 갇혀 있으면서도 기다렸다. 다윗이나 요셉이 기다렸더니 어떻게 되었는가? 하나님의 정한 날에 단련된 모습으로 정금(순금)같이 되어 나왔다.(욥23:10)

여러분도 기다림의 신앙을 소유하시기 바란다. 너무 성급하지 마시기 바란다. 하나님의 선하시고 인자하심을 기대하면서 묵묵히 나의 지정석을 지키며 나아가시기 바란다. 이때 자비와 긍휼이 풍성하신 하나님께서 여러분을 연단하시고, 사망과 질병에서 구출하시고, 훌륭한 신앙과 인격으로 거듭나게 하셔서 우리를 통하여 크신 찬송과 영광을 받으실 것이다. 그런 기대로 사시기를 주님의 이름으로 축원한다.

셋째, 우리는 기도하면서 바라보고, 기도하면서 기다려야 한다. 시인은 가만히 있지 않았다. "여호와여, 우리에게 은혜를 베푸소서, 은혜를 베푸소서, 은혜를 베푸소서." 간절한 마음으로 세 번씩이나 하나님께 간구한다. 이는 기도하는 삶을 말한다. 우리가 멸시와 조소를 당하며 산다면, 그 억울함을 하나님께 호소해야 한다. 내가 갚으려고 하지 말아야 한다. 그러면 기다리는 삶이 아니다. 다윗은 사울을 죽일 기회가 있었어도 죽이지 않았다. 반면 하나님께 기도를 쉬지 않았다. 요셉은 보디발의 아내가 유혹해도 넘어가지 않았다. 반면 하나님께 기도를 쉬지 않았다. 사무엘은 기도를 쉬는 죄를 범치 않게 해 달라고 하나님께 간구했다. 그러므로 시109:4절에서 "나는 사랑하나 그들은 도리어 나를 대적하니 나는 기도할 뿐이라."고 고백한다. 그렇다. 우리는 사탄 마귀의 지령을 받은 교만한 자들의 조소와 멸시로 스트레스를 받지 말아야 한다. 오직 하나님께 기도하며 그 억울함을 호소해야 한다.

괴로울 때 주를 바라보시기 바란다. 힘들어도 하나님의 때, 카이로스의 시간을 기다리시기 바란다. 그리고 그 과정을 기도로 이겨내시기 바란다. 신앙생활은 이러한 과정을 겪으며 성숙해지는 것이다. 전능하신 하나님, 신실하신 하나님과 깊이 교제하시면서 그분이 주시는 은혜와 평강으로 충만하시기를 주님의 이름으로 축원드린다.

죽음의 재앙에서 건지신 하나님

　시편 124편에서 시인은 여호와의 이름을 소리 높여 찬송하고 있다. 그는 과연 어떠한 하나님을 찬송하고 있는가? 시인은 '만약 하나님이 우리편에 계시지 아니하셨더라면?'이라는 가상적인 질문을 던진다.

　만약 하나님이 우리 편에 계시지 아니하셨더라면 어떠했을까?

　3절에, 그들의 노여움이 우리에게 맹렬하여 우리를 산 채로 삼켰을 것이라고 하였다. 적들의 위협이 얼마나 맹렬한지를 알 수 있다. 최근 인터넷에서 무시무시한 사진을 보았다. 뱀이 돼지를 통째로 삼키는 모습이다. 사탄의 모습이 바로 이러한 모습이다. 사탄은 우리의 삶을 통째로 삼키려 한다. 하지만 요나는 큰 물고기에게 통째로 삼켜졌어도 하나님이 물고기로 하여금 그를 토해내게 하셨다. 사실 나도 요나처럼 구원을 받은 자가 아닌가!

　4-5절에, 그때에 물이 우리를 휩쓸며 물과 시내가 우리 영혼을 삼켰을 것이라고 하신다. 수년 전 일어났던 일본의 쓰나미의 현장은 지금 생각해도 너무 참혹하다. 온 세상은 순식간에 물바다가 되었으며, 큰 배들이 힘없이 어느 마을에 처박혀 있었다. 나의 경우, 만약 하나님이 함께하시지 않았다면 건설 사업을 하다가 순식간에 거지가 되었을 수도 있다. 하나님이 함께하시지 않았다면 어릴 때 롤러스케이트를 타고 가던 내 딸이 지나가는 차 바로 옆에 쓰러져 목숨을 잃었을지도 모른다. 내가 섬기던 경신교회도 그동안 하나님이 함께하시지 않았다면 벌써 사탄의 쓰나미에 휩쓸려 갈 수도 있었다.

삼상18:11-12절을 보면 사울은 다윗을 벽에 박으리라 하고 창을 두 번 던졌다. 그러나 여호와께서는 다윗으로 하여금 피하게 하시고 사울로 하여금 오히려 다윗을 두려워하게 하신다. 히스기야 14년에 앗수르 왕 산헤립이 쳐들어왔다.(사36:1-2) 그러나 여호와의 사자가 나가서 앗수르 진중에서 185,000명을 치심으로 이기게 하시고, 오히려 산헤립은 그의 니스록 신전에서 경배할 때 그의 아들 아드람멜렉과 사레셀이 그를 칼로 죽였다.(사37:36-38) 이 일을 누가 하셨는가? 하나님이 하신 것이다.

어떠한 위기를 만나도 하나님께서 우리의 방패가 되어 주시고, 우리의 손을 들어 주시면 승리는 우리의 것이 된다는 사실을 믿고, 우리 편에 계신 하나님을 찬양하시기를 간절히 축복한다.

시인은 6절에서 "우리를 사탄에게 내주어 그들의 이에 씹히지 아니하게 하신 여호와를 찬송할지로다."라고 외친다. 우리는 날마다 저 아프리카의 악어가 득실거리는 강을 건너는 사슴처럼 위험 가운데 살고 있다. 강을 건너려다 악어의 입에 들어가면 한 번에 씹히고 만다. 그러나 시인은 7절에서 "사냥꾼의 올무에서 벗어난 새같이 하나님께서는 우리를 구원하셨다."고 고백한다.

내가 어렸을 때 우리 동네에서는 새 그물을 치곤 했다. 그러면 참새들이 몰려와 여기저기에 쳐진 그물에 걸린다. 그리고 푸드득거리다가 결국 사냥꾼의 손에 잡힌다. 그런데 어떤 새는 사냥꾼의 실수로 그물에서 벗어나 구사일생으로 살아 날아가기도 한다. 우리가 이 새처럼 사탄이라는 사냥꾼의 올무에서 벗어나 구사일생으로 살아났다는 것이다.

시인은 8절에서 "우리의 도움은 오직 천지를 지으신 여호와의 이름에 있도다."라고 선포한다. 시121:8절을 보면 "여호와께서 너의 출입을 지금부터 영원까지 지켜주시겠다."고 약속하셨다. 롬8:31절에서는 "그런즉

이 일에 대하여 우리가 무슨 말 하리요 만일 하나님이 우리를 위하시면 누가 우리를 대적하리요.”라고 선포한다. 이러한 하나님의 은혜를 받은 것이 우리가 잘나서 그런 것인가? 아니다. 롬9:16절에 “그런즉 원하는 자로 말미암음도 아니요 달음박질하는 자로 말미암음도 아니요 오직 긍휼히 여기시는 하나님으로 말미암음이니라.”고 하신다. 그렇다. 이 모두가 하나님의 자비와 긍휼 때문이다. 이러한 하나님을 기억하며 감사의 영으로 충만하시기를 바란다.

사42:6절에 “나 여호와가 의로 너를 불렀은즉 내가 네 손을 잡아 너를 보호하며 너를 세워 백성의 언약과 이방의 빛이 되게 하리니.”라고 하셨다. 하나님은 우리를 부르셨다. 그리고 우리의 손을 잡아 주셨다. 그리고 우리를 보호해 주셨다. 사43:1-2절에서는 “너는 두려워 말라. 내가 너를 구속하였고 내가 너를 지명하여 불렀나니 너는 내 것이라. 네가 물 가운데로 지날 때에 내가 너와 함께할 것이라. 강을 건널 때에 물이 너를 침몰하지 못할 것이며 네가 불 가운데로 지날 때에 타지도 아니할 것이요 불꽃이 너를 사르지도 못하리니.”라고 하신다.

시인이 1절에서 던진 가상적인 질문을 하나님과 나와의 절대적인 관계로 깊이 생각해 보자. 만일 여호와께서 그동안 내 편에 계시지 아니하셨더라면 지금 나는 어떻게 되었을까? 이 질문에 대한 정직한 대답을 올려드리며, 나와 내 가정과 우리 공동체에 임하신 하나님의 은혜와 사랑에 깊이 감사하는 복된 여러분이 되시기를 주님의 이름으로 축원드린다.

선하고 정직한 자를 품으시는 하나님

시편 125편에서 시인은 시온, 즉 예루살렘을 찾아 다시 돌아보며, 옛 모습은 사라지고 악인의 권세가 횡행하는 모습을 보고 애통해하는 마음을 그리고 있다. 그러나 그러한 위기 가운데서도 시온산으로 둘러싸여 있는 예루살렘성을 바라보며, 이처럼 아무리 부족하고 연약하지만 선하고 정직한 하나님의 자녀들을 두 팔로 품으시고 보호해 주심을 확신하는 고백을 하고 있다.

지금의 세대는 의인들조차도 악에 손을 대고 싶은 충동의 시대에 살고 있다. 정말 나만이 이렇게 정직하고 의롭게 살아야 하는가? 의구심이 들 때도 있다. 거짓됨이 처세술로 둔갑하여 통용되고 있다. 그러나 아무리 세상이 타락하고 악인의 권세가 횡행하여 우리를 억압할지라도 예루살렘성을 둘러싸고 있는 시온산처럼 거룩하신 하나님이 우리를 지키시고 보호해 주신다는 믿음의 고백이다.

시인은 첫째로 여호와를 의지하는 사람과 굽은 길을 가는 사람을 비교하고 있다. 1절에 "여호와를 의지하는 자는 시온산이 흔들리지 아니하고 영원히 있음 같도다."라고 하였다. 5절에서 "자기의 굽은 길로 치우치는 자들은 여호와께서 죄를 범하는 자들과 함께 다니게 하시리로다."라고 말씀한다. 하나님의 백성들은 이처럼 흔들리지 않는 굳건한 믿음이 있어야 한다. 나의 멘토이셨던 고 여운학 장로님은 수도 없이 "성공은 지속이다."라고 가르쳐 주셨다. 내가 나의 자리를 과연 몇 년 동안이나 흔들림 없이 정직하고 성실하게 지속할 수 있는가? 그 햇수에 따라 나의 성공과 인격은 판가름나게 될 것이다. 굽은 길을 가는 사람은 그저 죄인들의 흐름 속에 편승하는 것이요, 세월이 흘러도 진보가 없고, 결국 무너지게 된다는 것을 기억해야 한다. 아브라함의 믿음을 이어받는 백성은 어떠한가? 끝까지 흔들림 없는 믿음을 지속한다. 요셉의 신앙이 무엇인가? 어떤 환경 가운데서도 흔들리지 않은 신앙이다. 다윗의 위대함이 무엇인가? 아무리 사울과 세상이 흔들어도 흔들리지 않는 견고함이다. 비록 크게 성공하지 못했다 하더라도 남은 생애는 절대로 흔들리지 말고 하나님 앞에서 우리의 선하고 정직한 지정석을 끝까지 견고하게 지켜나갈 수 있기를 주님의 이름으로 축복한다.

시인은 둘째로 의인과 악인을 비교하고 있다. 시편의 대문을 여는 1편에서도 의인과 악인을 비교하였다. 복 있는 사람, 의인의 정체성은 간단하다. 악인들의 꾀를 따르지 않고 죄인들의 길에 서지 않고 오만한 자들의 자리에 앉지 않고 오직 여호와의 율법을 즐거워하며 그 말씀을 암송하고 읊조리며 사는 사람이다. 악인은 그렇지 않고 오직 바람에 나는 겨와 같이 흔들리는 사람이다. 이러한 악인은 의인의 회중에 들어가지 못하고 결국 망하게 된다는 것이 시편의 변함없는 가르침이다.

본문의 3절은, 심지어 악인이 규를 가지고 있다고 해도, 즉 악인이 왕의 자리에 앉아 왕의 지팡이인 홀을 가지고 있다고 해도 의인들의 땅에서는 권세를 누리지 못할 것이라는 선포이다. 이 말씀은 악인의 죄악과 왕성함이 잠시 동안은 성공할 수 있지만 결국은 의인에게 패배하고 의인이 승리하게 된다는 것을 선포하는 말씀이다.

이처럼 의인들은 끝까지 죄악에 손을 대지 않는다. 의인들은 지속적으로 선한 자들이요, 마음이 정직한 자들이다. 결국 의인들이 승리한다. 이처럼 우리가 믿음으로 구원을 받지만, 구원받은 백성들은 말씀에 순종하여 선하고 정직하게 살아야 한다. 이것이 성경의 법칙이다. 바울은 사랑하는 디모데에게 딤전1:19절에서 "믿음과 착한 양심을 가지라. 어떤 이들은 이 양심을 버렸고 그 믿음에 관하여는 파선하였다."고 권면했다. 다윗은 시51:10b절에서 "내 안에 정직한 영을 새롭게 해 달라."고 간구했다. 하나님은 우리의 행위를 저울에 달아보신다. 국회의원들 중에 교회의 직분을 가지고 있는 자들이 먼저 이 말씀에 굴복하며 엎드리기를 간절히 축복하며 기도한다.

하나님께서는 여러분의 삶을 시온산이 예루살렘을 겹겹이 둘러싼 것과 같이 끝까지 보호해 주시겠다고 약속하신다. 그러므로 예수 믿는 사람들이 세상에서 별 볼 일 없는 것 같지만 결코 그렇지 않다. 하나님이 시온산을 둘러싸신 것처럼 그들을 품에 안고 그들과 함께하시기 때문이다.

고전1:27-29절에 "하나님께서 세상의 미련한 것을 택하사 지혜 있는 자들을 부끄럽게 하려 하시고 세상의 약한 것들을 택하사 강한 것들을 부끄럽게 하려 하시며 하나님께서 세상의 천한 것들과 멸시받는 것들과 없는 것들을 택하사 있는 것들을 폐하려 하시나니, 이는 아무 육체도 하나님 앞에서 자랑하지 못하게 하려 하심이라."고 말씀한다.

하나님 앞에서 교만 떠는 자는 누구를 막론하고 쓰러지게 되어 있다.(잠16:18) 그것이 하나님의 법칙이다. 그러나 아무리 무능하고 무지하고 보잘것 없어 보여도 겸손히 하나님의 자비와 긍휼을 구하며 선하고 정직한 삶을 이어가는 자는 하나님이 끝까지 책임져 주신다. 저 시온산처럼, 아니 우리나라의 태백산맥처럼 우리를 둘러싸고 보호하시는 하나님의 품속에서 조금도 흔들리지 마시고, 강하고 담대하게 끝까지 선하고 정직한 성도의 길을 걸어가시기를 주님의 이름으로 축원드린다.

마지막으로 5b절 말씀으로 축복한다. "이스라엘에게는 평강이 있을지어다."

주 안에서 누리는 해방의 기쁨과 소망

시편 126편은 이스라엘 백성이 바사 왕 고레스의 포로 귀환 선포를 통해 70년간의 바벨론 포로 생활을 마치고 해방을 기뻐하는 내용이다. 한마디로 그들은 꿈꾸는 것 같았다고 고백한다.

여러분은 언제 꿈꾸는 것 같은 해방을 경험해 보았는가? 2-3절에서는 여호와께서 큰일을 행하셨다고 노래한다. 이 큰일이 무엇인가? 해방이다. 여러분에게 있어서 하나님께서 행하신 큰일이 무엇인가? 해방이다. 무슨 해방인가? 죄와 사망으로부터의 해방이다. 바로 예수 그리스도의 십자가 보혈로 죄사함을 받은 것이 가장 큰일이다. 여러분은 이같이 죄와 사망에서 해방되는 벅찬 기쁨을 누리며 살고 있는가?

성경의 창세기부터 요한계시록까지 계속해서 이어지는 것이 무엇인가? 바로 죄의 문제이다. 죄가 얼마나 무서운 것인지는 그 결과를 보면 알 수 있다. 롬6:23절에 "죄의 삯은 사망"이라고 했다. 죄가 없었다면 우리에게는 죽음이 없었을 것이고 영원만이 존재했을 것이다. 죽으면 모든 것이 끝나는 것인가? 아니다. 히9:27절에서 "한 번 죽는 것은 사람에게 정해진 것이요 그 후에는 심판이 있다."고 선언한다. 그러므로 우리의 죄는 결국 심판으로 이어지게 된다.

심판이 무엇인가? 계21:9절에서 "이는 불과 유황으로 타는 못에 던져지는 둘째 사망이라."고 선언한다. 여기가 어디인가? 지옥이다. 죄는 결국 우리를 어디까지 인도하는가? 지옥까지 인도한다. 그러나 롬8:1-2절에

"그러므로 이제 그리스도 예수 안에 있는 자에게는 결코 정죄함이 없나니 이는 그리스도 예수 안에 있는 생명의 성령의 법이 죄와 사망의 법에서 너를 해방하였음이라."라고 말씀한다. 여러분도 다시 한 번 예수 그리스도 안에서 죄사함을 받고 참다운 해방의 기쁨을 마음껏 누리시기를 우리 주님의 이름으로 축복한다.

그렇다면 해방된 자는 언제 벅찬 기쁨을 누리는가? 기도할 때 누린다.

본문 4절을 보면 시인은 "여호와여, 우리의 포로를 남방 시내들같이 돌려보내소서."라고 기도한다. 여기에서 '남방'은 유다의 한 불모지로 유명한 네게브 사막을 가리킨다. 이 사막은 평소에는 바짝 마른 상태로 있다가 가을이나 겨울철에 많은 양의 비가 한꺼번에 내리게 되면 일순간에 흙탕물이 가득한 격류로 변하는 것이 특징이다. 이러한 특징을 들어 간구하는 것은 무엇을 의미하는가? 사막이 갑작스럽게 격류로 변화하는 것처럼 하나님께서 일순간에 남아 있는 모든 포로들을 귀환시켜 달라는 것이다. 바벨론 포로들이 한꺼번에 모두 고국으로 돌아간 것이 아니기 때문이다. 1차, 2차 귀환에서 자신들이 꿈꾸는 것 같은 현실을 경험했으니 이러한 기도를 하지 못하겠는가? 아무도 예측하지 못하고 수십 년 간 포로생활을 하던 민족을 하루아침에 고레스 왕의 마음을 감동시켜 "너희들은 이제 해방이다."라고 선언하게 하시는 하나님이 어느 날 갑자기 나머지 포로들도 한꺼번에 해방시키지 못하시겠는가, 하는 기도이다.

여러분도 이 같은 기도의 응답으로 막혔던 모든 담이 무너지고 죽음의 질병에서 치유받고 주 안에서 진정한 자유와 해방의 벅찬 기쁨을 만끽하게 되시기를 우리 주님의 이름으로 간절히 축복한다.

신앙생활에서 벅찬 기쁨을 누리는 길이 또 하나 있다. 그것이 무엇인가? 바로 미래의 비전을 보면서 누리는 기쁨이다. 사람에게 소망이 없는 것만큼 불행한 일은 없다. 소망이 있으면 눈이 살아 있다. 자기 힘으로 자기 집 한 칸 마련해 본 사람은 누구나 그 기쁨을 안다. 이는 그들에게 꿈과 비전이 이루어졌기 때문이다. 그러므로 우리에게 비전이 있어야 기쁨을 누릴 수 있다. 열정은 소망이 있는 자에게만 생긴다. 이스라엘 민족 공동체는 모든 어려움이 해소된 것이 아니다. 단지 해방이 된 것이다. 그들은 앞으로 낯선 땅에 들어가 눈물을 흘리며 씨를 뿌릴 수밖에 없는 상황이다. 그러나 그들은 기쁨으로 단을 거두고 돌아올 것이라는 소망으로 가득 차 있다.

여기서 좀 더 자세히 보면 씨를 뿌리는 장면과 씨를 뿌리러 나가는 장면이 나온다. 5절은 씨를 뿌리는 장면이요, 6절은 씨를 뿌리러 나가는 장면이다. 씨를 뿌릴 때는 눈물을 흘릴 정도이지만 씨를 뿌리러 나갈 때는 울며 나간다고 표현한다. 그리고 울며 씨를 뿌리러 나가는 소망의 사람은 '반드시' 기쁨으로 그 곡식 단을 가지고 돌아온다고 확신을 선포한다. 이 표현에서 우리는 무엇을 그려볼 수 있는가? 울면서 비전을 세우는 자의 고통과 확신과 기쁨이 함께 어우러져 있는 모습을 볼 수 있지 않은가?

여러분의 삶이 날마다 이러한 비전으로 넘치기를 바란다. 소망으로 가득하기를 바란다. 그 비전과 소망으로 본문의 이스라엘 백성들처럼 꿈꾸는 것 같은 벅찬 기쁨으로 충만하기를 바란다. 예수 그리스도의 보혈로 죄사함받은 자의 자유와 해방을 잊지 말라, 그 기쁨을 간직하라. 날마다 말씀과 기도로 하나님과 교제하며 기도의 응답을 받으라. 그리고 성령님이 주시는 비전과 소망으로 기쁨을 이어가라. 이러한 은혜가 여러분의 삶 가운데 가득하게 되기를 주님의 이름으로 축원드린다.

평범한 삶이 하나님의 복이다

시편 127편은 솔로몬이 지은 시이다. 이 세상에서 솔로몬처럼 영광을 누렸던 자가 누가 있었는가? 그는 참으로 전무후무한 화려함과 영광을 누린 왕이었다. 그런데 참으로 아이러니컬한 것은 그가 "인생은 헛되다." 고 고백하고 있다는 것이다. 실제로 그가 지은 전1:2절에 "전도자가 이르되 헛되고 헛되며 헛되고 헛되니 모든 것이 헛되도다."라고 '인생무상'을 고백하고 있다.

그렇다면 그가 깨달은 것을 바탕으로 헛되지 않은 삶을 살려면 어떻게 하라는 것인가? 그는 전12:1-2절에서 안타깝게 권면한다. "너는 청년의 때에 너희 창조주를 기억하라. 곧 곤고한 날이 이르기 전에, 나는 아무 낙이 없다고 할 해들이 가깝기 전에, 해와 빛과 달과 별들이 어둡기 전에, 비 뒤에 구름이 다시 일어나기 전에 그리하라." 창조주 하나님을 기억하시기 바란다. 그것이 후회 없는 인생을 살 수 있는 최고의 지혜이기 때문이다.

그러한 마음으로 1절을 보라. "만약에 여호와께서 집을 세우지 아니하시면 세우는 자의 수고가 헛되며, 여호와께서 성을 지키지 아니하시면 파수꾼의 깨어 있음이 헛되도다." 집을 짓는다는 말은 가정을 세우는 것, 자손을 낳는 것, 왕조를 세우는 것, 교회를 세우는 것 등 여러 의미가 담겨 있다. 이런 것들이 모여 한 성을 이룬다. 한 공동체를 이룬다. 그런데 그 성, 그 공동체를 아무리 잘 지키고 경계를 철저히 한다고 해도 창조주 하나님께서 도와주시지 않으면 헛되다고 단언한다. 인생을 경험하면서

이 말씀이 틀리다고 할 사람이 있는가? 모두가 인정할 것이다.

2절에서는 잠에 대한 말씀을 주신다. 잠이 무엇인가? 한마디로 평안이다. 인간이 아침 일찍 일어나서 늦게까지 수고하고 노력하지만 잠을 주시는 분, 평안을 주시는 분은 하나님이심을 가르쳐 주신다. 돈이 많아도 불면증에 걸린 사람은 불행하다. 돈이 없어도 누우면 코를 고는 사람이 행복한 것이다. 그러므로 인생의 우선순위가 무엇인가? 마음의 평안이다. 그 평안을 주시는 분이 누구인가? 평강의 왕으로 오신 예수 그리스도이시다. 요14:27절에 "평안을 너희에게 끼치노니 곧 나의 평안을 너희에게 주노라. 내가 너희에게 주는 것은 세상이 주는 것과 같지 아니하니라. 너희는 마음에 근심하지도 말고 두려워하지도 말라."고 하셨다. 우리 주님 안에서 평안을 누리시기를 축복한다. 2절도 1절과 맥을 같이하는 것은 "하나님 없이는 너의 인생이 헛되다."는 말씀이다.

3절은 "보라"라는 말로 새 문단을 시작한다. 구약에서는 자식과 그들을 통하여 지속되는 삶을 하나님이 주신 복되고 충만한 삶으로 여겼다. 자식은 여호와의 기업, 즉 유산이라고 선포한다. 자식은 하나님의 은혜로 받는 것이기 때문에 하나님이 주시는 유산이라는 말씀이다. 그러므로 우리가 자식을 얻는 것도 하나님 없이는 안 된다는 것이다. 태의 열매는 하나님의 상급이라고 선포한다. 상급이 무엇인가? 일꾼이 주인에게서 받는 임금, 즉 삯의 개념보다 더 확대된 보상의 개념이다. 하나님이 우리의 노력보다 더 큰 양의 선물을 주셨다는 의미다. 창30:2절에 "야곱이 라헬에게 성을 내어 이르되 그대를 임신하지 못하게 하시는 이는 하나님이시니 내가 하나님을 대신하겠느냐."고 했다. 삼상1:27절에서 사무엘의 어머니 한나는 "이 아이를 위하여 내가 기도하였더니 내가 구하여 기도한 바를 여호와께서 내게 허락하신지라."고 고백하였다. 자식도 하나님이 선물로 주셔야 한다는 것이다. 자식을 가진 것이 하나님의 은혜라는 것을 깊이 감사하시기 바란다.

4-5절에서는 이러한 자식은 장사의 수중에 있는 화살과 같다고 말씀한다. 당시에는 성문에서 마을의 법정이 열렸다. 이때 자식들은 전쟁에서 화살이 무기가 되는 것처럼 부모의 원수를 굴복시키고, 부모를 위험에서 구해 주는 역할로 부모에게 큰 힘과 위로가 됨을 말씀하고 있다. 이처럼 자식은 부모의 울타리가 된다. 아침에 일찍 일어나 밤에 곤하게 자며, 세 끼 밥 잘 먹고, 자식들이 건강하게 자기 앞가림을 잘하고 산다면 그것이 바로 하나님으로부터 받은 큰 복이 아닐까?

본문은 이러한 평범한 복을 주시는 창조주를 기억하고 그분께 감사하며 살라는 것이다. 사람은 홀로 살아가는 존재가 아니다. 자신이 거할 집이 있어야 하고, 안전한 성을 쌓아야 하며, 그 성을 지키는 수고와 노력의 삶을 살아야 한다. 그러나 그렇게 성실한 삶을 살면서도 그 배후에 역사하시는 하나님의 섭리와 은혜를 깨닫지 못한다면 그야말로 어리석은 사람이다. 잠과 평안은 노력의 대가보다는 하나님의 선물이요, 자식도 내 마음대로 잉태할 수 있는 것이 아니요, 내 맘대로 키울 수 있는 것도 아니기 때문이다. 나의 가정과 직장, 나의 교회와 사회 가운데 평범한 삶의 복을 허락하신 하나님께 깊이 감사하시기를 주님의 이름으로 축원드린다.

행복한 신앙공동체로서의 가정

여러분은 왜 공산주의가 몰락하고 자유민주주의 진영이 발전하는지 아는가? 공산주의에서는 인간이 가지고 있는 본능적인 욕구 중에 타인으로부터 인정받고자 하는 욕구를 무시했기 때문이다.

미국의 일본계 역사학자 프란시스 후쿠야마는 『The end of history and the last man(역사의 종말과 최후의 인간)』이란 제목으로 책을 써서 세계적인 석학의 자리에 올랐다. 이 책의 요점은 두 가지이다. 길고 긴 인류의 역사에서 문명을 발전시켜 온 두 가지 핵심이 무엇인가? 인간은 누구나 물질적으로 보다 더 잘살려는 욕구가 있고, 타인으로부터 인정받고자 하는 욕구가 있다는 것이다.

인간으로부터 인정을 받아도 인생의 보람을 느끼고 삶이 발전하거늘, 하물며 여호와 하나님으로부터 인정받는 삶은 어떠하겠는가? 아브라함이 이삭을 제물로 드리라는 하나님의 명령에 순종할 때 창22:12절에서 "사자가 이르되 그 아이에게 네 손을 대지 말라. 그에게 아무 일도 하지 말라. 네가 네 아들 네 독자까지도 내게 아끼지 아니하였으니 내가 이제야 네가 하나님을 경외하는 줄을 아노라."고 말씀한다. 이는 무슨 말인가? 아브라함은 이때 하나님으로부터 하나님을 경외하는 자라는 인정을 받았다는 뜻이다. 그래서 그는 축복의 통로가 되었고, 믿음의 조상이 되었다.

본문은 1절에서 "여호와를 경외하며 그의 길을 걷는 자마다 복이 있도다."라고 선포하고 있다. 아브라함처럼 하나님을 경외하는 것을 인정받으시기 바란다. 또한 세상 사람들에게도 인정받고 신뢰받는 삶을 살기를 축복한다. 이러한 사람이 있는 가정과 국가는 반드시 성공하게 된다는 것이 성경의 가르침이다.

그렇다면 여호와를 경외하는 자는 그저 하나님만 바라보고 살아야 하는가? 아니다. 2절과 같이 이 땅의 삶 가운데 이마에 땀을 흘리며 손과 발로 노력한 산물을 먹어야 한다. 그때 복되고 형통한 삶을 영위하게 된다는 말씀이다.

1970년대 가나안 농군학교의 김용기 장로는 게으름을 타파하기 위해 밭에 누워 있는 조그만 돌들조차 정신차리라고 다 세워 놓았다고 한다. 그는 갈6:7절의 "심은 대로 거둔다."는 말씀에 철저하게 순종하신 분이다. 지금도 세상에서 놀면서 복지만 외치는 분들은 이 말씀을 깨달아야 한다. 일본의 재벌 중 하나인 유니클로 회사의 야나이 다다시 회장은 일본을 향하여 "돈도 못 벌면서 분배만 외친다."고 일침을 가했다.

성경은 남의 것을 거저 먹는 사상을 가르치지 않는다. 부지런히 네가 수고한 대가를 먹으라는 것이다. 이때 하나님께서 복을 주시고 형통한 은혜를 주신다는 말씀이다. 오늘도 최선의 노력을 하면서 하나님께서 주시는 복을 기대하는 성실한 주의 종들이 되시기를 축복한다.

또한 하나님을 경외하는 자는 가정의 평강을 누리는 복을 받는다. 하나님은 3절에서 "부부간에 서로의 포도나무가 되라."고 하신다. 포도나무는 여러 가지를 상징하지만 의존하는 특성을 가지고 있다. 그러므로 부부간에 서로 의존하고 기대며 살라는 말씀이다.

팔레스틴 지방에서는 부요함, 풍성함을 감람나무(올리브나무)에 비유하고 있다. 그 기름이 얼마나 인체에 유효한지, 이 감람나무는 그야말로 풍성함을 보여 주고 있다. 그 지방의 자랑으로 삼고 있다. 여러분의 가정, 식탁에 함께 둘러앉은 자녀들이 이 어린 감람나무와 같다. 이 모든 것이 누구에게 주시는 하나님의 복인가? 4절을 보라. "여호와를 경외하는 자, 하나님으로부터 인정을 받은 자가 받는다."는 약속의 말씀이다.

시127:1절에 "여호와께서 집을 세우지 아니하시면 세우는 자의 수고가 헛되며, 여호와께서 성을 지키지 아니하시면 파수꾼의 깨어 있음이 헛되도다."라고 하신다. 하나님을 경외하여 하늘의 신령한 복과 땅의 기름진 복으로 충만한 가정이 되시기를 주님의 이름으로 축복한다.

본문 5-6절 말씀으로 여러분의 가정과 섬기는 교회를 축복한다. "여호와께서 시온에서 네게 복을 주실지어다. 너는 평생에 예루살렘의 번영을 보며 네 자식의 자식을 볼지어다. 이스라엘에게 평강이 있을지로다."

시온, 예루살렘이 어디를 말하는가? 이 시대의 교회를 말한다. 하나님의 복은 교회를 통하여 흐르는 것이다. 왜냐하면 교회는 이 세상에 존재하는 최고의 하나님 나라 모형이기 때문이다. 거기에서 주님은 머리가 되시고, 우리 모두는 지체가 된다. 거기에는 주님의 평화가 있고, 사랑이 있고 기쁨과 희락이 있다.

이 말씀이 여러분에게 새롭게 들리는 메시지가 되기 바란다. 교회가 부흥하고, 성장하고, 건강해야 여러분의 가정도 더욱 건강하고 부요하고 풍성하게 되는 것이다. 여러분의 가정과 자녀들, 여러분이 행하는 모든 사업 위에, 그리고 섬기는 교회 위에 우리 주님의 풍성함과 부요함과 평강이 충만하게 임하시기를 주님의 이름으로 축원드린다.

내 등을 갈아 고랑을 만든 원수들

시편 129편은 이스라엘의 등을 갈아 고랑을 만든 원수들, 즉 그들을 그토록 박해하던 자들의 종말을 선포하는 말씀이다.

성도들이 핍박을 당하는 것은 성경의 원리다. 왜냐하면, 우리는 성령의 지배를 받고 그 안에서 안식을 누리고자 하나, 세상은 사탄의 지배를 받고 그 안에서 생존경쟁이 심하게 벌어지기 때문이다. 그러므로 우리는 영적 싸움을 피할 수 없는 존재들이다.

사도 바울은 사랑하는 디모데에게 딤후3:12절에서 "무릇 그리스도 예수 안에서 경건하게 살고자 하는 자는 박해를 받으리라."고 가르쳤다. 요15:18절에서도 주님은 우리를 향하여 "세상이 너희를 미워하면 너희보다 먼저 나를 미워한 줄을 알라."고 하셨다. 엡6:12절에서는 "우리의 씨름은 혈과 육을 상대하는 것이 아니요, 통치자들과 권세들과 이 어둠의 세상 주관자들과 하늘에 있는 악의 영들을 상대함이라."고 선포하였다. 악한 영들과의 영적 싸움에서 승리하시기 바란다. 주님을 위한 어떠한 환난과 핍박도 믿음으로 이겨내시기를 축복한다. 혹시 그러한 어려움이 없는 자가 있는가? 마땅히 그러한 핍박을 받아야 하는데도 평강을 주시니 하나님의 은혜에 더욱더 감사하고 헌신하시기 바란다.

본문 1절에서 이스라엘은 "그들이 내가 어릴 때부터 여러 번 나를 괴롭게 하였도다."라고 고백하고 있다. 참으로 이스라엘 민족처럼 고난을 받은 자들은 없을 것이다. 2000년간 나라를 잃어버렸던 사람들이 아닌가?

히틀러에게 600만 명이 학살당한 민족이 아닌가? 그런데 2절에 보면 "그들이 나를 이기지 못하였다."고 고백한다. 왜냐하면 하나님의 기업이요, 하나님의 자녀들이기 때문이다.

하나님은 사43:1-2절에서 "너는 두려워하지 말라. 내가 너를 구속하였고, 내가 너를 지명하여 불렀나니 너는 내 것이라. 네가 물 가운데로 지날 때에 내가 너와 함께 할 것이라. 강을 건널 때에 물이 너를 침몰하지 못할 것이며, 네가 불 가운데로 지날 때에 타지도 아니할 것이요, 불꽃이 너를 사르지도 못할 것이라."고 말씀하신다. 예수님도 요16:33절에서 "세상에서는 너희가 환난을 당하나 담대하라. 내가 세상을 이기었노라."고 선포하셨다. 환난과 역경 가운데서도 인내와 소망으로 승리하시는 여러분이 되시기를 바란다.

시인은 3절에서 이스라엘 민족의 고통을 "밭 가는 자들이 내 등을 갈아 그 고랑을 길게 지었도다."라고 비유적으로 표현한다. 이는 하나님의 백성들이 원수들로부터 핍박을 당할 때의 극도로 비참한 상태를 표현한 것이다. 내 등을 밭 갈듯이 갈아 고랑을 만들었으니 얼마나 고통이 심하겠는가? 그러나 살아계신 여호와 하나님께서는 의로우사 악인들의 줄을 끊으셨다. 실제로 역사적으로 이스라엘을 핍박한 애굽, 앗수르, 바벨론은 이스라엘 백성을 핍박한 죄로 다 망하게 하셨다.

지금 북한에서 성도들을 핍박하고 있는 김정은 정권도 하나님의 말씀에 비추어 보면 반드시 망할 것이다. 그뿐만 아니라 그들은 하나님이 가장 미워하시는 우상화를 일삼기 때문에 하나님 앞에 설 자리가 없을 것이다. 5절에서도 "무릇 시온을 미워하는 자들은 수치를 당하여 물러갈지어다."라고 선포한다. 그렇다. 시온이 어디인가? 예루살렘이요, 하나님의 백성들이 머무는 곳이다. 결국 그리스도인들이 승리할 것이라는 선포다.

예수님도 십자가에서 비참하게 죽으셨지만, 사망 권세를 깨뜨리시고 부활하셨다. 뿐만 아니라, 이제 세상을 심판하실 심판주로 이 땅에 다시 오실 것이다.

그러므로 시편 73편에서 악인의 형통을 부러워하는 시인이 하나님의 성소에 들어가 그들의 종말을 깨닫고 이렇게 고백한다. "주께서 참으로 그들을 미끄러운 곳에 두시며 파멸에 던지시니 그들이 어찌하여 그리 갑자기 황폐되었는가 놀랄 정도로 그들은 전멸하였나이다."(시73:18-19)

여러분을 고통스럽게 하고 환난과 시험과 역경과 고난이 어느 날 모두 미끄러짐으로 황폐하게 되어 놀라게 될 줄 믿는다. 그러므로 주 안에서 믿음으로 소망 가운데 인내하며 사시기를 간절히 축복한다.

우리를 핍박하고 괴롭히는 존재들의 모습은 과연 어떻게 될 것인가? 시인은 6절에서 "그들은 지붕의 풀과 같을지어다. 그것은 자라기 전에 마르는 것이라."라고 선포한다. 지붕 위 조그만 먼지들이 모여 있는 곳에 풀씨가 박혀 싹이 난 것을 본 적이 있는가? 하나님 앞의 악인들이 바로 그러한 존재들이다. 그들에게는 뿌리가 얕다. 열매를 맺을 수가 없다. 주인이 올라가 아주 쉽게 "웬 잡풀이 났어!" 하고 뽑아버리면 그만이다.

그러한 하나님을 신뢰하시기 바란다. 7-8절에 "이런 것은 베는 자의 손과 묶는 자의 품에 차지 아니한다. 지나가는 자들도 여호와의 복이 너희에게 있을지어다 하거나 우리가 여호와의 이름으로 너희에게 축복한다 하지 아니하느니라."고 하였다.

조폭들을 하나님의 이름으로 축복하는 자가 있는가? 없다. 그러나 하나님의 백성들은 세상 사람들로부터 축복을 받는다. 신뢰와 부러움을 산다. 그들에게는 주님의 권세가 있기 때문이다. 그러므로 환난 가운데서도 승리하시기를 주님의 이름으로 축원드린다.

깊은 곳에서 부르짖는 기도

시편 130편은 어거스틴, 루터, 요한 웨슬레 같은 위대한 신앙인들이 즐겨 읽은 참회시요, 애가이다.

여러분은 하나님과의 관계가 언제 가장 밀접하게 이루어진다고 생각하는가? 아마도 가장 절박한 상황, 절망에 처해 있을 때가 아닌가 싶다.

어느 목사님으로부터 메일을 받은 적이 있었다. 자기 교회의 외교관 출신인 60대 성도가 폐암 4기 판정을 받은 후, 죽음을 앞에 둔 절박한 상황에서 하나님을 찾고 십자가와 부활의 복음으로 변화를 받아 병들기 전에는 알지 못하였던 하나님의 은혜를 깊이 체험하게 되어 병도 고치고 건강도 회복하여 질병이 오히려 자신에게 큰 축복의 통로가 되었다고 고백했다는 것이다. 요즘에는 목사님과 함께 7㎞를 거뜬히 걷는다고 하였다.

시인은 1-2절에서 "여호와여, 내가 깊은 곳에서 주께 부르짖었나이다. 주여, 내 소리를 들으시며, 나의 부르짖는 소리에 귀를 기울이소서."라고 호소한다. 하나님은 오늘도 여러분에게 깊은 수렁과 기가 막힐 웅덩이에 빠진 것처럼 내려놓으라고 하신다. 그것이 진정한 겸손이기 때문이다. 이때 하나님은 우리의 손을 잡아 주실 것이다.

깊은 겸손을 경험하는 자의 특징은 무엇인가? 바로 자신의 죄악을 보는 눈이 열린다는 것이다. 그러므로 겸손의 결과는 회개이다. 3절을 보라. "여호와여, 주께서 죄악을 지켜보실진대 주여, 누가 서리이까." 그렇다. 우리는 모두 거룩한 주님 앞에서 당당하게 설 수 없는 죄인이다. 그런데도 깊은 수렁에 들어가 보지 않으면 자기가 잘나서 그렇게 사는 줄 안다. 그것이 교만이요, 탐심이다. 성경은 이를 우상숭배라고 말씀한다. 예수 그리스도의 보혈의 공로가 없었으면 나의 죄로 인하여 영원한 수렁, 지옥으로 들어갈 수밖에 없다는 사실을 깊이 묵상하고 하나님 앞에 겸손히 엎드리는 여러분이 되시기를 축복한다.

회개를 한 사람은 어떻게 하는가? 정직하고 진실한 마음으로 하나님께 용서를 구한다. 시인은 자신의 죄악을 회개하면서 하나님의 사유하심을 구한다. 구약에서 '죄사함'의 권한은 오직 하나님께만 있다. 따라서 이 개념은 하나님의 속성을 드러내는 말이다. 진심으로 용서를 구한 자는 어떻게 되는가? 주를 경외하게 된다. 이처럼 본문은 주님의 십자가의 속량을 깊이 깨닫는 자가 하나님을 경외하는 삶을 살게 된다는 것을 가르쳐 준다. 죄 용서를 받은 사람은 당연히 그 용서를 해준 분을 신뢰하고 경외해야 하는 것이 아닌가? 그러므로 죄사함의 은혜가 추상적인 사람은 하나님을 경외할 수 없다. 주님의 십자가는 바로 나 자신의 죄를 사해 주시기 위한 제물이었다. 주님의 십자가 은혜를 깊이 묵상하고, 전심으로 하나님을 경외하는 삶을 사시기 바란다.

이렇듯 죄에 대한 용서를 구하고 하나님을 경외하는 삶을 사는 자는 새 소망을 갖게 된다. 5절에 "나 곧 내 영혼은 여호와를 기다리며 나는 주의 말씀을 바라는도다."라고 고백한다. 하나님을 경외하는 사람은 하나님께서 어떠한 말씀으로 자신에게 사명을 주시는지 기다린다. 비전과 소망을 기다린다. 하나님의 선하시고 기뻐하시고 온전하신 뜻을 기다린다. 그 기다림이 파수꾼이 아침을 기다림보다 더하다. 파수꾼보다 더 긴장하며 하나님의 뜻을 기다린다. 여러분이 그러한 헌신과 사명의 삶을 살 수 있기를 바란다.

주님을 기다리는 것은 이처럼 귀하고 아름다운 것이다. 하나님이 주실 용서하심, 하나님이 주실 치유, 하나님이 주실 사명을 기다리는 것은 참으로 의미 있고 가치 있는 기다림이다. 시인은 그 마음을 7절에서 "이스라엘아, 여호와를 바랄지어다. 여호와께서는 인자하심과 풍성한 속량이 있음이라."고 고백한다. 여기서 '속량'은 구속이라는 말과 같다. 노예를 돈을 주고 사서 해방시켜 주는 것을 의미한다. 예수님의 십자가 대속이 바로 그러한 뜻이다. 이처럼 구약에서는 죄악을 속량해 주시는 하나님의 속성을 잘 드러내 주고 있다. 죄사함과 함께 하나님이 주시는 새로운 꿈과 소망으로 사는 사람만큼 행복한 자가 누가 있겠는가?

시인은 처음에 어디서부터 시작하는가? 깊은 수렁, 기가 막힐 웅덩이로부터 시작한다. 심각한 위기와 고난으로부터 시작한다. 거기서 하나님께 부르짖으며 하나님의 손을 잡는다. 하나님 앞에 서니 자신의 죄악이 생각나 회개하게 되었다. 회개와 함께 하나님의 사유하심을 간절히 기다렸다. 그 결과 하나님을 진실하게 경외하게 되었고 하나님의 말씀을 기다리게 되었다. 어느 정도로 기다렸는가? 파수꾼이 아침을 기다리는 것보다 더 간절하게 기다렸다. 왜 이렇게 여호와를 기다렸는가? 여호와만이 자신의 죄를 속량해 주실 수 있었기 때문이었다. 이러한 과정이 하나님께서 고난을 당한 그리스도인들에게 베푸시는 은혜의 사이클이다.

시119:67절에 "고난당하기 전에는 내가 그릇 행하였더니 이제는 주의 말씀을 지키나이다."고 하였다. 하지만 고난을 당하지 않은 상태에서 이러한 마음으로 하나님을 경외한다면 더욱 큰 복의 소유자가 될 것이다. 이러한 주님의 은혜가 충만하시기를 주님의 이름으로 축원드린다.

어머니 품에 있는 젖뗀 아이처럼

시편 131편은 다윗의 겸손함이 어떠한지를 보여주는 아름다운 시이다. 여러분은 '다윗' 하면 무엇이 생각나는가? 골리앗? 다윗은 겸손한 왕이었다. 사울의 핍박을 10년간 받으면서도 겸손히 참았고, 왕위에 오를 때에도 폭력으로나 억지로 하지 않았다. 사울의 사람들도 끝까지 인내하며 다 품었다. 아들 압살롬이 반역했을 때 시므이라는 사람이 먼지를 뿌리며 저주하는 모욕을 당했지만, 그것도 여호와 하나님이 시키신 것이라고 생각하고 겸손히 참은 사람이었다.

어거스틴은 제자들이 "그리스도인의 최고 덕목이 무엇입니까?" 하고 물었을 때, "첫째도 겸손이요, 둘째도 겸손이요, 셋째도 겸손이다."라고 대답하였다. 예수님이 바로 겸손한 모습으로 이 땅에 오셨다. 그러므로 사도 바울은 빌2:5-8절에 이렇게 권면한다. "너희 안에 이 마음을 품으라. 곧 그리스도 예수의 마음이니 그는 근본 하나님의 본체시나 하나님과 동등됨을 취할 것으로 여기지 아니하시고 오히려 자기를 비워 종의 형체를 가지사 사람들과 같이 되셨고, 사람의 모양으로 나타나사 자기를 낮추시고 죽기까지 복종하셨으니 곧 십자가에 죽으심이라." 한마디로 무엇인가? 겸손함으로 이 땅에 오신 예수님의 모습을 닮으라는 것이다.

겸손한 사람은 교만하지 않는다. 다윗은 1절에서 "여호와여, 내 마음이 교만하지 아니하고 내 눈이 오만하지 아니하오며 내가 큰일과 감당하지 못할 놀라운 일을 하려고 힘쓰지 아니하나이다."고 고백한다. 잠16:18절에는 "교만은 패망의 선봉이요, 거만한 마음은 넘어짐의 앞잡이니라."고

하신다. 눈이 오만하다는 것은 무엇인가? 잘난 체하고 방자한 태도를 말한다. 성경에는 "내가 큰일과 미치지 못할 기이한 일을 힘쓰지 않는다."고 하였다. 교만하지 않다는 것은 자신의 그릇을 아는 것이다. 감당치도 못하고 미치지도 못할 일에 힘쓰는 것은 헛된 욕망이요, 교만이다.

1절에서는 내 마음이 교만치 않는다고 '마음'을 말한다. 그다음에 내 눈이 오만하지 않는다고 '눈'을 말한다. 그리고 내가 큰일과 감당하지 못할 놀라운 일을 힘쓰지 않는다고 '일'을 말한다. 그렇다. 모든 욕심은 마음에서 일어나는 생각으로 시작한다. 눈은 세상을 봄으로써 자신에게 들어가는 통로이다. 사도 요한은 요일2:16절에서 이를 '육신의 정욕과 안목의 정욕과 이생의 자랑'이라는 표현을 썼다. 육신이 요구하는 허욕의 마음을 통제하라는 것이다. 눈이 요구하는 정욕을 절제하라는 것이다. 그리고 명예를 추구하는 일을 다스릴 줄 알아야 한다는 것이다. 모두 점진적인 표현이다. 여기서 제일 중요한 것이 무엇인가? 마음이다. 그러므로 잠4:23절에서 "모든 지킬 만한 것 중에 더욱 네 마음을 지키라. 생명의 근원이 이에서 남이니라."고 하셨다.

시인은 2절에서 영혼의 고요함과 평온함을 간절히 사모한다. 그 상황을 시인은 젖뗀 아이가 그의 엄마 품에 있는 것으로 표현했다. 젖을 뗀 아이는 젖먹이와는 다르다. 젖먹이는 배가 고프면 칭얼대며 어머니에게 젖을 달라고 울며 떼쓴다. 그러나 젖을 뗀 아이는 그런 젖의 욕구로부터 해방된 상태다. 더 이상 어머니에게 젖을 달라고 칭얼대지 않는다. 하지만 어머니로부터 완전히 독립된 존재도 아니다. 어머니가 해주시는 것을 기다리는 여유를 가진 자가 젖뗀 아이다.

시인은, 자신은 이제 젖먹이가 아니라 젖뗀 아이가 되었다는 것이다.

젖뗀 아이는 설령 엄마를 잠시 떠나도 금방 되돌아온다. 엄마를 의심하지 않는다. 그저 엄마를 소유한 사실만으로 최고의 만족을 누린다. 엄마만 있으면 마냥 행복하다. 이처럼 겸손하고 성숙한 신앙인은 하나님께 어떤 물질이나 세상의 명예보다 하나님만을 찾는 자요, 하나님과 교제만 하면 마냥 행복하다. 하나님 한 분만으로 만족한다. 그러면서도 자신의 역할을 하려고 최선을 다하고, 스스로 하나님께 영광을 돌리려는 삶을 추구한다.

시인은 그 결론을 3절에서 "이스라엘아, 지금부터 영원까지 여호와를 바랄지어다."라고 선포한다. 그렇다. 젖뗀 아이처럼 하나님께 무조건 요구하는 태도보다는 하나님 품에서 진정한 평안과 보호를 느끼며 먼저 그의 나라와 그의 의를 구하는 삶을 사시기 바란다. 여러분의 헛된 마음을 통치할 수 있기를 축복한다. 욕심을 제어할 수 있기를 바란다. 이를 위해 눈을 조심하시기 바란다. 미치지 못할 기이한 일, 감당치 못할 일, 마땅히 생각할 그 이상의 생각을 품지 않으시기를 바란다.

그러면서도 하나님께 칭얼대는 젖먹이를 벗어나시고, 이제는 젖을 뗀 아이처럼 하나님 없이는 못 살면서도 좀 더 의젓하게 스스로 하나님의 뜻을 헤아리고 사명을 다하는 삶을 사시기 바란다. 말씀으로 주님의 세미한 음성을 듣고 승리하시기를 주님의 이름으로 축원드린다.

다윗 언약과 시온을 택하신 하나님

　우리는 구약 신학의 두 가지 주제를 기억해야 한다. 그것은 바로 다윗 언약과 시온이다. 다윗 언약은 그의 후손에서 다윗을 닮은 메시아, 예수 그리스도가 탄생하기 때문이요, 시온은 하나님이 계신 곳을 상징하기 때문이다. 시온은 다윗성, 시온성 등과 같은 말로 예루살렘을 가리킨다. 우리가 장차 차지할 곳, 새 하늘과 새 땅도 바로 '새 예루살렘성'이라고 표현한다. 시편 132편은 이 두 가지의 내용을 다루고 있다.

　다윗 언약은 왜 중요한가? 그의 후손에서 예수 그리스도가 나시기 때문이다. 그러므로 마1:1절은 "아브라함과 다윗의 자손 예수 그리스도의 계보라."고 시작한다. 베드로는 오순절 설교에서 다윗의 후손으로서 그의 보좌에 앉아 다스릴 자는 바로 부활하신 예수 그리스도라고 증거하였다.(행2:30-35) 그렇다. 예수 그리스도는 다윗의 후손이며, 그의 보좌가 영원하다는 것은 바로 예수 그리스도의 보좌가 영원하다는 것을 말한다.

　12절에서 "네 자손이 내 언약과 그들에게 교훈하는 내 증거를 지킬진대 그들의 후손도 영원히 네 왕위에 앉으리라."는 내용이 바로 그 예언이요, 17절에서 "내가 거기서 다윗에게 뿔이 나게 할 것이라. 내가 내 기름 부음 받은 자를 위하여 등을 준비하였도다."는 말씀이 바로 뿔 되신 메시아, 그를 위한 등을 준비하시는 여호와의 열심을 보게 되는 것이다. 그 승리의 모습이 바로 18절이다. "원수에게는 수치를 옷 입히고 다윗의 후손, 예수 그리스도에게는 왕관이 빛나게 하리라." 즉, 메시아의 영광이 빛날 것이라는 예언이다. 그런데 지금은 다윗의 자손이 누구인가? 바로 여러분, 하나님의 백성들이다.

다음은 하나님께서 시온을 택하시는 내용이다. 13절에 여호와께서 시온을 택하시고 자기 거처를 삼고자 했다고 말씀한다. 다윗은 결국 법궤를 시온, 예루살렘성에 안치하였다. 엘리 제사장 때 법궤를 블레셋에게 빼앗겼다. 이때 하나님의 거처인 실로는 무너졌고, 이스라엘은 오랫동안 하나님을 올바로 경배하지 못했다. 이 법궤는 수십 년 동안 바깥에 돌아다녔다. 그러나 사울왕은 이 성막에 관심이 없었다. 다윗왕 때 이 법궤를 끝내 찾아 예루살렘에 안치한 것이다.

6절을 보라. 어디서 찾았는가? 에브라다, 즉 에브라임 어느 나무 밭(야일의 밭)에서 찾았다. 여기는 마지막 장소 기럇여아림(대상13:6)을 말한다. 그 감동을 7절에서 "그의 발등상 앞에서 엎드려 예배하리라."고 표현한다. 9절에서는 이 법궤가 성전 안으로 들어왔으므로 "제사장들은 구원의 옷, 즉 의의 옷을 입고 성도들은 함께 찬양하라."는 것이다. 이에 하나님은 응답하시어, 16절에 "내가 그 제사장들에게 구원을 옷 입히리니 그 성도들은 즐거이 외치리로다."라고 선포하신다. 삼하 6장에 나오는 다윗이 왜 그토록 하나님의 법궤를 예루살렘 시온성, 다윗성에 안치했는가의 중요성을 깨닫게 된다. 이처럼 다윗은 하나님의 법궤를 예루살렘에 안치하던 날 너무 기뻐 바지가 흘러내리는 줄도 모르고 춤을 추었다. 이는 후에 예루살렘 성전 건축의 토대가 된다.

그렇다면 그 다윗의 후손, 예수 그리스도를 통하여 그의 후손이 된 하나님의 백성들은 어떻게 살아야 할까? 당연히 다윗을 닮고, 예수님을 닮은 삶을 살아야 하지 않겠는가? 다윗의 삶은 한마디로 어떠한 삶인가? 하나님 중심이요, 성전 중심의 삶이다. 1절에서 다윗의 모든 겸손을 기억해 달라는 것은 다윗이 예루살렘 성소를 만들기 위하여 쏟은 '근심 어린 수고'를 말한다. 그는 이 성소를 만들기 위하여 2절에 여호와께 맹세하고 서원했다. 맹세는 변하지 않는 결심이요, 서원은 어떤 일이 이루어질 때까지 금욕적인 삶을 다짐하는 것이다. 특히 야곱의 전능자에게 서원했다고 하는 것은 벧엘에서 돌베개를 하고 자다가 주님의 성전을 짓겠다고 서원하는 야곱(창28:10-22)을 기억하고 한 말이다. 그는 하나님의 성전을 세우기 위하여 자신의 집에 들어가지 않을 것이요, 만약 들어가도 침상에 오르지 아니할 것이요, 올라가도 잠들지 아니할 것이요, 졸지 않겠다는 것이다. 이런 마음이니 바지가 흘러내리는 줄도 모르고 춤을 추게 되지 않았겠는가? 이는 불철주야 성전 중심으로 헌신하겠다는 다짐을 표현한 말이다.

8절에서 "여호와여 일어나사 주의 권능의 궤와 함께 평안한 곳으로 들어가소서."라고 기도하였는데, 이에 하나님은 친히 응답하신다. 14절에 "이는 내가 영원히 쉴 곳이라. 내가 여기 거주할 것은 이를 원하였음이로다."라고 하시며, 15절에서 시온은 하나님의 복이 흐르는 복의 근원이 되어 풍족한 식료품과 떡으로 빈민을 만족하게 한다. 16절에서는 제사장과 성도들이 제자리를 찾는다.

이처럼 우리의 복은 예루살렘으로부터 흘러나오는 것이다. 그러므로 그 복의 근원을 향하여 다윗처럼 헌신하며, 다윗과 시온을 기억하는 여러분이 되시기를 주님의 이름으로 축원드린다.

더불어 사는 교회 공동체

시편 133편은 3절밖에 되지 않는 간단한 내용이다. 그러나 우리는 여기서 참다운 교회의 정체성을 깨닫게 된다.

교회란 무엇인가? 헬라어로 '에클레시아', 부름받은 성도들의 모임이다. 이는 예수 그리스도 안에서 구속받은 사람들의 모임이다. 그러므로 육체적인 취미 중심으로 모인 친목 모임이 아니다. 영적 공동체이다.

여기에 있는 사람들의 특징이 무엇인가? 구원이요, 영생이다. 시인은 "이러한 형제들이 연합하여 동거함이 어찌 그리 선하고 아름다운고."라고 노래하고 있는 것이다.

여러분이 섬기는 교회가 이 말씀처럼 아름다운 공동체가 될 수 있기를 주님의 이름으로 축복한다. 성도들이 연합하여 동거함이 어찌 그리 선하고 아름다운고. 그들의 얼굴에는 기쁨이 있고, 그들의 머리에는 지혜가 있으며, 그들의 마음에는 사랑과 평화가 있을 것이다. 특히 지도자들은 이러한 하나님이 원하시는 모습이 되어야 한다. 그래야 온 성도들이 함께 참여할 수 있기 때문이다.

이러한 자들의 또 다른 특징을 2절에서 "머리에 있는 보배로운 기름이 수염 곧 아론의 수염에 흘러서 그의 옷깃까지 내림 같고."라고 표현한다. 보배로운 기름은 아주 좋은 기름을 말한다. 고대 근동에서는 주인이 연회에 참석한 손님의 이마에 고급 기름을 발라주곤 했다. 이스라엘에서는 제사장을 임명할 때 하나님이 택하셨다는 표시이자 성령의 임재를 나타내기 위하여 최고급 기름을 머리에 부었다. 본문에서는 대제사장인 아론이 이 보배로운 기름부음을 받는 장면을 그리고 있다. 이는 무엇을 나타내는가? 구속받은 자들의 '성별'을 의미한다. 구별된 백성들이 하나님의 자녀들이라는 것이다. 성령의 기름부음을 받은 자들이다. 이들의 특징은 하나님의 임재요 영광이다.

우리가 임직받을 때 안수받는 것이 바로 이 기름부음을 상징하는 것이다. 이는 안수하는 자가 소유한 거룩한 성령이 전가되는 것을 의미한다. 그러므로 안수를 함부로 받으면 안 된다. 악한 영에 휩싸인 자로부터 안수를 받으면 그 영이 전가되기 때문이다. 그래서 안수를 조심하라는 것이다.

이렇게 보배로운 성령의 기름부음을 받은 자들은 어떻게 살아야 하는가? 성별된 신분으로 살아야 한다. 빛의 자녀로 살아야 한다. 나 중심의 인본주의가 아니라 하나님 중심으로, 신본주의로 살아야 한다. 그러므로 롬14:8절에 "우리가 살아도 주를 위하여 살고 죽어도 주를 위하여 죽나니 그러므로 사나 죽으나 우리가 주의 것이로다."라고 말씀한다. 여러분도 구별된 백성으로 살아가시기를 축복한다. 하나님의 임재와 영광을 경험하시기 바란다. 여러분의 삶 위에, 가정 위에 이러한 성령의 기름부음이 넘치시기를 간절히 바란다.

3절에서 이러한 성도들의 특징을 또 하나 가르쳐 준다. 바로 헐몬의 이슬을 맞으며 사는 백성들이라는 것이다. 헐몬산은 안티레바논 산맥의 남쪽 돌출부를 이루는 산이다. 헐몬산의 높이는 약 2,700m로 팔레스타인 여러 곳에서 산 정상이 보인다. 헐몬산의 정상 부근은 만년설로 뒤덮여 있다. 헐몬산에서부터 물이 흘러 훌란 북쪽에 강을 이루고 이 물이 갈릴리 호수로 들어간다. 헐몬산의 이슬은 산에서 내려오는 찬 공기가 남쪽으로 내려오면서 만드는 수증기이다. '이슬'이 어디서 내려오는가? 하늘에서 내려온다. 이슬은 땅을 촉촉이 적시며 풍요와 신선함과 생명을 가져다 준다. 그러므로 이슬은 복과 생명을 의미한다. 하나님은 호14:5절에서 "내가 이스라엘에게 이슬과 같으리니 그가 백합화같이 피겠고 레바논 백향목같이 뿌리가 박힐 것이라."고 말씀한다.

헐몬의 이슬이 무엇을 상징하는가? 위에서 내려주시는 하나님의 은혜를 상징한다. 그러므로 성도들은 위에서 내려주시는 하나님의 은혜로 사는 백성이라는 것이다. 본문의 3절을 보라. "헐몬의 이슬이 시온의 산들에 내림 같도다." 이 싱그러운 아침에 하늘에서 내려주시는 하나님의 신령한 은혜인 헐몬의 이슬로 메마른 심령들이 촉촉이 적셔지고, 하나님의 은혜와 평강으로 충만하게 되시기를 간절히 축원한다.

이러한 자들이 누리는 영광이 무엇인가? 영생이다. 3b절에 "여호와께서 복을 명령하셨나니 곧 영생이로다."라고 말씀한다. 하늘의 이슬을 먹고 사는 하나님의 백성들은 영생의 선물을 받는다. 요3:16절에 "하나님이 세상을 이처럼 사랑하사 독생자를 주셨으니 이는 그를 믿는 자마다 멸망하지 않고 영생을 얻게 하려 하심이라."라고 하셨다.

영생을 선물로 받았다는 사실로 인하여 하나님께 감사하며 찬양하시기 바란다. 형제가 연합하여 동거하는 아름다운 공동체, 보배로운 성령의 기름으로 성별된 삶을 사는 성결의 공동체, 헐몬의 이슬, 하늘의 신령한 은혜와 사랑과 평화로 심령이 촉촉한 은혜와 사랑의 공동체, 이러한 공동체가 여러분의 가정과 섬기는 교회 공동체가 될 수 있기를 우리 주님의 이름으로 축원드린다.

밤에 주의 성전에 서서 기도하는 자

시편 134편은 3절밖에 되지 않는 간단한 내용이다. 시편 120편에서 시작된 성전에 올라가는 노래는 시편 134편으로 끝난다. 밤에 성전에서 주님을 찬양하는 시로 마치고 있다는 것은 또 다른 의미가 있다.

본문 1절에 보라. "밤에 여호와의 성전에 서 있는 여호와의 모든 종들아, 여호와를 송축하라." 예루살렘에 올라가는 순례자들은 대적자들의 조롱과 멸시와 핍박을 이기고 최고의 기쁨과 행복과 만족을 누리며 여호와를 송축한다.

본문에서는 이처럼 '밤'에 하나님을 찬양하는 내용이 언급된다. 구약시대에는 밤 예배가 없었다. 그러나 레위인과 제사장들은 밤낮으로 성전 일을 돌보았다.(대상9:23-27,33) 또 아침과 저녁으로 주님께 감사와 찬송을 드렸다.(대상23:30) 이처럼 성전의 직원들은 밤에도 깨어 성전을 지키며 다음 일과를 준비하였다. 또한 특별한 절기에는 밤에도 일을 했다고 한다. 여러분은 어떠한 밤을 보내시는가? 수많은 죄인들의 범죄는 밤에 이루어진다. 그러나 깨어 있는 사람들은 밤에 하나님의 일을 하며, 하나님께 기도하며, 하나님을 찬양하는 특권을 누린다.

2절에서는 "성소를 향하여 너희 손을 들고 여호와를 송축하라."고 외친다. 시편에서는 주로 찬양하는 자세를 '손을 들고 한다'고 표현한다. 이는 기도하는 모습이다. 제사장과 레위인들은 찬양을 드리는 일 외에도 이처럼 기도하는 직무를 맡고 있었다. 그들은 몸으로 주님을 섬겼다.

우리도 기도원에 올라가 밤새워 기도를 해 보면 어떨까? 그렇게 해서라도 여호와 하나님을 향하여 찬양하고 기도하는 훈련도 하고 특권도 누리고 복을 받아야 한다. 하나님을 가까이하는 것이 최고의 복이기 때문이다. 무엇보다도 손을 든다는 것은 항복한다는 의미가 아닌가, 또한 마음을 들어서 하나님께 올려드린다는 뜻이 아닌가.

지금은 고인이 되셨지만 한국 CCC 총재셨던 김준곤 목사님의 『예수 칼럼』이라는 책에 나온 '구국 기도의 불침번'이라는 제목의 글이다.

밤 12시 반 나는 지팡이 하나 짚고 지척을 분간 못할 우거진 원시림 속을 헤치며 산으로 깊이 깊이 혼자 들어간다. 오소리 사는 산, 독사는 득실거리고 간첩도 지나다닌다는 산, 귀신이 우는 소리도 들리는…. 그래도 나는 깊이 깊이 산에 가 엎드려야 한다. 지금 이 시각은 저 7백만 서울 시민의 죄악과 환락이 절정에 이를 시간, 악귀, 잡귀들이 나도는 시각, 바로 이 시각에 나 같은 것이라도 깨어 기도해야 한다. 유럽 천지에 만족이 쳐들어 올 때 깊은 밤 혼자 서서 기도하던 베네딕트처럼.

밤을 조심하시기 바란다. 밤에 하나님을 찬양하고 기도하시기 바란다. 밤에 타락하고 쾌락에 빠지지 말고 하나님께서 기뻐하시는 일을 하시기 바란다. 밤을 잘 보내면 경건한 생활을 잘 유지할 수 있을 것이다. 날마다 죄악의 밤이 아니라, 감사와 찬양과 쉼과 안식의 밤이 되시기를 우리 주님의 이름으로 축복한다.

3절에서 시인은 갑자기 "여호와께서 시온에서 네게 복을 주실지어다." 하면서 복을 빌고 있다. 제사장은 마지막 인사를 하면서 천지를 지으신 창조주 하나님의 복이 임하길 빈다. 주님은 창조주로서 구원자이시므로 생명과 평화와 회복의 복을 주신다. 지금의 믿음 공동체는 죄와 질병, 가난, 경제와 정치의 실패 등으로 고통 가운데서 주님의 복을 간절히 사모하고 있다.

무엇보다도 시인은 그 복의 근원을 '시온'이라고 부른다. 132편에서 시온은 어디라고 하는가? 주님의 거처이다. 133편에서는 화목한 가정에 복을 주시는 곳이었다. 134편에서는 주님을 예배하는 곳으로서 거기서 우리에게 복을 주신다. 처음에 하나님이 천지를 창조하실 때 에덴동산의 모습을 보라. 거기가 하나님이 계시던 곳이었고, 거기서 세상으로 축복의 강이 시작되었다.

창2:10절 이하를 보면 "강이 에덴에서 흘러나와 동산을 적시고 거기서부터 갈라져 네 근원이 되었으니, 그 강들의 이름은 바로 비손강, 기혼강, 힛데겔강, 유브라데강이었노라."라고 하였다. 이것이 바로 천지를 창조하신 하나님의 동산으로부터 흐르는 축복의 강이었다. 여러분의 가정과 교회에 이러한 은혜의 강, 사랑의 강, 평안의 강, 소망의 강들이 흘러넘치기를 간절히 축복한다.

시온을 사랑하라. 성전을 사모하라. 복은 예루살렘을 통하여 흐르는 것이다. 지성소를 통하여 흐르는 것이다. 제사장들을 통하여 이스라엘 자손을 축복하라고 하신 그 말씀으로 여러분을 축복한다. 민6:24-26절의 말씀이다. "여호와는 네게 복을 주시고 너를 지키시기를 원하며, 여호와는 그의 얼굴을 네게 비추사 은혜 베푸시기를 원하며, 여호와는 그 얼굴을 네게로 향하여 드사 평강 주시기를 원하노라."

우상을 버리고 여호와를 찬송하라

시편 135편은 '할렐루야'로 시작하고 '할렐루야'로 끝난다. 한마디로 여호와를 찬양하라는 것이다.

왜 하나님을 찬양해야 하는가? 4가지로 요약해 보자.

첫째, 우리를 택하사 하나님의 자녀로 삼아 주셨기 때문이다.

4절을 보라. "여호와께서 자기를 위하여 야곱 곧 이스라엘을 자기의 특별한 소유로 택하셨음이로다." 여러분은 하나님이 여러분을 택하여 주셨다는 은혜에 대하여 얼마나 감사하며 감격하는가? 칼빈이 이야기한 예정론에 대해서는 어떻게 생각하는가? 우리가 선택받았다는 것은 전적 타락을 전제로 한다. 다 죽은 자들 중 얼마를 살리셨다면 죽은 자가 왜 저 사람만 살려주냐고 이야기할 성질의 것이 아니다. 죽었다가 살아난 사람은 그저 살려준 사람에게 감사할 따름이다. 엡2:1절에 "그는 허물과 죄로 죽었던 너희를 살리셨도다."라고 말씀한다. 죽을 너희를 살리신 것이 아니다. 죽었던 너희를 살리신 것이다. 롬5:8절에서도 "우리가 아직 죄인 되었을 때에 그리스도께서 우리를 위하여 죽으심으로 하나님께서 우리에 대한 자기의 사랑을 확증하셨느니라."고 하였다. 죽었던 나를 아브라함의 자손, 야곱의 자손, 이스라엘 백성 삼으신 하나님, 그분의 놀라우신 택하심으로 인하여 전심으로 하나님께 감사하고 찬양할 수 있기를 바란다.

둘째, 우리에게 일반 은총을 내리셨기 때문이다.

6절 이하에 하나님은 천지와 바다와 안개와 비와 번개, 바람을 일으키시고, 오늘도 이런 환경 속에서 생명을 연장케 하신다고 하였다. 그러므로 우리는 이러한 자연계를 통하여 하나님께 감사해야 한다. 아름다운 계절에 자연계를 통치하시는 하나님께 감사하고 찬양하는 여러분이 되시기를 바란다.

셋째, 우리에게 특별 은총을 베푸셨기 때문이다.

8-14절을 보면, 출애굽 사건을 기록하고 있다. 애굽에게 10가지 재앙을 내리시고 구원해 주신 하나님, 가나안에 들어갈 때 아모리 왕 시혼과 바산 왕 옥을 멸하신 하나님, 이러한 하나님은 13-14절에서 대대에 이어가게 하신다고 약속하신다. 그렇다. 우리는 특별한 존재이다. 하나님께서는 오늘도 우리를 눈동자같이, 암탉이 병아리를 품듯 보호해 주신다.

또한 우리 편에서는 하나님께 부르짖고 기도할 특권이 있다. 하나님은 오늘도 우리의 기도를 들으시고 응답하신다. 마7:9-11절에 "너희 중에 누가 아들이 떡을 달라 하는데 돌을 주며, 생선을 달라 하는데 뱀을 줄 사람이 있겠느냐. 너희가 악한 자라도 좋은 것으로 자식에게 줄 줄 알거든 하물며 하늘에 계신 너희 아버지께서 구하는 자에게 좋은 것으로 주시지 않겠느냐."고 하신다. 당장은 세상 사람들과 큰 차이를 느끼지 못할 수도 있다. 그러나 나이를 먹으면 먹을수록, 인생의 경험이 쌓이면 쌓일수록 우리는 하나님의 은혜로 산다는 것을 고백하게 된다.

설령 고난을 당한다 할지라도 시125:3절에 "악인의 규가 의인들의 땅에서는 그 권세를 누리지 못하리니 이는 의인들로 하여금 죄악에 손을 대지 아니하게 함이로다."라고 하였다. 하나님은 우리로 하여금 강하게 하시고, 죄악에 손을 대지 않도록 하시기 위해 악인들 가운데서도 끝까지 보호하신다. 그 하나님을 기억하며 감사하고 찬양하시기를 바란다.

넷째, 살아계셔서 우리의 생사화복을 주관하시기 때문이다.

15-21절을 보라. 열국의 우상은 은금이요 사람의 손으로 만든 것이라,

그것을 만든 자와 그것을 의지하는 자가 다 우매한 백성들이라고 하였다. 왜냐하면 우상은 입이 있어도 말하지 못하며, 눈이 있어도 보지 못하며, 귀가 있어도 듣지 못하며, 그들의 입에는 아무 호흡도 없기 때문이다. 그러나 하나님은 오늘도 살아계시고 우리의 생사화복을 주관하신다.

시16:4-5절에서 시인은 "다른 신에게 예물을 드리는 자는 괴로움이 더할 것이라. 여호와는 나의 산업과 나의 잔의 소득이시니 나의 분깃을 지키시나이다."라고 고백한다.

하나님께 감사하며 찬송하며 사는 삶이 가장 행복한 삶이다. 애굽 왕바로와 아모리 왕 시혼, 바산 왕 옥을 친 것은 모세와 여호수아의 능력이아니었다. 하나님이 그렇게 해 주신 것이었다. 우리가 여기까지 오며 승리하게 된 것도 우리가 잘나서 그런 것이 아니라 하나님이 인도하셨기때문이다.

그리스도인들의 특권이 무엇인가? 하나님과 영원한 교제를 할 수 있다는 것이요, 하나님의 임재 가운데 일생을 살아가는 것이다. 장차 주님께서 이 땅에 오실 때 다 부활하여 하나님의 보좌 앞에서 영원한 생명을 누리게 될 것이다. 이러한 하나님의 은혜를 깊이 묵상하며 전심으로 예배하며 감사하며 찬양하시기를 주님의 이름으로 축원드린다.

인자하심이 영원하신 하나님께 감사

시편 136편은 인자하심이 영원하신 여호와 하나님께 감사와 찬양을 올려드리는 아름다운 시이다. 135편과 비교할 때 감사의 내용이 좀 더 자세하다는 것이 특징이다. 무엇보다도 매절마다 "그 인자하심이 영원함이로다."라고 하는 특이한 표현을 사용한다.

하나님의 인자와 자비를 히브리어로 '헤세드'라고 한다. 이는 여호와 하나님의 선하심이요 변함없는 사랑이요 영원한 자비이다. 하나님의 사랑은 변치 않는다. 하나님은 신실하시며, 그분의 사랑은 영원하다. 그래서 우리는 하나님을 이렇게 부른다. "사랑의 하나님, 소망의 하나님, 창조주 하나님, 구원의 하나님, 영원히 변치 않으시는 하나님, 은혜로우신 하나님, 나의 삶의 주관자가 되신 하나님." 이 모두가 하나님의 인자와 자비를 표현하는 말이다.

본문 한 절 한 절이 다 감사의 제목들이지만 좀 더 크게 묶어보면 다음과 같다.

1-3절은 여호와 하나님의 위대하심으로 인하여 감사하라는 것이다.

신들 중에 뛰어나신 하나님, 주들 중에 뛰어나신 하나님께 감사하라는 것이다. 이 우주와 세상이 주인 없는 쓸쓸한 우연과 운명의 세계라면 얼마나 절망적인가? 하지만 세상은 영원토록 선하시고 인자하신 하나님의 통치 아래 있다. 그리고 그 위대하신 분과 나는 개인적으로 교제할 수 있다. 그것을 깊이 묵상하면 내가 참으로 복 받은 자라는 것을 깨닫게 된다. 그 복을 마음껏 누리시기 바란다. 고전1:31절에 "자랑하는 자는 주 안에서 자랑하라."고 하셨다. 성도는 하나님을 진정으로 기뻐하며 자랑할 줄 알아야 한다. 인자하심이 영원하신 하나님께 진심으로 감사하는 하루가 되시기를 축복한다.

4-9절은 천지를 지으신 창조주 하나님으로 인하여 감사하라는 것이다. 하늘, 땅, 물, 해, 달, 별을 주관하시는 하나님으로 인하여 감사하시기 바란다. 우리는 공기와 물과 빛으로 인하여 감사해야 한다는 것을 잊을 때가 많다. 일반 은총을 주신 여호와께 감사하시기 바란다. 땅이 부드러운 것을 인하여 감사해야 한다. 땅속에 모래층이 있어 더러운 물을 걸러 주시는 것도 감사해야 한다. 땅 표면에는 아름다운 산악과 평원으로 인하여 우리에게 건강을 주심도 감사해야 한다. 하늘에 따뜻한 빛과 공기와 바람을 주신 것을 감사해야 한다. 감사하는 자가 행복하고, 감사하는 자가 건강하고, 감사하는 자가 형통의 복을 받는 것이 성경의 원리다.

10-22절은 이스라엘을 구속하여 가나안으로 인도하신 하나님께 감사하라는 것이다.

구약성경의 핵심은 출애굽이다. 생각하면 할수록 출애굽 사건은 기적 중의 기적이다. 이스라엘 민족은 그것을 잊으면 다 잊는 것이다. 우리의 인생 여정도 마찬가지다. 영적으로 죄와 사망과 사탄에게 종 되었던 내가 예수 그리스도의 십자가 은혜로 구속받았다는 것을 잊으면 다 잊는 것이다. 흔히 이것을 하나님의 "강한 손과 펴신 팔로 보호해 주셨다."는 표현을 쓴다. 강한 손과 펴신 팔로 10가지 재앙을 내리신 하나님, 홍해를 가르시고 만나와 메추라기를 먹이신 하나님, 반석에서 물을 내시고 요단 강을 건너게 하신 하나님, 아모리 왕 시혼과 바산 왕 옥을 죽이신 하나님, 여리고성을 무너뜨리신 하나님, 아이성과 가나안 족속의 철병거를 물리치신 하나님, 젖과 꿀이 흐르는 가나안 땅을 주신 하나님을 잊지 마시기 바란다. 롬8:32절에 "자기 아들을 아끼지 아니하시고 우리 모든 사람을 위하여 내주신 이가 어찌 그 아들과 함께 모든 것을 우리에게 주시지 아니하겠느냐."고 하셨다. 이런 하나님과 동행하시기 바란다.

23-26절은 하나님의 섭리에 감사하라는 것이다.

비천한 나를 기억하시고 찾아오신 하나님, 대적의 손에서 나를 건지신 하나님, 나의 모든 양식을 공급하시고, 지금까지 지켜 주시고 돌보아 주신 하나님께 감사하시기 바란다. 고전3:16절에 "너희는 너희가 하나님의 성전인 것과 하나님의 성령이 너희 안에 계시는 것을 알지 못하느냐."고 하셨다. 성령 하나님의 통치 아래 우리의 일거수일투족을 인도하시는 하나님께 감사해야 한다. 욥은 자기 자녀들과 재산을 모두 다 잃고도 말하기를 "내가 모태에서 알몸으로 나왔사온즉 또한 알몸이 그리로 돌아가올지라. 주신 이도 여호와시요 거두신 이도 여호와시오니 여호와의 이름이 찬송을 받으실지니이다."(욥1:21) 하고 고백했다.

호2:14-15절에서 "그러므로 보라. 내가 그를 타일러 거친 들로 데리고 가서 말로 위로하고 거기서 비로소 그의 포도원을 그에게 주고 아골 골짜기로 소망의 문을 삼아 주리니 그가 거기서 응대하기를 어렸을 때와 애굽 땅에서 올라오던 날과 같이 하리라."고 약속하신다. 아골 골짜기 같은 절망 가운데서도 소망의 문을 주시겠다는 것이다. 어렸을 때 보호해 주신 것처럼, 애굽 땅에서 구출하실 때처럼 나를 보호해 주신다는 것이다. 오늘도 하나님의 이 마음은 변치 않으신다. 이러한 하나님을 전심으로 신뢰하고 그분의 은혜에 진심으로 감사하는 여러분이 되시기를 주님의 이름으로 축원드린다.

시온을 잃은 서러운 자여

시편 137편은 시인이 바벨론 포로 당시 바벨론 강변에 앉아 예루살렘, 즉 시온을 기억하면서 우는 모습을 그린 것이다.

그는 왜 그토록 슬프게 울었을까? 시온을 기억했기 때문이다. 누차 말씀드리지만 예루살렘, 시온, 다윗성은 종교적 의미에서 모두 하나님의 도성을 가리키는 명칭이다. 하나님을 믿는 이스라엘 백성들에게는 영적 고향이다. 그러므로 이는 지형적인 시온보다는 하나님을 기억하면서 시온을 생각한 것이고, 여기서 울었다는 것은 하나님의 은혜의 회복을 위한 간곡한 심정에서 우러나온 슬픈 애곡이다. 그러므로 1절의 "우리가 바벨론의 여러 강변 거기 앉아서 시온을 기억하며 울었도다."는 회개의 노래요, 하나님의 은혜를 사모하는 눈물의 노래이다.

나는 어느 사업가가 좀 불미스러운 일로 감옥생활을 하게 되었을 때 하나님께 회개하고 성경을 열심히 읽으며 시간을 보냈다는 간증을 들은 적이 있다. 감옥 안에서 자신의 잘못을 뉘우치며 성경을 품고 눈물로 통곡하는 죄인의 마음이 곧 본문의 시인의 마음일 것이다.

2절을 보면 강변 어느 버드나무에 우리가 우리의 수금을 걸었다고 표현한다. 시인과 동료들은 포로로 잡혀 오기 전에 시온의 성전에서 음악을 연주하던 악사들인 것 같다. 이들은 원수들이 조롱하며 너희가 말하는 시온의 노래를 부르라는 요청을 거부했다. 이는 많은 사람들이 술 먹고 노는 자리에서 찬송가를 부를 수 없는 것과 같은 상황이다. 아무리 포로 된 신분이라고 할지라도 바벨론 사람, 즉 이방인들의 오락용으로 하나님의 노래를 부를 수 없다는 최소한의 자존심의 표현이다. 그들은 4절에서 시온의 노래를 '여호와의 노래'라고 표현한다. 우리가 이방 땅에서 어찌 여호와의 노래를 부를까, 하나님을 위하여 신앙의 절개를 지키겠다는 의미이다.

이러한 내용을 보고 무엇을 느끼시는가? 하나님은 세상 사람들이 돈잘 벌게 해 달라고, 사업 잘 되게 해 달라고 비는 우상이 결코 아니라, 우리의 생사화복을 주관하시는 주권자요, 우리를 통하여 찬송과 영광을 받으시는 홀로 하나이신 나의 왕, 나의 하나님이시라는 것을 잊지 말아야한다. 우리는 그러한 하나님의 자녀로서 그분께 전심으로 찬송을 올려드려야 한다는 자존심과 신앙의 절개가 있어야 한다. 오늘도 그 하나님을 찬양할 수 있다는 것으로 인하여 깊이 감사하시기 바란다.

시인은 5-6절에서 비록 자신이 이방 땅에 있지만 자기의 즐거움보다예루살렘을 잊지 않고 예루살렘을 즐거워하겠다고 고백한다. 만약에 자신이 예루살렘을 잊는다면 자신의 오른손이 재주를 잊게 되고, 예루살렘보다 자신의 즐거움을 더 추구한다면 자신의 혀가 입천장에 붙기를 소원했다. 예루살렘을 즐거워하지 않는 것보다 차라리 벙어리가 되는 저주를받겠다는 것이다.

세상에 이런 표현을 어디서 찾아볼 수 있겠는가? 만약에 이 같은 마음으로 우리가 섬기는 교회를 사랑하는 사람이 몇 명이라도 있다면 그 교회에는 상상치도 못할 폭발적인 변화가 일어나게 될 것이다. 시인의 마음을 닮아 뜨겁게 하나님과 교회를 사랑하는 여러분이 되시기를 축복한다. 하나님 사랑, 교회 사랑, 가정 사랑은 사실 하나로 이어진다. 하나님을 사랑하는 자는 교회를 사랑하게 되고, 교회를 사랑하는 자는 가정을사랑하게 된다. 이것이 성경의 원리요, 하나님 제일주의 사상이다

시인은 7절 이하에서 하나님을 향하여 "예루살렘이 멸망하던 날을 기억하시고, 에돔 자손을 치소서."라고 기도한다. 그리고 그들을 포로로 잡은 바벨론을 저주한다. 여기서 왜 에돔 자손의 저주를 간구하는가? 그것은 바벨론이 예루살렘을 칠 때 에돔이 "예루살렘을 헐어버리라, 헐어버리라. 그 기초까지 헐어버리라."고 바벨론에 동조하며 기뻐하였기 때문이다. 옵1:11절에 "네가 멀리 섰던 날 곧 이방인이 그의 재물을 빼앗아 가며 외국인이 그의 성문에 들어가서 예루살렘을 얻기 위하여 제비 뽑던 날에 너도 그들 중 한 사람 같았느니라."고 하였다. 유대 민족과 에돔 족속이 누구의 후손인가? 바로 에서의 후손이요, 붉다는 의미다.(창25:30) 소위 같은 조상이 그럴 수 있느냐는 것이다.

얼마나 한이 되었던지 바벨론을 저주하는 소리를 보라. 8-9절에 "멸망할 딸 바벨론아, 네가 우리에게 행한 대로 네게 갚는 자가 복이 있으리로다. 네 어린 것들을 바위에 메어치는 자는 복이 있으리로다." 참으로 잔인하다. 하지만 이는 인간의 보복보다는 하나님의 심판이요, 하나님의 공의를 표현한 말이다.

우리는 영적 눈물이 있어야 한다. 회개의 복을 받아야 한다. 에스라, 느헤미야 같은 신앙의 선배들은 그 백성의 죄로 인하여 자복하며 회개의 눈물을 흘린 자들이다. 다윗도 침상이 뜰 정도로 눈물을 흘렸다는 표현을 한다. 예레미야는 얼마나 눈물을 많이 흘렸으면 눈물의 선지자로서 예레미야 애가를 지었겠는가? 참된 성도는 그 가슴에 회개의 눈물이 있는 자이다. 신실한 성도는 죄를 미워하고 이웃을 사랑하며 하나님을 경외함으로 그 마음에 헌신의 눈물이 있는 자이다. 여러분의 가슴이 성령의 단비로 촉촉해지기를 간절히 축원드린다.

세상의 삶으로 드리는 예배

시편 138편은 다윗이 이방 땅, 혹은 성전과 멀리 떨어져 있는 곳에서 자신이 섬기는 여호와 하나님께 감사와 찬양을 올려드리는 장면이다.

여러분은 성전을 떠나 세상 속에서 얼마나 여호와 하나님께 감사하며 찬양하는 삶을 살고 있는가?

시인은 1절에서 자신은 전심으로 주께 감사하며 찬송하기를 세상의 '신들' 앞에서 한다고 하였다. 여기서 '신들'은 '이방 신'이란 의미로 자신은 이방 신을 섬기는 세상 깊은 곳에서도 하나님께 감사하며 찬양하고 있다는 것이다. 여러분도 세상 속에서 세상 사람들과 함께 살면서 시인처럼 하나님의 은혜에 깊은 감사와 찬양을 고백할 수 있기를 주님의 이름으로 축복한다.

그렇다면 시인은 세상 속에서 어떠한 하나님을 경험했을까? 2절에서 자신이 이렇게 성전을 향하여 예배하며 감사하는 것은 주의 말씀을 주의 모든 이름 위에 높게 하셨기 때문이라고 고백한다. 이 말이 무슨 뜻인가? 여기서의 '말씀'은 주님의 일하심을 의미한다. 그러므로 주님께서 자신에게 역사하신 것은 일반적으로 알려진 명성보다 훨씬 더 위대한 일이었다는 뜻이다. 이것을 다윗은 3절에서 "내가 간구하는 날에 주께서 응답하시고 내 영혼에 힘을 주어 나를 강하게 하셨다."고 고백한다.

롬8:28절에 "우리가 알거나와 하나님을 사랑하는 자 곧 그의 뜻대로 부르심을 입은 자들에게는 모든 것이 합력하여 선을 이루느니라."고 말씀하신다. 지나온 날들을 회상해 보며 나의 삶을 지금까지 선한 길로 인도하시고, 우리가 구하거나 생각하는 것보다 훨씬 더 넘치도록 도와주신 은혜가 풍성하신 하나님께 깊이 감사와 찬양을 올려드리는 여러분이 되시기를 축복한다.

이렇게 개인이 경험하는 신앙생활의 잔이 차게 되면, 이 영적 에너지는 세상과 이웃으로 흘러가게 되어 있다. 다윗은 4-5절에서 이러한 자신의 영적 경험이 세상의 모든 왕들에게도 전해지기를 소망한다. 세상의 모든 왕들이 주의 말씀을 들었으면 좋겠다는 것이다. 세상의 모든 왕들이 이전에 섬기던 신들을 더 이상 따르지 말고 자신이 섬기는 여호와 하나님의 말씀을 들으며 섬겼으면 좋겠다는 것이다. 그들이 여호와의 도, 즉 여호와의 율법을 지키며 노래했으면 좋겠다는 마음을 정직하게 고백하고 있다. 그리고 거기서도 여호와의 영광이 나타나기를 소원했다.

이 얼마나 아름다운 소망인가? 이것이 바로 하나님의 백성들이 소유한 자존감이다. 이러한 자존감으로 사시기를 축복한다. 예수 믿는 사람은 이같이 자신이 세상에서 경험한 하나님에 대하여 이야깃거리, 자랑거리가 있어야 한다. 그 자랑거리를 알려주는 삶이 바로 빛과 소금의 삶이다. 그래서 사도 바울은 그리스도인들을 그리스도의 향기요 그리스도의 편지라고 표현했다. 시인은 너희 세상의 왕들도 나처럼 하나님을 만나고 내가 지키는 여호와의 율법을 지키며 여호와께 영광을 올려드리는 삶을 살라는 것이다. 여러분에게는 이러한 자존감이 있는가? 본문의 다윗 같은 자존감과 권세가 여러분에게도 임하시기를 간절히 바란다.

시인은 6절에서 이러한 하나님의 통치 방식을 소개하고 있다. 하나님은 세상의 왕들과는 달리 교만한 자와 겸손한 자를 구분하신다. 하나님은 사람의 마음 깊은 곳을 감찰하신다. 하나님은 가장 높은 곳에서 가장 큰 영광을 누리시지만, 그 하나님은 가장 낮은 십자가의 고난을 함께 체휼하신 분이시다. 그러므로 하나님은 교만한 자를 물리치시지만, 지극히 작은 한 사람에게 행한 선한 일도 기억하신다. 이처럼 하나님은 사람의 겸손과 교만에 민감하신 하나님이시라는 것을 고백하고 있다.

이러한 하나님이시기 때문에 시인은 7절에서 자신의 처지와 관계없이 여호와를 향한 무한한 신뢰의 마음을 고백한다. 나를 환난 중에서도 살려 주시고, 주의 오른손이 원수들의 분노를 막으시고 구원해 주실 것이라는 믿음을 고백한다. 그리고 8절에서는 자신의 행위에 대한 보상까지를 기대한다. "여호와께서 나를 위하여 보상해 주시리이다." 다윗은 어떻게 이런 고백을 할 수 있었는가? 목동인 자기를 왕의 자리까지 올려 주신 분이 여호와 하나님이셨기 때문이다.

시인은 성전을 떠나 세상 속에서 세상 사람들과 똑같은 환경 가운데 살더라도 하나님께 감사하며 찬양하리라고 고백했다. 그 하나님은 언제나 자신이 기도한 것보다 훨씬 좋은 것으로 응답하시는 하나님이셨다. 그 하나님이 너무 좋아 세상의 왕들에게도 소개했다. 그 하나님은 교만한 자를 꺾으시고 겸손한 자의 편에 계신다. 이런 하나님은 반드시 행위대로 보상하신다는 믿음을 고백한다.

빌1:6절에 "너희 안에서 착한 일을 시작하신 이가 그리스도 예수의 날까지 이루실 줄을 우리는 확신하노라."고 말씀한다. 어떠한 환경에 처할지라도 믿음 안에서 신실하신 하나님을 끝까지 신뢰하고 소망 가운데 승리하시기를 우리 주님의 이름으로 축원드린다.

나의 자화상을 바꾸시는 하나님

인간이 세상을 살면서 아주 중요한 것 중 하나는, 자신에 대한 자화상을 어떻게 정립하고 사느냐 하는 것이다.

어느 정신과 의사가 두 여인을 상담했다. 한 여인은 알코올 중독자요, 한 여인은 항상 밝고 남에게 베풀기를 좋아하는 여인이었다. 그런데 놀라운 것은 그들을 상담하며 어린 시절 기억나는 것을 이야기해 보라고 했더니, 알코올 중독자는 어렸을 때 포악한 계모 밑에서 자랐는데, 어느 날 밥을 태웠다고 마당에 내동댕이쳐져 진흙으로 범벅이 되었던 과거를 이야기했고, 밝은 여인은 어렸을 때 부모님이 운영하는 과수원에서 부모님과 함께 싱그러운 과일을 딸 때가 정말 행복했다는 이야기를 했다.

사람은 이처럼 마음속에 자신의 자화상을 가지고 살아간다. 그런데 놀라운 것은 이 운명 같은 자신의 자화상을 바꾸어 놓는 분이 계신다. 누구신가? 바로 본문에서 말씀하는 여호와 하나님이시다.

다윗은 목동에 지나지 않는 비천한 환경에서 태어난 사람이다. 그런데 자라면서 어떠한 하나님을 경험했는가? 기도하는 자신을 너무나 잘 아시고 자신의 심중을 꿰뚫어 보시는 하나님을 경험했다. 심지어는 내가 앉고 일어섬도 아시고 멀리서도 나의 생각을 밝히 아시는 전지전능하신 하나님, 나의 모든 길과 내가 눕는 것을 살펴보시고, 나의 모든 행위를 익히 아시는 무소부재하신 하나님을 경험했다. 심지어 4-5절에 그 하나님은 자신의 혀의 말을 알지 못하시는 것이 하나도 없으시고, 주의 성령이 나의 앞뒤를 둘러싸시고 안수하시는 하나님이었다고 고백한다. 이런 경험이 시인에게는 참으로 기이하고 놀라운 일이었다.

기독교에서는 운명론을 말하지 않는다. 하나님의 선택을 말한다. 우리의 기도를 들으시는 하나님을 말한다. 하나님께 깊이 기도하고 하나님과 동행하기만 하면 우리의 운명은 완전히 바뀌게 되고 하나님의 놀라운 비전을 성취하게 된다는 것을 말한다.

시인은 7-8절에서 이렇게 고백한다. "내가 주의 영을 떠나 어디로 가며 주의 앞에서 어디로 피하리이까. 내가 하늘에 올라갈지라도 거기 계시며 스올에 내 자리를 펼지라도 거기 계시니이다."

하나님의 선택을 받은 요나는 여호와의 얼굴을 피하여 다시스로 도망갔다. 하지만 하나님은 요나의 앞뒤를 둘러싸시고 그와 함께 다시스로 가셨다. 요나가 끝내 돌아서지 않고 하나님을 속이려 하자, 하나님은 그가 탄 배의 사람들에게 제비를 뽑게 하시고 결국 바다에 던지게 하신다. 그리고 어떻게 하셨는가? 욘1:17절에 "여호와께서 이미 큰 물고기를 예비하사 요나를 삼키게 하셨으므로 요나가 밤낮 삼일을 물고기 뱃속에 있으니라." 큰 물고기까지 준비해 놓으시고 데려오신다. 이처럼 하나님의 손에 붙잡히기만 하면 우리는 도망가지 못한다. 하나님의 도구로 하나님을 기쁘시게 하며 하나님의 영광을 드러낸다.

시인은 그 하나님을 고백하는 것이다. 여러분도 이러한 하나님을 경험하게 되시기를 주님의 이름으로 축복한다. 먼저 놀라운 하나님의 은혜를 경험하시기 바란다. 기도가 응답되는 경험을 하시고, 자신을 통치하시는 하나님, 보호하시는 하나님, 인도하시는 하나님을 경험하시기 바란다. 이러한 사람은 자신의 태생과 관계없이 그 인생이 놀랍게 변한다. 그런 복을 받으시기를 축복한다.

그런 복을 받는 자는 하나님께 어떻게 반응할까?

첫째, 하나님께 진심으로 감사할 것이다. 14절에서 시인은 "내가 주께 감사함은 나를 지으심이 심히 기묘하심이라. 주께서 하시는 일이 기이함을 내 영혼이 잘 아나이다."라고 고백한다. 자신을 그렇게 잘 아시는 것이 신기하고 놀랍다는 고백이요, 신묘막측하다는 것이다. 그것으로 인하여 하나님께 감사한다는 것이다.

둘째, 자신의 인생이 하나님의 손 안에 있다는 것을 고백할 것이다. 시인은 16절에서 자기가 어머니 뱃속에서 생길 때부터 자신의 죽는 날을 정하셨다고 고백한다. 이것이 칼빈의 예정론이다. 놀라운 하나님의 은혜를 받고 나서 뒤돌아보니 뱃속에 생길 때부터 자신의 죽는 날까지 하나님께서 정하셨다는 것을 깨닫게 되었다는 고백이다.

셋째, 하나님은 반드시 자신을 괴롭히는 악인을 죽이실 것이라는 믿음을 갖게 될 것이다. 19절에서 "하나님이여, 주께서 반드시 악인을 죽이시리이다."라고 하였다. 하나님과 동행하는 자는 이러한 믿음이 있다. 하나님의 원수가 자신의 원수라고 생각한다.

시인은 23-24절에서 자신의 마음과 뜻을 시험하시기를 간구한다. 한마디로 하나님과 동행할 준비가 되어 있다는 표현이다. 준비가 된 사람은 이처럼 하나님께 인정받고 칭찬받기를 소망한다. 심지어 시인은 내게 무슨 악한 행위가 있나 보시고 나를 영원한 길로 인도해 달라고 기도하고 있다. 얼마나 행복한 고백인가? 시인처럼 하나님을 깊이 경험함으로 운명을 바꾸는 여러분이 되시기 바란다. "하나님, 나에게 무슨 악한 행위가 있나 점검해 주십시오."라고 말할 수 있을 정도로 청결한 마음과 선한 양심과 거짓이 없는 믿음에서 나오는 사랑(딤전1:5)이 충만하시기를 바란다. 다윗처럼 정직한 영으로 충만하여 하나님과 깊은 교제를 나누시기를 주님의 이름으로 축원드린다.

악한 자를 기도로 대적하라

여러분은 악한 자로부터 어떠한 피해를 경험하셨는가? 포악한 사람들이 어떠한 방법으로 우리를 고통스럽게 하는가? 입술로, 말로 그렇게 한다. 말은 그 사람의 마음을 표현하는 도구이기 때문이다.

시인은 그들의 실체에 대해 2-3절에서 "그들이 마음속으로 악을 꾀하고, 싸우기 위하여 매일 모여 회의하고, 뱀같이 그 혀를 날카롭게 하니 그 입술 아래에는 독사의 독이 있나이다."라고 고백하고 있다. 독사의 독보다 더 무서운 것이 무엇인가? 바로 사냥꾼의 올무요, 그물이다. 5절에 "교만한 자가 나를 해하려고 올무와 줄을 놓으며 길 곁에 그물을 치며 함정을 두었나이다."라고 하였다. 이는 독사보다 더 지능적이요, 교활한 방법이다. 인생을 뒤돌아보면, 그런 함정에 빠져본 경험이 한두 번씩은 있을 것이다.

이렇듯 악한 자들로부터 공격을 당할 때 여러분은 어떻게 대처하는가? 제일 평범한 방법이 같이 욕 해주고 독설을 퍼붓는 것이다. 세상에서는 그렇게 해야 손해를 안 본다고 생각한다. 길거리에서 차량 접촉사고가 난 사람들의 모습을 보면 금방 알 수 있다. 잘못한 사람은 없고, 둘 다 피해를 본 사람들이다. 서로 욕지거리하고 싸운다. 그것을 잘하는 것으로 생각한다. 과연 하나님은 그러한 방법을 원하실까? 아니다.

본문은 이러한 경우 하나님이 원하시는 방법을 가르쳐 주고 있다. 바로 기도하는 것이다. 시인은 이때 그들을 상대하는 것이 아니라 하나님께 시선을 돌리고 있다. 여호와께 부르짖으며 기도한다. 자신의 신앙을 더 강화한다. 이것이 믿는 자들의 도리라는 것을 기억하시기 바란다. 롬12:17-21절에 "아무에게도 악을 악으로 갚지 말고 너희가 친히 원수를 갚지 말고 하나님의 진노하심에 맡기라. 원수 갚는 것이 내게 있으니 악에게 지지 말고 선으로 악을 이기라."고 말씀하신다.

기도는 어떻게 해야 하는가? 먼저 있는 그대로 하나님께 고발해야 한다. 함정에 빠진 사람의 가장 급한 기도가 무엇인가? 건져 달라는 것이요, 올무에서 구해 달라는 것이다. 그래서 시인은 거두절미하고 1절에서 이렇게 외친다. "여호와여, 악인에게서 나를 건지시며 포악한 자에게서 나를 보전하소서." 그러므로 여러분이 어려움을 당할 때 그냥 큰 소리로 나를 살려 달라고 하는 것은 전혀 잘못된 기도가 아니다. 하나님은 그렇게 솔직한 고백을 원하신다.

그다음에는 어떻게 해야 하는가? 하나님을 향한 자신의 믿음을 강화해야 한다. 6절에서 시인은 "내가 여호와께 말하기를 주는 나의 하나님이시다."라고 고백한다. 7절에서는 "내 구원의 능력이신 주 여호와여."라고 외친다. 위기에 처했을 때, 남에게 공격을 당할 때 하나님과의 관계를 더욱더 밀접하게 유지하시기를 바란다. 그때 구체적으로 나를 도와주시는 하나님을 경험하시기 바란다. 진실로 하나님이 내 구원의 능력이시라는 것을 체험할 수 있기를 바란다. 그것이 신앙인들의 특권이기 때문이다.

하나님은 오늘도 살아계신다. 성령님은 오늘도 우리의 마음을 통치하신다. 롬8:26-27절에 "이와 같이 성령도 우리의 연약함을 도우시나니 우리는 마땅히 기도할 바를 알지 못하나 오직 성령이 말할 수 없는 탄식으로 우리를 위하여 친히 간구하시느니라. 마음을 살피시는 이가 성령의 생각을 아시나니 이는 성령이 하나님의 뜻대로 성도를 위하여 간구하심이니라."고 말씀한다. 지금도 성령 하나님은 여러분 곁에서 여러분의 연약함을 도우시고, 같이 탄식하시고, 같이 기도하시고, 같이 간구하시고, 내 사랑하는 아들아, 내 사랑하는 딸아, 하시고 안아주신다.

시인은 이제 하나님의 빽을 믿고 방어적인 자세에서 공격적인 자세로 전환한다. 그는 9절에서 그들이 입술로 공격한 것만큼 그들의 머리를 들 때에 그들의 입술의 재난이 그들을 덮게 해 달라고 기도한다. 10절에서는 그들이 하나님이 위에서 내리시는 뜨거운 숯불, 불 심판을 받기를 원한다. 자기를 빠뜨리려고 만들어 놓은 그 웅덩이에 그들이 빠져 다시 일어나지 못하기를 간구한다. "포악한 자는 재앙이 따라서 패망하게 하옵소서."라고 기도한다.

이렇게 기도하는 중에 시인은 확신한다. 12-13절을 보라. "내가 알거니와" 자신은 안다는 것이다. 무엇을 안다는 것인가? 하나님은 무고하게 고난당하는 자를 변호해 주시고 궁핍한 자에게 정의를 베푸신다는 것을 안다는 말이다. 정직이 이렇게 중요하다. 정의가 이렇게 중요하다. 진실이 이렇게 중요하다. 그러므로 정직한 하나님 편에 서시기 바란다. 정의로운 하나님 편에 서시기 바란다. 진실하신 하나님 편에 서시기 바란다. 악을 악으로 갚지 말고 하나님께 기도함으로 해결하시기를 우리 주님의 이름으로 축원드린다.

향기로운 기도

우리는 시편의 대문을 여는 1편에서 무엇을 배웠는가? 바로 악인과 의인이다. 지금 140편에 와 있지만, 계속해서 이 문제를 다루고 있다.

인간이 인생을 살면서 참으로 어려운 것은 이처럼 선과 악의 구분이다. 나의 선이 남의 악이 될 수 있고, 나의 악이 남에게는 선이 될 수 있기 때문이다. 이는 우리 조상 아담이 선악과를 따먹은 죄의 결과이다. 그리고 내가 좀 의롭게 살고 선한 마음으로 살고자 하면 할수록 이 시험은 더욱더 심해지는 것이 신앙인의 피할 수 없는 현실이다.

시편 140편은 다윗이, 그의 아들 압살롬과의 관계인지 사울왕과의 관계인지는 알 수 없으나 오랜 세월 동안 자기 사람인 줄 알고 교제한 사람이 사실 악인이었다는 사실을 알게 된 것을 배경으로 하고 있다.

여러분은 믿었던 사람과의 관계가 잘못되어 배신과 어려움을 당했을 때 어떻게 대처하는가? 나에게도 거의 선한 일을 해 주었다가 화를 당하는 경우가 종종 있었다. 특히 내 재산을 담보로 제공하고 은행에서 대출까지 받아 돈을 꾸어 주었는데 상대가 그 돈을 떼어먹고, 방관하고 큰소리를 칠 때는 정말 황당했다.

그런데도 우리가 인간관계를 아예 끊고 살 수는 없는 것 아닌가? 그렇게 당해도 성령님은 또 우리의 마음을 흔들고 "그래도 이 일은 네가 나서서 좀 도와주어야 하지 않겠니?"라고 말씀하시니, 참 신앙인으로서 주님의 마음으로 세상 살기가 결코 만만치 않다.

옛날 다윗이 바로 그런 상황이었다. 그렇다면 이럴 때 다윗은 과연 어떻게 대처했는가? 섭섭하고 억울해도 하나님 앞에 기도하며 나아갔다. 1-2절에서 다윗은 "내가 주님을 불렀습니다. 내가 주께 부르짖습니다. 나의 기도가 저 제사장들이 향을 피우고 제사를 드리는 것처럼 주님께 나의 기도의 향이 올라가 주님이 흠향하시고 나의 기도를 들어주시기를 바랍니다."라고 기도한다.

이렇게 기도하며 자신을 뒤돌아본다. 그리고 자신의 말에 여러 가지 실수가 있었음을 깨닫는다. 그래서 3절에 "여호와여, 내 입에 파수꾼을 세우시고 내 입술의 문을 지키소서."라고 기도한다. 그렇다. 제일 큰 문제는 남들이 계획적으로 나를 유혹하면 나는 그때 전혀 준비가 되어 있지 않음으로 종종 말실수를 하게 된다. 그다음에는 그 말에 책임을 져야 하기 때문에 단호하게 거절 못하고 상대에게 끌려 들어간다. 그다음은 어떻게 되는가? 그들이 차려놓은 진수성찬에 앉아 그들의 올무와 함정에 빠지는 우를 범한다. 그래서 4절에 "내 마음이 악한 일에 기울어 죄악을 행하는 자들과 함께 악을 행하지 말게 하소서."라고 기도하고, "그들의 진수성찬을 먹지 말게 하소서."라고 기도한다.

그러면 이때 우리는 어떻게 해야 하는가? 5절에 "의인이 나를 칠지라도 은혜로 여기며 책망할지라도 머리의 기름같이 여겨서 내가 거절하지 않을 것입니다. 저희의 재난 중에, 즉 저희의 악행 중에라도 저는 기도를 계속하겠습니다." 하는 말이다. 그렇다. 내가 유혹에 빠졌을 때 이를 경고하는 의인이 있다면 정말 감사한 일이다. 인간은 누구나 실수할 수 있기 때문이다. 그러나 자기의 잘못을 경고하는 하나님의 말씀이나, 부모나 어른의 말을 무시하면 어떻게 되는가? 더 큰 수렁에 빠지게 된다. 그러므로 본문의 다윗은 의인이 나를 칠지라도 내가 은혜로 여기고 안수받은 것처럼 생각하겠다고 하지 않는가.

이러한 사람이 진정으로 마음이 깨끗하고 지혜로운 사람이다. 이는 역경과 난관의 해결책이 타협으로 가는 것이 아니라 경건으로 나아가는 것이기 때문이다. 순간적으로 실수는 했지만 다시 올곧게 하나님 앞으로 나아가는 것을 말한다. 목사도 실수할 수 있고, 장로도 잘못할 수 있다. 그러나 거짓과 핑계로 회피하는 것은 하나님이 원하시는 것이 아니다. 경건함으로 진실하게 나아가야 한다. 기도하면서 정직한 양심의 소리를 들어야 한다. 여러분에게도 이렇게 자신을 뒤돌아보는 장치가 있게 되기를 주님의 이름으로 축원한다.

이제 시인은 악인들이 심판받기를 구한다. 그러면서도 7절에서는 "밭 갈 때 흙덩어리가 부서지는 것처럼 우리의 해골이 스올 입구에 흩어진다."는 표현을 한다. 이는 그러한 상황에 처한 자신의 참상을 고백한다고 할 수도 있고, 악인들이 그렇게 심판을 당하게 해 달라는 표현도 된다. 나는 자신의 참상을 고백한 것으로 이해하고 싶다.

시인은 8-10절에 "주 여호와여, 내 눈이 주께 향하고 내가 주께 피하겠습니다."라고 하였다. 오직 주님만 바라보며 끝까지 기도로 나아가니 악인의 모든 심판은 하나님이 책임져 달라는 기도이다. 자신을 잡으려고 올무와 함정을 파 놓은 곳에 악인들이 빠지기를 간구한다. 이것은 난관을 당했을지라도 오직 하나님만 신뢰하고 끝까지 기도함으로 다른 데는 한눈 팔지 않겠다는 굳센 신앙의 정조를 말한다.

여러분도 남들이 유혹하는 올무와 함정을 조심하고, 잘못했을 때는 정직하게 하나님께 엎드려 기도하며 끝까지 하나님만 신뢰하며 나아가는 복된 성도들이 되시기를 주님의 이름으로 축원드린다.

시편
142편

사면초가四面楚歌

시편 142편은 삼상 24장의 내용을 배경으로 하고 있다.

다윗이 사울을 피해 엔게디 광야의 굴에 숨어 있을 때 사울은 3,000명의 군사를 동원해서 다윗을 찾는다. 다윗은 그야말로 사면초가四面楚歌의 상태였다. 거기서 하나님께 부르짖으며 기도하는 내용이 본문이다.

그런데 이러한 기도를 들으신 하나님의 행하심을 보라. 이때 사울왕은 용변이 급해 인근 굴에 들어간다. 그런데 그곳이 하필이면 다윗이 숨어 있는 굴이었다. 여기서 다윗은 용변을 보는 사울왕을 죽이지 않고 옷자락만 몰래 자른다. 그리고 멀찌감치 서로가 떨어져 있게 되었을 때 다윗이 사울왕에게 말한다. "왕이시여! 사실 하나님께서 오늘 왕을 내 손에 넘기신 것을 왕께서 아셨을 것입니다. 그때 어떤 사람은 나에게 왕을 죽이라고 하였지만 왕께서는 기름부음을 받은 자이기 때문에 제가 해하지 못한다고 하였습니다. 왕의 옷을 한번 살펴보십시오." 사울이 확인해 보니 정말 자신의 옷자락이 잘려 나가 있는 것이었다. 이때 사울은 양심에 가책을 느끼고 목놓아 운다.

다윗의 이러한 선한 행실은 어디서 나왔을까? 간절한 기도에서 나왔다. 이처럼 기도하면 선한 마음을 가질 수 있다. 기도하면 하나님의 뜻을 이룰 수 있다. 기도하면 용서의 마음과 평안을 얻는다. 기도하는 종들이 되시기를 축복한다.

다윗은 사울왕을 향하여 원수를 갚지 않고 하나님을 향해 자신의 원통함을 호소한다. 1-2절에 "내가 소리내어 여호와께 부르짖으며 소리내어 여호와께 간구합니다. 내가 내 원통함을 그의 앞에 토로하며 내 우환을 그의 앞에 진술합니다."라고 고백한다. 이때 신실하신 하나님께서는 그의 간구를 들어 주시고 위험에서 건져 주신 것이다.

하나님께서는 고전1:27절에 "세상의 미련한 것들을 택하사 지혜 있는 자들을 부끄럽게 하시고, 세상의 약한 것들을 택하사 강한 것들을 부끄럽게 하신다."고 선포한다. 다윗은 이러한 말씀의 증인으로 비천한 자리에서도 낙심치 않고, 도리어 소망 중에 기도했다.

3-4절은 그야말로 다윗의 고독한 상황을 고백하고 있다. 이를 삼중적으로 표현한다. "나를 아는 이도 없고, 나의 피난처도 없고, 내 영혼을 돌보는 사람도 없다."고 고백한다. 정말로 처절하게 버림받은 사면초가의 상황이다. 그러나 분명한 것은 이러한 상황에서 악인이 올무를 놓았을지라도, 그는 3절에서 "내 영이 내 속에서 상할 때에도 주께서 내 길을 아셨나이다."라고 하였다. 자신이 가장 약했을 때에도 주님은 자신의 길을 인도해 주셨다는 것이다. 고후4:8-9절에서 사도 바울은 "우리가 사방으로 욱여쌈을 당하여도 싸이지 아니하며 답답한 일을 당하여도 낙심하지 아니하며 박해를 받아도 버린 바 되지 아니하며 거꾸러뜨림을 당하여도 망하지 않는다."고 선포한다. 여러분도 다윗처럼, 바울처럼 그러한 신앙고백을 할 수 있기를 축복한다.

시인은 5절에서 "주는 나의 피난처시요 살아 있는 사람들의 땅에서 나의 분깃이시라."고 고백한다. '분깃'이 무엇인가? 기업이요 유산이다. 자신과 가족은 조상으로부터 물려받은 기업을 송두리째 잃었지만 "나에게는 하나님이라는 재산이 있습니다. 주님만이 나의 유일한 유산으로 남아 있습니다."라고 고백하는 것이다. 이는 마치 레위인들이 이 세상에는 분깃이 없지만 여호와 하나님이 분깃이요, 기업이 되시는 것과 같다. (민18:20, 신10:9, 수13:14)

여러분은 어떠한 처지인가? 혹시 세상의 기업과 분깃, 돈을 잃었다고 진정한 분깃과 기업이 되시는 하나님을 향하여 원망과 불평을 하고 있지는 않는가?

시인은 6절에서 다시 한 번 "나는 심히 비천하나이다. 나의 부르짖음을 들으소서. 나를 핍박하는 자들에게서 건지소서. 그들은 나보다 강하니이다."라고 간절히 기도한다. 삼상24:14절을 보면 나중에 다윗은 사울왕에게 이렇게 말한다. "이스라엘 왕이 누구를 따라 여기까지 오셨습니까? 지금 누구의 뒤를 쫓고 계신 것입니까? 죽은 개나 벼룩을 쫓는 것입니다."라고 말한다. 자신은 사울왕 앞에 죽은 개나 벼룩에 지나지 않다는 것이다. 그러나 중요한 것은 하나님께서는 그렇게 비천한 다윗을 왕의 자리까지 올려놓으셨다는 것이다. 이처럼 하나님 손에 붙잡히기만 하면 상황은 완전히 변하고 놀라운 역사가 일어날 줄 믿는다. 여러분도 믿음으로 이러한 영적 체험을 할 수 있기를 주님의 이름으로 간절히 축복한다.

7절에서 시인은 자신의 영혼을 옥에서 꺼내 달라고 간구한다. 이는 은유적 표현이다. 굴속에 갇혀 있나, 감옥에 갇혀 있나, 똑같은 실정이다. 그러나 마지막이 참 아름답다. "주의 이름을 감사하게 하소서. 주께서 나에게 갚아 주시리니 의인들이 나를 두르리이다." 여기서 의인이 승리한다는 것, 정의가 이긴다는 것, 의로우신 하나님이 책임져 주신다는 다윗의 강한 믿음을 읽을 수 있다. 처음에는 사면초가의 상황이었는데, 하나님께 기도함으로 자유함을 얻고, 의로운 친구들에 둘러싸여 주님을 찬양하는 모습이다. 혹시 어려움에 처한 자가 있는가? 외롭고 고독한 자가 있는가? 자신이 약하고 비천하다고 생각되는 자가 있는가? 다윗처럼 오직 주님만 바라보고 믿음으로 승리하시기를 주님의 이름으로 축원드린다.

다윗을 성공케 한 블랙박스

이 세상을 성공적으로 사는 지름길이 있다. 하나님과 가까우면 된다. 전능하신 하나님의 힘을 나의 힘으로 사용할 수 있는 사람을 누가 당할 수 있겠는가? 그렇게 인생을 살아간 모델이 있다. 바로 다윗이다. 그는 하나님의 능력을 힘입어 어린 나이에 블레셋 장군 골리앗을 물리쳤다. 그리고 수많은 역경과 고난 가운데서도 하나님의 도우심으로 오뚝이처럼 일어나 결국 왕의 자리에 앉게 되었고, 전무후무한 하나님의 사랑을 받았다.

그렇다면 성공한 다윗의 삶을 가능케 한 블랙박스는 무엇인가? 이러한 승리의 삶을 살았던 비결이 무엇인가? 그의 기도문 속에서 답을 찾을 수 있다.

첫째, 자신의 신분을 정확하게 알았다는 것이다.
다윗은 자기가 하나님 앞에서 죄인이라는 것을 확실하게 인식하며 살았다. 2절에 "주의 종에게 심판을 행하지 마소서, 주의 눈앞에는 의로운 인생이 하나도 없나이다."라고 하였다. 소위 칼빈이 말하는 전적 부패와 타락을 고백한 것이다. 그렇다. 롬3:20절에 "그러므로 율법의 행위로 그의 앞에 의롭다 하심을 얻을 육체가 없다."고 하였으며, 갈2:16b절에 "율법의 행위로써는 의롭다 함을 얻을 육체가 없느니라."고 말씀하였다.

하나님과의 관계는 어디서부터 연결될 수 있는가? 내가 율법으로 의롭다 함을 얻을 수 없는 죄인이라는 것을 고백할 때부터 시작된다. 그러므로 기독교에서 말하는 죄의 개념을 알아야 한다. 롬3:23절에 "모든 사람이 죄를 범하였으매 하나님의 영광에 이르지 못한다."고 하는 이 아담과 하와를 통하여 흐르는 원죄를 깨달아야 한다. 이미 다윗은 그 시대에 성령의 감동하심으로 이 부분을 확실하게 고백하고 있는 것이다.

둘째, 다윗은 하나님이 누구신가를 분명히 알았다.

8절에서 "내가 주님을 의지한다."고 고백한다. 즉 하나님은 자신이 믿고 의지할 대상이라는 것을 분명히 한다. 8b절에 "내 영혼을 주께 드린다."고 고백한다. 즉 자신의 영혼을 맡길 대상이라는 것을 분명히 한다.

9절에서는 "내가 주께 피하여 숨었다."고 고백한다. 즉 하나님은 자신이 피할 안전한 대상이라는 것이다. 10절에서는 "주는 나의 하나님이시니."라고 고백한다. 하나님은 다른 사람의 하나님이 아니라, 바로 다윗 자신의 하나님이라는 것이다. 여러분의 입술로도 이러한 고백을 할 수 있게 되시기를 축원한다. 다윗의 하나님이 여러분의 하나님이 되시기를 바란다.

셋째, 이렇게 하나님과 자신을 분명히 알고 나면 그다음에 따라오는 것이 있다. 바로 자신은 그 하나님 앞에 종으로서 헌신하는 존재라는 사실을 깨닫게 되는 것이다. 다윗은 2절에서 분명하게 자신은 주님의 종이라고 고백한다. 맨 마지막 12절에서도 "나는 주의 종이니이다."라고 고백한다. 그렇다. 다윗이 성공한 비결은 자신이 하나님의 종이라는 것을 깨달았기 때문이다.

그런데 놀라운 것은 나는 하나님의 종이라는 것을 깨닫는 순간부터 그의 인생은 완전히 달라진다는 것이다. 왜냐하면 종은 주인의 명령에 순종하고 그분에게 칭찬을 듣는 것이 최고의 성공이요 행복이기 때문이다. 그러므로 그러한 사람들의 삶의 공통점이 무엇인가? 그들은 먼저 그의 나라와 그의 의를 구하는 삶, 하나님을 기쁘시게 하며, 하나님을 찬송하며, 하나님을 영화롭게 하는 삶을 살아간다는 것이다.

이러한 사람들은 하나님과의 사이에서 어떠한 대화가 이루어지는가? 바로 자기 주인에게 부탁하듯이 간구한다. 본문에 있는 내용을 정리해 보면 "주인님, 내가 지금 원수 때문에 심령이 말이 아니고 내 마음이 정말 참담합니다. 내 영이 피곤합니다. 내가 무덤에 내려가는 자 같습니다."라고 하였다. 5-6절에서는 옛날 이야기도 꺼낸다. "하나님, 제가 옛날 골리앗을 물리칠 때 함께하셨던 하나님을 기억하며 읊조리고 있습니다. 제 영혼이 마른 땅같이 주를 사모합니다. 이제는 내가 다닐 길을 알게 하옵소서. 나를 가르쳐 주의 뜻을 행하게 하옵소서. 주의 성령은 선하시오니 나를 공평한 땅, 평탄한 땅으로 인도해 주옵소서." 이처럼 하고 싶은 이야기를 다한다. 여러분도 하나님과의 관계를 다윗같이 긴밀하게 유지할 수 있기를 주님의 이름으로 축복한다.

다윗의 마음으로 11-12절을 깊이 묵상하며 읽어보자. "하나님, 나를 죽이면 주의 이름이 훼손당하게 됩니다. 주의 이름을 위해서 나를 살려 주셔야 합니다. 주의 공평한 정의로 내 영혼을 끌어내시고 주의 인자하심으로 나의 원수들, 내 영혼을 괴롭게 하는 자들을 다 멸하여 주옵소서. 나는 주의 종이니이다."라고 고백한다.

본문에서 말씀하는 다윗의 성공적인 삶의 비결을 정리하면 다음과 같다. 나는 죄인이라는 것, 하나님은 나의 하나님이 되신다는 것, 나는 그 하나님의 종이라는 것, 이것에 대한 분명한 정체성이 확립될 때 우리는 진정으로 하나님과 동행하는 승리의 삶을 살게 된다. 이러한 은혜가 여러분의 삶 가운데 충만하게 임하시기를 간절히 축원드린다.

진정한 샬롬의 공동체

인간을 행복하게 하는 조건들은 수도 없이 많다. 영혼이 평안해야 한다. 돈도 좀 있어야 한다. 건강해야 한다. 명예와 권력이 있어야 한다.

여러분은 어떠한 상태가 진정한 샬롬, 평화의 모습이라고 생각하는가? 어떠한 환경과 모습이 되어야 나는 참 행복하다고 생각하는가? 그 기준이 무엇인가? 본문은 그것을 우리에게 가르쳐 주고 있다.

나라의 국방과 경제가 튼튼해야 복이 있는 백성이다. 수년 전 어느 정당 사람들은 애국가를 부르지 않는다고 하는 소리를 들었는데, 이는 정말 하나님에 대한 배은망덕한 생각이다. 애국가의 가사, "하나님이 보우하사 우리나라 만세~"가 진실로 맞는 말이다. 나라 없이 어떻게 국민이 존재할 수 있겠는가? 다윗은 수없이 많은 전쟁을 치렀다. 그러나 그가 싸우고 싶어서 싸웠겠는가? 지도자이기 때문에 싸웠다. 자기 국민을 안전하게 보호하려고 싸웠다. 이때 하나님이 보호해 주셔서 이기게 되었다. 그것을 다윗은 1절에서 "하나님이 자기 손과 손가락을 가르쳐 주셔서 전쟁에서 이겼다."고 고백하고 있다. 그러므로 그는 2절에서 여호와를 나의 사랑, 요새, 산성, 방패 등으로 표현한다.

이렇듯 하나님의 도우심으로 다윗이 전쟁에서 승리한 결과가 무엇인가? 국민들이 안전하게 사는 것 아닌가? 다음 세대들이 건강하고 씩씩하게 성장하는 것이 아닌가? 그것을 12절에 "우리 아들들은 어리다가 장성한 나무들 같으며, 딸들은 궁전의 양식대로 아름답게 다듬은 모퉁잇돌 같다."고 노래한다. 얼마나 아름다운가? 푸른 나무같이 무럭무럭 자라는 아들들, 궁전의 아름답게 다듬은 모퉁잇돌 같은 딸들, 이런 자녀, 이런 손주를 보는 것이 어떻게 가능한가? 나라가 평안해야 가능한 것 아닌가? 나라가 평안하려면 뭐니뭐니해도 국방과 경제가 튼튼해야 가능한 것 아니겠는가? 하나님이 우리나라를 보호해 주셔서 이렇게 행복하게 살고 있다는 것을 기억하시기 바란다. 그러므로 국가관이 올바르지 않으면 그 사람은 지도자 자격이 없다.

이 한반도, 조그만 나라를 지금까지 안전하게 지켜주신 하나님께 감사하고, 우리 후손들이 무럭무럭 자라는 현실로 인하여 하나님께 감사하며 찬양하는 여러분이 되시기를 주님의 이름으로 축복한다.

하나님 앞에서 자신의 연약함을 깨닫고 겸손하게 엎드릴 줄 아는 백성이 복이 있는 백성이다. 본문의 다윗을 기준으로 한다면 하나님 앞에 겸손한 지도자를 뽑아야 한다. 지금 다윗은 최고의 겸손함을 표현하고 있다. 3-4절에서 "여호와여, 사람이 무엇이기에 주께서 그를 알아주시며 인생이 무엇이기에 그를 생각하여 주십니까? 사람은 헛것 같고, 그의 인생은 덧없이 사라지는 그림자 같습니다."라고 고백한다. 여기서 '헛것 같고'는 '한낱 숨결과 같고'라는 뜻이다.

세상에 이렇게 겸손한 지도자가 어디 있는가? 하나님 앞에 자신은 그저 한낱 숨결과 같다, 우리의 인생은 그저 지나가는 그림자 같다고 고백하는 겸손한 지도자. 그의 인생관은 참으로 귀한 것이다. 세상에서 고통을 당하는 국민이 누구인가? 교만한 지도자를 둔 백성들이다. 하나님보다 돈과 명예를 더 중요하게 생각하는 사람을 지도자로 둔 백성은 불행하다. 그러므로 하나님 앞에서 다윗처럼 겸손한 지도자가 나와야 국민이 행복하게 살 수 있다는 것을 기억하시기 바란다. 이러한 지도자는 여호와를 의지한다. 하나님의 강림을 사모한다. 5-7절은 무엇을 말하는가?

하나님의 능력이 하늘로부터 강림해 달라는 것이요, 위로부터 내려오는 하나님의 화살로 원수들을 무찔러 달라는 기도다.

이러한 지도자를 통하여 백성들이 어떠한 복을 누리는가? 13-14절을 보라. "우리의 곳간에는 백곡이 가득하며, 우리의 양은 들에서 천천과 만만으로 번성하며, 우리 수소는 무겁게 실었으며, 또 우리를 침노하는 일이나 우리가 나아가 막는 일이 없으며, 우리 거리에는 슬피 부르짖음이 없습니다." 이것이 진정한 평화요 안식이 아니겠는가. 지금 우리나라는 완전하지는 않지만 대부분의 국민들이 이러한 복을 누리며 살고 있다. 조금만 노력하면 굶지는 않는다. 전쟁이 없으며 거리에서 슬퍼함이 없다. 이러한 복을 주셨는데 무엇이 그렇게도 못마땅하고 원망과 불평이 많은가?

오늘도 이 나라를 지켜주시는 하나님께 감사와 찬양을 올려드리시기 바란다. 하나님 앞에 자신은 한낱 숨결 같다고 고백하는 지도자를 달라고 기도하시기 바란다. 그런 나라에서 사는 백성이 진정으로 행복한 샬롬의 국민이 될 것이다. 그 결론이 15절이다. "이러한 백성은 복이 있나니 여호와를 자기 하나님으로 삼는 백성은 복이 있도다." 여호와 하나님을 나의 하나님으로 삼는 지도자와 함께 하늘의 신령한 복과 땅의 기름진 복을 마음껏 누리시는 진정한 샬롬의 공동체가 될 수 있기를 주님의 이름으로 축원드린다.

하나님의 나라

시편 145편부터 마지막 150편까지는 모두 하나님 나라의 백성으로서 왕이신 하나님을 찬송하는 찬송시이다. 사43:21절에 "이 백성은 내가 나를 위하여 지었나니 나를 찬송하게 하려 함이니라."고 하셨다. 여러분도 천국 백성으로서 여호와 하나님께 진정한 감사와 찬송을 드릴 수 있기를 바란다. 그렇다면 무엇을 찬송해야 하는가?

나의 왕, 나의 하나님, 나의 구원자 되신 하나님을 찬양하시기 바란다.
1-3절에서 시인은 하나님을 향하여 "나의 왕, 나의 하나님."이라고 부른다. 여호와께서 왜 위대하신가? 나 같은 죄인을 살리시고 영원한 구원을 주셨기 때문이다. 그러므로 진정으로 하나님만을 왕으로 섬기시기 바란다. 그리고 그를 찬양하는 특권을 누리시기 바란다. 시인은 3절에서 "여호와는 위대하시니 크게 찬양할 것이라. 그의 위대하심을 측량하지 못하리로다."라고 하였다. 그렇다. 이 세상에 나 홀로 존재한다고 해도 주님은 나를 위하여 독생자를 보내셨을 것이다. 그리고 나를 위해 예수님을 십자가에 달려 몸 찢고 피 흘려 죽게 하셨을 것이다. 그 은혜로 인하여 감사하시기를 축복한다.

4-9절과 같이 여호와의 인자와 자비와 긍휼을 찬양하시기 바란다.
8-9절에서는 하나님의 속성을 잘 표현하고 있다. "여호와는 은혜로우시며, 긍휼이 많으시며, 노하기를 더디하시며, 인자하심이 크시도다. 여호와께서는 모든 것을 선대하시며, 그 지으신 모든 것에 긍휼을 베푸시는도다." 이러한 내용을 한마디로 말하면 무엇인가? 하나님은 사랑이시라는

것이다. 은혜와 공평과 정의를 바탕으로 한 절대적인 사랑이다.(7,17절) 그렇다면 이러한 하나님의 사랑을 받은 자들은 어떻게 해야 하는가? 당연히 서로 사랑해야 한다.

여러분은 진정으로 하나님의 사랑에 감사하고 있는가? 사랑에 부요한 자들이 되시기를 바란다. 요일4:7-8절에 "사랑하는 자들아, 우리가 서로 사랑하자. 사랑은 하나님께 속한 것이니 사랑하는 자마다 하나님으로부터 나서 하나님을 알고 사랑하지 아니하는 자는 하나님을 알지 못하나니 이는 하나님은 사랑이심이라."라고 하였으며, 요일4:11절에 "사랑하는 자들아, 하나님이 이같이 우리를 사랑하셨은즉 우리도 서로 사랑하는 것이 마땅하도다."라고 말씀한다. 어찌하든지 부부간의 사랑, 부모와 자식 간의 사랑, 친구간의 사랑, 이웃과의 사랑에서 성공하는 여러분이 되시기를 축복한다.

10-13절에서는 모든 피조물들이 하나님을 찬양하는 하나님 나라의 모습을 보여준다. 10절을 보라. "여호와여, 주께서 지으신 모든 것들이 주께 감사하며 주의 성도들이 주를 송축하리이다." 우리만 하나님을 찬양하는 것이 아니다. 모든 피조물들이 하나님을 찬양한다. 하나님은 인간만 사랑하시는 것이 아니다. 모든 생물을 사랑하셔서 그들을 먹이시고 입히신다. 그곳이 바로 하나님의 통치가 임하는 하나님의 나라이다. 주님은 "들의 백합화가 어떻게 자라는가 생각하여 보라. 수고도 아니하고 길쌈도 아니하느니라. 그러나 내가 너희에게 말하노니 솔로몬의 모든 영광으로도 입은 것이 이 꽃 하나만 같지 못하였느니라."(마6:28-29)라고 말씀하셨다. 그러므로 우리가 하나님 나라의 백성으로서 하나님을 찬양하지 않으면 돌들이 일어나 하나님을 찬양하고 나무와 꽃들이 일어나 찬양할 것이다.

그렇다면 무엇을 찬양해야 하는가? 주의 나라, 즉 하나님 나라의 영광을 찬양해야 한다. 언제까지 찬양해야 하는가? 영원히 찬양해야 한다. 그러므로 13절에 "주의 나라는 영원한 나라이니 주의 통치는 대대에 이르리이다."라고 선포한다. 우리에게 아름다운 자연을 주심에 감사하시기 바란다. 그들과 어울려 영원한 하나님의 나라, 우리 하나님의 영광을 마음껏 찬양하는 의와 평강과 희락(롬14:17)으로 아름답고 부요하고 풍성함을 누리시기 바란다.

14-16절은 사회의 비천한 자들, 비교적 약한 자들이 하나님을 찬양하는 모습이다. 14절에 여호와께서는 모든 넘어지는 자들을 붙드신다. 비굴한 자들을 일으키신다. 하나님은 그들에게도 때를 따라 먹을 것을 주시고, 손을 펴사 모든 생물의 소원을 만족하게 하신다고 선포한다. 그러므로 우리는 장애인들을 포함한 연약하고 소외된 사람들을 함부로 비하하거나 무시하지 말아야 한다. 그들도 다 하나님의 존귀한 형상을 닮은 사람들이요, 하나님을 찬양할 특권이 있기 때문이다.

17-21절에서는 왕 되신 하나님께 드리는 찬양의 절정을 이룬다. 의로우시며 은혜로우신 하나님을 찬양한다. 자기를 경외하는 자의 간구와 소원을 들어주시고, 그들의 부르짖음을 들으시는 하나님을 찬양한다. 자기를 사랑하는 자들을 보호하시고, 악인을 멸하시는 하나님을 찬양한다.
마지막으로 지속적으로 하나님을 찬양하겠다는 서원으로 시를 마무리한다. 21절에 "내 입이 여호와의 영예를 말하며, 모든 육체가 그의 거룩하신 이름을 영원히 송축할지로다."라고 말씀한다. 나의 왕 되신 하나님을 마음껏 찬양하는 성도들이 되시길 주님의 이름으로 축원드린다.

약자와 의인들의 하나님

146편 1-2절에서 시인은 "할렐루야, 내 영혼아 여호와를 찬양하라."고 선포한다. 우리는 하나님을 찬양하기 위해 이 땅에 태어났다. 본문 7절 이하에 보면, 하나님께서는 억눌린 자들의 원한을 아시고, 배고픈 사람에게 먹을 것을 주시며, 갇힌 자들을 풀어 주시고, 눈먼 사람에게 시력을 회복시켜 주시기 때문이다. 뿐만 아니라 낮고 비굴한 사람들을 들어 올리시고, 의인들을 사랑하시며, 나그네들을 보호하시며, 고아와 과부가 어깨를 펴고 살 수 있게 하시고, 악한 사람들의 길을 좌절시키신다. 그러므로 그러한 도움을 받은 자들은 당연히 하나님을 찬양해야 하지 않겠는가!

그러나 때로는 이해가 되지 않아 고민할 때가 있다. 왜냐하면 세상에는 또 다른 모습도 보이기 때문이다. 지금도 지진과 쓰나미, 실업, 산불이나 홍수, 악한 통치자 밑에서 수많은 사람들이 고통을 당하며 억울한 삶을 살고 있기 때문이다. 그러므로 본문과 같은 말씀을 대할 때 어떤 이상주의자가 내뱉는 헛소리같이 들릴 수도 있다. 그렇다면 시인은 몽상가일까? 이상주의자일까? 아니다. 그는 철저하게 이 세상 고통의 삶 가운데 이 시를 지었고, 현실의 삶 가운데서 하나님을 노래하고 있다. 그렇다면 시인은 과연 무엇을 우리에게 말하려고 하는 것인가?

본문을 보면 "그래, 맞아!" 하고 끄덕이는 대목도 많이 나온다. 3-4절은 "높은 귀인들을 의지하지 마십시오, 또 언젠가는 죽을 수밖에 없는, 돕지도 못하는 인생도 의지하지 마십시오."라는 말씀으로 이해할 수 있다. 아무리 잘난 사람도 결국 죽음을 피할 수 없거늘, 죽은 사람이 어떻게 다른 사람을 구원할 수 있겠는가? 그들의 호흡이 끊어지고 영혼이 떠날 때 그들 역시 흙으로 돌아가지 않는가? 그날에 그들의 생각은 모두 헛것이 되고 쓸모가 없게 될 것이다. 이러한 시인의 말에 동의하지 않을 수 있겠는가? 이 모든 것은 우리가 살면서 얼마든지 경험하는 것들이다. 그러므로 사2:22절에 "너희는 인생을 의지하지 말라. 그의 호흡은 코에 있나니 셈할 가치가 어디 있느냐."고 말씀한다.

여기서 우리는 세상살이에서 동의할 수 있는 대목과 그렇지 않은 대목이 있다는 것을 발견한다. 인생을 의지하지 말라는 말씀은 다 동의한다. 그러나 야곱의 하나님을 자기의 도움으로 삼고 여호와 하나님께 자기의 소망을 두라는 것은 동의하기 어렵다. 하나님께서 언제 나를 죽을병에서 고쳐주셨는가? 소경인 나를 눈 뜨게 하셨는가? 고아와 과부인 사람들에게 어깨를 펴고 살도록 고래등 같은 집을 한 채 주셨는가? 이 부분이 실제로 피부에 와닿지 않는다. 그래서 우리는 이렇게 결론을 내린다. 하나님은 어떤 사람에게는 그렇게 하시지만 누구에게는 그렇게 하지 않으시는구나. 어떤 사람은 사랑하시지만 나는 사랑하지 않으시는구나. 하나님은 어떤 사람은 부요하고 풍성하게 복을 주시지만 다 그런 것은 아니구나. 한마디로 "하나님은 불공평하시지 않는가?"라는 생각을 하게 된다.

그렇다면 이 괴리감을 어떻게 해소해야 할까? 8b절을 보라. 여호와께서 의인들을 사랑하신다고 말씀한다. 다른 모든 연약한 자들은 일으키시고 돌보시고 보호하신다는 표현을 쓰지만 의인들만 유독 사랑하신다는 표현을 쓴다. 여기에 깊은 의미가 있다. 천지와 바다와 그중의 만물을 지으신 하나님은 내가 필요할 때 도깨비 방망이가 되는 그러한 신이 아니다. 하나님은 인격적인 하나님이시다. 세상의 수많은 의인들과 사랑 안에서 깊이 교제하며 그들을 통하여 연약한 자들을 도우시는 하나님이시다.

의인이 누구인가? 도덕적으로 뛰어난 사람이 아니라 하나님의 자녀가 되어 하나님의 도구로 사용되는 사람들이다. C.S. 루이스는 이러한 하나님의 섭리를 '연장들을 두는 어둠침침한 광'에 비유하고 있다. 여기에는 조그만 창문이 하나 있는데 그리로 햇살이 들어온다. 광에 들어가면 먼저 햇살이 보인다. 그리고 조금 있으면 그 햇살을 통해 광 안에 있는 여러 가지 농기구들과 심지어 거미줄까지 볼 수 있다. 그리고 창밖으로 파란 잎새들이 팔랑대는 것까지 볼 수 있다. 그것을 따라 눈길을 옮기면 창공을 볼 수 있고, 마침내 태양과 마주할 수 있게 된다. 이는 무슨 뜻일까? 영적으로 깨어 하나님과 깊이 교제하며 하나님의 사랑을 누리고 사는 의로운 사람들은 참빛 되신 하나님의 햇살을 따라서 어둠에 있는 광 속의 거미줄까지 볼 수 있는 자들이라는 의미이다. 그래서 우리를 빛의 자녀라고 하는 것이다. 하나님은 연약한 자들을 이러한 빛의 자녀들을 통하여 도우시는 것이다.

여기서 빛의 개념은 해, 달, 별의 광명체가 아니다. 하나님은 창1:3절에서 해, 달, 별 같은 광명체(창1:14-19)를 지으시기 전에 "빛이 있으라." 하셨다. 또한 예수 그리스도께서는 이때 창조주 하나님과 함께 계셨고, 생명이요 빛이셨다.(요1:1-4) 그러므로 이 빛은 태양 이전에 혼돈과 공허와 흑암을 질서로 다스리시는 하나님의 위대하신 능력이요, 에너지이다. 우리는 그 빛의 사랑을 받고 사는 빛의 자녀들이다. 그러므로 빛의 자녀들은 오직 하나님의 손과 발이 되는 도구이며, 하나님의 사랑과 긍휼의 통로이다. 빛의 자녀들은 그런 긍지와 자존감으로 사는 자들이다.

나에게 그 빛을 비추시는 사랑의 하나님, 그 빛의 본체이신 참빛 되신 나의 주 예수 그리스도를 깊이 묵상하고, 사나 죽으나 주의 것으로서(롬14:8) 어떠한 경우에도 원망과 불평이 아닌, 오직 하나님께 찬양과 영광을 올려드리는 믿음의 용사들이 되시기를 주님의 이름으로 축원드린다.

사계四季

내가 사우디에서 생활할 때 즐겨 듣던 노래는 비발디의 '사계四季'이다. 마음에 생동감을 주고 우울하고 답답한 마음을 풀어주었기 때문이다.

시편 147편은 겨울처럼 마음이 얼어붙어 상한 자, 비천한 자들이 힘을 얻고, 봄날의 시냇물처럼 우울함에서 벗어나도록 용기를 주시는 귀한 위로의 말씀이다.

여러분도 혹시 마음이 상하셨는가? 인생이 마음대로 되지 않는가? 우울한 마음이 있는가? 그렇다면 본문의 말씀을 통하여 힘을 얻으시고 용기를 회복하시기 바란다.

본문은 먼저 "하나님은 우리를 버리지 않으시는 하나님이심"을 선포한다. 그것을 하늘의 별에 비유한다. 하나님은 별들을 창조하시고, 별 하나하나에 이름을 지으시고 부르신다. 이 별이 하늘에 있다면 땅에 있는 별들은 누구인가? 하나님의 백성들인 여러분이다. 하나님은 우리의 이름 하나하나를 기억하고 부르신다. 5절에서 그 하나님은 "위대하신 하나님, 능력이 많으신 하나님, 지혜가 무궁하신 하나님"이라고 말씀한다. 그러므로 여러분이 스스로 일어나는 것이 아니다. 여러분은 하나님의 택한 백성이기 때문에 하나님이 여러분의 이름을 잊지 않으셨다는 것이다. 그리고 위대하신 그분의 능력으로, 지혜가 무궁하신 그분의 지혜로 여러분과 여러분의 가정을 다시 일으키실 것이다. 우리가 할 일은 오직 그러한 하나님을 100% 신뢰하고 주의 은혜의 보좌로 나아가기만 하면 된다. 오늘도 그 하나님을 신뢰하고 의지하시기 바란다. 그 하나님께 기도하시기 바란다. 그리고 다시 하나님을 찬양하는 자리에 서시기를 바란다.

7절 이하에서도 하나님을 찬양하라고 하신다. 왜냐하면 어려움 가운데 하나님의 인자와 자비를 구하면 들어주시는 하나님이시기 때문이다.

하나님은 어떠한 하나님이신가? 8-9절에 구름으로 하늘을 덮으시는 하나님, 땅에 비를 내리시며 산에 풀이 자라게 하시는 하나님, 들짐승과 우는 까마귀 새끼까지 먹이시는 하나님이라는 것이다.

그러므로 시인은 이러한 하나님 앞에 어떠한 자세로 나아가야 함을 강조하는가? 10절을 보라. 이러한 하나님은 자신이 준 말이 힘이 센 것을 의지하는 자를 기뻐하지 않으신다. 자신의 다리가 억세다고 믿는 사람을 기뻐하지 않으신다. 한마디로 하나님 앞에서 교만한 자를 기뻐하지 않으신다.(잠16:18) 그럼 어떻게 하라는 것인가? 11절에 "오직 여호와를 경외하는 자가 되라."는 것이다. 하나님의 인자하심을 바라라는 것이다. 하나님은 이러한 자들을 기뻐하신다는 것이다.(시107:9)

창조주 하나님 앞에서 나의 재산, 나의 건강, 나의 권력을 가지고 함부로 대들지 마시기 바란다. 모든 것이 부족하다고 원망하고 불평하지 마시기 바란다. 오직 여호와를 경외하며, 그분의 인자와 자비를 구하고 주님 앞에 불쌍히 여겨 달라고, 긍휼히 여겨 달라고 겸손히 무릎 꿇는 여러분이 되시기를 주님의 이름으로 축복한다. 이때 하나님께서는 우리를 회복시키시고 감사와 찬양을 회복하게 하실 것이다.

12절에서도 찬양을 하라고 하신다. "예루살렘아, 여호와를 찬송할지어다. 시온아, 네 하나님을 찬양할지어다." 왜 찬양을 해야 하는가? 하나님이 우리의 문빗장을 견고히 해 주시기 때문이다. 우리 자녀들에게 복을 주시기 때문이다. 평안도 주시고 풍성한 양식으로 우리의 배를 불리시기 때문이다. 하나님께서 친히 여러분 가정의 문빗장을 견고히 해 주시기를 간절히 축복한다. 주님 안에서 여러분의 자녀들이 복을 받고 가정이 평안하고, 풍성한 양식으로 배를 불릴 수 있기를 바란다.

시인은 이렇게 회복되는 삶을 얼었던 산천이 봄바람에 녹고 맑은 시냇물이 흐르는 광경에 비유한다. 16-18절에 "눈을 양털같이 내리시며, 서리를 재같이 흩으시며, 우박을 떡 부스러기같이 뿌리시니 그 추위를 누가 감당하리요."라고 하였다. 하나님께서는 말씀으로 그것들을 녹이시고 봄바람이 불게 하신즉 맑은 시냇물이 흐르게 된다. 마음이 얼어붙은 자가 있는가? 고통 가운데, 질병 가운데 있는 자가 있는가? 창밖의 아름답고 화창한 봄날처럼 모든 것이 풀어지고, 맑은 시냇물이 흐르게 되기를 간절히 축복한다.

이러한 기적은 언제 나타나는가? 15절과 같이 하나님의 명령이 임하시면 가능하다. 18절에 "그의 말씀을 보내사"라고 하신다. 하나님의 말씀이 보내지면 가능하다. 하나님은 말씀의 하나님이시다. 그러므로 말씀에 귀를 기울이시기 바란다. 모든 회복의 출발은 하나님의 말씀으로 시작되기 때문이다.

이 말씀은 아무에게나 주시지 않는다. 19-20절을 보라. 하나님은 그의 말씀을 택한 야곱의 자손에게만 주신다. 율례와 규례를 택한 이스라엘 백성에게만 주신다. 20절에 "하나님은 어느 민족에게도 이와 같이 행하지 않으신다."고 선포한다. 택한 야곱의 자손, 택한 이스라엘 백성이 누구인가? 바로 여러분 같은 하나님의 자녀들이다. 하나님은 이러한 은혜를 여러분 같은 택한 백성에게만 주신다. 하나님의 자녀로서 말씀 가운데 감사와 찬양의 이유를 찾으시고, 확인하시고, 승리하시기를 주님의 이름으로 축원드린다.

인간과 우주의 제일되는 목적

시편 148편에서 여호와 하나님을 향한 찬양은 어디로부터 시작되는가? 1-2절을 보라. 높은 하늘에 있는 천군 천사로부터 시작된다. 천사들은 주님의 보좌를 둘러싸고 있으며 하나님의 명령을 따라 하나님의 뜻을 실현하는 영물이요, 인간보다 거룩한 존재다. 이처럼 하나님께서는 지금도 깨끗하고 거룩한 자들을 통하여 찬양을 받으신다. 욥38:7절에 "그때에 새벽별들이 기뻐 노래하며 하나님의 아들들이 다 기뻐 소리를 질렀다."고 하신다. 그러므로 거룩한 천사들은 천지창조에 대하여 제일 처음 하나님께 노래하였다.

또한 그들은 예수 그리스도의 탄생에 대해서도 제일 먼저 찬송하였다. 눅2:13-14절에 "홀연히 수많은 천군이 그 천사들과 함께 하나님을 찬송하여 이르되. 지극히 높은 곳에서는 하나님께 영광이요, 땅에서는 하나님이 기뻐하신 사람들 중에 평화로다."라고 말씀한다. 그러므로 우리는 천군 천사가 찬송을 했다는 것을 확인하는 것으로 끝나면 안 된다. 하나님을 찬송하는 자는 거룩해야 한다. 엡5:18-19절에서도 먼저 "술취하지 말라. 이는 방탕한 것이니 오직 성령으로 충만함을 받으라."고 하시고는 "시와 찬송과 신령한 노래들로 서로 화답하며 너희의 마음으로 주께 노래하며 찬송하라."고 하셨다. 성령 충만함으로 하나님을 찬송하기에 합당한 거룩한 여러분이 되시기를 주님의 이름으로 축복한다.

그다음에 해, 달, 별들을 통하여 찬양을 받으신다. 시인은 하늘의 하늘, 하늘 위에 있는 물들을 부르며 주님을 찬양하도록 초대한다. 왜 그들이 찬양을 해야 하는가? 5절에 "그것들이 여호와의 이름을 찬양함은 그가 명령하시므로 지음을 받았음이로다."라고 말씀한다.

여러분이 아름다운 도자기를 만들었다면 그 도자기가 여러분의 마음을 기쁘게 하지 않겠는가? 그 도자기는 만든 자를 기쁘게 하는 것이 존재 이유가 아니겠는가? 그렇다면 하나님의 말씀으로 지음을 받은 모든 만물은 당연히 하나님을 찬양해야 하는 것이 아닌가? 무엇보다도 하나님의 형상대로, 하나님의 모양대로, 하나님의 지정의로 지음을 받은 인간은 당연히 하나님을 찬양해야 하는 것이 아닌가? 천사들과 함께 해, 달, 별들을 포함한 모든 만물과 함께 하나님을 찬양하는 대열에 참여하는 여러분이 되시기를 바란다.

이제 시인은 이 세상에 괄목할 만한 존재들을 열거한다. "너희 용들과 바다야, 하나님을 찬양하라. 불과 우박과 눈과 안개와 광풍아, 하나님을 찬양하라. 산과 과수와 백향목아, 하나님을 찬양하라. 짐승과 기는 것과 나는 새야, 하나님을 찬양하라. 세상의 왕들과 모든 백성들과 고관들아, 하나님을 찬양하라. 총각과 처녀와 노인과 아이들아, 여호와의 이름을 찬양할지어다."

그 이유가 무엇인가? 13절에 그의 이름이 홀로 높으시며, 그의 영광이 땅과 하늘 위에 뛰어나시기 때문이다. 한마디로 온 천지만물 가운데 그의 영광이 충만하기 때문에 창조주 하나님을 찬양하라는 것이다.

이러한 만물들의 찬양을 통하여 우리는 무엇을 배울 수 있는가? 인간은 입술로 하나님을 찬양할 수 있다. 그러나 그 입술을 가지고 얼마나 거짓으로, 표리부동함으로, 위선됨으로 죄를 짓고 있는가? 그러나 이성이 없는 만물들은 입술로는 하나님을 찬송하지 못하지만 거짓 없이 지음 받은 그대로 하나님을 찬양하고 있다. 그러므로 우리의 입술은 하나님께 감사하고 찬양할 때 존재 의미가 있다. 감사와 찬양을 하지 않으면 차라리 입술이 없는 만물만도 못한 존재로 떨어지게 되기 때문이다. 우리 인간에게만 특별히 허락하신 입술로 하나님께 감사하며 입을 열어 찬송하는 여러분이 될 수 있기를 주님의 이름으로 축복한다.

14절에서 시인은 자기 백성, 이스라엘의 뿔을 높이셨으니, 모든 성도, 곧 그를 가까이하는 백성 이스라엘 자손은 하나님을 찬양할 존재라고 하였다. 그렇다. 주님은 우리를 창세전에 택하시고 때가 되어 부르시고 예수 그리스도의 십자가 보혈로 의롭게 하시고 영화롭게 하시며 여기까지 인도하셨다.(롬8:30) 그러므로 눅19:40절에서 "만일 너희가 찬송하지 않고 침묵하면 돌들이 소리를 지르고 찬송을 할 것이라."고 우리에게 경고하신다. 사1:2-3절에서는 "하늘이여, 들으라. 땅이여, 귀를 기울이라. 여호와께서 말씀하시기를 내가 자식을 양육하였거늘 그들이 나를 거역하였도다. 소는 그 임자를 알고 나귀는 그 주인의 구유를 알건마는 이스라엘은 알지 못하고 나의 백성은 깨닫지 못하는도다 하셨도다."라고 경고하신다. 우리가 여호와 하나님을 향하여 감사하지도 않고 찬송하지도 않는 것은 소나 나귀만도 못한 존재가 되는 것이다. "하늘이여, 들으라. 땅이여, 귀를 기울이라."는 주님의 음성에 귀를 기울이시기 바란다. "내가 너를 구속하였고, 너를 지명하여 불렀나니, 너는 내 것이라."는 음성을 들으시기 바란다. "내가 너를 양육하였거늘 네가 나를 거역하고 있다."는 성령님의 경고 소리도 들으시기 바란다.

마지막으로 사43:21절을 보라. "이 백성은 내가 나를 위하여 지었나니 나를 찬송하게 하려 함이니라."

입에는 찬양, 손에는 칼

시편 149편은 "할렐루야"로 시작해서 "할렐루야"로 끝나는 수미일치首尾一致를 이루고 있는 찬양시이다.

특별히 하나님의 백성들, 성도들의 모임 가운데서 새 노래로 여호와께 노래하며 찬양하라고 선포한다. 이스라엘, 즉 하나님의 백성들은 자기를 지으신 이로 말미암아 즐거워하며 저 예루살렘의 성도, 시온의 주민들은 그들의 왕으로 말미암아 즐거워하라고 명령한다.

예루살렘이 무엇인가? 평화의 도시요, 거룩한 성이다. 그 안에는 하나님의 성전이 있고, 하나님의 백성들은 성전에 올라가 하나님을 찬양하는 곳이다. 그들은 입술로 찬양하는 것도 모자라, 3절에서는 춤추며 그의 이름을 찬양하며 소고와 수금으로 찬양하라고 하신다.

왜 이렇게 하나님을 찬양해야 하는가? 여호와께서는 자기 백성 자체를 기뻐하시기 때문이다. 우리는 예수 그리스도의 십자가 은혜로 구원받았기 때문이다.

여러분의 신분은 무엇인가? 성도이다. 성도는 하나님의 택하신 백성이요, 거룩한 나라요, 하나님의 소유가 된 영적인 이스라엘 백성이라는 뜻이다. 벧전2:9절에 "너희는 택하신 족속이요 왕 같은 제사장들이요 거룩한 나라요 그의 소유된 백성이라."고 하셨다. 이들의 행할 일이 무엇인가? 하나님을 찬송하고 하나님의 영광을 드러내는 것이다. 그러므로 5절에서 "성도들은 영광 중에 즐거워하며 그들의 침상에서조차 기쁨으로 노래하라."고 선포하고 있다. 하나님께 감사하며 그 이름을 송축하며 두 손 들고 여호와를 찬양하는 성도들이 되시기를 주님의 이름으로 축복한다.

501

여러분의 일거수일투족을 통하여 여호와의 이름이 높아지고 주의 이름을 찬양하는 영광이 나타날 수 있기를 바란다.

6절에서는 엄청난 말씀을 선포한다. "그들의 입에는 하나님에 대한 찬양이 있고 그들의 손에는 두 날 가진 칼이 있도다." 찬양이 무엇인가? 평화를 상징한다. 칼이 무엇인가? 전쟁을 상징한다. 그렇다면 입술은 하나님을 찬양하는 평화의 도구로, 손은 적과 싸우는 전쟁의 도구로 사용하라는 말씀이 아닌가?

그렇다. 아담과 하와가 선악과를 따먹은 결과가 무엇인가? 이 땅에 죄가 들어왔다. 그러므로 하나님만이 판단하실 수 있는 선과 악을 인간이 판단하겠다고 뛰어들었고, 이 땅에는 선과 악이 혼동되며 함께 존재하게 되었다. 그래서 생긴 단어가 무엇인가? 선과 악이요, 평화와 전쟁이요, 진리와 거짓이요, 하나님 나라와 사탄의 왕국이다. 그 소용돌이 속에서 사는 존재가 바로 우리 그리스도인들이다. 그러므로 우리는 입술로는 하나님을 찬양하면서도 손으로는 칼을 가지고 악과 싸워야 하고, 사탄과 싸워야 할 숙명적인 존재라는 것을 잊지 말아야 한다.

그러므로 엡6:12-13절에 "우리의 씨름은 혈과 육을 상대하는 것이 아니요, 통치자들과 권세들과 이 어둠의 세상 주관자들과 하늘에 있는 악의 영들을 상대함이라. 그러므로 하나님의 전신갑주를 취하라. 이는 악한 날에 너희가 능히 대적하고 모든 일을 행한 후에 서기 위함이라."고 하셨다. 본문 7절에서는 "우리의 칼로 뭇 나라를 보수하며 민족들을 벌하며 그들의 왕들은 사슬로 묶고, 그들의 귀인은 철고랑으로 결박하고 기록한 판결대로 그들에게 시행하라."고 하신다. 한마디로 악인을 잡아 감옥에 넣으라는 말씀이다. 이것이 우리의 영광이라고 하신다.

이런 영광은 누구에게 있다고 하시는가? 9b절을 보라. "이런 영광은 그의 모든 성도에게 있도다. 할렐루야." 이는 무슨 말씀인가? 세상과 싸워 이기며 악과 싸워 승리하라는 것이다. 우리는 가만히 앉아 하나님을 찬양만 하는 존재가 아니다. 하나님을 찬양하는 입과 함께 손에 칼을 들고 세상과 싸워야 하고, 악과 싸워야 하고, 유혹과 싸워 승리해야 한다.

피카소의 걸작품 중에 '황소머리'가 있다. 그는 자전거의 낡은 안장과 손잡이를 붙여서 '황소머리'를 만들었다고 한다. 사실 자전거의 안장과 손잡이는 전혀 다른 자리에서 다른 기능을 하지 않는가? 그러나 이 둘이 하나로 어우러질 때 '황소머리'가 될 수 있다는 메시지를 준 것이다. 이는 마치 주일 학생들이 성경캠프 때 철사 옷걸이, 실, 스타킹 등을 가지고 아름다운 얼굴들을 만들어내는 것과 같다.

우리는 전쟁과 평화의 조화를 이루어야 하고, 선과 악의 조화를 이루어야 하고, 입술로는 하나님을 찬양하면서도 손으로는 칼을 들고 적과 싸워 승리해야 한다. 이러한 삶이 깨어 있는 그리스도인의 삶인 것이다. 다윗은 하나님 앞의 어린양이었다. 그러나 골리앗을 물리친 용맹한 군사였다. 모세는 온유하기가 세상에서 따를 자가 없었다. 그러나 수 많은 적들을 쓰러뜨린 용감한 장군이었다. 여호수아는 오직 여호와만 섬기겠다고 선포했다. 그러나 그의 손에는 피가 묻은 칼이 있었다.

이처럼 삶의 현장 가운데 하나님을 향한 찬양, 그리고 성령의 검을 들고 거짓의 아비인 사탄과 싸우는 이 두 가지 사명을 잘 조화시키며 하나님께 승리의 영광을 올려드리는 복된 성도들이 되시기를 주님의 이름으로 축원드린다.

할렐루야, 여호와를 찬양할지어다

드디어 시편 1편부터 시작한 강해가 마지막인 시편 150편을 맞이하였다. 여기까지 인도하신 하나님께 영광을 올려드린다.

시편은 광야 같은 우리 인생의 삶이 녹아 있는 참으로 귀한 성경이다. 모든 문학 작품에서 시작과 끝은 그 작품의 예술성과 주제를 표현하는 데 결정적인 역할을 한다.

그렇다면 기독교의 성경은 무엇으로 시작하는가? 창1:1절에 "태초에 하나님이 천지를 창조하시니라."로 시작한다. 마지막은 무엇으로 끝나는가? 계22:13절에 "나는 알파와 오메가요, 처음과 마지막이요, 시작과 마침이라." 하시고, 계22:20절에는 "아멘. 주 예수여, 오시옵소서."로 끝난다. 그러므로 성경을 하나님의 말씀이라고 하는 것이다.

시편은 1편 1절 "복 있는 사람은 악인들의 꾀를 따르지 아니하며"로 시작하여 복 있는 사람을 언급하고, 이러한 하나님의 백성들은 시편 150편 6절에서 "호흡이 있는 자마다 여호와를 찬양할지어다."로 마친다. 즉 시편이 선포하는 메시지는 복된 사람은 하나님을 찬양하는 사람이라는 것이다. 이처럼 시인은 주님께 드리는 마지막 찬양으로서 '하늘과 땅에 있는 모든 존재들'을 광대한 우주의 대성전에 불러모아 모든 소리와 모든 악기로 여호와 하나님을 찬양하도록 초대하고 있는 것이다.

시편 150편은 먼저 천상의 만물들로 주님을 찬양하게 한다. 하늘의 성소에서, 또한 하늘의 궁창에서 하나님을 찬양하라고 하신다. 이는 높은 하늘 보좌의 성전과 저 하늘의 웅장한 창공을 통하여 찬양과 영광을 받으시는 하나님을 묘사한 것이다. 지금도 하나님은 수많은 천군 천사들과 수많은 성도들로부터 찬양을 받으시고, 저 하늘의 해, 달, 별들을 통하여, 온 우주 삼라만상을 통하여 찬양과 영광을 받으신다.

2절에서는 "그의 능하신 행동을 찬양하라."고 하신다. 이는 전능하신 하나님을 말씀하는 것이다. 신32:39절에 "나는 죽이기도 하며 살리기도 하며 상하게도 하며 낫게도 하나니 내 손에서 능히 빼앗을 자가 없도다."라고 하셨다. 대하16:9절에서는 "여호와의 눈은 온 땅을 두루 감찰하사 전심으로 자기에게 향하는 자들을 위하여 능력을 베푸신다."고 하셨다. 이러한 하나님의 권능에 대해서 성경은 수없이 많은 곳에서 선포하고 있다. 온 우주만물과 함께 여호와의 능하신 행동을 인하여 찬양하는 여러분이 되시기를 바란다.

또한 하나님의 지극히 위대하심을 따라 찬양하라고 하신다. 이전 성경에서는 "그의 지극히 광대하심을 좇아 찬양하라."고 번역했다. 하나님은 매우 위대하시고 광대하심으로 이 세상에서 크다고 자랑하는 어떠한 것들도 하나님 앞에서는 모두 작아 보이고, 미미한 존재에 지나지 않는다. 사40:15절에 "보라, 그에게는 열방이 통의 한 방울 물과 같고 저울의 작은 티끌 같으며 섬들은 떠오르는 먼지 같다."는 표현을 썼다. 롬11:33-36절에서는 "깊도다, 하나님의 지혜와 지식의 풍성함이여. 그의 판단은 헤아리지 못할 것이며, 그의 길은 찾지 못할 것이로다. 누가 주의 마음을 알았느냐, 누가 그의 모사가 되었느냐, 누가 주께 먼저 드려서 갚으심을 받겠느냐. 이는 만물이 주에게서 나오고 주로 말미암고 주에게로 돌아감이라. 그에게 영광이 세세에 있을지어다. 아멘."이라고 선포했다.

3-5절에서는 8개의 악기를 언급하며 주님을 찬양하도록 초대한다. 나팔 소리로, 비파로, 수금으로, 소고 치며, 현악으로, 퉁소로, 큰 소리 나는 제금으로, 높은 소리 나는 제금으로 찬양하라고 하신다. 그러므로 하나님을 찬양하는 것은 단지 묵상, 고백, 엎드림만이 아니다. 찬양은 음악이며, 정신이며, 우리의 몸과 소리와 모든 악기들을 동원하는 우리의 모든 감정과 두뇌를 사로잡는 행위인 것이다. 이처럼 찬양이 왕성한 교회, 찬양이 왕성한 가정과 여러분이 되시기를 간절히 축복한다.

시편 150편 마지막 절의 말씀은 시편의 결론과 같다.

6절을 보라. "호흡이 있는 자마다 여호와를 찬양할지어다. 할렐루야!" 이는 숨쉬는 인간에게만 이야기하는 것이 아니다. 숨쉬는 모든 생물들을 포함한다. 사도 요한은 환상 중에 모든 만물이 주님을 찬양하는 것을 보았다. 계5:13절에 "내가 또 들으니 하늘 위에와 땅 위에와 땅 아래와 바다 위에와 또 그 가운데 모든 피조물이 이르되 보좌에 앉으신 이와 어린 양에게 찬송과 존귀와 영광과 권능을 세세토록 돌릴지어다. 아멘."이라고 말씀한다.

하나님의 형상대로 지음을 받은 인간은 이처럼 찬양하기 위해 태어난 존재들이다.(사43:21) 그 존재는 호흡이 있는 한 하나님을 찬양할 책임과 의무가 있으며, 찬양의 삶을 살 때 참으로 복된 삶을 살 수 있다.

지금까지 시편을 무사히 마치신 여러분, 시편 1편에서 말씀하는 복 있는 사람이 다 되시고, 시편 150편에서 말씀하는 하나님께 찬양과 영광을 올려드리는 참으로 아름답고 귀한 하나님의 백성들이 다 되시기를 주님의 이름으로 축원드린다. 아멘.

시편 사랑

초판 1쇄 발행   2026년 1월 20일

지은이 | 이육하
만든이 | 이한나
펴낸이 | 이영규
펴낸곳 | 도서출판 그린아이

등록 연월일 | 2003. 12. 02.
등록 번호 | 제2-3893호
주소 | 서울특별시 은평구 녹번로 6-11, 201호
전화 | 02)355-3035
이메일 | gmh2269@hanmail.net

ISBN 979-11-91376-64-7(03230)